SONG HONGBING

LA GUERRE DES MONNAIES V
Le prochain déluge

Song Hongbing

Song Hongbing est un jeune chercheur en économie qui a émigré aux États-Unis. Il y travaille comme consultant pour les fonds de pension américains Freddie Mac et Fanny Mae, fonds de pension qui vont disparaître lors de la crise financière de 2008.

货币战争⑤山雨欲来

LA GUERRE DES MONNAIES V
Le prochain déluge

Traduit du chinois et publié par Omnia Veritas Limited

www.omnia-veritas.com

© Omnia Veritas Ltd — 2021

Tous droits réservés. Aucune partie de cette publication ne peut être reproduite par quelque moyen que ce soit sans l'autorisation préalable de l'éditeur. Le code de la propriété intellectuelle interdit les copies ou reproductions à usage collectif. Toute représentation ou reproduction intégrale ou partielle par quelque procédé que ce soit, faite sans le consentement de l'éditeur, est illicite et constitue une contrefaçon sanctionnée par la législation sur le droit d'auteur.

PRÉFACE 13

CHAPITRE I 17

L'OR DÉCAPITÉ, LA BATAILLE POUR LE DOLLAR 17
    Le massacre de l'or du 12 avril 18
    Le 15 avril, une horreur qui n'arrive qu'une fois par million d'années 21
    "Chinese Auntie" s'oppose à Wall Street. 22
    London Gold : naissance noble, voies privées 26
    L'or suisse : le cœur d'une dame, la vie d'une servante 31
    QE3 AMÉRICAIN : Une pierre remue mille vagues, la confiance du dollar tremble 40
    Les pays développés se rejoignent, les tambours de guerre de la dévaluation se font entendre. 42
    Réaction en chaîne : Sa Majesté la Reine comme un accessoire, la Banque d'Angleterre comme un obstacle. 53
    Les craintes s'intensifient : Les braqueurs de l'UE s'activent, les déposants chypriotes paniquent. 54
    L'inventaire d'or du COMEX déclenche une alerte rouge 56
    Nuage d'inventaire 62
    L'ETF sur l'or, le "petit coffre-fort" de Wall Street 65
    Déclaration d'initié 68
    Combien de temps le drapeau rouge va-t-il se battre ? L'or et l'argent ont-ils un avenir ? 73
    Explications 78

CHAPITRE II 80

LE TUNNEL DE LA VÉRITÉ, À TRAVERS L'ESPACE DE LA BULLE 80
    Le vautour noir en bourse 82
    Le choc de Bernanke 85
    Boom boursier, ou gonflement boursier ? 87
    Comment se déroule un rachat d'actions ? 92
    Acheter des actions en empruntant, Dieu sait quoi 97
    Le "vieillissement" des actifs des entreprises 99
    Le marché boursier peut-il encore rebondir après avoir débranché le ventilateur de l'assouplissement quantitatif ? 103
    Un marché obligataire en ébullition 105
    Les stocks d'obligations d'entreprises diminuent, les teneurs de marché ne s'adaptent pas 111
    Junk bonds, "subprime" en matière d'obligations d'entreprises 116
    Explications 120

CHAPITRE III 124

LA PEUR DE L'ARGENT, LE PARTI DE L'OMBRE SOMNAMBULE 124
    La crise syrienne, une pluie opportune pour Wall Street ? 125

Un rachat est un gage sur une obligation..131
La surprise de juin sur le marché des pensions 136
Création de monnaie traditionnelle 138
L'argent fictif : une nouvelle loi sur la création monétaire 142
Une sous-hypothèque, quelques bouteilles avec un bouchon pour les acrobaties 147
Les opérations de "rachat à l'échéance" : une nouvelle façon de jouer pour les magiciens de la finance 150
La "dérive fantaisiste" de la dette de pacotille 153
L'argent fictif et le système bancaire parallèle 158
Quelle part de la monnaie fictive a été créée par l'hypothèque repo ? .163
Pourquoi y a-t-il une crise de l'argent en juin ? 165
Explications 169

CHAPITRE IV 172

VOLCAN DES TAUX D'INTÉRÊT, LE DERNIER JOUR DES COMPTES 172

La Réserve fédérale est soudainement "impuissante", Bernanke a changé d'avis de façon inattendue..173
Le Titanic de l'assouplissement quantitatif fonce tête baissée dans l'iceberg des pensions. 175
La pénurie de garanties s'aggrave en raison du gel réglementaire 180
Comment les banques fantômes peuvent tuer la concurrence.............183
En modifiant les taux d'intérêt, la Fed joue à la fois le rôle d'arbitre et de gardien de but...187
Le volcan des taux d'intérêt, le tueur ultime des bulles d'actifs.............190
Les swaps de taux d'intérêt, les New-Yorkais ne peuvent pas se permettre de souffrir..192
Swaps de taux d'intérêt entre les gouvernements et les banques 194
L'échange de taux d'intérêt derrière la faillite de Detroit. 197
Des swaps de taux d'intérêt aux "pièges à taux d'intérêt". 200
L'origine du Libor 202
Qui manipule les taux d'intérêt ? 207
Les taux d'intérêt ultra-bas font exploser la plus grosse bulle financière de l'histoire 212
Arrêter le QE, c'est chercher la mort, continuer le QE, c'est attendre la mort. 215
Explications 221

CHAPITRE V 223

LES SPÉCULATEURS DE WALL STREET EN ACTION 223

Les plaies de l'hémorragie des prix des maisons : Maisons saisies 224
Blocage des saisies, stabilisation des prix des logements 228
La spéculation de Wall Street, le rythme de l'inversion des prix des logements 231

    Phoenix, le premier test des spéculateurs 233
    La prime de Vegas 236
    Se tourner vers la Californie du Sud 238
    Black Rock, le plus grand propriétaire foncier des États-Unis 241
    Qui sont les victimes de la spéculation de Wall Street ? 245
    L'immobilier est-il éveillé ou somnambule ? 247
    Une nouvelle tendance chez les jeunes : revenir au pays pour "manger les vieux". 250
    Le volcan des taux d'intérêt va brûler l'immobilier 254
    Le piège mortel de "l'empire des locataires" 257
    Feuille de route pour la grande évasion vers la victoire 259
    Le deuxième champ de bataille de l'évasion : les titres adossés à des loyers 264
    Explication 268

CHAPITRE VI **270**

  Richesses divisées, rêves brisés 270
    À Wall Street, le président a mangé à huis clos. 271
    "La règle Volcker" 274
    La disparition de la baleine de Londres 277
    L'illégalité et l'anarchie 284
    L'effondrement des classes moyennes et inférieures 289
    La vérité sur le marché du travail 293
    La division des richesses a brisé les ailes du rêve américain. 305
    Cupidité et vol de rêves 308
    La fragmentation des actifs est bien plus grave que celle des revenus. 315
    Explications 321

CHAPITRE VII **324**

  L'ascension et la chute de Rome, la voie sanguinaire de la cupidité 324
    Mort du protecteur civil Gracchus 325
    L'éducation des Gracques 327
    La loi sur les mutations foncières des frères Gracchus 330
    Le travail acharné a construit Rome, la cupidité a détruit la république 333
    Le grand écart : de l'exploitation intérieure à l'expansion extérieure 341
    L'âge impérial de l'économie monétaire 345
    Des cycles monétaires fragiles 351
    La crise économique en sommeil 355
    La nature économique de la dictature militaire 361
    Dévaluation monétaire et hyperinflation 365
    L'effondrement de la monnaie a sonné le glas de l'empire. 370
    Explications 372

CHAPITRE VIII 376

L'ESSOR ET LA CHUTE DE LA DYNASTIE DES SONG DU NORD 376
- La dynastie des Song du Nord, l'apogée de la deuxième civilisation monétaire de l'humanité 377
- Dépassement de la monnaie et inflation 384
- La montée en puissance du banquier 387
- La lutte entre l'or et le pouvoir 392
- 6-7% des riches ont annexé 60-70% des terres. 395
- La destruction du rêve de la dynastie Song 399
- La "pénurie d'argent" est aggravée par la neige. 404
- Pourquoi Wang Anshi a-t-il changé de voie et pourquoi a-t-il échoué ? 408
- La folie finale de la cupidité 412
- La première monnaie papier du monde 416
- Le crédit souverain, la cupidité comme d'habitude 420
- Explications 424

CHAPITRE IX 427

QU'EST-CE QUI N'EST PAS LE RÊVE CHINOIS ? 427
- "Le rêve romain", "le rêve song", "le rêve américain" ont tous été brisés 428
- La deuxième fusion des patrimoines aux États-Unis 432
- Qu'est-ce qui n'est pas le rêve chinois ? 438
- L'immobilier et la répartition des richesses 443
- La clé de l'urbanisation est la création d'emplois 451
- Transfert de terres et revenu des agriculteurs 454
- Ce n'est qu'avec une force illimitée que vous pouvez laisser vos rêves s'envoler 461

POSTFACE 465

AUTRES TITRES 469

PRÉFACE

La capacité de réflexion des gens est souvent paralysée face à des informations écrasantes et une myriade d'opinions. Les données critiques sont noyées dans le bruit des données, les détails importants sont confondus avec les minuties, les pathologies profondes sont confondues avec les pathologies superficielles, le raisonnement de base est lié à une logique triviale, l'analyse perd ses repères et le jugement s'égare. En fin de compte, l'illusion supplante la vérité.

C'est particulièrement vrai dans le domaine économique.

Cinq ans après la fin de la crise financière de 2008, les avis sur l'évolution future de l'économie mondiale sont toujours partagés. L'assouplissement quantitatif des États-Unis a-t-il été efficace ou non ? Le dépassement de la monnaie mondiale est-il une bénédiction ou une malédiction ? Les marchés financiers deviennent-ils plus sûrs ou plus dangereux ? La reprise économique a-t-elle été régulière ou éphémère ?

En bref, le monde s'éloigne-t-il progressivement de la dernière récession ou accélère-t-il son glissement vers la prochaine crise ?

Performances du marché contradictoires, données économiques contradictoires, interprétations absurdes, attitudes mitigées, mesures politiques controversées, bienvenue sur la scène chaotique et bruyante de la reprise dans le monde d'aujourd'hui !

L'absence d'une compréhension plus approfondie de la nature de l'activité économique découle de l'absence d'un cadre logique plus profond et unifié. Au lieu de participer à l'économie dans un état hautement rationnel, les êtres humains courent après la richesse au milieu d'émotions intenses remplies de désir. La nature humaine, et en particulier l'avidité inhérente à la nature humaine, a toujours été la force fondamentale qui anime l'économie.

Toutes les activités dans lesquelles l'humanité s'est engagée ont toujours tourné autour de deux tâches fondamentales, l'une étant la création de richesses et l'autre la distribution de richesses, dont découlent toutes les autres activités. Qu'il s'agisse de créer des richesses ou de les distribuer, l'avidité de l'homme a été la source de son énergie ultime depuis le début.

Le "bien dans la cupidité" est à l'origine des progrès technologiques qui permettent d'économiser de l'énergie, de réduire le temps, de diminuer l'intensité et d'accroître le plaisir, ce qui se traduit par une augmentation continue de la productivité et une création de richesse plus prospère. Toutefois, l'avidité insatiable de la cupidité peut inspirer la ruse, la spéculation, la fraude, les gains rapides et les extravagances, qui à leur tour étouffent les progrès de la productivité, entraînent une répartition faussée des richesses et réduisent la vitalité économique de la société.

L'objectif de ce livre est d'utiliser la répartition des richesses comme un scalpel pour disséquer les activités économiques, de comparer le rêve américain d'aujourd'hui avec le rêve romain et le rêve de la dynastie Song dans l'histoire, et de fournir une référence historique pour le rêve chinois du futur.

Les six premiers chapitres du livre constituent un examen microscopique de l'état actuel de l'économie américaine, en examinant le dollar à partir du marché de l'or, en analysant l'économie à partir du marché boursier, en comprenant le capital à partir du marché obligataire, en explorant la finance à partir du marché des pensions, en jetant un coup d'œil à la crise à partir du marché des taux d'intérêt, en examinant la bulle à partir du marché immobilier, en identifiant la reprise à partir du marché de l'emploi et, enfin, en examinant la cupidité à partir de la distribution des richesses.

Le plongeon des prix de l'or en avril 2013 a été interprété comme une bonne reprise de l'économie américaine, et donc le déclin de la demande d'aversion au risque de l'or ; et la preuve d'une bonne économie est le record des marchés boursiers, mais si nous analysons la cause profonde de l'élan de rallye boursier, nous trouverons que le comportement de rachat d'actions des sociétés cotées, en fait, est la force dominante qui pousse les prix des actions à la hausse ; les fonds de rachat d'actions sont à leur tour du financement du marché obligataire, et le feu du marché obligataire est le résultat de l'assouplissement quantitatif monétaire. Par conséquent, le boom anormal des marchés financiers est dû à l'environnement de taux d'intérêt ultra bas créé par la politique d'assouplissement quantitatif.

L'inondation monétaire provoquée par l'assouplissement quantitatif a-t-elle réellement stimulé la reprise de l'économie réelle ? La réponse est non.

Le taux de croissance des ventes de l'entreprise est en baisse, après déduction de l'inflation, est en fait tombé dans une croissance négative ; les dépenses d'investissement des entreprises sont en baisse, ce qui explique les difficultés à long terme du marché du travail, conduisant à l'actif principal de l'économie réelle montrent de graves symptômes de "vieillissement", suivie d'une baisse rapide de la productivité du travail ; la reprise des prix de l'immobilier n'est rien d'autre que le chef-d'œuvre de la spéculation immobilière de Wall Street, la réduction des possibilités d'emploi, ce qui a pour conséquence qu'un grand nombre de jeunes générations ont été évincées de l'équipe d'achat potentiel de logements, le succès de l'immobilier a été déterminé ; la reprise des emplois bien rémunérés de la classe moyenne traditionnelle des États-Unis est lente, avant 2025, il sera difficile de rétablir le niveau de 2000.

Les politiques d'assouplissement quantitatif n'ont pas réussi à sauver l'économie réelle. En fait, l'argent bon marché ne favorise pas la croissance économique, mais détruit la formation de capital.

Si cinq années de pratique économique ont prouvé que l'assouplissement quantitatif était un échec, la sortie de l'assouplissement quantitatif est loin d'être aisée. La sortie de l'assouplissement quantitatif déclenchera un volcan de taux d'intérêt, tandis que la poursuite de l'assouplissement quantitatif frappera de plein fouet l'iceberg des pensions, les deux voies se terminant par la réémergence de la crise financière. La Réserve fédérale dans le QE entre l'errance et l'hésitation, à la fois dans l'économie réelle dans une situation désespérée, mais aussi mettre les marchés financiers dans le bord du danger.

La question de savoir si les taux d'intérêt peuvent ou non être supprimés à l'infini est la manche à air qui permet de juger du prochain cycle de la crise financière !

Les États-Unis se sont engagés dans une voie qui n'a profité qu'à quelques-uns, mais qui a affecté la grande majorité de la population. Cette situation est due à l'avidité excessive des puissants et des riches, qui a rendu difficile l'inversion de la tendance à l'aggravation de la fusion des patrimoines, laquelle a à son tour exacerbé les malheurs économiques.

Les trois derniers chapitres du livre élargissent le champ d'observation à l'an 2000, en passant d'un examen attentif de l'économie américaine à un examen du contexte historique ; du point d'inflexion de l'essor et de la chute de la prospérité des Romains et des Song du Nord, pour montrer progressivement un plan au ralenti d'un processus de déclin très approximatif : la cupidité monte, l'annexion surgit ; les terres s'accumulent, la fiscalité est déformée ; le trésor est vide, la monnaie se déprécie ; le pouvoir du peuple s'épuise, des dissensions internes naissent et des troubles extérieurs sont provoqués !

"L'effondrement du rêve américain, du rêve romain et du rêve de la dynastie Song ne nous dit pas ce qu'est le rêve chinois, mais il peut nous rappeler ce qui n'est pas le rêve chinois.

Si une Chine future peut éviter de répéter ces leçons de l'histoire, aucune puissance ne pourra l'empêcher de réaliser son rêve de rajeunissement en tant que pays puissant et riche en population.

CHAPITRE I

L'or décapité, la bataille pour le dollar

En avril 2013, le marché de l'or a pris un brusque virage à la baisse, le plongeon des prix de l'or ayant choqué le monde entier. "L'or est mort", "l'or ne sert à rien", "le marché haussier est terminé", "la bulle est en train d'éclater", "le prix de l'or va tomber à 500 dollars", etc. sont autant de discours. Du jour au lendemain, l'or est passé du statut de star de l'investissement à celui de "paria" que l'opinion publique s'empresse de tourner en dérision.

Les gens ont commencé à douter de la validité de la croyance consistant à "cacher de l'or dans un monde troublé", la confiance dans la valeur d'investissement de l'or et de l'argent a été fondamentalement ébranlée, le pessimisme s'est généralisé, et même la logique de base selon laquelle les monnaies sur-émises finiront par entraîner une inflation est devenue ambiguë. Le sentiment du marché est gravement déconnecté de la logique rationnelle, et les signaux de prix et l'intuition de la richesse sont désalignés. Il suffit de dire que la perception de l'or est tombée dans un funk sans précédent.

N'y a-t-il vraiment aucun espoir pour l'or ? Ce n'est absolument pas le cas !

En 2013, le gouvernement américain et Wall Street ont frappé le marché de l'or avec une férocité jamais vue depuis 30 ans ; ce qui illustre à son tour un autre problème, une telle folie et un comportement aussi intense signifient que la peur du dollar vis-à-vis de l'or est également sans précédent depuis 30 ans !

La faible confiance dans le dollar est exactement ce qui frappe l'or !

Ce chapitre propose une analyse approfondie des coulisses et des aspects de la répression de l'or des États-Unis le 12 avril et des causes profondes de la situation critique du dollar. D'un point de vue historique, l'or a toujours été la richesse de "l'Arche de Noé" ; à la réalité de l'analyse du marché, le coût de production de l'or est le fond du marché ; en regardant la tendance future, l'or doit être le plus grand bénéficiaire de la crise du dollar.

Le massacre de l'or du 12 avril

> *"Pour les Américains, une catastrophe financière et économique est peut-être proche. La Fed et les institutions financières sur lesquelles elle s'appuie ont uni leurs forces pour sévir contre les prix de l'or et de l'argent afin de dissuader les investisseurs en est la preuve."*
> Paul Roberts, ancien secrétaire adjoint du Trésor des États-Unis, 4 avril 2013

> *"Il est vrai que le gouvernement (américain) a horreur de la montée en flèche du prix de l'or, d'autant plus qu'il mène la plus grande politique de dévaluation monétaire de l'histoire... (que le plongeon de l'or du 12 avril ait été manipulé ou non) nous ne saurons jamais (la vérité)."*
> Bipa Magellan, ancien assistant spécial du président des États-Unis pour la politique économique, 7 juin 2013.

Le 12 avril 2013 a été le jour le plus sombre de l'histoire de l'or.

Depuis le début de l'année, l'or a oscillé à la baisse, passant d'environ 1 700 dollars au bord d'un énorme gouffre le 11 avril. Le 12 avril, à 20 h 30 HAE, l'or était fixé à 1 542 dollars, dernier moment de calme avant le cataclysme.

Ce jour coïncidait avec le vendredi, le marché à terme de l'or de New York venait d'ouvrir sur les nuages noirs, le tonnerre et les éclairs, 100 tonnes d'ordres de vente d'or sont tombés du ciel, cette soudaine et lourde liquidation comme une énorme vague s'est généralement écrasée sur le marché non préparé, la tête longue s'est précipitée sous la bataille, les prix de l'or ont plongé. Pendant les deux heures suivantes, le marché paniqué a respiré un peu. Les traders ont été étourdis par une embuscade aérienne sans méfiance, et pendant un moment, les rumeurs ont abondé et les gens ont paniqué. Cependant, l'énorme liquidation s'est soudainement arrêtée et le calme est revenu sur le marché.

C'était le silence caractéristique qui a précédé le grand tremblement de terre, et un fort sentiment d'inquiétude enveloppait le marché.

À 10 h 30, la véritable catastrophe a finalement frappé lorsque la vente d'or de 300 tonnes a fait rage, soit l'équivalent de 11% de la production mondiale d'or en 2012 ! Les traders médusés ne voient plus une houle de 10 mètres de haut, mais un tsunami de 30 mètres de haut ! La peur glace le cœur de chacun au point de congélation, et quelques instants plus tard, la folie brûle le cerveau de chacun jusqu'à l'éclatement, prendre la route et fuir est comme un instinct de survie qui dicte tous les comportements. La dynamique du marché s'est inversée en un instant et les cris de vente à découvert ont été assourdissants.

Le point de support clé de 1525 $ a été instantanément percé et la direction du marché haussier de l'or depuis 2000 s'est inversée. Tous les acheteurs longs qui avaient fixé un stop loss automatique à ce point de démarcation bull-bear ont été comme des momies guerrières réveillées par un sort, ont soudainement rejoint l'armée des vendeurs à découvert et se sont retournés pour tuer leur propre camp.

En ce moment, alors que le marché de New York est le plus liquide, que les principaux marchés de l'or de Londres et d'Europe sont ouverts, afin que l'horreur extrême de l'avalanche du prix de l'or puisse être pleinement ressentie, l'heure de la vente à découvert est précisée à chaque minute !

L'onde de choc du plongeon de l'or s'est instantanément propagée dans le monde entier, et le marché de Londres a été simultanément soufflé. Cependant, Londres est plus enclin à négocier de l'or physique que le marché à terme de l'or de New York, et pour les clients prêts à retirer de l'or au comptant, le plongeon des contrats à terme de New York leur a en quelque sorte donné l'occasion d'acheter à rabais. Cependant, alors que les acheteurs du marché de Londres se préparaient à plonger, ils ont soudainement découvert que leur système informatique de négociation avait un "dysfonctionnement" extrêmement rare et que personne ne pouvait acheter ou vendre. Bien qu'ils puissent encore passer des ordres par téléphone, il peut y avoir une pénurie d'or au comptant à Londres à un moment où les conditions du marché évoluent rapidement, ce qui rend difficile la réalisation complète de leurs transactions.

Les acheteurs d'or physique à Londres, pris de panique, se demandent ce qui se passe réellement sur le marché. Pendant ce temps, les prix de l'or sur le marché de New York restent en avalanche. Si les prix de l'or continuent de s'effondrer, la grande majorité des positions longues seront liquidées et le marché de l'or ne peut que s'accélérer.

Afin de couvrir le risque lié à la détention d'or physique, les acheteurs de Londres, incapables d'acheter sur le marché de l'or au comptant de Londres pour répartir le coût, ont dû vendre à découvert sur le marché de l'or à terme de New York pour couvrir leurs pertes. Ils ont dû en tirer le meilleur parti, et l'instinct de fuite a une fois de plus dominé.

Vente à découvert d'abord, puis poser des questions !

Les commerçants londoniens ont également sauté sur le char vide, écrasant les cadavres des longs alors qu'ils poursuivaient leur course folle.

La tendance à la baisse de l'or à terme de New York, sur le marché de l'or physique de Londres, qui aurait dû être contre-attaquée, a non seulement balayé le passé sans effusion de sang, mais a également réussi à désarmer les acheteurs londoniens qui détenaient de l'or physique et les a contraints à rejoindre l'armée des ventes à découvert d'or.

La force sans précédent de l'attaque à découvert, après la rupture du point d'arrêt des pertes de 1525 $, a déclenché un arrêt des pertes à long terme à grande échelle, et a ensuite forcé le marché londonien des acheteurs d'or physique à se joindre à la mutinerie, pour un temps comme dans un no man's land.

Vente à découvert ! Vente à découvert ! Vente à découvert !

De New York à Londres, de Singapour à Hong Kong, de Shanghai à Tokyo, les investisseurs en or terrifiés ont été massacrés et les marchés ont été ensanglantés.

Les médias de Wall Street ont commenté avec enthousiasme que le plongeon de l'or ressemblait à une chute libre, et que les shorts avaient "une lame tranchante comme une crème molle".

Les défenses psychologiques du marché de l'or se sont complètement effondrées. La négociation électronique se poursuit après la fin de l'appel public en salle. À 17 h 7, le prix de l'or a chuté à 1476,1 dollars, la plus forte baisse de la journée à 88,8 dollars !

Cela annonce un plus grand désastre encore à venir !

Sur le marché à terme de l'or, les parties longues et courtes utilisent la négociation sur marge, avec de petits fonds pour faire levier afin de réaliser de grandes transactions, le ratio de levier peut être aussi élevé que 1 h 20. Lorsque le prix baisse, la marge longue supportera le même multiple de la perte. L'ampleur du plongeon du jour du prix de l'or ne pouvait qu'assommer un grand nombre de comptes à marge longue. Tout au long du week-end, les banques et les sociétés de courtage n'ont pas fait de pause, mais ont plutôt tourné à grande vitesse, faisant des heures supplémentaires pour compter les comptes un par un. Immédiatement après, l'"ultimatum" de l'appel de marge pour une grande quantité d'or a été rapidement lancé aux clients étourdis, qui n'avaient que 24 heures pour se rendre, la bourse les obligeant à fermer leur position, ou pour retirer avant dimanche une grande quantité de liquidités pour couvrir la marge.

Le marché à terme de l'or a été soumis à deux séries de "raids aériens" féroces

En ce moment, le long douloureux, non seulement a subi une lourde perte de fonds, mais a également subi une grande angoisse psychologique. Le week-end, toutes les machines des médias sont en plein essor, les nouvelles et les commentaires sur la vente à découvert de l'or sont partout, "l'effondrement du prix de l'or", "la fin du marché haussier", "l'éclatement de la bulle", "l'or ridicule crié", "éclatement", "décharge sauvage", et d'autres titres extrêmement puissants inondé la télévision, la radio, les journaux et l'Internet, l'atmosphère de terreur dans les médias sous l'amplification exagérée, la propagation rapide, l'infection à grande échelle. Le désespoir, après un week-end de fermentation psychologique, a poussé le marché de l'or vers une catastrophe de type "extinction des espèces" le lundi 15 avril.

Le 15 avril, une horreur qui n'arrive qu'une fois par million d'années

Un malheur qui survient une fois tous les 10 ans est appelé une catastrophe, un malheur qui survient une fois tous les 50 ans est appelé une catastrophe majeure, un malheur qui survient une fois tous les 100 ans est appelé une catastrophe majeure, et un malheur qui survient une fois tous les 2 millions d'années ? J'ai bien peur que l'on ne puisse parler que d'un désastre de type "extinction".

Ce qui est arrivé au marché de l'or le 15 avril 2013 a été une catastrophe de niveau extinction !

Tout au long du week-end, la feuille d'appel de marge comme des flocons de neige a généralement rempli le marché mondial de l'or, de nombreuses fois l'effet de levier sous l'or long a fait face à la fin de la catastrophe. Lundi, les marchés asiatiques viennent d'ouvrir, les gens qui cherchaient désespérément à s'échapper se sont piétinés les uns les autres, et il y a eu de nombreux morts et blessés, ouvrant ainsi la plus grande déroute de l'histoire de l'or.

Le marché de Londres a plongé, le marché des États-Unis s'est effondré, les nouvelles télévisées de l'émission du prix de l'or n'ont pas suivi le rythme de la chute de l'or, le monde a été abasourdi de voir le cœur des gens de la richesse "Arche de Noé", en fait en seulement quelques heures à couler.

Le jour même, le prix de l'or à terme à New York a clôturé en chute libre à 1361 dollars, contre 1501 dollars vendredi, soit une chute folle de 140 dollars et 9,3%, la plus forte baisse en une journée depuis 30 ans !

En termes de volatilité du marché, les transactions intrajournalières ont été encore plus palpitantes ce jour-là. Le *Daily Telegraph* de Grande-Bretagne s'est exclamé le 16 avril,

> *"En utilisant la théorie de la distribution normale comme base de vos calculs, vous verrez une volatilité le lundi (sur le marché de l'or) qui ne se produit qu'une fois sur 500 millions de jours de bourse, ou une fois sur 2 millions d'années."*[1]

Lorsqu'une catastrophe de cette ampleur se produira, les dinosaures s'éteindront également. Les cheerleaders médiatiques de Wall Street se sont arrachés la voix et ont scandé : L'or est fini !

"Chinese Auntie" s'oppose à Wall Street.

Cependant, les investisseurs en or n'ont pas été "exterminés" et ce qui s'est passé ensuite a surpris le monde entier !

Le 16 avril, juste au moment où les prix de l'or à terme ont dégringolé dans les vagues, dans le silence d'un orage !

Les amateurs d'or physique du monde entier, comme s'ils avaient entendu le coup de feu, ont soudainement tué de tous les coins presque

---

[1] Thomas Pascoe, The Gold Price Crash is Further Evidence of Market Rigging, The Telegraph Blogs, 2013-04-16.

au même moment. Ils ont pris d'assaut les magasins d'or et les banques des grandes villes, violemment et sans avertissement, et une ruée vers l'or qui n'avait pas été vue depuis un demi-siècle a balayé le monde !

En Chine continentale, la première personne dont on entend parler est la "grande mère chinoise". Elles ne comprennent pas le Wall Street Journal et ne connaissent pas les graphiques techniques des contrats à terme sur l'or de New York. Voir le prix de l'or chuter, c'est comme entendre que le prix du troisième périphérique de Pékin est passé de 50 000 yuans (par mètre carré) à 30 000 yuans, où est la raison de ne pas voler ? Ils ne se soucient que de la valeur et non de la valeur, et ils ne se soucient pas de l'avenir. La pensée du peuple est simple : l'or a plus de valeur que le papier, et la terre est plus solide que l'argent !

Non seulement les villes de premier rang comme Pékin, Shanghai, Guangzhou et Shenzhen ont connu une ruée vers l'or massive, mais presque toutes les capitales provinciales ont vu des rapports faisant état d'une rupture de stock d'or.

Quelle est l'importance de cet achat, exactement ? Les données de la Bourse de l'or de Shanghai en disent long.

Le Shanghai Gold Exchange est le centre de toutes les transactions légales d'or au comptant en Chine. Tout l'or minéral national, l'or récupéré et l'or importé d'outre-mer doivent d'abord entrer au Shanghai Gold Exchange avant de pouvoir être négocié et envoyé légalement dans le pays. Sur le marché de détail, la source ultime de tous les produits en or provient du Shanghai Gold Exchange. Les membres du Shanghai Gold Exchange comprennent des institutions financières, des entreprises de production, de fusion, de transformation, de vente en gros et d'importation et d'exportation de produits en métaux précieux tels que l'or, l'argent et le platine. En un mot, le volume de sortie du Shanghai Gold Exchange.

La "tante chinoise" achète de l'or en masse le 16 avril 2013 est le volume total de tout l'or légal échangé sur le marché chinois.

En avril 2013, le volume de dépôt sortant du Shanghai Gold Exchange a grimpé de 182% en glissement annuel pour atteindre le chiffre stupéfiant de 236 tonnes ! Le volume de dépôt de l'Institut sur l'ensemble de l'année 2012 était de 1 138 tonnes, et le volume de dépôt d'avril 2013 est proche du total du premier trimestre 2012 !

À la fin du mois d'avril, le marché national de l'or était pratiquement en rupture de stock, la prime de l'or au comptant de la

Bourse de l'or de Shanghai par rapport au marché international par gramme étant supérieure à près de 10 yuans, alors que la situation normale n'est généralement pas supérieure à 1 yuan, ce qui signifie que l'achat d'or dans le pays par rapport à l'achat d'or à l'étranger par once coûte 50 dollars ! Une prime aussi élevée reflète le fait que l'or physique est déjà en extrême pénurie sur le marché chinois.

En raison du prix trop élevé de l'or sur le marché intérieur, un grand nombre de "mères chinoises" se sont précipitées à Hong Kong pour acheter des marchandises, ce qui a entraîné un "saccage" des stocks d'or et d'argent sur le marché de Hong Kong, le montant total des transactions ayant atteint le chiffre record de 160 milliards de dollars de Hong Kong, soit l'équivalent de 400 tonnes d'or ! Le 24 avril, les stocks d'or physique de Hong Kong étaient au bord de l'épuisement et ont dû être réapprovisionnés d'urgence depuis Londres et la Suisse, avec des commandes quatre fois plus importantes que d'habitude !

À la fin du mois d'avril, à l'approche des longues vacances nationales du "May Day", un grand nombre de "Chinese amah" ont à nouveau "bombardé" Hong Kong avec une grande quantité d'argent, les magasins d'or de Hong Kong ont à nouveau fait un plein bol d'argent. Selon les médias de Hong Kong, du 29 avril au 2 mai, les ventes d'or des 1 200 bijouteries du territoire ont grimpé de 50% par rapport à l'année précédente, et ont vendu 40 tonnes d'or en 4 jours !

Les "grandes mères de la Chine" sont devenues célèbres pendant la guerre, elles ont vu le prix international des contrats à terme sur l'or s'effondrer, la crise de popularité du marché de l'or a balayé l'or de la Chine continentale et de Hong Kong, a choqué le marché financier international, mais aussi les gros bonnets de Wall Street.

Le 10 avril, Goldman Sachs a publié un rapport fortement baissier sur l'or et a conseillé à ses clients de vendre l'or à découvert à grande échelle. À peine 13 jours plus tard, devant la ruée vers l'or physique, Goldman Sachs a dû changer de discours et déclarer que, tout en continuant à être pessimiste sur l'or, elle ne recommandait pas à ses clients de continuer à vendre de l'or à découvert.

En fait, la ruée vers l'or n'éclate pas seulement en Chine, l'enthousiasme pour l'investissement dans l'or et l'argent physiques dans le monde entier se répand aussi comme un feu de prairie.

Immédiatement après la chute des prix de l'or sur les marchés à terme de New York, les investisseurs américains en or et en argent physiques ont entamé une opération massive.

Le 16 avril, Amark et CNT, les plus grands négociants américains en métaux précieux, ont annoncé que leurs stocks d'argent étaient épuisés et qu'ils étaient également désignés par le département du Trésor américain comme fournisseurs de matières premières pour la fabrication de pièces d'or et d'argent. En conséquence, SD BULLION, un important site Web américain de commande de métaux précieux, a affiché les mots "Out of stock ! "sur sa page d'accueil ce jour-là. (Il a également affiché la mention "SOLD OUT !" pour rappeler notamment que "En raison de l'ampleur sans précédent des ventes physiques aujourd'hui, la livraison des commandes sera retardée de 20 jours."

Bill Hayne, qui a 41 ans d'expérience dans le secteur des métaux précieux, n'a pu s'empêcher de se lamenter :

> *"Jamais vu une telle pénurie d'or et d'argent à grande échelle, de nombreux grossistes en métaux précieux américains ont été en rupture de stock, la collecte des commandes a été retardée de 4 semaines à 6 semaines de traitement. Le rapport entre les acheteurs et les vendeurs d'or et d'argent physiques a atteint le chiffre stupéfiant de 50:1, ce qui a fait monter en flèche les frais pour tous les achats de métaux précieux. "*

Le 17 avril, un rapport publié par l'U.S. Treasury Mint, le plus grand fournisseur mondial de pièces d'or et d'argent, a montré que les Américains se sont lancés dans une frénésie d'achats ce jour-là, achetant un nombre record de 635 000 onces d'or, soit deux tonnes d'or ! Et la "tante chinoise" dans le "May Day" balayant le marché de Hong Kong, l'échelle de la vente de 10 tonnes par jour !

Le 24 avril, au moment où l'or de Hong Kong était épuisé, la Monnaie américaine a annoncé que les pièces d'or de 1/10 once étaient également épuisées, l'approvisionnement étant perturbé depuis plus d'un mois. Les pièces d'or de 1/10 once sont l'investissement en pièces d'or le plus populaire aux États-Unis, les ventes ayant grimpé de 118% en glissement annuel depuis 2013. Tout au long du mois d'avril, la Monnaie américaine a vendu près de 210 000 onces (6,8 tonnes) d'or pour 311 millions de dollars, soit le montant le plus élevé jamais vendu à la Monnaie.

L'Inde, le plus grand consommateur d'or au monde, a importé 142,5 tonnes d'or en avril, soit une augmentation considérable de 66%

par rapport à la moyenne des trois mois précédents ; en Australie, les ventes d'or de la Perth Mint ont atteint un niveau record de 112 000 onces (3,6 tonnes) en avril, soit une augmentation considérable de 534,4% par rapport à l'année précédente ; et au Japon, de longues files de Japonais ont attendu patiemment pendant trois heures pour acheter de l'or dans les boutiques d'or du quartier des affaires de Ginza, à Tokyo.

D'Istanbul à Abu Dhabi, de Mumbai à Dubaï, de l'Amérique du Nord à l'Europe, de l'Australie à la Suisse, de Singapour à Hong Kong, de Pékin à Tokyo, les investisseurs en or physique du monde entier ont acheté de l'or physique en masse pendant les deux semaines qui ont suivi l'effondrement de la confiance dans l'or à terme.

Il y a un miracle de glace et de feu dans le marché de l'or ! Le marché de l'or à terme est froid au point d'être "éteint", tandis que le marché de l'or physique est chaud au point d'être "chaud" !

On peut se demander si nous parlons de la même chose. Pourquoi l'or physique du monde est-il si recherché, alors que l'or à terme "ne cesse de plonger" ? Quel marché détermine réellement le prix de l'or ?

Pour comprendre le raisonnement qui sous-tend ce phénomène, il est nécessaire de revenir sur l'histoire du marché mondial de l'or.

London Gold : naissance noble, voies privées

Au début du 19e siècle, la Grande-Bretagne a été la première au monde à établir un étalon-or, avec une once d'or fixée par la loi à 3,17 shillings et 10,5 pence. En clair, c'est la Banque d'Angleterre qui s'engageait à acheter tout l'or à tout moment au prix de 3,17 shillings et 9 pence, et à le vendre sur le marché en quantités illimitées au prix légal de 3,17 shillings et 10,5 pence. La Banque d'Angleterre est le plus grand teneur de marché sur le marché mondial de l'or à cette époque, son principal devoir est de défendre le prix de l'or et de veiller à ce que le système d'étalon-or soit sûr et sécurisé.

Bien sûr, la Banque d'Angleterre ne va pas personnellement à cru, faisant appel au marché pour acheter et vendre, mais elle s'appuie sur les cinq principaux orfèvres londoniens pour le commerce de gros, qui à leur tour s'appuient sur leurs propres canaux puissants pour la vente au détail. En fait, l'essence de la finance, c'est aussi le canal qui est roi, mais le canal en circulation, ce sont les produits financiers.

Les cinq principaux marchands d'or de Londres ont presque deux ou trois cents ans, le plus célèbre est la famille Rothschild, ils ne contrôlent pas seulement les pays européens du marché de la dette publique, mais aussi le marché mondial de l'or est leur hégémon, au 19ème siècle est connu comme la "sixième plus grande puissance en Europe." Outre la famille Rothschild, la famille Mocatta est la deuxième plus ancienne et gère une entreprise d'or à Londres depuis neuf générations, ce qui est encore plus ancien que les qualifications de la famille Rothschild. Les trois autres sont Johnson Matthey, Sharps Pixley et Samuel Montagu, qui ont commencé à inspecter l'or et l'argent dès 1750.[2]

Depuis le XIXe siècle, la Grande-Bretagne occupe la place prééminente de berceau de la révolution industrielle, soutenue par son hégémonie maritime et sa puissance financière, elle a établi un empire colonial s'étendant sur l'Europe, les États-Unis, l'Asie, l'Afrique et l'Océanie, monopolisant l'approvisionnement mondial en matières premières et en énergie, contrôlant la division du marché mondial, détenant le canal du commerce maritime et contrôlant le flux des capitaux internationaux. L'or mondial de l'Afrique du Sud, du Canada, des États-Unis, de la Russie, du Brésil, de l'Australie et d'autres endroits où se trouvent des mines d'or est mis en commun à Londres, la Banque d'Angleterre se base sur les réserves d'or pour créer la livre afin de la faire passer dans le monde entier, puis le capital de la livre et les produits industriels de la Grande-Bretagne aux quatre coins du marché mondial, et enfin, les énormes profits enveloppés dans plus d'or retournent à Londres, complétant ainsi le grand cercle du capital international.

Le système monétaire classique de l'étalon-or a constitué une base solide pour la prospérité et l'hégémonie britanniques jusqu'à ce que l'Allemagne, arrivée tardivement, commence à remettre en question ce mécanisme de création de richesse sous la domination britannique.

Le déclenchement de la Première Guerre mondiale a brisé le cycle mondial de l'or, centré à Londres, et les pays impliqués dans la guerre ont dû suspendre l'échange de papier-monnaie et d'or. En temps de

---

[2] Timothy Green, *The New World of Gold*, George Weidenfeldand Nicolson, Londres, 1982, p. 108.

guerre, la production d'or des colonies britanniques, comme l'Afrique du Sud, est allée directement dans les coffres de la Banque d'Angleterre et est devenue les réserves d'or de la Grande-Bretagne en temps de guerre.

À la fin de la Première Guerre mondiale, la Grande-Bretagne, bien que victorieuse militairement de l'Allemagne, était économiquement dévastée. Les Américains, quant à eux, sont restés sur la touche et ont assisté à l'afflux massif d'or de l'Europe vers les États-Unis pour couvrir leurs paris, ce qui a conduit à une montée en puissance de l'industrie et de la finance américaines. À ce stade, le dollar l'a emporté de manière significative sur la livre.

La guerre est finie, mais la Grande-Bretagne, qui a dû imprimer beaucoup d'argent pendant la guerre, sans pour autant connaître une inflation vicieuse, s'est retrouvée avec une énorme dette en dollars, passant d'une nation créancière d'avant-guerre à une nation débitrice d'après-guerre envers les États-Unis. Le statut de Londres en tant que centre financier international a été arraché par New York, et l'hégémonie de la monnaie mondiale qu'était la livre sterling a été écrasée par le dollar. Le système financier britannique a été gravement blessé, entraînant un retard dans le retour de la livre à l'étalon-or et une grave perturbation de l'ordre du commerce international et de la division du travail dans le monde, que le Royaume-Uni s'efforce de faire fonctionner depuis des siècles.

En 1913, les quatre grandes puissances économiques avant la guerre, les Etats-Unis, la Grande-Bretagne, l'Allemagne et la France, totalisaient 5 milliards de dollars de réserves d'or, dont les Etats-Unis jusqu'à 2 milliards, la Grande-Bretagne 800 millions, l'Allemagne 1 milliard, la France 1,2 milliard. Et après la guerre, dans les quatre grandes puissances de 6 milliards de dollars de réserves d'or totales, les États-Unis se sont assis sur 4,5 milliards, plus de cinq fois le Royaume-Uni, avec un avantage absolu. Mais l'Empire britannique n'a manifestement pas été capable de s'adapter à temps à la mentalité d'hégémonie, et la Banque d'Angleterre a insisté pour fixer le prix de l'or en livres uniquement, alors que la livre se dépréciait considérablement par rapport au dollar.

De cette façon, les pays producteurs d'or comme l'Afrique du Sud seraient hors jeu. La Banque d'Angleterre collectait leur or à un prix fixe en temps de guerre, et le prix de l'or était clairement en hausse, et si elle continuait à un prix fixe, elle perdait clairement beaucoup. Bien sûr, la Grande-Bretagne est souveraine et l'Afrique du Sud est réticente à tourner le dos à New York, mais elles sont désespérées de trouver un débouché à Londres qui reflète vraiment le prix du marché de l'or.

De toute évidence, qui peut égaler les Rothschild à Londres en termes de puissance financière et de position privilégiée ? Ainsi, la famille Rothschild, sous le soutien commun des pays producteurs d'or et des courtiers en or, a rassemblé les cinq principales familles de marchands d'or londoniens et, le 12 septembre 1919, a lancé le premier "London gold pricing".

Ce jour-là, l'or a établi un record pour la première cotation sur le marché et le prix de l'or a été fixé à : £4.18 !

À partir de ce moment-là, tous les jours ouvrables, à 10 h 30, les représentants des quatre principaux négociants en or londoniens se rendent à l'heure dans les bureaux de la famille Rothschild, dans la Cité financière de Londres, et ils sont assis séparément dans une pièce secrète, où les représentants des Rothschild sont au nombre de cinq au total, et où personne d'autre n'est autorisé à entrer. Chacun d'entre eux dispose d'une ligne dédiée à la salle des marchés de sa propre société, qui relie à son tour les courtiers en or, grands et petits, du monde entier. La chambre des prix de Rothschild est le centre nerveux du commerce mondial de l'or, qui intègre étroitement les sept principales mines d'or d'Afrique du Sud, les exportateurs d'or de l'ex-Union soviétique, d'Amérique du Sud, d'Australie et les principaux fournisseurs d'or du monde, les demandeurs d'or de Hong Kong, du Moyen-Orient, d'Inde, de Tokyo et d'autres endroits, ainsi que les spéculateurs de divers pays, dans un réseau de production d'or et de canaux de distribution mondiaux. En ce moment, le monde attend nerveusement la fixation du prix de l'or ce jour-là.

Dans la pièce secrète, cinq personnes sont dans la même position, et le président est naturellement le représentant de la famille Rothschild. Il commencera par annoncer : "Messieurs, nous commençons aujourd'hui avec 498 dollars." (Après 1968, le prix de l'or de Londres était fixé en dollars américains, en référence au cours de clôture de New York) Immédiatement après, cinq personnes notifiaient par téléphone le prix initial aux salles de marché de leurs firmes respectives, et les traders commençaient immédiatement à demander aux clients par téléphone des fourchettes de prix d'achat et de vente, tandis que d'autres clients attendaient en ligne. Très vite, chaque salle de marché a trié les ordres d'achat et de vente de ses propres clients, a calculé la différence de roulement, puis a rapidement remonté l'information à la salle secrète de la famille Rothschild. En quelques secondes, cinq personnes ont annoncé si elles étaient acheteuses ou vendeuses, ou non intéressées par ce prix, en fonction des résultats du différentiel glissant dans leurs salles de marché respectives. En général, la fixation des prix entre en vigueur lorsque le volume des ventes et des achats annoncés par cinq personnes atteint plusieurs tonnes (un chiffre qui a été tenu secret) et que le volume total des acheteurs et des vendeurs est à peu près équilibré. Si le nombre de ventes ne correspond pas, le président doit alors essayer un autre prix et tout le monde s'active à nouveau jusqu'à ce qu'à ce prix, le nombre total de ventes et d'achats soit équilibré. [3]

Lorsque les cinq personnes se sont finalement entendues sur un prix satisfaisant, l'or de Londres a été "finalisé". Ce prix fixe a été immédiatement annoncé aux négociants par téléphone, et entre deux éclairs, le prix de l'or de Londres a été rapidement transmis aux quatre coins du monde, et l'immense marché international de l'or a commencé à gronder.

Lorsque le prix de l'or est relativement stable, un seul essai suffit, mais lorsque le prix de l'or fluctue fortement, il faut parfois s'y reprendre à 20 ou 30 fois, et une fois, en octobre 1979, il a fallu 1 heure 39 minutes ! La plus longue s'est produite le 23 mars 1990, lorsqu'une banque du Moyen-Orient a demandé à vendre au moins 14 tonnes d'or, ce qui a porté le temps à 2 heures et 26 minutes, et le prix a chuté de 20 dollars pendant le processus de fixation. La plus grande opération de fixation d'ordre a eu lieu en mars 1968, lorsque les États-Unis ont perdu la guerre du Viêt Nam et que la livre s'est fortement dépréciée, les spéculateurs ont afflué pour acheter de l'or, et le Pool d'or, formé par les banques centrales occidentales, s'est retrouvé avec plus de 2 000 tonnes d'or. En réaction, le marché de l'or de Londres a été fermé pendant deux semaines complètes. Avec la réouverture du marché de l'or, le prix de l'or n'est plus fixé en livres, mais en dollars.

La famille Rothschild a dominé la fixation du prix de l'or à Londres jusqu'en 2004. Cette année-là, la famille Rothschild a annoncé qu'elle avait volontairement renoncé à ses droits de fixation du prix de

---

[3] Ibid. p. 121.

l'or, invoquant un manque de rentabilité. Sachez que l'or se négocie en milliers de tonnes par jour, près d'un million de tonnes par an, pour une valeur totale de transaction de pas moins de 20 000 milliards de dollars ! Le pouvoir de fixation des prix est un pouvoir prophétique, les traders à haute fréquence de la bourse pour connaître le marché 1 milliseconde, peuvent payer des centaines de millions de dollars en prix d'investissement, la famille Rothschild dans le prix de l'or "prophétique" temps est de plus de 1 milliseconde ? Avec un tel pouvoir énorme, personne d'autre ne pouvait se battre pour lui, mais la famille Rothschild a été capable de le céder volontairement, et il semble que la profondeur de vue de la famille Rothschild ait atteint un niveau incroyable.

L'or suisse : le cœur d'une dame, la vie d'une servante

Le déclenchement de la "Seconde Guerre mondiale" a interrompu le bon vieux temps du monopole de Londres sur le marché mondial de l'or. De 1939 à 1954, le marché de l'or londonien est contraint de se fermer dans les feux de la guerre et le chaos de l'après-guerre. Si l'Empire britannique parvenait à peine à maintenir son statut de centre financier mondial après la Première Guerre mondiale, la perte sans précédent de la Grande-Bretagne lors de la Seconde Guerre mondiale, surtout après le démembrement forcé de son empire colonial par les États-Unis, priverait à jamais Londres de l'occasion de retrouver sa suprématie financière. Sur le marché de l'or, un autre rival redoutable a discrètement pris de l'importance, et c'est la Suisse.

La Suisse a été délibérément "protégée" par Hitler en tant que "pays neutre" pendant la Seconde Guerre mondiale, en tant que plaque tournante de transactions commerciales secrètes entre l'Allemagne nazie et les Alliés. Les grands livres des banques suisses déposés auprès du Trésor suisse montrent que l'or suisse est passé de 332 millions de dollars en 1941 à 846 millions de dollars en 1945, dont au moins 500 millions de dollars provenaient de l'Allemagne nazie, un chiffre qui coïncide avec une enquête du Congrès de l'ère Clinton. Le rapport indique que la Suisse a reçu pour 440 millions de dollars d'or nazi pendant la Seconde Guerre mondiale, dont 316 millions ont été pillés par les nazis dans d'autres pays.

Entre 1945 et 1954, alors que le marché de l'or britannique était encore fermé, les banques suisses ont commencé à se déplacer, consolidant les canaux d'approvisionnement et de distribution de l'or dans le monde entier dans le but d'établir un marché mondial de l'or dont la Suisse serait le centre. En termes de canaux d'approvisionnement, les Suisses n'avaient aucun scrupule idéologique, forgeant de solides partenariats commerciaux avec l'ancienne Union soviétique et les camps socialistes d'Europe de l'Est, d'une part, et allant même en Afrique du Sud pour déterrer le pied de mur britannique, d'autre part. En termes de canaux de vente, l'expansion la plus réussie des Suisses a été la découverte de la forte demande d'or sur le marché asiatique, notamment en Chine, où ils ont fait fortune.

En 1949, le régime chinois du Kuomintang était sur le point de s'effondrer définitivement, les prix de l'or à Pékin et Shanghai ont grimpé en flèche pour atteindre 50 ~ 55 dollars, alors que les prix de l'or sur le marché européen n'étaient que de 38 dollars. Les riches et les nantis du gouvernement Minzu se sont lancés dans une ruée vers l'or à des prix bien supérieurs à ceux pratiqués en Europe et ont fini par déposer cet or dans des banques suisses. Les Suisses ont fait d'énormes profits en entrant et en sortant. Dans le même temps, le crédit des banques suisses est profondément ancré en Chine, et même après la fondation de la Chine nouvelle, le principal commerce international de l'or passe par la Suisse.

L'expansion rapide du marché suisse de l'or n'a pas tardé à attirer les petits et grands négociants en or du monde entier. Grâce à la technologie suisse de raffinage de l'or, les lingots d'or suisses sont progressivement devenus le produit standard le plus populaire au monde. Au début des années 1970, 80% de l'or sud-africain était acheminé vers la Suisse plutôt que vers le Royaume-Uni. De 1972 à 1980, l'ancienne Union soviétique a exporté 2 000 tonnes d'or qui ont été mises en commun en Suisse. Au milieu des années 70, les États-Unis et le FMI, afin de "démonétiser" complètement l'or, une grande échelle sur le marché pour vendre des lingots d'or, les Suisses intelligents ont tranquillement mangé dans un tiers d'entre eux. Les Suisses exportent également 500 tonnes d'or vers l'Italie et l'industrie de la bijouterie du Moyen-Orient chaque année, de Rome à Téhéran, d'Istanbul à Riyad, de Singapour à Hong Kong, partout ce sont des lingots d'or raffinés suisses.

L'énorme marché de l'or fournit à la Suisse de vastes réserves d'or, la banque centrale suisse stockant 13,2 onces (411 grammes) d'or pour chaque Suisse, soit 11 fois plus que les avoirs par habitant des États-

Unis, le plus grand pays de réserve d'or ![4] Le franc suisse est devenu la monnaie la plus forte de tout le monde occidental, soutenue par des lingots d'or jusqu'à 1,1 fois plus grands que tout autre billet de franc suisse en circulation.

Face à un formidable défi lancé par la Suisse, la Grande-Bretagne a finalement perdu son trône de plaque tournante mondiale de l'or pendant 300 ans et s'est progressivement transformée en un pur centre de commerce.

Toutefois, l'avantage de Londres en matière de prix de l'or n'a pas été réduit. Les Britanniques ont constaté une tendance générale, en raison de la révision à long terme du dollar mondial, les institutions financières et les spéculateurs du marché de l'or pour saisir l'énorme quantité d'argent, a été dans la puissance financière des demandeurs finaux de l'or physique largement dépassé, la Grande-Bretagne aussi longtemps que le capital financier fermement saisir les besoins d'investissement, il est beaucoup plus rentable que le contrôle de l'approvisionnement en or et les canaux de commercialisation. Plutôt que d'être un acteur mondial de l'or physique, il est préférable d'être un acteur du prix de l'or international.

En résumé, laissez les Suisses faire le travail manuel et être eux-mêmes les patrons.

Si l'on considère la combinaison de Londres et de la Suisse comme un modèle de "boutique avant, usine arrière", Londres est le commerce et la Suisse la production. Londres utilisera sa position avantageuse de centre financier européen pour se transformer en un centre de fixation des prix de l'or, le transport, l'entreposage, les tests, le raffinage et d'autres tâches difficiles étant externalisés en Suisse. Londres se concentrera principalement sur l'expansion des canaux d'investisseurs en or, ainsi que sur la création d'une variété de produits sur mesure, les livres de compensation du marché de l'or étant fermement entre leurs mains, et ramassera et livrera ces questions triviales à la Suisse.

La Suisse a le cœur d'une dame, mais à la fin, c'est la vie de la femme de chambre qui est en jeu.

---

[4] Ibid. p. 125.

Le 2 janvier 1975 est un jour marquant dans l'histoire de l'or. Après plus de 40 longues années, le gouvernement américain a finalement annoncé la levée de l'interdiction de l'or, et les Américains peuvent désormais détenir de l'or en toute légalité.

Le monde entier sait que le dollar est également connu sous le nom de "dollar américain" parce que le dollar est soutenu par de l'or. Les États-Unis sont libres de détenir autant d'armes à feu qu'ils le souhaitent, alors comment peut-on interdire aux Américains de détenir de l'or ? L'or est-il plus dangereux que les armes à feu ?

Pour le gouvernement américain, les armes peuvent prendre des vies, l'or peut prendre des cœurs, et les cœurs sont plus difficiles à contrôler que les vies.

L'Empire britannique a été le premier à introduire l'étalon-or au début du 19e siècle, suivi par les pays européens. À cette époque, les États-Unis étaient encore considérés par les Européens comme la "terre étrangère" de la civilisation financière, sans banque centrale moderne et sans système monétaire stable. Depuis l'ère coloniale, il y a eu de nombreux types de monnaies différentes. Avec les billets de banque coloniaux, les systèmes à deux voies en or et en argent, les Greenbacks de Lincoln, et même la possibilité pour chaque banque d'émettre sa propre monnaie légale, le 19ème siècle peut être décrit comme 100 ans de grande controverse, de chaos et d'expérimentation dans le système monétaire américain. Il est intéressant de noter qu'alors que la monnaie américaine est en plein désarroi, la croissance économique est montée en flèche. C'est également au cours de ces 100 ans que les États-Unis sont passés du statut d'ancien État colonial faible à celui de pays développé en Europe, devenant d'un seul coup la première puissance mondiale.

Tout comme les premiers riches se sont enrichis avant de commencer à pratiquer des manières aristocratiques, les États-Unis sont devenus une puissance économique avant de trouver son système monétaire encombré quelque peu inconvénient, bien que la richesse et le pouvoir se concentrent alors que le système monétaire reste chaotiquement dispersé. Finalement, les États-Unis ont introduit l'étalon-or en 1900, la loi stipulant que 1 once d'or = 20,67 dollars.

La Première Guerre mondiale a rendu les États-Unis frénétiques, de grandes quantités d'or européen se déversant aux États-Unis, stimulant ainsi le grand boom économique et la grande bulle qui a suivi dans les années 1920. Le marché boursier américain s'est effondré en

1929, et les banques américaines ont commencé une faillite massive en 1931. Les épargnants terrifiés ont afflué vers les banques, utilisant des billets de dollars à court d'or, ce qui a entraîné l'effondrement de milliers de banques. Le 3 mars 1933, la veille de la prestation de serment de Roosevelt en tant que président, les réserves d'or de la Federal Reserve Bank of New York sont mises à sac. [5]Si Roosevelt n'agit pas de manière décisive le 4 mars, le système bancaire central américain fera faillite ! Il s'agit d'une faillite au sens propre du terme, car la Federal Reserve Bank of New York est une entreprise privée, et non un service gouvernemental.

L'une des premières choses que Roosevelt fit lorsqu'il prit ses fonctions le 4 mars 1933 fut de fermer immédiatement le système bancaire du pays et de prendre dix jours de vacances. Le 11 mars, Roosevelt a publié un décret mettant fin à l'échange d'or par les banques au nom de la stabilisation de l'économie, et le 5 avril, il a ordonné aux citoyens américains de remettre tout leur or, que le gouvernement a obligatoirement acheté pour 20,67 dollars. Outre les pièces d'or rares et les bijoux en or, tout Américain qui conservait de l'or à titre privé était passible d'une lourde peine de 10 ans de prison et d'une amende de 250 000 dollars. La loi sur la réserve d'or a été adoptée une nouvelle fois en janvier 1934, le dollar s'étant déprécié de façon spectaculaire pour atteindre 35 dollars pour une once d'or, mais les citoyens américains n'avaient pas le droit de l'échanger. Les Américains venaient de céder leur or il y a quelques mois, et les billets de dollars qu'ils avaient entre les mains s'étaient dépréciés de moitié avant même d'être chauds.

L'interdiction de l'or décidée par Roosevelt, qui est venu à la rescousse cette année-là, a en fait duré plus de 40 ans ! Cette situation est devenue encore plus inconcevable après la guerre, lorsque les États-Unis, qui possédaient les 2/3 des réserves d'or du monde et la moitié du PIB mondial à un moment donné, ont interdit à leurs citoyens de détenir de l'or pendant une période aussi longue, sans aucune justification apparente. Cela démontre amplement que l'isolement de l'or de la vie quotidienne des Américains est la clé de cette politique. En fait, les

---

[5] Liaquat Ahamed, *Lords of Finance*, The Penguin Press, New York, 2009, p. 448.

États-Unis sont depuis longtemps déterminés à "usurper l'or et se tenir debout tout seuls", et à utiliser le dollar pour dominer le monde.

La politique d'isolement à long terme a en effet été très efficace. Après la légalisation de l'or en 1975, les Américains ordinaires ne se sont pas lancés dans une ruée vers l'or massive, car ils étaient "amnésiques" à l'égard de l'or. Comparée à l'histoire de la Chine, l'histoire des États-Unis n'est qu'une dynastie dans le temps. Pour les Chinois, "cacher de l'or dans un monde troublé" est l'expérience ultime qui a été validée à maintes reprises par les leçons amères de milliers d'années d'histoire, tandis que pour les Américains, qui n'ont pas connu la montée et la chute d'une grande puissance complète, ils ne croient pas que les États-Unis vont décliner et que l'histoire va revenir en arrière. Il n'y a pas de contrepartie empirique dans l'esprit des Américains pour une telle façon de penser. Puisque le système américain est la fin de l'histoire, et si l'hégémonie américaine peut se perpétuer, alors le dollar est naturellement la forme ultime de la monnaie humaine, l'or peut-il avoir une quelconque valeur ?

Sur le marché de l'or, qui vient de s'ouvrir aux États-Unis en 1975, l'investissement dans l'or suscite un manque général de compréhension et d'optimisme. Les contrats à terme sur l'or ne sont pratiquement pas demandés sur les bourses de marchandises, et les négociants en or sont les moins en marge. Pendant leur temps de travail dans le commerce de l'or, ils s'ennuient souvent et passent même le temps en jouant aux échecs.

Bien sûr, la stabilité temporaire du dollar est une illusion.

Lorsque le dollar a été découplé de l'or en 1971, le prix de l'or est progressivement passé de 35 à 42,22 dollars et l'inflation a commencé aux États-Unis. Mais l'Américain moyen pense que c'était le résultat de la crise pétrolière de 1973 et que les prix allaient bientôt revenir à la normale. Après tout, les prix américains avant 1971 avaient un long historique de 170 ans de stabilité des prix, et si les guerres mondiales peuvent entraîner une volatilité des prix, les prix sous l'étalon-or ont largement maintenu une longue tendance historique de baisse des prix, et les Américains ne connaissent que trop bien l'inflation. Cependant, après la crise pétrolière, au lieu de montrer des signes de baisse, l'inflation aux États-Unis s'est intensifiée et les gens deviennent progressivement nerveux.

Le dollar a commencé à s'effondrer sur le marché international des changes en 1977, et en 1978, l'inflation aux États-Unis était passée de

4% vers 1971 à 10%, pour atteindre le chiffre stupéfiant de 14% en 1979 ! À ce moment-là, le psychisme des Américains ne pouvait plus être calmé, et ils sont passés de la nervosité à la peur, avec une soudaine explosion d'enthousiasme pour l'or. Les journaux, la radio et la télévision ont réagi rapidement, et les prix de l'or, qui étaient passés inaperçus, ont rapidement fait la une des journaux. La crise des otages iraniens et l'invasion soviétique de l'Afghanistan ont ajouté de l'huile sur le feu du marché de l'or.

L'obscur négociant en or original est immédiatement devenu la coqueluche du marché à terme, multipliant ainsi sa valeur. En un seul mois, en décembre 1978, le marché américain des contrats à terme sur l'or a dépassé le chiffre stupéfiant d'un million de contrats négociés, contre une moyenne de seulement 800 000 contrats pour l'ensemble des années 1975 et 1976.[6]

En trois ans, le volume des transactions à terme sur l'or a été multiplié par 10, entraînant une révolution sur le marché de l'or américain. Le morne commerce de l'or physique en Suisse étouffe tout simplement le riche investisseur américain ; et le vieux modèle commercial conservateur de Londres ne peut satisfaire l'énorme appétit des spéculateurs américains. Les Américains sont naturellement aventureux et novateurs et ont un tempérament inné de joueur.

Pour couvrir le marché de l'or, vous devez jouer gros.

Le New York Commodities Exchange (COMEX) a mis au point un produit à terme révolutionnaire sur l'or, avec 100 onces de barres d'or standard contenant 99,5% d'or par contrat COMEX, ce qui est plus petit que les barres d'or standard de 400 onces de Londres. La clientèle de base a été considérablement élargie grâce à la baisse des prix. Plus important encore, le contrat à terme utilise un modèle de marge, avec une marge d'environ 5% seulement requise pour acheter chaque contrat. Si le prix de l'or est de 1 000 dollars, le prix total par contrat est de 100 000 dollars, un prix clairement trop élevé pour favoriser la participation des particuliers. Si seulement une marge de 5%, soit 5 000 $, est déposée, le client pourra acheter et vendre 100 000 $ d'or

---

[6] Timothy Green, *The New World of Gold*, George Weidenfeld and Nicolson, Londres, 1982, p. 136.

pour seulement 5 000 $. Un effet de levier 20 fois supérieur est tout simplement trop élevé pour le joueur !

Le COMEX est disponible en 1/4 des lingots de Londres, complété par un effet de levier de 20x, ce qui équivaut à une réduction de 80x du seuil d'investissement dans l'or ! À l'époque, les Suisses ont laborieusement fait pression sur les mineurs d'or et les bijoutiers du monde entier, puis ont laborieusement construit des installations de stockage, de raffinage et de transport dans le but de faire de la Suisse le centre mondial de l'or, et ont ensuite travaillé dur pendant des décennies pour que les financiers de Londres jouent avec l'or. Et les Américains ont perçu la tendance dominante des investissements sur le marché de l'or, ont audacieusement abaissé le seuil d'investissement dans l'or, ont pleinement stimulé et satisfait la cupidité et le jeu dans la nature humaine, ont facilement arraché au marché de l'or de Londres un grand nombre de clients internationaux.

L'esprit cow-boy de New York contraste fortement avec les activités aristocratiques de Londres, où les gros bonnets considèrent l'investissement dans l'or comme une affaire très privée où clients et négociants peuvent négocier dans une atmosphère relativement informelle et sans réglementation, et où le sentiment oppressant d'une réglementation stricte et d'une négociation intense sur le marché à terme est trop fort. En d'autres termes, Londres considère le commerce de l'or comme une transaction liée à l'identité et à la vie privée, et les personnes vraiment fortunées ont besoin d'une expérience de service plus confortable et plus attentive comme celle de Londres. Le marché londonien estime que ceux qui spéculent sur l'or ne sont que des gens riches, et que ceux qui cachent l'or sont les plus riches du monde.

Les cow-boys de New York ne se soucient ni des grands ni des petits, c'est dur de faire de l'argent.

L'ouverture du marché des offres publiques du COMEX et le processus de fixation des prix de l'or à Londres sont très différents, sans le style aristocratique et privé de Londres, dès l'ouverture se trouve une atmosphère extrêmement tendue et exubérante. Les informations d'achat et de vente du monde entier sont rassemblées en un torrent d'ordres agités par des traders tels que Merrill Lynch et Goldman Sachs, et les ordres sont envoyés instantanément par téléphone à une cabine téléphonique de la salle des marchés. Les opérateurs, qui devaient chacun s'occuper de 15 lignes téléphoniques dédiées, devaient esquisser et horodater les ordres sur les bordereaux de transaction pendant qu'ils répondaient au téléphone aux demandes des clients. À ce moment-là, les communicateurs (Runner) attendaient depuis longtemps sur le côté que le ticket de transaction atterrisse tout simplement sur la table, ils l'ont immédiatement saisi dès qu'ils ont pu, puis se sont précipités sur les traders dans le hall en faisant un sprint de cent mètres. La folie du commerce, des centaines de lignes téléphoniques entrelacées en une toile d'araignée dense, des cabines téléphoniques jusqu'à l'endroit le plus proche du commerçant, le correspondant a volé dans des couches de "fil-piège" au milieu, étonnamment personne n'est jamais tombé, c'est tout simplement un miracle !

Le marché à terme de l'or de New York a connu un succès sans précédent. Le marché COMEX a été un aimant pour les investisseurs en or du monde entier, dont les heures de travail sont complètement perturbées par les heures de négociation de New York. Les Européens doivent veiller tard dans leurs bureaux ; les habitants du Moyen-Orient ont du mal à dîner avant minuit ; et les plus mal lotis sont les investisseurs de Hong Kong et d'Asie, qui se couchent essentiellement après 3 heures du matin.

Au début des années 1980, le marché de l'or à terme de New York a de plus en plus dépassé le marché de l'or physique de Londres, tant en taille qu'en liquidité. Au cours de la dernière décennie, le pouvoir de fixation des prix à New York est devenu de plus en plus dominant. Sur le marché à terme de l'or, la grande majorité des investisseurs sont en fait des spéculateurs, qui jouent un rôle de premier plan dans ce marché tendu, excitant et en baisse. Les marchés à terme livrent souvent moins de 1% de leur volume, et c'est une chose assez anodine pour les parieurs participants que de finir par devoir retirer leur spot.

Pour une marchandise donnée, plus le volume d'échanges du marché est important, plus l'influence sur le prix est grande, la raison étant que les marchandises sont plus liquides, plus facilement liquidées et que leur prix est plus précis sur le marché ayant le plus grand volume d'échanges. Le marché de l'or ne fait pas exception. Cependant, lorsque le volume d'échange des contrats à terme, des options et autres "or papier" dépasse 100 fois le volume d'échange de l'or physique, ce marché n'est plus un marché à terme de l'or, mais un marché à terme nommé or. Plus précisément, un casino qui parie sur le prix de l'or.

C'est pourquoi la "big mama chinoise" et les investisseurs en or physique du monde entier achètent de l'or en grand nombre, mais ne parviennent pas à faire bouger le prix de l'or.

Comme le casino devient de plus en plus grand et que les enjeux sont de plus en plus élevés, mais que les jetons d'or deviennent de plus en plus rares, un risque se présente : si les jetons sont épuisés, le casino peut être obligé de fermer.

Ce risque potentiel s'est rassemblé fin 2012 et début 2013 et a fini par déclencher une vague monstrueuse sur le marché de l'or.

QE3 AMÉRICAIN : Une pierre remue mille vagues, la confiance du dollar tremble

Le QE3 gonflera le bilan de la Fed à 4 000 milliards de dollars d'ici la fin de 2013. Le 14 septembre 2012, les États-Unis ont annoncé que le troisième cycle d'assouplissement quantitatif (QE3) était sur le point de commencer, la Réserve fédérale continuant à imprimer de l'argent pour acheter 40 milliards de dollars d'obligations adossées à des créances hypothécaires (MBS) et 45 milliards de dollars de bons du Trésor chaque mois, soit un total de 85 milliards de dollars par mois. Plus alarmant encore, la Fed affirme que le QE3 se poursuivra jusqu'à ce que le marché de l'emploi s'améliore, tout en laissant entendre que l'on peut tolérer que le plancher d'inflation soit franchi. De cette façon, le QE3 est devenu une "politique du trois-pas" sans limite de temps, sans limite et sans résultat ! Avec une augmentation nette de 1 000 milliards de dollars en monnaie de base pour la seule année 2013, le bilan de la Fed atteindra 4 000 milliards de dollars à la fin de 2013, soit quatre fois la taille qu'il avait avant la crise financière de 2008 !

Bien que QE1 et QE2 n'aient pas provoqué la flambée des prix la plus redoutée, mais la "politique des trois non" de QE3, personne ne sait sur le marché si la finale va réveiller le démon de l'inflation endormi. La principale raison pour laquelle la refonte de la monnaie n'a pas entraîné d'inflation immédiate est que la nouvelle monnaie a été temporairement plongée dans le marécage du système financier, avec un processus de ralenti inefficace. Mais cette situation n'est pas définitivement stable, et l'infusion monétaire de 85 milliards de dollars par mois va accroître la difficulté de maintenir une stabilité fragile, et l'inflation est un doute inéluctable, que le résultat final soit une reprise économique miraculeuse ou un effondrement tragique. Une prolifération de monnaies de base de cette ampleur a créé un lac monétaire massif aux proportions déconcertantes.

Peter Schiff, PDG d'Europacific Capital, a exposé au monde entier les dangers du QE3 dans un discours dans lequel il a simulé un futur discours télévisé du président des États-Unis :

> "Mes chers concitoyens, nous allons réduire fortement les dépenses publiques, augmenter les impôts, supprimer les soins de santé de base, réduire les retraites, et ce parce que les Chinois veulent que nous les remboursions". Pensez-vous que cela va se produire ? Jamais ! Le peuple américain dira, vous abominables Chinois qui insistez pour nous prêter de l'argent en sachant que nous ne pourrons pas le rembourser, vous êtes des vampires de l'usure ! Nous ne rembourserons jamais !"

a fait remarquer Peter Schiff,

> "Les Chinois semblent faire l'autruche lorsque quelqu'un lui dit que les Américains ne vous rembourseront jamais, car ils n'ont pas été capables de le faire pendant plusieurs vies. La réaction des Chinois en entendant cela a été étonnamment de faire l'autruche et de se dire : 'Ça n'arrivera pas, ça n'arrivera pas, les bons du Trésor américain sont l'investissement le plus sûr du monde. Puis, comme toujours, les ressources de la Chine ont été envoyées aux États-Unis en échange de morceaux de papier vert, puis pour acheter des bons du Trésor américain. Et avec 100 millions de pauvres de plus en Chine, la vie de ces compatriotes semble complètement moins importante que la dette nationale américaine, il s'avère que les personnes les plus discriminatoires au monde sont les Chinois eux-mêmes !"

En fait, tous les pays du monde comprennent que le QE3 est une ruse des États-Unis pour attirer le fléau vers d'autres pays et transférer la crise, mais la réaction de chaque pays est différente. C'est comme si un chef de la mafia à court d'argent, muni d'une machette brillante, montait dans un car et demandait aux passagers, un par un, de l'argent pour se protéger, et que les passagers n'osaient rien dire et remettaient honnêtement leurs trésors. Lorsque le patron noir descend du car, les passagers font immédiatement sauter leur nid, jurant de ne plus jamais subir une telle humiliation. C'est pourquoi les pays ont procédé à des échanges de devises et à des règlements en monnaie locale, et les gens en ont assez du chantage de la pègre.

Le QE3 a sans aucun doute transformé le mécontentement national à l'égard du dollar, qui, après s'être développé et propagé tranquillement, s'est rapidement transformé en tollé et en colère.

La Fed est certainement consciente des conséquences de l'annonce du QE3, mais sans celui-ci, le mirage de la reprise économique sera immédiatement battu en brèche.

Afin de contrôler le taux de change du dollar sans crise majeure, ou pour que les autres pays fassent un nouvel effort pour se débarrasser du dollar, les États-Unis vont frapper une combinaison tridimensionnelle de conflits monétaires, économiques, de marché, médiatiques et géopolitiques, à la fois pour distribuer sans discernement le dollar et pour que tout le monde s'en empare, ce qui est une acrobatie absolue de grande difficulté.

Puisque tout le monde voit que le dollar va pourrir, les États-Unis vont laisser les autres monnaies pourrir encore plus, et puisque les pays émergents veulent entamer un nouvel effort pour se débarrasser du dollar, laissons les économies de ces régions s'effondrer en premier.

Les pays développés se rejoignent, les tambours de guerre de la dévaluation se font entendre.

Dans le passé, les États-Unis étaient les plus agacés par la dévaluation des monnaies des autres pays et accusaient et menaçaient toujours en "manipulant le taux de change", comme le dit le dicton, seuls les fonctionnaires de l'État sont autorisés à mettre le feu et les gens ne sont pas autorisés à allumer des lampes. En particulier pour la Chine et le Japon, les deux plus grands partenaires commerciaux et les plus grands débiteurs, les États-Unis sont encore plus intimidants et séduisants, le seul fait de détester l'appréciation du yuan et du yen ne suffit pas.

Le 22 janvier 2013, le gouvernement du Japon et la Banque du Japon ont publié une déclaration commune sur la "croissance économique durable sans déflation", s'efforçant d'atteindre l'objectif de 2% de hausse des prix. Le moyen est la dévaluation " la plus drastique " du yen depuis 50 ans, augmentant la monnaie de base de 60 000 à 70 000 milliards de yens par an (environ 600 à 700 milliards de dollars américains), l'objectif est de doubler la monnaie de base totale en deux ans !

Pour la super version du QE du Japon, les Allemands sont en colère, les Brésiliens jurent, le FMI hurle, les Russes sont agacés, les Coréens ont peur, les Chinois sont aveuglés, et les Américains sont ? Lave-toi et va te coucher !

En fin de compte, sans le soutien ou même la connivence secrète des États-Unis, comment Abe pourrait-il facilement dévaluer le yen aux dépens des Américains ? Pour les États-Unis, les pertes commerciales sont faibles et la position du dollar est grande, le moindre des deux maux. Le dollar semble beaucoup plus prometteur face à une forte dépréciation du yen.

Le cœur de l'économie d'Abe est de créer des attentes inflationnistes, d'inverser la déflation qui sévit au Japon depuis 20 ans et de forcer les consommateurs japonais à accélérer leurs dépenses pour relancer la croissance économique.

Cette ligne de pensée est un désordre logique complet !

La déflation au Japon est le résultat, et non la cause, des malheurs économiques. La cause profonde de la faiblesse des prix au Japon est la consommation atone, et la cause de la consommation atone est le désir atone de la population de consommer en raison du profond vieillissement. Le problème peut-il être atténué par le fait que la retraite des personnes âgées est extrêmement dépendante de leur épargne antérieure, et que la sur-émission de monnaie ne fera que priver davantage les personnes âgées de leur pouvoir d'achat, et que même la hausse des prix ne fera qu'aggraver la faiblesse de la consommation ? L'essence de l'économie d'Abe est la redistribution des richesses, le transfert des richesses de la population vieillissante vers la population plus jeune dans une tentative de stimuler l'économie avec le pouvoir d'achat de la population plus jeune. Mais dans un Japon fortement vieillissant, la croissance de la consommation des jeunes peut-elle compenser entièrement la diminution de la consommation de la population vieillissante ?

La stratégie du Japon consistant à dévaluer sa monnaie suscitera inévitablement des représailles, voire un siège, de la part des autres pays.

Les personnes âgées ont besoin de modération, mais Abe insiste pour prendre de fortes doses de Viagra, ce qui ne fera qu'affaiblir davantage le corps.

En plus de la main économique, les États-Unis ont également préparé une main politique. Juste avant que la Fed n'annonce le QE3 le 14 septembre 2012, la Diète japonaise a décidé le 10 septembre de " nationaliser " les îles Diaoyu pour 2,05 milliards de yens, ce qui a directement conduit à l'escalade du conflit entre la Chine et le Japon.

Il n'y a pas de pures "coïncidences" dans ce monde !

L'escalade du conflit entre la Chine et le Japon au sujet des îles Diaoyu a intensifié les tensions dans la région Asie-Pacifique, avec la confrontation Chine-Japon, les tensions en Corée du Nord et les frictions en mer de Chine méridionale, renforçant la fonction de couverture du dollar. Plus important encore, avec un tel sentiment d'affrontement, qui a le cœur de lancer un autre poêle à monnaie dans la région Asie-Pacifique et de se débarrasser de l'emprise du dollar américain ?

La stratégie monétaire américaine dans la région Asie-Pacifique consiste à mener une action offensive contre le yuan et une action défensive contre le yen pour stimuler les contradictions en Asie de l'Est et renforcer la position du dollar américain afin de protéger le lancement du QE3 !

Outre la mobilisation du yen pour sa dépréciation, la participation de l'euro est également importante.

La dévaluation des monnaies est une tentation naturelle pour les gouvernements, en particulier pour les pays très endettés. À court terme, la dévaluation de la monnaie permettrait non seulement d'atténuer la crise et de masquer la dette, mais aussi de stimuler les exportations, d'améliorer l'emploi et de démontrer les performances politiques. C'est juste qu'il est généralement trop évident de le faire seul, et il est facile de s'attirer des critiques, voire des représailles commerciales, mais si les États-Unis et le Japon osent prendre l'initiative, l'UE, qui a été torturée à mort par la crise de la dette européenne, ne saisit pas l'occasion de la libération de la monnaie, ce serait trop inopportun.

Le 6 décembre 2012, la BCE a laissé entendre qu'elle discutait de l'idée de réduire les taux d'intérêt sur les dépôts à des taux négatifs, dans le but supposé d'inciter les banques à utiliser leurs fonds ailleurs. Sur la question des taux d'intérêt négatifs, le président de la Banque centrale européenne, Mario Draghi, a déclaré : le Comité de la Banque centrale européenne a discuté pour la première fois de la possibilité de réduire le taux d'épargne au jour le jour à un taux négatif, et si nécessaire, "prêt sur le plan opérationnel". [7]

Après tout, l'euro est connu pour être fort, et les Allemands qui dominent la BCE en particulier ont un niveau pathologique de sensibilité à l'inflation, ce qui, je le crains, est lié à l'amère leçon que les Allemands ont subi trois krachs monétaires au cours des 100 dernières années. Une dévaluation de l'euro est un mauvais jour, et une dévaluation le discrédite.

Que les vies comptent ou que les visages comptent, les Allemands sont toujours douloureusement déchirés.

Pour les États-Unis, la déclaration d'ouverture de l'euro à des taux d'intérêt négatifs a suffi à renverser la vapeur sur le dollar.

Cependant, un plus grand danger contre le dollar se profile.

Dans l'histoire de la Chine, chaque fois que la puissance du pouvoir centralisé a décliné, elle a inévitablement donné lieu à une domination locale et au chaos des seigneurs de la guerre. Il en va de même pour l'hégémonie monétaire internationale. Dans les années 1950, le rouble était utilisé contre le dollar, dans les années 1960, le franc a défié le dollar, dans les années 1970, l'or a augmenté, dans les années 1980, le yen était agressif, dans les années 1990, il était relativement calme, puis l'euro a divisé la frontière.

Le succès de la "révolte monétaire" de l'euro a fortement incité les petits pays à tenter de voler de leurs propres ailes en abolissant le dollar, qui a été impitoyablement supprimé.

En novembre 2000, la Banque centrale d'Irak fait savoir qu'elle va remplacer le dollar américain par l'euro comme monnaie de règlement du pétrole et ajuster ses réserves de change de 10 milliards de dollars à l'euro. Les Européens sont fous de joie et la zone euro s'ouvre. En décembre, le vice-premier ministre et ministre des finances irakien, M. Al-Azawi, annonce que, compte tenu de l'attitude hostile des États-Unis à l'égard de l'Irak, ce pays a décidé de remplacer officiellement le dollar des États-Unis par l'euro comme monnaie de règlement des

---

[7] Ambrose Evans-Pritchard, ECB mulls negative ates as Europe's economic crisis deepens, The Telegraph, 2012-12-6.

échanges commerciaux à compter du début de 2002. Afin d'assurer la mise en œuvre de cette décision, le gouvernement irakien a également exigé des entreprises publiques et privées qu'elles respectent les règles relatives à l'utilisation de l'euro pour le règlement des échanges commerciaux. Au cours de l'été 2001, l'euro a continué à s'apprécier par rapport au dollar des États-Unis, ce dont la politique de règlement en euros de Saddam a permis à l'Irak de profiter largement. Par la suite, de nombreux pays de l'OPEP ont également réagi, prêts à vendre du pétrole à l'UE en échange d'un euro plus fort, tout en se détournant du dollar faible.

Les États-Unis sont maintenant hors d'état de nuire. Si les pays exportateurs de pétrole du Moyen-Orient suivent l'exemple de Saddam, l'hégémonie du dollar se sera effondrée en deux, et si le dollar ne peut plus acheter de pétrole, qui sera encore prêt à détenir le dollar qui se déprécie sans cesse ?

Il a vu la porte de l'hégémonie du dollar et était prêt à frapper, mais il ne savait pas comment se battre pour sa vie. L'Irak faible ne peut que récolter les fruits d'une lutte acharnée, voire d'une guerre, entre les grandes puissances. L'UE et la Russie, utilisées comme parapluie par Saddam, n'ont ni la volonté ni la force d'entrer en conflit avec les États-Unis. Il est également peu probable que Saddam, qui est très impopulaire au Moyen-Orient, obtienne beaucoup d'aide des pays de l'OPEP. Défier le destin des États-Unis de manière aussi isolée ne peut que susciter des représailles mortelles.

En mars 2003, un peu plus d'un an après avoir ouvert ses portes, l'euro business irakien a subi le fléau de l'anéantissement national.

Une autre personne qui est morte en essayant de défier l'hégémonie du dollar est le libyen Kadhafi.

Dans les années 1970, Kadhafi rêvait que le Moyen-Orient et l'Afrique se trouvaient tous deux en marge du système mondial, riches en pétrole, avec de grandes populations et de vastes marchés, et que si le Moyen-Orient et l'Afrique pouvaient être intégrés de la foi au marché et les puissances européennes et américaines poussées hors du continent, cela changerait le statut marginalisé de la région. Plus tard, en raison de l'établissement du système des pétrodollars, les pays du Moyen-Orient se sont progressivement détournés de son rêve. Kadhafi a quitté la Ligue arabe dans un accès de colère. Depuis lors, il s'efforce de construire l'Union africaine.

Pour réaliser son rêve d'Afrique, il est impossible de le faire sans financement. Kadhafi tient à verrouiller son objectif de faire passer l'Afrique par la monnaie. Il prépare activement un nouveau système monétaire, en essayant de s'associer au Premier ministre malaisien Mahathir et à d'autres pays islamiques pour introduire une nouvelle monnaie islamique — le dinar doré.

Le dinar d'or date de 632 et est resté la monnaie de règlement du commerce dans le monde islamique jusqu'à la disparition de l'Empire turc en 1922. Selon la loi islamique, un dinar équivaut à 4,22 grammes (0,135 once) d'or pur. Le projet du dinar d'or de Kadhafi a clairement un certain sens de la mission et un fort besoin réaliste d'un retour à l'histoire dans le monde islamique.

En 2003, le dinar d'or est officiellement apparu, il n'a pas provoqué une tempête de changement monétaire, mais les États-Unis et le FMI ont été choqués par cette idée, la monétisation de l'or n'est pas seulement un conflit féroce avec les dispositions du FMI, mais aussi afin de contourner complètement le FMI et de démarrer un autre feu. En particulier, le concept du dinar d'or a à la fois un attrait universel et une forte connotation idéologique, suffisante pour trouver un large écho dans le monde arabe.

Tout en promouvant la nouvelle monnaie, M. Kadhafi prévoit aussi activement la création de trois grandes institutions financières, à savoir la Banque centrale africaine, le Fonds monétaire africain et la Banque africaine d'investissement, en vue de l'émission d'une monnaie africaine unifiée basée sur la valeur du dinar doré, qui ferait entrer l'Afrique et le monde arabe dans l'union monétaire.

Kadhafi veut que le dinar doré serve de monnaie de règlement standard lors de la vente de pétrole et d'autres ressources au Moyen-Orient et en Afrique, libérant ainsi complètement le dollar de son emprise sur l'euro. On peut dire que les ambitions monétaires de Kadhafi étaient plus élevées que celles de Saddam, et qu'il envisageait non seulement de frapper le dollar et l'euro, mais aussi de tenter d'établir un système monétaire indépendant pour l'Afrique et le monde arabe.

Cependant, les plans de Kadhafi défiaient à la fois le dollar et l'euro, et sans la forte protection des grandes puissances derrière lui, les ambitions de Kadhafi ont fini par tomber en morceaux face à l'étranglement combiné des deux puissances.

Le dollar, la pierre angulaire la plus importante de l'hégémonie américaine, peu importe qui veut ébranler la position du dollar, doit être soutenu par une alliance internationale forte, ainsi qu'une dissuasion de guerre crédible, sinon ce n'est rien de plus qu'une rébellion de showman, une décennie est difficile à atteindre.

Le 27 mars 2013, la Chine, l'Inde, la Russie, le Brésil et l'Afrique du Sud, connus sous le nom de pays "BRICS", se sont réunis dans un besoin commun de protéger leurs propres intérêts et ont décidé de créer une banque de développement des BRICS, prête à utiliser la monnaie locale pour les règlements et les prêts mutuels entre les pays BRICS, réduisant ainsi leur dépendance vis-à-vis du dollar américain et de l'euro.

Les pays BRICS se sont finalement engagés sur la voie du "soulèvement monétaire".

En plus des pays BRICS, les 12 pays d'Amérique du Sud, l'Union des nations sud-américaines, également mécontents de la "tyrannie du dollar", a annoncé le 25 novembre 2011, le "soulèvement monétaire", la création de la Banque du Sud, pour promouvoir le commerce régional système de règlement en monnaie locale, progressivement 120 milliards de dollars par an de commerce intrarégional "non-dollarisation".

N'oubliez jamais ce que vous avez fait avant, et n'oubliez jamais ce que vous avez fait après. Qu'il s'agisse des BRICS, de l'Union des nations sud-américaines, de l'Organisation de coopération de Shanghai ou du Conseil de coopération des États arabes du Golfe, la seule façon d'obtenir une véritable indépendance monétaire est de s'unir dans l'espoir de réussir. Si ces régions finissent par sortir de la carte du dollar, ce sera la fin de l'hégémonie du dollar et de l'hégémonie des États-Unis.

C'est ce qui est en jeu pour le dollar. Lorsque le dollar était en péril, les Allemands ont recommencé à faire des bêtises. Le 16 janvier 2013, les Allemands ont fait une annonce choquante pour le monde entier : l'Allemagne va renvoyer chez elle 300 tonnes d'or stockées à la Federal Reserve Bank of New York et 374 tonnes d'or à la Banque centrale française.

s'est exclamé le magazine américain *Forbes,*

> *" La nouvelle choquante selon laquelle les Allemands s'apprêtent à expédier chez eux les réserves d'or des États-Unis*

et de la France fait craindre aux spéculateurs sur les métaux précieux qu'il s'agisse du premier signal majeur de la détérioration de la confiance entre les banques centrales du monde entier... La crise de confiance dans la valeur de la monnaie papier a fait de la possession d'or physique une réaction instinctive. " [8]

Un porte-parole de la banque centrale allemande a déclaré à Forbes que les expéditions d'or de l'Allemagne ne sont pas destinées à être vendues, mais plutôt à prévenir une future "crise monétaire". Il y a quelques mois, la banque centrale allemande a affirmé avoir réexpédié une petite quantité d'or de la Réserve fédérale pour le faire fondre, afin d'en tester la pureté et le poids, mais l'annonce finale du retour d'une quantité beaucoup plus importante, qui n'a pu s'empêcher de susciter de forts doutes sur le marché.

Le Daily Telegraph de Grande-Bretagne s'est exclamé le 15 janvier : " Cette action signifie que la confiance entre les banques centrales occidentales s'est effondrée ". "Bill Gross, directeur des investissements de Pacific Investment Management Corporation (Pimco), le plus grand fonds obligataire du monde, a également tweeté : "Les rapports selon lesquels l'Allemagne va réexpédier l'or de New York et de Paris, les banques centrales ne se font-elles plus confiance ?"

En novembre 2012, l'hebdomadaire allemand Der Spiegel a rapporté que les États-Unis avaient rejeté la demande de l'Allemagne de "jeter un coup d'œil" à ses propres réserves d'or, invoquant "d'éventuels risques de sécurité et des problèmes de procédure à la chambre forte", ce qui a conduit à des appels croissants en faveur d'un rappel des réserves d'or de l'Allemagne.

Pendant la guerre froide, l'armée soviétique, forte de millions de soldats, surveillait la chambre forte de la banque centrale allemande, et les Allemands ne pouvaient s'empêcher de penser que leur or se trouvait sous le nez de l'armée soviétique. L'Allemagne a donc conservé une partie de ses réserves d'or aux États-Unis, en France et au Royaume-Uni, afin que l'argent de la famille ne soit pas anéanti en une seule fois. Avec la fin de la guerre froide, les Allemands ne peuvent s'empêcher

---

[8] Robert Lenzner, The Germans Want Their Gold Reserves Back In Germany, Forbes, 2013-01-19.

de penser aux richesses déposées chez d'autres, même si elles ne sont pas rapatriées, ils peuvent regarder le cœur se sentir plus solide. Pourtant, une demande aussi raisonnable est rejetée à plusieurs reprises par les États-Unis pour des raisons clairement peu convaincantes.

Les Allemands commençaient à se demander si quelque chose n'avait pas pu mal tourner avec leur propre or. Dès 2011, les Allemands s'inquiétaient de leurs propres réserves d'or, et en 2012, ce sentiment était imparable. Selon l'hebdomadaire allemand *Der Spiegel*,

> " *La Bundesbank (banque centrale allemande) a rejeté la demande (pour que la Cour des comptes allemande vérifie les réserves d'or à l'étranger), affirmant que les banques centrales ne vérifient normalement pas les avoirs de réserve des autres, que l'approche de la Cour des comptes n'est pas conforme à la pratique des banques centrales et qu'il n'y a aucun doute sur l'honnêteté et la crédibilité des dépositaires à l'étranger.* " [9]

Il est clair que la Bundesbank est réticente à se brouiller avec la Fed et qu'il existe une sorte de relation profonde tacite entre les banques centrales occidentales. Mais le Reichstag a démissionné, et un député a couru personnellement à la Federal Reserve Bank de New York pour demander une inspection des réserves d'or de l'Allemagne, et la réceptionniste n'a pas pu ou voulu dire au député allemand où se trouvaient les lingots d'or. Bientôt, d'autres banques centrales européennes ont été contraintes de divulguer la nouvelle selon laquelle les réserves d'or avaient été louées en grand nombre, et de plus en plus d'Allemands ont commencé à douter fortement que leurs propres réserves d'or avaient été "perdues" par les Américains.

La banque centrale allemande continue de faire valoir les avantages de l'or restant aux États-Unis, notamment en cas de crise en Allemagne, où l'or peut être utilisé immédiatement pour financer un sauvetage. Les parlementaires allemands se sont contredits en affirmant que, comme il existe une grande confiance entre les deux banques centrales, il n'y a pas de différence entre l'or en Allemagne et aux États-Unis, le financement des secours étant disponible partout.

---

[9] Vérifier les coffres : Germans Fret about Their Foreign Gold Reserves, Der Spiegel, 2012-05-14.

La banque centrale allemande, le parlement allemand, le grand public et toutes les couches de la société, sous la forte pression de la coalition des personnalités, ont finalement dû accepter de rappeler les réserves d'or.

Les craintes des Allemands n'étaient pas injustifiées ; en fait, les Américains eux-mêmes avaient les mêmes doutes. Plus d'un demi-siècle s'est écoulé depuis la présidence d'Eisenhower dans les années 1950 et le stock d'or de la Fed n'a plus jamais été audité. Les membres du Congrès américain, représentés par Ron Paul, ont essayé d'auditer les réserves d'or de la Fed, mais la proposition n'est jamais passée.

Le 9 janvier 2013, le public américain a envoyé une pétition sur le site de la Maison Blanche, qui se lit comme suit : "Le 31 décembre 2012, le département du Trésor américain a annoncé qu'il détenait 261 millions d'onces d'or, stockées à Denver, Fort Knox, West Point et à la Federal Reserve Bank of New York. Le dernier audit complet de ces ors remonte à 1953." Le public américain estime qu'un audit public de cet or doit être effectué maintenant. Une fois que les résultats du questionnaire seront disponibles, ils devront être vérifiés par écrit afin de confirmer qui est le véritable propriétaire de l'or. Par exemple, quelle quantité d'or est louée à des négociants en or ou à des institutions financières et quelle quantité est vendue ou échangée à des entités ne relevant pas du ministère des finances (y compris des gouvernements étrangers). La pétition exige également l'identité des auditeurs, arguant que cette fois-ci, les auditeurs "doivent être des auditeurs professionnels extérieurs à la Monnaie des États-Unis, au Département du Trésor, au Contrôleur général des États-Unis, au Procureur général et au Système de la Réserve fédérale".

Comme le dit l'adage, il n'y a pas si longtemps, la banque centrale belge avait publiquement admis que 41% de ses réserves d'or avaient été louées à un taux d'intérêt ultra-faible de 0,3%, une nouvelle qui a choqué les deux parties. Des chercheurs curieux ont découvert que les réserves d'or des banques centrales occidentales ne sont pas répertoriées sous l'or physique, mais sous l'or et les "créances d'or" (Gold Receivables), mais il n'est pas indiqué combien de "créances d'or". Quiconque a étudié la comptabilité sait que les espèces et les créances ont des significations différentes. De toute évidence, l'or et les créances en or ne sont pas non plus la même chose.

Le comportement de la banque centrale belge en matière de leasing d'or n'est pas un cas particulier, la Réserve fédérale et la banque centrale allemande ont depuis longtemps effectué des opérations similaires, elles louent de l'or à des marchands d'or avec des taux d'intérêt très bas, les marchands d'or vendent cet or sur le marché, les liquidités sont réinvesties dans des obligations du Trésor américain, les deux ont supprimé le prix de l'or, mais aussi un profit régulier entre les obligations du Trésor et le leasing d'or. L'or emprunté par la banque centrale a disparu depuis longtemps sur le marché, les marchands d'or peuvent continuer à "rouler" le prêt, tandis que le bilan de la banque centrale, est toujours "l'or à recevoir", et l'or réel ne peut jamais être récupéré.

Si le peuple insiste sur les audits, il y aura des problèmes, et je crains que la moitié des réserves d'or des banques centrales occidentales n'aient disparu depuis longtemps. Le public américain réclame un audit des réserves d'or, le parlement allemand réclame le rappel des réserves d'or, le référendum suisse a exigé que les banques centrales ne vendent pas de réserves d'or, les Pays-Bas, la Pologne, la Suède et d'autres pays sont également abasourdis. La Réserve fédérale et la banque centrale allemande sont choquées par des sueurs froides, si l'audit réel, inévitablement la fenêtre est, nous ne pouvons pas manger.

Ainsi, la Réserve fédérale et la banque centrale allemande ont commencé à négocier, les médias ont appelé par euphémisme "la banque centrale a commencé à se méfier l'une de l'autre", la Réserve fédérale ne peut pas rejeter ouvertement la demande de la banque centrale allemande, mais les conditions peuvent encore être négociées, juste 40 tonnes par an, et si plus, nous mourrons tous ensemble !

En conséquence, la Bundesbank a annoncé le rapatriement de 300 tonnes d'or sur sept ans.

Sept ans ?

En septembre 2011, le président vénézuélien Chávez a annoncé que 211 tonnes d'or stockées aux États-Unis et en Europe seraient rapatriées dans le pays, et l'expédition a été lancée en 2012 pour une durée totale de quatre mois seulement.

L'envoi d'or de l'Allemagne chez elle fait du bruit au niveau international, et une autre banque centrale est terrifiée, à savoir la Banque d'Angleterre.

Réaction en chaîne : Sa Majesté la Reine comme un accessoire, la Banque d'Angleterre comme un obstacle.

Au moment où les Allemands et les Américains négociaient étroitement les conditions du rappel d'or, les Britanniques boudaient. Après tout, l'Allemagne possède également 440 tonnes d'or dans les coffres de la Banque d'Angleterre, alors le public allemand ne se méfierait-il pas de la Banque d'Angleterre alors qu'il ne fait plus confiance à la Fed ?

Plus l'Anglais y pensait, plus il se sentait coupable : "Alors pourquoi le chien de la famille Zhao m'a-t-il regardé deux fois ? J'avais raison d'avoir peur".

Le 13 décembre 2012, la banque centrale allemande est toujours en négociation avec la Réserve fédérale, la BBC britannique a soudainement fait un reportage très médiatisé sur l'inspection par la reine de la Banque d'Angleterre des nouvelles de la chambre forte.

Le 13 décembre 2012, la reine s'est rendue à la Banque d'Angleterre et a visité la chambre forte. D'habitude, la reine d'Angleterre s'informe très peu sur la politique, et encore moins sur la politique monétaire et les réserves d'or. C'est la première fois en 15 ans que la Reine a inspecté la Banque d'Angleterre et a également tenu à visiter la chambre forte. La reine, qui ne s'est pas rendue à la Banque d'Angleterre depuis 15 ans, n'était pas d'humeur à visiter la chambre forte en décembre 2012, alors qu'aucun événement majeur ne s'était produit. Ce qui est étrange doit avoir une cause étrange.

La presse britannique a longuement couvert l'inspection de la Reine, se concentrant en particulier sur les piles denses de briques d'or dans les coffres de la Banque d'Angleterre, pour voir la vieille dame caresser les piles en se lamentant : " Malheureusement, tout l'or ici n'est pas à nous ". "Les mots de la [10]Reine ont deux significations : premièrement, l'or est une bonne chose ; et deuxièmement, la Grande-Bretagne garde fidèlement les réserves d'or déposées auprès d'elle par d'autres nations.

---

[10] La reine s'interroge sur la crise financière, BBC News, 2013-12-12.

Il n'y a pas de "coïncidence" dans ce monde !

Le corollaire logique est que la Reine elle-même n'a pas du tout pensé à visiter les coffres de la Banque d'Angleterre, mais qu'il s'agissait d'un arrangement délibéré de la Banque d'Angleterre, et qu'elle a demandé aux médias de coopérer pour en faire toute une histoire, en exposant l'inspection de la Reine sous les feux de la rampe par des photos et des mots, en montrant implicitement les énormes stocks d'or dans les coffres, et en dissipant indirectement tout soupçon sur les réserves d'or de la Banque d'Angleterre. Cette fois, la Reine d'Angleterre est l'accessoire pour mettre en valeur les réserves d'or de la Grande-Bretagne !

Comme le dit le proverbe : "Ne fais pas une mauvaise action, et ne crains pas qu'on frappe à la porte. Ceux qui ont la force ne la montrent pas délibérément ; ceux qui la montrent délibérément doivent en manquer !"

Il semble que la décision de l'Allemagne de ramener ses réserves d'or de New York ait touché une corde sensible chez les Britanniques.

Les craintes s'intensifient : Les braqueurs de l'UE s'activent, les déposants chypriotes paniquent

Le 16 mars 2013, Chypre a explosé ! L'Eurogroupe a lancé un ultimatum à Chypre : la condition pour renflouer son système bancaire est de couper les vivres aux épargnants avec une taxe d'épargne inédite !

Le *Daily Mail* britannique s'exclame : " C'est un grand braquage de l'UE."

Il est bien connu que l'épargne bancaire n'est ni une obligation, ni une action, ni une quelconque forme d'investissement, mais la forme la plus fondamentale d'existence de la propriété privée des citoyens. L'essence de l'épargne est un dépôt de richesse, et l'épargnant n'autorise personne à utiliser son argent pour des activités d'investissement risquées sous quelque nom que ce soit, c'est pourquoi les banques doivent satisfaire inconditionnellement les épargnants à retirer leurs dépôts à tout moment. L'échec des investissements bancaires n'a rien à voir avec les épargnants, et il n'y a aucune raison pour que toutes les pertes soient partagées par les épargnants. Bien que les risques bancaires soient inévitables dans la société réelle, le système d'assurance des dépôts en place en Europe et aux États-Unis est conçu pour garantir que les intérêts des déposants sont protégés contre toute atteinte illégale, ce qui constitue un minimum moral.

Le principe de l'inviolabilité de la propriété privée est depuis longtemps le fondement des valeurs de la société occidentale. Sans le consentement des épargnants, sans une discussion équitable au sein de la société, sans un processus judiciaire juste, la "troïka" de l'Eurogroupe, de la BCE et du FMI, par le biais de la coercition et d'incitations, a forcé le gouvernement de Chypre à accepter une "alliance sous-cité" au mépris total de la justice, ce qui est pire qu'un acte de vol manifeste, puisqu'il a subverti de manière flagrante les fondements moraux de la société.

La nouvelle est tombée : les Chypriotes étaient si terrifiés qu'ils ont couru à la banque pour retirer de l'argent, pour découvrir que leurs comptes avaient été gelés. La foule en colère a commencé à se révolter et certains ont même conduit des bulldozers jusqu'aux portes de la banque.

Même si la taxe sur l'épargne bancaire n'a finalement pas été mise en œuvre, les pertes énormes subies par les gros épargnants ont tourné au cauchemar financier. La décision de l'UE est considérée comme un modèle pour les futurs programmes de sauvetage en cas de crise bancaire dans d'autres États membres, et les riches d'Europe sont en proie à une grave panique.

Si la richesse n'est même pas en sécurité dans une banque, sans parler d'un marché boursier volatile, d'un marché obligataire très bouillonnant et d'un marché des changes capricieux.

Les richesses, du moins une partie d'entre elles, ont désespérément besoin d'un refuge loin du système financier. À la fin de 2012 et au début de 2013, les États-Unis QE3 a provoqué la panique de la monnaie, par le yen super dépréciation et les attentes de taux d'intérêt négatifs de l'euro, a été multiplié, les pays BRICS sont prêts à démarrer un nouveau feu pour renforcer la situation de la tourmente du dollar, couplé avec les Allemands à transporter l'or soupçon, les Britanniques ici et il n'y a pas d'argent 300 taels de performance, ainsi que la crise de l'épargne de Chypre escalade, finalement induit le marché aux monnaies mondiales de l'agitation extrême, le riche thésaurisation or marée sombre a commencé à déferler.

L'inventaire d'or du COMEX déclenche une alerte rouge

Bien que le marché à terme de l'or de New York puisse créer "à partir de rien" n'importe quel volume de transactions d'or papier, mais tout a un avantage et un inconvénient, 100 bouteilles avec un seul bouchon jonglant tôt ou tard tourneront mal.

Les contrats à terme peuvent faire l'objet d'une livraison physique, bien que dans des circonstances normales, 99% des détenteurs de contrats n'exigent pas de livraison physique (ils ne se soucient que du profit généré par le spread). Mais dans une situation donnée, il est possible que le détenteur d'un contrat à terme se concentre soudainement pour demander une livraison physique, ce qui crée une crise potentielle d'écoulement d'or physique. De plus, il s'avère que les clients qui ne déposent leur or que dans les coffres du COMEX sont fortement stimulés par l'incident de Chypre, si l'épargne des déposants dans les banques peut être privée à tout moment, qu'est-ce qui leur fait croire que l'or déposé dans les coffres des marchés à terme ne sera pas saisi ?

Dans des circonstances normales, les gens sont prêts à garder leurs liquidités à la banque, mais lorsqu'une crise survient, les gens se précipitent à la banque pour épuiser leurs dépôts, et les marchés à terme font de même dans la panique.

L'inventaire d'or du COMEX de New York peut être divisé en deux catégories principales : "Or éligible" et "Or réglementé". Le terme " or éligible " désigne les lingots d'or qui répondent aux exigences de pureté et de poids du COMEX, qui peuvent appartenir à n'importe qui, qui sont déposés et conservés dans la chambre forte du COMEX, et qui ne peuvent pas être utilisés pour la livraison de contrats à terme. L'"or de livraison" doit d'abord être de l'or qualifiant, c'est-à-dire un lingot enregistré qui peut être utilisé pour la livraison de contrats à terme.

Pour être précis, le COMEX ne dispose pas de sa propre chambre forte physique, sa chambre forte est constituée des chambres fortes des cinq plus grands négociants en or réunis. Les cinq plus grands négociants en or sont JP Morgan Chase, HSBC, Scotiabank Canada (SCOTIA MOCATTA), BRINK'S (INC) et MANFRA. Les cinq plus grands négociants en or soumettent des informations quotidiennes sur les stocks au COMEX et le COMEX publie un rapport d'inventaire quotidien basé sur cette agrégation.

Notez que le COMEX ne fait que regrouper les informations sur les stocks fournies par les cinq principaux orfèvres et ne vérifie pas la véracité de ces informations.

Depuis 2010, les stocks d'or au COMEX de New York sont essentiellement stables à 11 millions d'onces (environ 354 tonnes), et le supercasino de l'or semble fonctionner normalement. Cependant, la situation s'est brusquement détériorée fin 2012, lorsque les stocks d'or du COMEX ont commencé à déferler.

À partir de décembre 2012, le marché à terme de l'or américain a commencé à voir un changement spectaculaire dans l'or physique, les stocks d'or du COMEX ayant fortement chuté de plus de 11 millions d'onces à 8 millions d'onces (257 tonnes) début avril, et près de 100 tonnes d'or ayant été retirées par les clients. (Remarque : les 400 tonnes d'or jetées à l'ouverture le 12 avril sont nettement supérieures à l'ensemble du stock du COMEX ! En moins de 4 mois, le COMEX a perdu 27% de son or ! À ce rythme de détérioration, l'ensemble du stock d'or du COMEX sera difficile à soutenir jusqu'à la fin de l'année.

Que se passe-t-il s'il n'y a pas d'or dans la chambre forte du COMEX ? Tout simplement, un défaut de livraison massif se produit sur le marché à terme. Qu'en est-il d'une rupture de contrat ? La réponse est que les défaillances individuelles sont appelées accidents et les défaillances de grande ampleur sont appelées crises. Les marchés financiers jouent sur la confiance, sans laquelle ils s'effondrent.

En fait, le défaut s'était déjà produit et, début avril, ABN AMRO, la plus grande banque des Pays-Bas, n'était plus en mesure de livrer de l'or physique. Dans une lettre d'excuses adressée à ses clients, la banque a déclaré qu'elle n'était pas en mesure de leur remettre de l'or physique et qu'elle était prête à effectuer des livraisons en espèces. Dans un marché normal, ABN devrait être en mesure d'acheter facilement de l'or physique sur le marché et de le livrer aux clients si le prix de l'or baisse, ce qui signifie qu'il y a une offre excédentaire d'or. Manifestement, à ce stade, ils avaient déjà du mal à trouver de l'or physique.

Si le COMEX modifie les règles de livraison des contrats à terme pour les remplacer par du cash au lieu de la livraison physique, le problème sera-t-il résolu ? Si la livraison physique est entièrement éliminée, cela devient un pur casino, qui n'a plus rien à voir avec l'or. Tous les clients qui ont une demande d'or seront alors perdus et les joueurs restants pourront courir directement vers les casinos de Las Vegas où les jeux seront encore meilleurs.

Si le marché à terme de l'or du COMEX est à court de liquidités, les États-Unis perdront leur pouvoir de fixation des prix de l'or, ce qui menacera le pouvoir de fixation des prix sur le marché des taux de change et, en fin de compte, l'ébranlement de la domination du dollar.

Certains affirment que l'or n'est rien d'autre qu'une marchandise courante, et n'a rien à voir avec un centime de monnaie. Oui, juridiquement parlant, l'or a effectivement été obligatoirement "démonétisé" par le FMI au début des années 1970. Cependant, les lois doivent répondre à l'opinion publique, et les lois qui ne sont pas soutenues par l'opinion publique ne sont rien de plus qu'un morceau de papier. C'est cette vérité que la loi ne gouverne pas le peuple. L'or n'est pas de l'argent en droit, mais il a toujours le statut d'argent dans l'esprit du monde, ce qui est hors de portée de la loi. Les banques centrales de tous les pays disposent de réserves d'or, mais pas de réserves d'acier ou de diamants. Il ne s'agit pas d'un soi-disant "vestige de la barbarie", mais de la reconnaissance éternelle de l'or comme représentant ultime de la richesse.

Les gens ne peuvent s'empêcher de jeter quelques regards supplémentaires lorsqu'ils voient une belle femme marcher dans la rue. Si la médecine peut fournir des instruments sophistiqués pour les tests, elle révélera les merveilleux changements dans les différentes hormones du corps d'une personne lorsqu'elle voit une belle femme. De même, si l'on place de l'or dans la main d'une personne, cette sensation dorée, brillante, douce, noble, lisse et lourde stimulera également les changements dans la sécrétion des hormones humaines, ce qui incitera les gens à détourner le regard.

Si l'on réalise une expérience de pensée, que l'on place côte à côte un kilo de lingots d'or et un kilo de blocs de fer noircis dans une rue animée et que l'on observe la réaction des piétons, on constate inévitablement que les gens vont s'emparer des lingots d'or par accident et que les blocs de fer seront soit repoussés soit ignorés. Il n'est pas nécessaire d'avoir une quelconque théorie économique ou des connaissances avancées pour réagir instinctivement de la même manière. Ce que tout le monde réclame à cor et à cri, en échange, personne ne le refusera, et c'est l'inflation. La vraie monnaie n'a pas besoin de loi, elle naît naturellement, évolue spontanément et circule automatiquement, c'est la monnaie à laquelle le cœur de tous les hommes aspire. Par conséquent, les propriétés monétaires naturelles de l'or ne peuvent être dépouillées par aucun pouvoir, mais au contraire, tous les pouvoirs doivent mettre la main sur l'or afin de gagner le cœur et l'esprit des gens.

L'or est historiquement l'ennemi naturel de toute monnaie légale, et en vertu de la violence de la monnaie française, l'or dépend du cœur et de l'esprit des gens. Quand les monnaies françaises vont à l'envers et à l'endroit, les cœurs vont automatiquement se tourner vers l'or. La justice du monde est dans le cœur, la justice de la monnaie est dans l'or.

La politique d'assouplissement quantitatif des États-Unis est en réalité un mal monétaire. Appelé le sauvetage de l'économie, il s'agit en réalité d'un pillage des richesses, et l'émission inconsidérée de monnaie conduira inévitablement au départ du peuple. Si les États-Unis peuvent supprimer le prix de l'or par le biais des contrats à terme sur or, ils ne peuvent empêcher le public de s'emparer massivement de l'or physique.

De décembre 2012 à début avril 2013, les coffres du COMEX ont connu de fréquentes baisses. En particulier, les stocks de JP Morgan Chase étaient dans une situation désespérée, avec une forte baisse de 2,8 millions d'onces (90 tonnes) à moins de 1 million d'onces (environ 30 tonnes), soit une chute de près de 70% !

Il ne s'agit plus d'une livraison normale de contrats à terme, mais d'une sérieuse course à l'or !

JP Morgan Chase n'est pas seulement le plus grand acteur du marché de l'or, mais aussi des taux d'intérêt, des taux de change et de presque tous les autres marchés financiers. en janvier et février 2013, JP Morgan Chase représentait à elle seule 67% et 60% des livraisons nettes d'or physique du COMEX, et 95% et 83% en mars et avril !

Il n'est pas exagéré de dire que JP Morgan Chase domine complètement le sort du marché à terme de l'or du COMEX.

Si la chambre forte de JP Morgan Chase continue à perdre de l'or à ce rythme, elle aura du mal à se soutenir, même pendant deux mois, ce qui signifie que l'Optimus Prime du COMEX s'effondrera et qu'un défaut de paiement massif sera inévitable. La situation de l'or aux États-Unis va changer, et une fois que le dollar aura perdu la couverture de l'or faible du dollar fort, il deviendra immédiatement "l'empereur sans vêtements".

Depuis décembre 2012, le stock d'or de JP Morgan Chase est passé de 2,8 millions d'onces à moins de 1 million d'onces début avril

La seule façon de sauver la scène est de créer un super plongeon de l'or de la "terreur blanche", à la vente tonitruante des contrats à terme sur l'or, de détruire toute résistance, de voler tout droit vers le bas le prix de l'or va complètement secouer le marché, l'or en nature des mains tremblantes des investisseurs à secouer, d'une part, laisser les gros bonnets de Wall Street dans le commerce à court terme de faire une fortune, d'autre part, il est commode pour J.P. Morgan Chase dans le prix inférieur balayage bon marché, de reconstruire le stock d'or presque épuisé. Dans le même temps, tous les acheteurs d'or qui ont sauté sur l'occasion d'acheter de l'or face à un effondrement seront effrayés et s'enfuiront, bloquant ainsi toute pression ultérieure.

C'est un bon plan pour faire d'une pierre trois coups !

C'est la raison fondamentale pour laquelle les États-Unis ont lancé le coup d'État "4-1-2" pour supprimer l'or !

Un tel plan intègre parfaitement les multiples intérêts d'une Maison Blanche qui cherche désespérément à renforcer sa position sur le dollar, d'une Fed qui cherche désespérément à désamorcer les sérieux doutes du public sur le QE3, d'un département du Trésor qui évite délibérément de vérifier les réserves d'or, et de gros bonnets de Wall Street inquiets.

Ainsi, le monde a été témoin d'une série de "coïncidences" qui se sont parfaitement entrelacées.

Au début du mois d'avril, les médias de Wall Street se sont retournés collectivement, le bruit de la bulle d'or était incessant, l'or de la très estimée "coqueluche" est soudainement tombé dans la maudite "étoile du désastre".

Le 10 avril, M. Obama a convoqué 14 géants financiers mondiaux pour qu'ils se réunissent en secret afin de discuter de leurs plans.

10 avril, Goldman Sachs a publié un rapport baissier sur l'or (précédemment a été plus que baissier), a soufflé l'or court "cri de ralliement", pour un temps, la pluie de montagne est sur le point de venir vent plein plancher.

Le 11 avril, des rumeurs ont circulé sur le marché selon lesquelles Chypre prévoyait de vendre 13,9 tonnes d'or, suivies de rumeurs selon lesquelles le Portugal (382 tonnes) et l'Italie (2451 tonnes) pourraient faire de même et le marché de l'or était à cran.

Le 11 avril, le procès-verbal de la réunion de la Réserve fédérale a "accidentellement" fuité avant l'heure, le procès-verbal reflète la proposition interne de la Fed de mettre fin au QE3 de manière anticipée. Les nouvelles sont sorties, le pessimisme baissier de l'or envahit le marché.

Tout cela a permis une préparation psychologique adéquate pour le "Massacre d'or" du 12 avril.

Nuage d'inventaire

Les gros bonnets de Wall Street sont assez experts dans l'analyse technique du marché à terme, ils peuvent prédire avec précision l'éventuel effet de choc de la braderie de 400 tonnes d'or à l'ouverture du "4-1-2", mais ne peuvent pas juger de l'impact du plongeon des prix de l'or sur les acheteurs d'or physique.

Juste dans le grand frère de Wall Street dans le marché de l'or papier à l'or de nombreuses têtes tuées dans l'armure, la fuite dans le désarroi, "Chine grande mère" et les acheteurs d'or physique du monde ont soudainement essaimé, frappé les grands frères de Wall Street une surprise, ils n'ont pas eu le temps de recueillir le trophée de l'or physique, a été "grande mère" balayer propre. C'est un phénomène auquel les grands frères de Wall Street ne s'attendaient pas, un phénomène qui contredit complètement la règle selon laquelle les ventes d'or physique seront efficacement supprimées après chaque effondrement du prix de l'or depuis 2000.

Non seulement les investisseurs ordinaires du monde entier doivent acheter de l'or pendant qu'il est bas, mais les banques centrales augmentent aussi discrètement leurs réserves d'or contre le marché. Les achats d'or des banques centrales mondiales ont atteint leur plus haut niveau depuis 48 ans au quatrième trimestre 2012 et ont continué à augmenter de manière significative au premier trimestre 2013 et après le krach du "4-1/2". Les banques centrales des pays émergents, en particulier, ont accéléré le rythme de l'alimentation des réserves d'or longtemps négligées à bas prix. Les banques centrales de Russie, de Turquie, de Corée du Sud, du Kazakhstan, d'Azerbaïdjan, de Biélorussie, du Kirghizistan, de Mongolie et d'Ukraine ont constaté un intérêt sans précédent pour les réserves d'or.

La vente à chaud de l'or physique a surpris les gros bonnets de Wall Street, et même Terrence Duffy (PDG de CME), le propriétaire du marché à terme de l'or, a dû l'admettre dans une interview du 29 avril 2013 :

> *"Un phénomène intéressant concernant l'or est que le plongeon d'il y a deux semaines a entraîné une baisse significative du volume des échanges d'or dans tous les types de produits (papier), mais le contraire est vrai pour les pièces d'or et l'or physique. Cela montre que les gens ne veulent pas de certificats*

> d'or, ou quoi que ce soit d'autre (or papier), ils veulent juste de l'or physique. " [11]

Ainsi, alors que les gros bonnets de Wall Street gagnent beaucoup d'argent en vendant à découvert les contrats à terme sur l'or, leur objectif stratégique le plus important est de reconstituer les stocks du COMEX, et ce plan est tombé à l'eau. Non seulement cela, mais les stocks du COMEX ont diminué plus rapidement qu'avant les "1er et 2 avril", et rien que le 25 avril, le COMEX a perdu 7% de ses stocks, tandis que les stocks d'"or qualifié" de JP Morgan Chase ont chuté de 65% le même jour !

Le 7 mai, l'"or de livraison" de JP Morgan était tombé à un niveau record de 137 000 onces (environ 4,3 tonnes), et le 7 mai seulement, 54 000 onces, soit 28,5% de son total, ont été retirées !

Le 10 juin, l'inventaire d'or de JP Morgan Chase était encore plus dangereux. L'"or de livraison" a continué à baisser pour atteindre 136 000 onces, et l'"or de qualification" a chuté encore plus rapidement. Il ne reste plus qu'un peu moins de 550 000 onces (17,7 tonnes) d'or dans son inventaire total.

Le 12 juin 2013, JP Morgan Chase disposait d'un peu moins de 550 000 onces (17,7 tonnes) d'or dans ses stocks.

Avec un peu plus de 4 tonnes d'"or de livraison" en stock, il est déjà en danger, et même avec l'"or de qualification" convertible temporaire, 17 tonnes de stock sont une goutte d'eau dans l'océan pour faire face à la ruée vers l'or physique dans le monde.

À ce stade, la plus grande crainte est un "avis de passage" plus important !

Par conséquent, tout ce qui vient avec la peur !

10 Juin, COMEX surpris une échelle énorme de la "notification de livraison", les clients ont demandé JP Morgan Chase en Juin à livrer 6208 contrats d'or physique, le montant total de 620 000 onces (environ 20 tonnes), neuf fois le mois normal (Janvier et Février) volume de livraison !

---

[11] Terrence Duffy, président et président exécutif de CME Group Inc. sur Bloomberg TV.

C'est plus que l'inventaire entier de JP Morgan Chase, qui compte 550 000 onces !

En d'autres termes, JP Morgan Chase doit de toute urgence trouver de l'or auprès d'autres sources ou elle fera défaut. Si le patron du marché mondial des contrats à terme sur l'or fait défaut, tout sera en l'air.

Le 10 juin 2013, JP Morgan Chase a été confronté à 620 000 onces (20 tonnes) d'or " coulant " sur l'ensemble de son inventaire COMEX. Les stocks de JP Morgan Chase sont insuffisants pour la livraison des contrats à terme de juin, ce qui signifie que les rapports d'inventaire des cinq grands négociants en lingots, comme JP Morgan Chase, peuvent être sérieusement gonflés. En fait, certains clients soupçonnent depuis longtemps que l'inventaire des cinq grands négociants en or a quelque chose de louche, comme le détournement de l'or des clients, la location d'or privée et les swaps (SWAP). La remise en question des coffres de la Fed risque d'être encore plus répandue et imprudente parmi les stocks des 5 principaux négociants en or. C'est pourquoi l'annonce de la décision de l'Allemagne d'expédier de l'or chez elle en janvier 2013 a semé la panique chez de nombreux clients qui avaient stocké leur or dans les coffres du COMEX, et ils sortaient leur or des coffres du COMEX et le stockaient simplement eux-mêmes. Or, on ne fait que s'interroger lorsqu'il y a encore du stock. Mais si JP Morgan Chase a atteint le point où elle ne peut plus livrer d'or, il n'y a plus de questionnement, mais plutôt une fraude évidente.

Donc, la chose très "coïncidente" s'est reproduite.

Le 3 juin, dans le rapport quotidien du COMEX sur l'inventaire de l'or, une déclaration choquante est sortie de nulle part : "Les informations contenues dans ce rapport proviennent de sources fiables, mais nous n'acceptons aucune responsabilité quant à l'exactitude ou l'exhaustivité de ces informations. Ce rapport est fourni à titre d'information uniquement. "

Pourquoi une déclaration aussi soudaine ? Pourquoi à ce moment précis ? Si l'exactitude de l'inventaire d'un goldman[12] est tout ce qui compte, à quoi sert la réglementation du COMEX ? Les institutions

---

[12] Terme générique pour désigner un négociant en or, Nde.

financières ne mentent-elles jamais ? Si elles étaient toutes honnêtes, où y aurait-il eu un tsunami financier en 2008 ?

L'inventaire de J.P. Morgan touche le fond et la livraison des contrats à terme est sur le point de faire défaut, ce qui aurait dû être une bonne nouvelle pour l'or. Cependant, l'or des contrats à terme de juin a continué de baisser et se rapproche du prix de 1 000 dollars.

Cela suggère que JP Morgan Chase doit avoir d'autres moyens d'obtenir de l'or, et l'ETF or en est un.

L'ETF sur l'or, le "petit coffre-fort" de Wall Street

Un jour de 1910, le météorologue allemand Wegener, en convalescence à l'hôpital, s'ennuie et regarde la carte du monde accrochée au mur. Il s'aperçut soudain que les contours des continents européen et africain présentaient une ressemblance frappante avec ceux de l'Amérique du Nord et du Sud, et que si l'on découpait la carte et que l'on assemblait les deux continents, cela pouvait se faire presque sans couture. S'appuyant sur des années de recherches météorologiques et géologiques, il a proposé avec audace la "doctrine de la dérive des continents". C'est ainsi qu'un météorologue est devenu par inadvertance le père de la doctrine des plaques de la géologie moderne.

Si l'on examine la courbe des sorties d'or de l'ETF (GLD) sur le même modèle que la courbe des pertes de stock du COMEX, on constate que les deux ont une forme inhabituellement similaire.

À gauche, l'énigme de la dérive des continents de Wegener, à droite, l'énigme de l'ETF sur l'or et des stocks du COMEX.

Si le stock de JP Morgan Chase n'est pas suffisant pour la livraison à terme, est-il susceptible d'être réapprovisionné à partir du stock de l'ETF or ?

La réponse est très probable.

Le récent marché haussier de l'or, qui dure depuis 12 ans, a stimulé le désir des investisseurs mondiaux de détenir de l'or. La mentalité des investisseurs est complètement différente de celle des consommateurs d'or, qui détiennent de l'or non pas parce qu'ils veulent le posséder, mais parce qu'ils souhaitent gagner de l'argent grâce à lui. Pour eux, gagner de l'argent est la finalité, l'or n'est qu'un moyen. Mais posséder de l'or est plus fastidieux, l'achat, l'inspection, le transport, le stockage et la vente de la marchandise entraînent tous des coûts. Bien que les contrats à terme sur l'or permettent également de gagner de l'argent sans avoir besoin de posséder des biens physiques, le marché à terme est volatile et risqué, ce qui n'est pas agréable pour le cœur. Le marché a besoin d'un produit en or, il semble avoir un or physique, mais sans aucun problème et sans frais, et peut être acheté et vendu à tout moment, c'est la raison pour laquelle les fonds ETF en or brillent.

Le principe de l'ETF or est : les producteurs d'or à l'or ETF fonds de consignation de l'or physique, ETF fonds à ces or comme garantie dans la bourse a émis des "récépissés d'entrepôt", l'unité minimale est 1/10 once, afin de réduire le seuil d'entrée de l'investisseur, ces "récépissés d'entrepôt" (part de fonds) peuvent être librement négociés, les frais de gestion sont également très faibles. 2003 ETF or une fois lancé, rapidement le feu dans le monde entier, l'or actuel ETF fonds géant est cotée à la Bourse de New York GLD. 2004 cotation, son échelle a rapidement augmenté, en Décembre 2012 avait détenu 1,350 tonnes d'or, peut être appelé pays en dehors des réserves d'or des plus grands détenteurs d'or. En Septembre 2012, le monde tout le fonds ETF or a un total d'environ 2330 tonnes d'or. Cependant, certains ETF or détiennent de l'or qui est en fait des contrats à terme ou existe sous la forme d'autres ors papier.

Lorsque les médias de Wall Street parlent du mouvement de l'or, la raison la plus fréquemment citée est que les avoirs en or du GLD diminuent, ce qui indique que les investisseurs délaissent l'or et que l'argent sort du marché de l'or.

Lorsque l'argent entre, le fonds GLD l'utilise pour acheter de l'or physique et remettre les "récépissés d'entrepôt" aux investisseurs, un processus facile à comprendre. Mais que se passe-t-il lorsque l'argent sort ?

C'est là que le chat se cache !

Le détenteur d'un "récépissé d'entrepôt" peut transférer le récépissé d'entrepôt à tout moment et peut également réclamer l'or en nature au GLD. S'il s'agit d'un transfert, les avoirs en or de GLD resteront inchangés, mais la réclamation de l'or en nature sera différente, c'est ce qu'on appelle le "rachat", GLD doit remettre l'or et détruire les récépissés d'entrepôt, les deux ne sont pas en retard, les comptes seront radiés, à ce moment-là les avoirs en or de GLD diminueront.

Les gros bonnets de Wall Street ont participé à la conception du GLD, et seules 15 grandes banques ont pu traiter avec le fiduciaire du GLD, la Bank of New York Mellon, et le dépositaire, HSBC, qui étaient censés faire partie du groupe. Les grandes banques détiennent au moins 100 000 "récépissés d'entrepôt" avant de pouvoir "racheter" l'or physique.

Cet arrangement va complètement exclure tous les investisseurs de détail dans GLD du seuil de "rachat" de l'or physique, leur seule issue est dans l'horreur de la chute de l'or, sera "reçu d'entrepôt" au transfert de prix de saut à 15 Wall Street grands frères, les grands frères lèchent en riant le sang des investisseurs particuliers sur le "reçu d'entrepôt", puis trouvent le client du complice pour éliminer les comptes de GLD, puis obtiennent le connaissement, puis vont frapper à la porte de la trésorerie d'une autre banque complice HSBC, HSBC identifié et expédié, les grands frères célèbrent, chacun se félicite et s'enrichit. Au final, les grands frères livrent l'or qui appartenait à l'origine aux investisseurs particuliers du GLD aux clients des contrats à terme du COMEX. Les deux parties se débarrassent des investisseurs de détail du GLD et ne font pas défaut à la livraison des contrats à terme du COMEX.

Où est caché l'or du GLD ? Il est détenu en séquestre chez HSBC à Londres, physiquement dans la chambre forte d'UBS à Zurich, en Suisse, et l'or est totalement invisible sur le radar des stocks du COMEX.

Que voulez-vous dire par "sans scrupules" ? Les gros bonnets de Wall Street en sont le plus récent spécimen !

Ce qu'est la fraude, et les règles du GLD en sont le cas le plus flagrant !

Qu'est-ce que cela signifie d'être malheureux ? Les investisseurs particuliers dans le GLD sont les perdants les plus facilement accessibles !

Après que l'Allemagne a annoncé qu'elle expédiait de l'or chez elle, le COMEX et l'ETF sur l'or ont enregistré une baisse simultanée des stocks totaux (Source : Bloomberg).

La beauté du GLD, c'est qu'il utilise l'argent des investisseurs individuels pour s'en servir comme d'un puits. Les compétences des gros bonnets en matière de tonte de la laine sont vraiment à la pointe et innovantes, et c'est fascinant à observer. Si les investisseurs individuels possèdent directement de l'or, il n'est pas facile pour les gros bonnets de se procurer de l'or aux quatre coins du monde, mais le GLD utilise la méthode de stimulation de la cupidité humaine pour concentrer l'argent et l'or des investisseurs individuels dans les mains des gros bonnets, qui s'en emparent et s'en régalent.

En juin 2013, JP Morgan Chase a effectivement rencontré une ruée vers l'or, dans le système COMEX a été incapable de faire face à la livraison des contrats à terme, le GLD est devenu une "machine à retirer" de l'or pratique et commode de JP Morgan Chase. Si le prix de l'or augmente ou reste inchangé, les investisseurs particuliers du GLD ne céderont pas honnêtement leurs "positions", et seul un plongeon du prix de l'or peut secouer les "positions" des investisseurs particuliers effrayés. C'est la cause profonde d'une nouvelle chute du prix de l'or à la fin du mois de juin.

Si vous regardez les stocks d'or de l'ETF or et du COMEX ensemble dans un seul graphique, le problème est clair : en janvier 2013, lorsque l'Allemagne a annoncé qu'elle expédiait de l'or chez elle, le prix de l'or a commencé à s'inverser, tandis que les stocks du COMEX et de l'ETF or ont chuté de manière très " coïncidente ", synchronisée et proportionnelle. Pour le dire autrement, les pertes des stocks d'or du COMEX peuvent être partiellement comblées par les stocks des ETF or.

À long terme, la sortie de l'or des ETF n'est en aucun cas une mauvaise chose, et l'interprétation des médias de Wall Street est complètement opposée, l'or des ETF "perte de sang", illustre la pénurie d'or physique du COMEX est grave, l'or des ETF du contrôle centralisé des grands gars a regagné la liberté, ils se dispersent à nouveau dans le monde, et finalement dans les poches des pays asiatiques et des marchés émergents "grandes mères", ils s'accrocheront au trésor vraiment précieux, les grands gars de Wall Street veulent attirer ces or, près d'un rêve.

Déclaration d'initié

Certains pourraient se demander s'il n'existe pas de mur imperméable au monde, et si l'"opération de décapitation" de l'or depuis avril n'a fait l'objet d'aucune fuite ?

La réponse est : bien sûr qu'il y en a.

Un long article intitulé "The Assault On Gold", publié sur le site le 4 avril (huit jours avant la décapitation de l'or), "prédisait" avec précision la prochaine "offensive du poisson d'avril" contre l'or par les États-Unis.

Cette personne est Paul Craig Roberts, un ancien secrétaire adjoint du Trésor américain.

M. Roberts a été secrétaire adjoint du Trésor pour la politique économique américaine dans l'administration Reagan et est considéré comme l'un des fondateurs de l'économie Reagan.

Dans son article, Roberts souligne que le pic de 500 dollars de l'or en 2011 a fortement ébranlé la Réserve fédérale et le Trésor américain, et que pour défendre l'hégémonie du dollar l'or doit être supprimé, le gouvernement américain est la force dominante dans le plongeon de l'or et de l'argent.

> " Pour les Américains, une catastrophe financière et économique est peut-être proche. La Fed et les institutions financières sur lesquelles elle s'appuie ont uni leurs forces pour sévir contre les prix de l'or et de l'argent afin de dissuader les investisseurs, comme en témoigne ceci. "

J'ai présenté l'alerte à l'or de Roberts dans mon post Sina Weibo du 7 avril 2013 (600 000 lecteurs) Cela s'est passé 5 jours avant le plongeon du prix de l'or "4-1-2".

> " L'offensive du 'poisson d'avril' de la Fed sur l'or a commencé par l'envoi d'un message aux négociants en or (faisant référence à JP Morgan Chase, entre autres) qui ont rapidement communiqué les intentions (de la Fed) à leurs clients et les ont informés que les fonds spéculatifs et autres grandes institutions d'investissement étaient sur le point de vendre leurs positions sur l'or et que les clients devaient rapidement sortir du marché des métaux précieux avant cela. Étant donné que ces informations privilégiées relèvent de la propre stratégie du gouvernement, les investisseurs ne pourront pas poursuivre de tels agissements.
> "La répression de la Fed sur les métaux précieux était un acte imprudent, car cette politique est vouée à l'échec une fois qu'elle sera largement connue, Comme je l'ai expliqué précédemment, la répression conjointe sur l'or et l'argent a été conçue précisément pour protéger le taux de change du dollar. Si l'or et l'argent ne menaçaient pas (le dollar), le gouvernement ne les réprimerait pas.

> *"La Fed fabrique un trillion de dollars par an en nouvelle monnaie, mais le monde s'éloigne des dollars dans les règlements du commerce international, et les réserves en dollars, et le résultat est une augmentation de l'offre (de dollars) et une diminution de la demande. Cela signifie que le dollar va chuter et que l'inflation domestique va s'aggraver en raison de la hausse des prix à l'importation, ce qui entraînera une hausse des taux d'intérêt et l'effondrement des obligations, des actions, de l'immobilier.*
>
> *"La frappe combinée de la Fed sur l'or et l'argent a peu de chances de réussir en fin de compte, et son objectif est simplement de gagner du temps pour que la Fed continue à imprimer de l'argent pour payer le déficit fédéral tout en maintenant des taux d'intérêt bas et en sécurisant les prix des obligations pour consolider les bilans des banques. "* [13]

Le gouvernement américain est intelligent en ce sens qu'il utilise les outils du marché, l'influence des médias et l'énorme énergie de Wall Street pour manipuler la psychologie du marché afin de modifier les attentes à l'égard de l'or et de l'argent, accomplissant ainsi ses objectifs politiques sans montrer aucun signe. Cette méthode est bien plus efficace que l'utilisation de moyens administratifs tels que les restrictions d'achat et les restrictions de nombre.

L'influence du gouvernement des États-Unis sur les anticipations du prix de l'or se retrouve dans un certain nombre de "coïncidences" dans les hausses et les baisses successives de l'or.

En mars 2008, le prix de l'or a dépassé les 1 000 dollars pour la première fois de l'histoire, atteignant 1 011 dollars, et en avril, le FMI a commencé à discuter de la vente de financements en or, soi-disant pour mieux aider les pays pauvres. Un tel raisonnement boiteux est, bien sûr, conçu pour influencer les attentes du prix de l'or. Et comme de juste, l'or a plongé de 27% à 740 $ en septembre à la suite de cette nouvelle.

En février 2009, le cours de l'or a atteint 984 dollars, frôlant à nouveau la barre des 1 000 dollars. En mars, lors du sommet du G20 organisé pour discuter du plan de vente d'or du FMI, l'ampleur de la vente a largement dépassé les attentes, atteignant 403 tonnes. Sans

---

[13] Paul Craig Roberts, *The Assault on Gold*, PaulCraigRoberts.org, 2013-04-04.

surprise, le cours de l'or d'avril a chuté de 12% à 870 dollars à la suite de cette nouvelle.

En novembre 2009, le prix de l'or a dépassé les 1175 dollars, un nouveau record. Le même mois, le FMI, dans l'"urgence", a annoncé la vente de 200 tonnes d'or à l'Inde, ce qui a fait chuter le prix de l'or à 1 058 dollars trois mois plus tard, soit une baisse de 10%.

En juin 2010, le prix de l'or a atteint un sommet historique de 1261 $, et le 7 juillet, le Wall Street Journal a soudainement révélé que la Banque des règlements internationaux (BRI) avait conclu une transaction d'échange d'or (SWAP) avec des banques commerciales : "Si les prêts (banques commerciales) ont obtenu de l'or de la BIS, qui pour une raison quelconque ne peut être remboursé, alors la BIS peut choisir de vendre cet or sur le marché, et une vente d'or de cette ampleur augmenterait considérablement l'offre sur le marché. "En conséquence, le prix de l'or est tombé à 1157 dollars à la fin du mois de juillet, soit une baisse de 8,2%.

Le 5 septembre 2011, l'or a atteint un sommet historique de 1920 $. De 1 328 $ en février de cette année-là, il a grimpé de près de 600 $ en 7 mois ! Le 21 septembre, les États-Unis ont lancé une opération de distorsion de 400 milliards de dollars, le marché d'origine pensait que l'or allait augmenter, mais pas prévu similaire à la tragédie "quatre — un deux" s'est produit, la vente à terme fou sur le 22 et 23 sera le prix de l'or fracassé successivement par 1 800 dollars et 1 700 dollars de la barrière. Le 23 septembre en particulier, après le plongeon de l'or, le COMEX est arrivé à un "chaudron de paye", annonçant soudainement une augmentation substantielle de la marge de négociation de l'or de 21%, de l'argent de 16%. Il "se trouve" que c'était un autre vendredi, et le jour suivant était le week-end, et le long or s'est effondré exactement comme il l'avait fait le "4-1-2". En conséquence, le prix de l'or a chuté de 9,7% pour la semaine.

Tant de "coïncidences" et de très faibles probabilités d'événements se produisent fréquemment sur le marché de l'or, ce marché est vraiment "hanté", j'en ai peur.

Outre M. Roberts, une autre personne qui estime que le marché de l'or est "hanté" est l'ancien haut fonctionnaire du gouvernement américain Pippa Malmgren (Pippa Malmgren).

Mme Bipa-Maglen, anciennement assistante spéciale du président George W. Bush Jr. pour la politique économique, rend compte au président des mouvements des marchés financiers et sert de coordinatrice générale de la Maison Blanche avec les régulateurs financiers tels que la Réserve fédérale, la Commission américaine des marchés à terme (CFTC) et la Commission américaine des valeurs mobilières (SEC).

Le 7 juin 2013, Bipa Magalhaes a révélé beaucoup d'or à l'intérieur lors d'une interview.

Le journaliste a demandé,

> " Que faire du plongeon de l'or du 12 avril ? "

Bipa-Maglen a répondu franchement :

> " Le gouvernement (américain) a horreur de la montée en flèche du prix de l'or, et c'est effectivement vrai, d'autant plus qu'il mène la plus grande politique de dévaluation monétaire de l'histoire... Nous n'avons jamais vu autant de pays industriels développés adopter cette stratégie (de dévaluation monétaire) simultanément. Il est donc naturel que les gouvernements se sentent nerveux. Certaines des plus grandes banques ont malicieusement court-circuité (l'or) et ont déclaré au marché : 'Il (l'or) va certainement s'effondrer'. Je ne suis pas sûr que ce comportement soit surprenant. Ce qui s'est passé ensuite, c'est un volume (de vente d'or) très, très important, une taille de transaction historiquement rare qui s'est produite en seulement une demi-heure le vendredi (12 avril). "

Le journaliste a demandé,

> " C'est un acte clair de manipulation, n'est-ce pas ? "

Bipa Margren a répondu,

> "Je vois ce que vous voulez dire. C'est intéressant que tous les gens demandent au gouvernement d'enquêter sur cet incident, et on dirait que ça ne va pas bien se terminer. Donc, en fin de compte, c'est que nous ne saurons jamais (la vérité). "

Le journaliste a demandé,

> "Si la CFTC est autorisée à ouvrir une enquête au nom du gouvernement américain et à finalement rendre compte au gouvernement : 'Nous avons trouvé un crime, mais les suspects sont le gouvernement et la Réserve fédérale. ' Qu'en est-il ? "

Bipa Margren (rires) :

> "Oui, vous devez vous arrêter immédiatement."

Le journaliste a demandé,

> " Donc, il est en fait impossible pour vous d'enquêter sur ce type d'événement, n'est-ce pas ? "

Bipa Margren a répondu,

> "Non, vous ne pouvez pas (enquêter). Je pense que c'est la raison pour laquelle un grand nombre des institutions que je conseille sont très préoccupées par les investissements dans l'or, car elles ont le sentiment qu'il (le marché de l'or) est manipulé. La volatilité des prix (de l'or) comme celle-ci est trop lourde à supporter pour elles. " [14]

Il ne fait aucun doute que Paul Roberts, ou Bipa Magalhaes, ont vu le marché de l'or du point de vue du gouvernement américain. En tant qu'assistante spéciale du président, elle doit avoir une compréhension claire des anomalies des marchés financiers au cas où le président le lui demanderait. Il ne devrait y avoir aucun doute sur l'importance que le gouvernement américain accorde au marché de l'or, qui est naturellement lié au statut du dollar.

Il est intéressant de noter que Bipa-Maglen a révélé son point de vue sur l'internationalisation du yuan dans une autre interview :

> "Ils (la Chine) veulent que le yuan soit une monnaie forte, adossée à l'or dans le monde, alors que d'autres pays optent pour l'inflation et la dévaluation de la monnaie. Les récents accords monétaires bilatéraux (de la Chine) avec l'Australie, la France, la Russie, Singapour et de nombreux autres pays reflètent une volonté de remplacer (le yuan) comme monnaie de réserve mondiale. "

Combien de temps le drapeau rouge va-t-il se battre ? L'or et l'argent ont-ils un avenir ?

La grève de l'or du 12 avril a été décrite comme un exemple classique d'"opération psychologique", qui vise à influencer les systèmes de valeurs, les systèmes de croyances, les émotions, les motivations, la logique et le comportement du groupe cible, et en

---

[14] Interview d'Eric King avec le Dr Philippa "Pippa" Malmgren, King World News, 2013-06-07.

particulier l'impact sur le comportement qui induira directement des fluctuations de prix.

La chute spectaculaire des prix de l'or a produit avec succès l'effet attendu de "guerre psychologique", les gens ont commencé à douter que le concept de "cacher de l'or dans un monde troublé" soit toujours valable, la confiance dans la valeur d'investissement de l'or et de l'argent a été sérieusement ébranlée, le pessimisme est généralisé, le son des chants et des décriations est répandu, et même la logique de base de la monnaie sur-émise finira par conduire à l'inflation est également devenue ambiguë. Le sentiment du marché s'est déconnecté de la raison calme, les signaux de prix sont mal alignés avec l'intuition de la richesse et, pour ainsi dire, les perceptions de l'or sont dans un état de désarroi sans précédent.

À cette fin, une analyse complète et critique est nécessaire.

En termes de besoin, les gens voudront toujours posséder de l'or, comme l'ont validé 5 000 ans de civilisation humaine, et la clé est de savoir à quel niveau de prix cette impulsion se traduira en action. Du point de vue de l'offre, cela dépend du type de prix de l'or que les producteurs d'or sont prêts à continuer à fournir.

Il s'agit du coût de production de l'or.

En ce qui concerne le coût de production de l'or, il existe actuellement deux méthodes statistiques : l'une appelée "Cash Costs" (coûts décaissés), l'autre "Total Costs" (coûts totaux). La première ne calcule que les coûts les plus élémentaires liés au fonctionnement normal d'une mine d'or, tels que l'extraction, le traitement, le raffinage, etc., et obtient finalement le coût par once d'or extraite en divisant la production totale de la mine par les coûts susmentionnés. Cependant, cette méthode sous-estime clairement le coût combiné de l'or. Afin de maintenir la rentabilité d'une entreprise, tout producteur d'or doit continuellement forer pour trouver de nouvelles ressources aurifères et creuser profondément dans les réserves d'or existantes, dont les coûts sont énormes et doivent être engagés. En outre, les coûts financiers des entreprises (intérêts de la dette, etc.), les coûts fiscaux doivent également être calculés dans les coûts de production de l'or, et il faut enfin retirer les couvertures de produits dérivés, les dépréciations d'actifs, les autres gains et pertes d'investissement (non liés à la production d'or), une telle analyse afin de refléter de manière réelle et complète la situation financière des entreprises de production. Bien que ces coûts ne soient pas directement liés à la production des mines d'or existantes, il s'agit de coûts réels supportés par les entreprises aurifères, sans lesquels les frais généraux nécessaires ne seraient pas viables. Lorsque ces coûts sont considérés ensemble, ils constituent la "méthode du coût complet" de l'or.

Sur la base de la méthode du coût comptant, certains estiment que l'or coûte 600 à 800 dollars l'once, tandis que d'autres parlent de 1000 à 1100 dollars, selon les différentes mines d'or.

Hebba Alternative Investments a réalisé une étude systématique de toutes les sociétés aurifères cotées dans le monde en utilisant la " méthode du coût complet ". Ces sociétés sont suffisamment représentatives, avec une production totale d'or de 800 tonnes en 2012, soit environ 1/3 du total de l'or mondial extrait en 2012 (2 700 tonnes).

Le "coût complet" moyen d'une entreprise aurifère cotée en bourse est calculé comme suit.

En 2011, 1168 $/oz.

En 2012, 1287 $ par once.

Entre autres, le coût de l'or est passé à 1 399 $/oz au quatrième trimestre 2012 !

Les coûts d'exploitation minière ont explosé en raison de la difficulté technique croissante de la découverte de nouvelles mines par rapport à l'excavation de mines existantes, comme celles d'Afrique du Sud, qui atteignent une profondeur de 3 200 mètres. Outre les coûts d'exploitation minière, les coûts de la main-d'œuvre, de l'énergie, de l'équipement, du transport et des canaux de distribution ont connu des pics significatifs en raison de graves dépassements monétaires depuis 2009. On oublie aussi souvent les coûts cachés liés à l'environnement, au droit et à la politique Par exemple, Barrick, le plus grand mineur d'or au monde, a vu son projet aurifère à Pascua Lama, en Amérique du Sud, stoppé par le gouvernement chilien en avril 2013, pour des raisons de protection de l'environnement, car la mine était à cheval sur le Chili et l'Argentine, et les énormes sommes d'argent que Barrick avait investies les années précédentes ont été soudainement perdues. Les énormes coûts cachés que connaissent ces entreprises aurifères ne sont pas pris en compte dans la traditionnelle "méthode du coût comptant", mais sont bien réels.

En outre, Herba Investments a également effectué une mesure du coût complet de l'argent et a constaté que le coût complet moyen de toutes les sociétés cotées en argent dans le monde (70 millions d'onces, soit environ 10% de la production mondiale) était de 23,04 $ au quatrième trimestre 2012, contre 20,80 $ à la même période en 2011, soit une augmentation du coût de 10,8% d'une année sur l'autre.

Si, fin 2012, le coût total de l'or avait atteint près de 1 400 dollars, en juin 2013, le prix de l'or était tombé à environ 1 250 dollars, ce qui signifie que les producteurs d'or mondiaux seront généralement dans le rouge.

En fait, cela s'est déjà produit.

Le 21 juin 2013, la société Golden Minerals Company (AUMN), cotée en bourse aux États-Unis, a annoncé la fermeture de 470 sites de production dans sa mine de Velardena au Mexique. En mai de la même année, l'entreprise prévoyait un flux de trésorerie négatif de 5 millions de dollars pour les trois prochains trimestres de l'année à 1 500 dollars pour l'or et 25 dollars pour l'argent. Et le prix de l'or et de l'argent est resté bien en dessous de son coût total en juin, obligeant les entreprises à licencier des travailleurs et à réduire la production.

Le 22 juin, Barrick, la plus grande société aurifère du monde, a annoncé qu'elle allait licencier massivement des travailleurs dans 55 mines du Nevada et de l'Utah, car les prix de l'or ont rendu difficile pour Barrick de maintenir la production. Presque simultanément, une autre société aurifère de renommée mondiale, Newmont Mining Corporation, procédera à un autre licenciement dans sa mine d'or du Nevada après avoir licencié 33% de ses employés dans la mine d'or du Colorado. La société a déclaré que la flambée des coûts et la chute des prix de l'or l'ont obligée à réduire sa production.

Le 24 juin, Newcrest Mining Ltd, qui figure parmi les cinq premières sociétés aurifères du monde, a annoncé une dépréciation d'actifs pouvant atteindre 5,5 milliards de dollars, la plus importante de l'histoire mondiale de l'or. Il ne fait aucun doute que si le prix de l'or tombe en dessous du coût total de l'or pendant une longue période, la production d'or diminuera.

Depuis 2001, le prix de l'or a été multiplié par cinq environ, et selon le bon sens de l'offre et de la demande, l'augmentation des profits devrait s'accompagner d'une augmentation de la production, mais en réalité, la production d'or minéral a à peine évolué de manière significative en 12 ans, passant de 2 560 tonnes en 2001 à 2 700 tonnes en 2012.

Le nombre de méga-mines d'or actuellement exploitées dans le monde est pitoyablement faible, puisque seules 156 des 400 mines produisent plus de 100 000 onces (environ 3+ tonnes) par an ; parmi celles-ci, seules 21 mines produisent plus de 500 000 onces (environ 16 tonnes) par an ; et pas plus de 6 méga-mines d'or produisent 1 million d'onces (32 tonnes) par an. Comme l'extraction de l'or se poursuit depuis des milliers d'années, toutes les mines d'or faciles de la planète ont été exploitées. Si quelques grandes mines d'or ont également été découvertes au cours des dix dernières années, aucune des méga-mines d'or dont les réserves totales dépassent 20 millions d'onces (environ 643 tonnes) d'or n'a été trouvée.

Certains affirment que le coût de production de l'or n'a pas d'importance car la grande majorité de l'or extrait ne sera pas consommée, le stock est beaucoup plus important que la quantité supplémentaire et le prix de l'or sera déterminé par le stock d'or. En fait, c'est la même chose avec les maisons neuves et d'occasion, s'il y a une pénurie de maisons neuves, les propriétaires de maisons d'occasion auront scrupule à vendre et le prix global de la propriété augmentera. De même, si les nouvelles additions d'or ne répondent pas à la demande du marché, cette demande devra se tourner vers les détenteurs d'or existants, et si le prix est trop bas, personne ne voudra vendre. Bien sûr, la vente de réserves d'or par les pays peut modifier de manière significative la relation entre l'offre et la demande, mais dans la situation actuelle où les banques centrales mondiales sont devenues des acheteurs nets d'or, notamment à la lumière de l'impact de la banque centrale allemande qui expédie de l'or chez elle à d'autres banques centrales, il n'est pas facile de convaincre les pays de vendre leurs réserves d'or.

Après le plongeon de l'or en avril 2013, le volume des sorties de stock du Shanghai Gold Exchange chinois montre que la Chine a mangé la grande majorité de l'or minéral mondial sur la même période, tandis que la consommation d'or de l'Inde n'est pas à la hauteur de celle de la Chine, la Chine et l'Inde pourraient à elles seules manger plus de 2 000 tonnes d'or en 2013, le Moyen-Orient et les banques centrales mondiales achèteront au moins 1 000 tonnes, et la fièvre de l'or physique du reste du monde se réchauffe rapidement, stimulée par la baisse des prix de l'or.

Il est important de noter que le prix de l'or est déjà inférieur au coût de production des sociétés aurifères, et que ce coût augmente rapidement à un taux de près de 10% par an. De plus en plus de producteurs d'or seront contraints de réduire leur production ou de fermer des mines, et l'offre d'or diminuera rapidement. Cela soulève la question de la tendance inévitable à réallouer le stock d'or si les nouvelles additions d'or ne sont pas suffisantes pour répondre à une demande en croissance rapide.

En fait, cette tendance persiste depuis une quarantaine d'années, à savoir que depuis le découplage du dollar et de l'or en 1971, le sens du flux du stock d'or mondial s'est déplacé de l'Ouest vers l'Est, des anciens pays développés vers les pays émergents, ce qui est tout à fait cohérent avec ce qui s'est passé dans l'histoire de l'humanité au tournant des civilisations : le sens du mouvement de l'or montre un déplacement de la créativité des richesses, un déplacement de la prospérité et de la confiance, et marque finalement un déplacement du pouvoir mondial.

L'or coule à flot vers les endroits qui respectent la création de richesse !

Explications

L'obscurité avant l'aube est la plus désespérée, mais dans l'obscurité naît l'aube.

En 2013, le gouvernement américain et les gros bonnets de Wall Street ont pilonné le marché de l'or avec une férocité jamais vue depuis 30 ans. Cela illustre à son tour un autre problème, une telle folie et un comportement aussi drastique signifient que la peur du dollar vis-à-vis de l'or est également sans précédent depuis 30 ans.

La faible confiance dans le dollar est exactement ce qui frappe l'or !

Comme le dit Roberts, il est peu probable que le coup porté par la Fed à l'or et à l'argent soit finalement couronné de succès. Son but est simplement de gagner du temps pour que la Fed continue à imprimer de l'argent pour payer le déficit fédéral tout en maintenant des taux d'intérêt bas et en sécurisant les prix des obligations pour consolider les bilans des banques.

Par rapport à 2008, le système financier américain en 2013 n'était pas plus robuste, mais plus fragile. On a vu que l'assouplissement monétaire quantitatif de la Fed est arrivé à son terme, et devant ce terme se trouve une autre falaise sans fond en vue, et pendant cinq ans, la super-inflation du dollar a apporté non pas un véritable boom économique, mais une bulle beaucoup plus importante à l'échelle mondiale. Le maintien des bulles d'actifs doit reposer sur une politique monétaire plus accommodante, qui est destinée à faire éclater des bulles encore plus grandes.

La question n'est pas de savoir si la crise va éclater, mais quand et où elle va commencer. Si la crise financière de 2008 était une crise des institutions financières, et que le gouvernement peut transférer les dettes pourries du système financier à lui-même avec un flot d'argent, alors la prochaine crise sera une crise de l'argent lui-même.

Les États-Unis ont clairement compris qu'il ne peut y avoir de "bonne fin" à la politique d'assouplissement quantitatif, qu'une crise monétaire sera inévitable, et que s'il faut garantir que le dollar restera en ruines après la crise, la seule stratégie de sortie est de faire exploser la crise dans d'autres pays d'abord.

Toute option monétaire qui a le potentiel de remplacer le dollar, qu'il s'agisse de l'euro, du yen, du renminbi, de l'or ou du bitcoin, est quelque chose que les États-Unis ne toléreront jamais. Les États-Unis ont réussi à laisser pourrir le yen, à laisser l'euro à ses propres moyens, à laisser l'or à ses propres moyens et le bitcoin à ses propres moyens, pour ensuite adopter la stratégie consistant à " entourer les trois queues et une " contre le yuan et continuer à forcer le yuan à s'apprécier.

À l'origine des guerres monétaires mondiales à venir se trouve le déclin du dollar, qui a commencé avec le découplage de l'or en 1971. Dès lors, libre de toute contrainte rigide et sans aucun contre-pouvoir, l'hégémonie du dollar est devenue la dictature du dollar. Le pouvoir absolu mène à la corruption absolue, tout comme le pouvoir monétaire.

Tous les fruits tombent au sol, à cause de la force gravitationnelle de tous ; tout l'argent se déprécie, à cause de la cupidité humaine. En fin de compte, l'or brille toujours dans les ruines du désir monétaire.

CHAPITRE II

Le tunnel de la vérité, à travers l'espace de la bulle

Parmi les raisons du plongeon de l'or "4-1-2", les médias de Wall Street s'enthousiasment surtout pour l'extrême prospérité du marché boursier américain. Les bénéfices des entreprises ont fortement augmenté et les indices boursiers ont atteint des sommets, ce qui laisse présager une amélioration de la reprise économique aux États-Unis et un renforcement du dollar est inévitable. L'objectif de la détention d'or n'est rien d'autre que de couvrir le risque d'une récession aux États-Unis et la dépréciation du dollar, puisque le marché boursier a réalisé des performances brillantes, la valeur de l'or ne peut que diminuer.

En fait, les attentes optimistes concernant la reprise économique américaine ne sont pas nouvelles. Les médias de Wall Street avaient prédit que l'économie des États-Unis connaîtrait une forte reprise au second semestre 2009, mais le résultat a été un manque d'élan, et l'année suivante a changé le récit pour dire que l'économie était vouée à croître de manière substantielle en 2010, mais ce qui a suivi a été un manque de croissance, et puis 2011, 2012, 2013, l'année après l'année de l'optimisme et des attentes, année après année de la mauvaise performance. cinq ans plus tard, 3 000 milliards de dollars d'assouplissement quantitatif, près de 5 000 milliards de dollars de déficit budgétaire, les États-Unis n'ont jamais été aussi fous d'imprimer et de dépenser de l'argent, en échange d'une économie immortelle, un taux de chômage élevé, les instruments monétaires et la politique budgétaire du mauvais effet, est sans précédent. En 2013, l'économie américaine porte le QE "machine à respirer" a été respirer pendant cinq ans, mais n'osent toujours pas l'enlever.

Entre des records en bourse et une reprise économique molle, quelle est la réalité et quelle est l'illusion ? Ce chapitre vous guidera dans le tunnel de la vérité et dans l'espace des bulles !

Le vautour noir en bourse

Un jour de décembre 2009, Ham Bodek s'est rendu à New York pour participer à une fête organisée par un trader électronique, où il a découvert un secret majeur qui le hantait depuis des mois.

Ancien trader en bourse chez Goldman Sachs et UBS, M. Hamm a fondé en 2007 une société de trading à haute fréquence. Le trading dit à haute fréquence consiste à remplacer la réaction du cerveau humain par la vitesse d'un ordinateur, pour convertir les positions en quelques millisecondes et prendre des bénéfices. Au début, les bénéfices de la société étaient bons, mais les affaires sont devenues de plus en plus difficiles, et les ordres de bourse étaient toujours hors de portée et les bénéfices étaient mangés par les frais de négociation.

Au départ, il soupçonnait qu'il y avait un problème avec le code de commerce de la société, et après des mois de vérification, il n'a toujours pas trouvé le problème. Ce jour-là, je suis venu à la fête pour m'informer auprès des représentants commerciaux de cette plate-forme de commerce électronique afin de voir quel était le problème.

Finalement, Ham a arrêté un directeur commercial près du bar, et après quelques autres questions, le directeur commercial a dû devenir sérieux. Il a demandé à la société de Ham quel type d'ordre de négociation elle utilisait, et Ham a répondu : un ordre à cours limité (Limit Order). Le directeur commercial a ri et a dit : vous ne pouvez pas utiliser un ordre limite. Ham était perplexe, un ordre à cours limité n'est-il pas le moyen le plus courant de passer des ordres ? Il est utilisé par presque tout le monde, du gestionnaire de fonds à l'investisseur individuel moyen. En d'autres termes, si vous avez des vues sur une action dont le prix est de 10 \$, l'ordre à cours limité vous permettra de conclure la transaction à moins de 10 \$.

Le problème réside toutefois dans le système d'appariement des plateformes de négociation électronique, où les ordres de négociation les plus courants sont noyés dans des "chevaux de Troie".

L'explication du directeur des ventes a fait que Ham s'est réveillé dans un rêve, il s'avère que le programme informatique du système d'appariement, tous les ordres d'achat à trier, à l'origine le prix le plus élevé devrait être en haut de la file d'attente des ordres, le même prix exact devrait être organisé conformément à l'ordre du premier arrivé premier servi, c'est-à-dire, le principe de la priorité des prix et la priorité du temps, mais de nombreuses plates-formes de négociation ont laissé une "porte dérobée" dans le tri des ordres, les ordres spéciaux de négociation à haute fréquence seront "cachés" en haut de la file d'attente des ordres d'achat, tandis que les ordres limites ordinaires sont pressés vers l'arrière. Au moment de la négociation, les ordres spéciaux sont toujours les premiers à être exécutés au meilleur prix, et quels que soient les mouvements de prix, les ordres spéciaux ont toujours une priorité plus élevée que les ordres à cours limité. Lorsque les prix augmentent, les ordres spéciaux de négociation à haute fréquence se retournent et sont en tête de la file d'attente des ordres de vente pour vendre en premier au meilleur prix, réalisant ainsi le rêve de "chaque personne ne gagne aucune perte". [15]

Si le marché change soudainement et que l'ordre initial va dans la mauvaise direction, l'ordre spécial pour le trading à haute fréquence perdra-t-il de l'argent ? La réponse est : non !

L'algorithme de négociation à haute fréquence évalue la force de la file d'attente des ordres de vente en quelques millisecondes, confirme que la tendance du prix est sur le point de s'inverser, et avant que le prix ait le temps de changer, l'ordre spécial vend l'action au prix d'origine à l'ordre d'achat dans la file d'attente derrière lui, et le retrait est effectué en un éclair.

L'activité de Ham est le trading à haute fréquence, mais il n'a jamais imaginé qu'il y avait encore quelque chose de caché dans le mécanisme de collocation au sein du système de trading. Le directeur commercial a conseillé à Hamm de ne pas révéler ce secret à qui que ce soit d'autre ; les ordres à cours limité sont la proie la plus basse dans la chaîne alimentaire du trading boursier, et ils sont exclusivement destinés aux traders à haute fréquence au sommet.

Bien qu'une telle "faille" n'existe pas dans toutes les bourses, elle reflète le concept de base du trading à haute fréquence, à savoir "se précipiter pour courir". Après avoir appuyé sur la gâchette, la balle n'a pas encore été tirée, le canon n'a pas encore été entendu, tous les joueurs

---

[15] Scott Patterson, Dark Pools : The Rise of the Machine Trades and the Rigging of the US Stock Market, Crown Business, 2012-06.

attendent toujours, les gens qui se précipitent pour courir se sont déjà précipités sur tous ceux qui sont devant.

On peut dire que les traders à haute fréquence ne lésinent pas sur les moyens pour parvenir à la "ruée vers l'or".

Les deux centres financiers de New York et Chicago sont distants de 700 miles, et dans un câble à fibre optique, la vitesse de transfert des données n'est que de 7 millisecondes, mais 7 millisecondes, c'est trop long pour un trader à haute fréquence. Une société de trading à haute fréquence a dépensé 300 millions de dollars pour construire un tunnel de câbles en fibre optique à travers les Appalaches, qui sont plus courts en distance et peuvent réduire le temps de transmission des données à 6 millisecondes. Dans le monde du trading à haute fréquence, une milliseconde vaut plus que 300 millions de dollars.

Il fut un temps où les bourses américaines étaient des institutions à but non lucratif, fondées sur l'adhésion, dont la responsabilité première était de maintenir des marchés justes, équitables et ouverts. Cependant, depuis sa conversion en organisation à but lucratif, faire de l'argent est devenu la tâche numéro un des différentes bourses, et les "trois publics" sont devenus une tactique de recherche de rente des bourses. Plus le serveur de l'entreprise est proche du centre de données de la bourse, plus il sera facile pour l'entreprise de s'enfuir. La bourse utilise en fait l'emplacement de son propre centre de données comme un moyen de gagner de l'argent, en autorisant les sociétés de négociation à haute fréquence à placer des grappes de serveurs à côté d'elle. En retour, les sociétés de trading à haute fréquence importent leurs propres flux d'ordres massifs dans les bourses.

Depuis la naissance du trading à haute fréquence, qui représente 30 à 50% du volume total des actions américaines, aucune bourse n'ose ralentir ces nouveaux clients avec de gros ordres en main. Pour satisfaire les nouveaux clients, la bourse offre également une plus grande bande passante, leur permettant d'étendre les avantages dont ils disposent déjà grâce à des vitesses de transfert de données plus élevées. Certaines plates-formes boursières gourmandes, afin de répondre aux besoins des traders à haute fréquence, ont même planté des "chevaux de Troie" dans leurs systèmes d'appariement, leur permettant d'écraser les détenteurs d'ordres ordinaires sur le marché.

Une fois que les serveurs des traders HF occupent la meilleure position dans la salle des machines de la bourse, ils occupent en fait la partie supérieure du flux de données de négociation du marché. De cette façon, ils peuvent non seulement courir, mais aussi "prendre la route".

Au plus fort de la bulle informatique dans les années 1990, la bourse traitait 1 000 cotations par seconde, et en 2013, elle a atteint le chiffre vertigineux de 2 millions de cotations par seconde, le trading à haute fréquence représentant 90% à 95% de toutes les cotations du marché ! La création du "bruit" des cotations de masse n'a pas pour objectif principal la transaction, mais le ralentissement de la vitesse de traitement des données en bourse, l'éviction du canal des actionnaires ordinaires et le retardement du temps d'obtention par le marché des informations réelles de négociation, ce qui équivaut à "l'attaque bloquante" d'Internet.

Quoi qu'il en soit, le trading à haute fréquence crée une grave injustice, car il plane sur le marché comme un vautour noir, prêt à s'attaquer aux personnes sans défense. Lorsque le marché est stable, il exploite tous les actionnaires, avec l'effet d'un impôt déguisé, et lorsque le marché a besoin de liquidités, celles-ci disparaissent rapidement, entraînant d'intenses turbulences du marché.

Le trading à haute fréquence n'est qu'un détail du marché boursier, mais un aperçu de l'ensemble du tableau. Lorsque la cupidité prévaut, elle fausse inévitablement le marché et porte atteinte à l'équité ; et, stimulé par l'argent bon marché, le désir de cupidité commence à gonfler vicieusement, et non seulement il fausse l'économie tout entière, mais il crée une injustice encore plus grande en matière de richesse.

Le choc de Bernanke

Le 19 juin 2013, le président de la Réserve fédérale, Ben Bernanke, a laissé entendre que si l'économie continue de s'améliorer, "une réduction modeste des achats de dette au cours du second semestre de l'année serait appropriée". Que signifie l'amélioration de l'économie ? Pour la première fois, M. Bernanke a donné une définition claire d'une baisse du taux de chômage à 7%, moment auquel l'assouplissement quantitatif (QE) de la politique monétaire, qui dure depuis cinq ans, serait progressivement abandonné.

Peut-être Bernanke a-t-il une grande confiance dans la reprise économique, ou peut-être est-il conscient des risques énormes liés à la poursuite de l'assouplissement quantitatif et tient-il à prouver au monde entier, avant de quitter ses fonctions début 2014, que sa politique d'impression monétaire est un succès et que l'économie américaine peut fonctionner même sans le maintien de l'assouplissement quantitatif. Il deviendrait ainsi le premier héros de l'histoire économique de l'humanité à réussir à sauver le monde avec de l'argent.

Dépassant les attentes de Bernanke, la sortie de l'assouplissement quantitatif a été un grand choc pour le marché, et en même temps, il a été pris au dépourvu. Immédiatement après les propos de Bernanke, les marchés financiers mondiaux ont été pris de panique, le marché de l'or ayant perdu 5,4%. Sans surprise, le retrait de l'assouplissement quantitatif signifie que Bernanke avait raison, que l'économie américaine s'est redressée et que la fonction de couverture de l'or est devenue superflue, alors pourquoi détenir de l'or ? Cependant, le marché boursier, qui était confiant dans la reprise économique, a également plongé, l'indice boursier américain S&P 500 chutant de 2,5%, sa plus forte baisse en une journée depuis 20 mois. Les marchés boursiers d'Europe et du Japon sont également en mauvaise posture, même le marché boursier de la Chine n'est pas épargné, et les autres marchés émergents sont tous en train de s'effondrer.

C'est étrange, la sortie du QE n'indique-t-elle pas une reprise de l'économie ? Le marché boursier devrait être plus confiant, comment pourrait-il y avoir un crash ?

L'explication des pom-pom girls des médias de Wall Street est qu'une sortie prématurée de l'assouplissement quantitatif pourrait conduire à une reprise économique avortée, qui pourrait à son tour affecter la confiance des marchés boursiers. Cependant, la politique d'assouplissement quantitatif dure depuis 5 ans, alors s'il est trop tôt pour en sortir en 2013, n'est-il pas trop tôt pour l'année du singe ?

Au moment de la crise financière de 2008, le système financier américain était comme un patient gravement malade, suspendu à un fil. Immédiatement après, l'organisation de sauvetage de la Réserve fédérale, la mobilisation d'urgence du Congrès, le département du Trésor pour prendre le traitement, la transfusion sanguine forcée des contribuables, la morphine des taux d'intérêt, la stimulation du déficit, l'électrochoc monétaire, toutes sortes de moyens thérapeutiques à tout prix, pour finalement suspendre le souffle des patients de Wall Street. Après avoir porté la "machine à respirer" du QE, les gros bonnets de Wall Street ont progressivement ralenti, le marché boursier a rebondi, et quelques années plus tard, les gros bonnets gagnent à nouveau beaucoup de graisse cérébrale, un gros ventre.

Que diriez-vous de Wall Street qui saute toujours de haut en bas avec un respirateur QE sur le dos, toujours l'air indécent. Chaque fois que la rumeur veut que le respirateur QE du marché tire le tube, Wall Street s'agite dans tous les sens, cherchant la mort pour vivre, et le monde s'inquiète pour le cœur. Si les tubes sont vraiment tirés, Wall Street continuera-t-elle à être somnambule, ou retournera-t-elle aux soins intensifs ?

Dans le monde virtuel créé par les pom-pom girls des médias de Wall Street, la vie des gens est hantée chaque jour par de bonnes nouvelles : le chômage est de plus en plus bas, la confiance des consommateurs est de plus en plus élevée ; les prix de l'immobilier rebondissent fortement et les bénéfices des banques sont de plus en plus élevés ; le pétrole et le gaz de schiste sont brillants et l'industrie manufacturière revient l'une après l'autre ; de l'argent bon marché est imprimé par la Réserve fédérale, mais l'inflation est si faible que Bernanke est inquiet ; les bénéfices des entreprises sont sans précédent et les PDG s'empressent de racheter des actions ; les marchés financiers atteignent des sommets et la prospérité économique est arrivée.

Les records des marchés boursiers américains sont la "preuve irréfutable" de la reprise économique ? Si tel est le cas, quelle est exactement la crainte de Bernanke d'arrêter le QE ? Pourquoi Wall Street fait-elle du surplace ?

Le marché boursier américain a atteint à plusieurs reprises des niveaux record et est largement considéré comme la "preuve irréfutable" de la reprise économique américaine. Si la preuve irréfutable peut être ouverte, nous pouvons voir si l'économie américaine est saine dans les tripes.

Boom boursier, ou gonflement boursier ?

Le Dow Jones est un baromètre du marché boursier américain si l'on veut, mais le S&P 500 représente plus largement le S&P 500, les 500 entreprises les plus représentatives de tous les secteurs de l'économie américaine, avec une capitalisation boursière combinée de 13 800 milliards de dollars au premier trimestre 2013 et 5 140 milliards de dollars d'actifs totaux liés au S&P 500.

Le S&P 500 a atteint un sommet historique de 1 569 points le 28 mars 2013, et la crise financière de 2008 semble être un souvenir, du moins le marché boursier a-t-il montré les contours d'un nouveau marché haussier, qui a grimpé de 135% depuis mars 2009, lorsqu'il a atteint un plancher de 667 points.

La raison de la hausse de l'action semble très bonne, puisque le bénéfice par action (BPA, earnings per share) du S&P500 a fortement augmenté, passant de 85 dollars en 2007 à environ 110 dollars en 2013, soit un gain de 29,4%. Si vous considérez toutes les entreprises du S&P500 comme une seule, alors la capacité bénéficiaire par action de l'entreprise augmente considérablement et la valeur de l'ensemble de l'entreprise augmente naturellement.

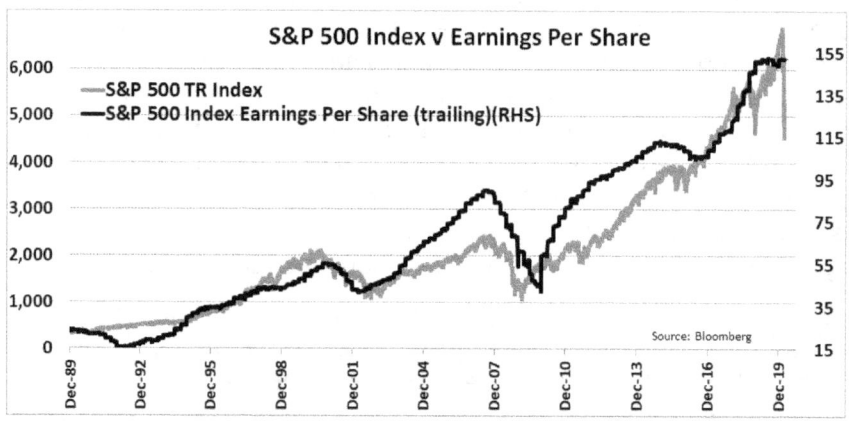

Variation annuelle du bénéfice par action (BPA) de l'indice S&P500 [16]

Le bénéfice par action est ce qui détermine la valeur d'une action !

Alors que l'indice boursier a augmenté plus que son bénéfice par action, le PE du marché boursier est tombé à 13,8 fois, contre 15,2 fois en octobre 2007. En d'autres termes, les actions de 2013 sont moins chères que celles de 2007. Un bon marché comme celui-ci ne devrait-il pas connaître une forte hausse lorsque vous investissez 100 $ dans des

---

[16] Fact Set Earnings Insight Report, Bottomup EPS Estimates: Current & Historical, 2013-11-01.

actions qui vous rapporteront 7% de leur valeur en 2013, soit bien plus que les intérêts des dépôts bancaires et des bons du Trésor ?

Indice S&P500 1997-2013

Le mystère réside dans la manière dont l'augmentation du bénéfice par action est générée !

Pour diriger une bonne entreprise, le travail le plus fondamental est d'ouvrir les sources et de réduire les coûts, l'ouverture des sources permet d'augmenter les recettes des ventes, la réduction des coûts permet de comprimer les dépenses internes, l'approche à deux volets est plus efficace.

Après une grave récession économique mondiale consécutive à la crise financière de septembre 2008, les ventes des entreprises se sont effondrées et, au troisième trimestre 2009, la croissance des ventes du S&P500 s'est détériorée pour atteindre -15,81%. Confrontées aux rigueurs de la survie, la première réaction instinctive des grandes entreprises a été de licencier à grande échelle, un homme faisant le travail de deux, réduisant ainsi les coûts d'exploitation et augmentant la productivité, ce qui explique pourquoi le taux de chômage américain a grimpé en flèche au cours de la même période.

C'est à ce moment-là que la Fed a lancé la première série de 600 milliards de dollars d'assouplissement quantitatif (QE1), sauvant ainsi le système bancaire sur le point de s'effondrer et donnant également au marché boursier un double élan de confiance et d'argent. L'opération de la Réserve fédérale visant à faire baisser les taux d'intérêt à court terme à des niveaux ultra-bas de 0 à 0,25%, tandis que les achats massifs de bons du Trésor et de MBS (titres adossés à des créances hypothécaires) ont fait baisser les taux d'intérêt à long terme, a permis de réduire considérablement les coûts financiers de l'entreprise.

La politique d'assouplissement quantitatif a conduit à une dépréciation significative du taux de change du dollar, les sociétés de l'indice S&P500 sont des entreprises leaders dans divers domaines de l'économie américaine, dont 30% à 50% du chiffre d'affaires provient directement des marchés étrangers, la dépréciation du dollar les place dans une position plus avantageuse dans la concurrence internationale, ce qui stimule directement la croissance des ventes à l'étranger ; en outre, lorsque les revenus à l'étranger en dollars apparaissent dans les rapports financiers de la société, mais aussi pour obtenir des "dividendes du taux de change" de l'effet d'augmentation de la richesse. Par conséquent, la croissance des ventes à l'étranger et les "dividendes du taux de change" ont stimulé le niveau de profit de l'entreprise.

Par conséquent, le bénéfice par action de l'entreprise a considérablement augmenté depuis 2009 en raison de cinq facteurs : d'importants licenciements pour comprimer les coûts d'exploitation, une meilleure productivité, une baisse des coûts financiers, des ventes à l'étranger stimulées par la dépréciation du dollar américain et des bénéfices comptables plus élevés provenant des dividendes sur devises.

Grâce à ces facteurs, le bénéfice par action de l'indice S&P500 a augmenté de 39,4% entre 2009 et 2010. Malgré cela, le chiffre d'affaires total de l'indice S&P500 est resté en territoire négatif jusqu'au premier trimestre 2010, avec une croissance négative de -8,35%.

La limite n'est pas l'open source, la limite est l'étranglement !

Une fois le QE1 terminé, les données économiques américaines se sont rapidement détériorées à nouveau et le marché boursier a plongé après une forte reprise.

C'est dans ce contexte que la Fed a dû lancer le QE2 en novembre 2010. Sous l'impulsion d'une nouvelle série de 600 milliards de dollars d'impression monétaire, la croissance des ventes du S&P500 a finalement commencé à devenir négative, passant de 3% à 6% à la fin du QE2, et les bénéfices par action ont augmenté de 14% de 2010 à

2011. Taux de croissance des ventes de l'indice S&P 500 aux États-Unis (S&P) [17]

En septembre 2011, la crise de la dette européenne a connu une nouvelle escalade, la peur du défaut de paiement de la Grèce s'intensifiant. À ce moment, c'est le point d'inflexion important de l'économie des États-Unis, QE1 et QE2 peuvent jouer l'"énergie positive" a été épuisé.

La croissance des ventes du S&P500 n'a jamais été aussi élevée, et le potentiel de réduction des coûts de l'entreprise est à sa limite. Le pic de productivité dû aux licenciements a atteint 5,8% au quatrième trimestre 2009, puis est retombé directement à 0,6% en 2013. C'est exactement ce qui s'est passé lors des récessions successives, où l'on a pressé l'huile des employés en l'absence d'une révolution technologique majeure. Dans le même temps, l'impact de la relance monétaire sur l'open source a atteint son apogée, et les effets positifs de l'inondation du dollar sur les entreprises américaines sont contrebalancés par un changement stratégique dans les tentatives mondiales de règlement en monnaie locale.

Après 2010, la productivité aux États-Unis a fortement baissé et le potentiel de gains d'efficacité liés aux licenciements a été épuisé.[18] Il n'est pas surprenant que, lorsque le QE2 a pris fin le 30 juin 2011, le marché boursier ait à nouveau plongé.

Si la forte reprise du marché boursier américain avant septembre 2011 reflétait essentiellement l'état réel de l'économie américaine, qui a atteint son point le plus bas sous l'effet de la stimulation des deux premiers cycles de l'assouplissement quantitatif, le marché boursier a depuis lors été coupé de la réalité économique et s'est réfugié dans l'espace de l'illusion.

Depuis le troisième trimestre 2011, les principaux moteurs de la croissance des bénéfices par action ont fondamentalement changé. Un nouveau facteur apparaît comme une force dominante, à savoir le comportement des entreprises publiques en matière de rachat d'actions.

---

[17] Standard & Poor's, Current S&P 500 Real Sales Growth.

[18] Sam Ro, How Labor Productivity Evolves During Economic Recoveries, Business Insider, 2013-08-09.

Comment se déroule un rachat d'actions ?

Dans l'esprit des actionnaires chinois, l'objectif principal de la cotation d'une entreprise est de gagner de l'argent. Les entreprises peuvent donc faire tout ce qu'elles peuvent pour falsifier les données, embellir les déclarations, exagérer les projets, fluidifier les relations, créer l'opinion publique, bref, tout pour la cotation, tout pour l'argent. Après avoir été cotée en bourse, je dois payer l'argent pour racheter les actions. Qui ferait une chose aussi stupide ?

Les PDG du S&P500 américain ne sont certainement pas stupides, ce ne sont généralement pas des entrepreneurs, mais des gestionnaires professionnels qui sont motivés pour racheter les actions de notre société précisément pour se remplir les poches avec plus d'argent !

Depuis les années 1990, l'industrie informatique américaine a lancé une tendance à stimuler les employés avec des options d'achat d'actions, l'informatique est un nouveau secteur à forte croissance, chaque dollar investi dans l'entreprise peut rapporter plus à l'avenir, de manière à minimiser le coût des salaires en espèces, et les attentes futures de l'entreprise pour attirer et retenir les talents est devenu un moyen populaire de l'industrie, les options d'achat d'actions est l'approche la plus attrayante. L'essence d'une option d'achat d'actions est un droit à un avantage qui promet aux employés le droit de choisir de recevoir une certaine quantité d'actions de l'entreprise à un prix convenu pendant une certaine période dans le futur. Si le cours de l'action est supérieur au prix convenu à ce moment-là, le salarié peut soit encaisser directement le gain différé, soit acheter l'action au prix convenu et la conserver à long terme. Si le cours de l'action est inférieur au prix convenu, l'employé peut choisir de renoncer à l'option pour l'exercer. Les stock-options utilisent le prix actuel de l'action d'une entreprise comme point d'appui et les prix futurs comme levier pour exploiter le potentiel de travail des employés, en liant étroitement la croissance de l'entreprise à un gain personnel. Les stock-options sont accessibles à tous, du PDG de l'entreprise aux employés de base.

Pour les PDG des grandes entreprises du S&P500, les salaires ne sont que de l'argent de poche, et les options d'achat d'actions sont les plus importantes sources de revenus. Le conseil d'administration a bien réfléchi : dépenser des centaines de millions de dollars par an pour embaucher un PDG est très peu rentable, mais les stock-options peuvent apporter une valeur considérable, l'action monte lorsque le PDG fait de bons résultats, et les primes d'encouragement faramineuses proviennent principalement du marché boursier et ne nécessitent pas que l'entreprise casse la baraque. Ainsi, les stock-options sont devenues la carotte que le conseil d'administration faisait miroiter au PDG, et pour la manger, il fallait faire monter le cours de l'action.

Lorsque les entreprises publient leurs résultats trimestriels, les PDG de Wall Street et des sociétés publiques lancent un grand jeu de tirage au sort sur les performances, le bénéfice par action étant un élément classique de la grande loterie.

Depuis septembre 2011, les PDG ont eu du mal à faire une percée significative en creusant à l'intérieur de l'entreprise, et l'expansion des ventes externes a été rigidement limitée par le ralentissement économique mondial. Alors que nous regardons la date des paris approcher, la conséquence de ne pas répondre aux attentes de Wall Street est un stress mental multiplié par la douleur économique et continuera à être multiplié par un facteur temps au prochain trimestre. Le moyen le plus efficace d'augmenter le bénéfice par action à court terme est de racheter les actions de votre propre entreprise, qui sont de toute façon l'argent de l'entreprise, sans le payer vous-même. Un rachat d'actions entraînerait une réduction du nombre d'actions en circulation, rendant les actions de la société plus rares. Les énormes rachats en espèces, associés à la réduction du nombre d'actions en circulation, ont certainement entraîné une hausse du prix des actions. C'est la première impulsion qui a accéléré la hausse des actions.

Chaque fois que l'entreprise annonce la nouvelle du rachat, les pom-pom girls des médias expliquent souvent que l'entreprise estime que ses actions sont trop bon marché, et qu'elle est prête à racheter les actions de sa poche, ce qui signifie que l'entreprise croit que ses actions vont certainement augmenter à l'avenir, après tout, l'entreprise a une meilleure compréhension interne du fonctionnement de l'entreprise, les PDG sont si confiants, que les investisseurs n'ont pas à suivre la raison ? C'est la deuxième impulsion à la hausse du cours de l'action provoquée par le rachat.

Après le rachat d'actions, la réduction des actions en circulation, avec le bénéfice total de la société inchangé, augmentera le niveau du bénéfice par action après l'aplatissement, en d'autres termes, le bénéfice par action peut être fait ! Wall Street a jeté un coup d'œil à la forte hausse du bénéfice par action, avec des critiques positives car les attentes ont atteint la marque. Avec la tentation déjà forte pour le prix de l'action à la hausse, plus d'investisseurs ont suivi, formant une troisième impulsion pour le prix de l'action à la hausse.

Grâce aux forces combinées de ces trois éléments, la stratégie de rachat d'actions pour faire grimper le cours des actions a été un énorme succès. Les conseils d'administration et les actionnaires étaient ravis de l'augmentation de la valeur de leurs entreprises, les PDG étaient ravis de leurs énormes bonus, et Wall Street débordait d'argent, car le marché boursier était en plein essor et la valeur des actifs augmentait, ce qui permettait d'ajouter des financements, des rachats, des fusions, de nouvelles offres d'actions et de nombreuses autres nouvelles entreprises.

Si l'on retire le facteur rachat et que l'on laisse éclater la vérité, ce que l'on constate, c'est que les bénéfices des entreprises du S&P500 ont fondamentalement stagné depuis septembre 2011, et que le rallye boursier ne repose pas sur une augmentation du niveau réel des bénéfices des entreprises, mais est un produit de la " révolution technologique comptable " !

Le bénéfice trimestriel du S&P500, après exclusion des rachats d'actions, a largement stagné depuis septembre 2011. Du troisième trimestre 2011 au premier trimestre 2013, le bénéfice par action du S&P500 a augmenté de 3,7 $, les rachats d'actions ayant " contribué " à hauteur de 2,2 $, soit près de 60%, et la partie " croissance organique " des efforts de l'entreprise comptant pour elle-même n'a été que de 1,5 $.

Près de 60% des bénéfices supplémentaires par action de S&P provenaient de rachats d'actions (JP Morgan Chase). Dans la révolution comptable des bénéfices élevés par action, la pratique consiste non seulement à surestimer les bénéfices, mais aussi à sous-estimer les dépenses.

Au moment où le S&P500 a atteint un sommet historique, ces entreprises connaissent également des déficits records dans leurs comptes de pension. En 2012, le manque à gagner a atteint 451,7 milliards de dollars, soit un bond de 27% par rapport à 2011 ! La raison en est que l'environnement de taux d'intérêt ultra-bas créé par l'assouplissement quantitatif a comprimé les rendements obligataires sur lesquels reposent les comptes de pension. Malgré la forte poussée de l'entreprise ces dernières années en faveur des programmes de retraite 401K, où les employés mettent de côté l'argent de leur future retraite à partir de leur salaire et où l'entreprise verse une somme équivalente, la charge pour l'entreprise est considérablement réduite par rapport aux plans de retraite traditionnels. Toutefois, les régimes de retraite traditionnels couvrent encore 91 millions de personnes actives, soit beaucoup plus que le nombre de participants aux programmes 401K.

Le renflouement des comptes de pension est une dépense normale pour une entreprise, mais elle est délibérément ignorée par de nombreuses sociétés afin de gonfler artificiellement les bénéfices par action. Gardez à l'esprit que les charges de retraite de Ford en 2012 s'élevaient à 5 milliards de dollars, soit presque autant que les dépenses d'investissement. Lorsque l'on met les " fers à cheval " du paiement des retraites, la danse du bénéfice par action devient une pierre d'achoppement.

Il faut dire que les retraités malchanceux paient tranquillement la facture de la manne financière alimentée par l'assouplissement quantitatif.

Au premier trimestre 2013, pas moins de 328 des 500 entreprises du S&P 500 ont annoncé des rachats d'actions, soit 66%, pour un total de 208 milliards de dollars de rachats prévus, un montant record pour un premier trimestre depuis 1985. Ses proportions, ses montants et son ampleur ne sont comparables qu'à ceux de 2007, lorsque la bulle boursière était sur le point d'éclater. Parmi ces rachats, 212 ont entraîné une diminution des actions en circulation, et même si ces entreprises ne se développaient pas du tout, leur bénéfice par action augmenterait automatiquement.

La comparaison montre que la remontée la plus prononcée du cours des actions a eu lieu en 2007, lorsque le rachat était au plus fort de la bulle boursière, le phénomène est revenu au premier plan en 2013.

Au rythme et à la taille des rachats annoncés en 2013, on estime que le programme de rachat annuel total atteindra 833 milliards de dollars, soit bien plus que les 477 milliards de dollars de 2012 et à peine moins que 2007. Il n'est pas étonnant que Wall Street soit confiant dans le fait que le bénéfice par action de 2013 atteindra plus de 110 $, et si le PE peut approcher un relativement modeste 18 fois, le S&P 500 sera aux alentours de 2 000 points, ce qui signifie près de 18% de hausse pour l'année.

La Berkshire Company de Warren Buffett est l'un des "énergumènes" de la vague de rachats d'actions. Buffett lui-même s'est toujours opposé aux rachats d'actions, qu'il considère comme une tactique de manipulation visant à gonfler artificiellement le cours des actions, et a juré de ne jamais envisager de racheter ses propres actions, à moins que le cours de Berkshire ne tombe en dessous de 110% de la valeur comptable. Cependant, le 12 décembre 2012, Buffett a soudainement annoncé qu'il rachetait les actions de Berkshire pour 1,2 milliard de dollars à 120% de la valeur comptable. Le paradoxe est que l'action de rachat de Buffett ne s'adressait qu'à un investisseur " anonyme ", en clair, Buffett dirigeait 1,2 milliard de dollars de bénéfices vers un actionnaire particulier. Qui sait exactement d'où vient cette personne, qui serait un investisseur de longue date de Buffett.

Il est intéressant de noter que le rachat d'actions par Buffett tombe à point nommé, c'est-à-dire au moment où les États-Unis s'activent pour résoudre la "falaise fiscale". "L'impôt sur les successions et l'impôt sur les plus-values sont les piliers de l'aubaine, et la charge fiscale est appelée à augmenter fortement en 2013. Buffett rachète maintenant des actions de "l'homme mystérieux" à un prix élevé, ce que beaucoup soupçonnent d'être à but lucratif et d'éviter des impôts à ses riches amis. Le plus drôle, c'est que la veille, Warren Buffett avait publié une lettre ouverte, hurlant que "les riches devraient payer plus d'impôts" et que "les droits de succession devraient être augmentés de manière substantielle, non seulement parce que c'est éthique, mais aussi parce que cela a un sens économique". Avec l'encre encore sur la lettre ouverte et les mots de Buffett qui résonnent encore dans ses oreilles, il n'est pas étonnant que le lendemain, il ait aidé ses riches amis à économiser des centaines de millions de dollars en impôts, et que les gens s'exclament que l'"hypocrisie" a besoin d'une nouvelle définition.

Depuis 2009, le S&P500 a investi près de 2 000 milliards de dollars dans des rachats d'actions et des rachats prévus en 2013, soit 14,5% de la valeur boursière totale de l'action !

Peu de gens se rendent compte que les sociétés cotées en bourse sont devenues le premier acheteur du marché boursier américain et l'un des principaux moteurs de la hausse des indices boursiers, construisant un plancher de prix de fer pour le marché boursier, puis entrant en force sur le marché une fois qu'il a baissé, faisant ainsi grimper le prix des actions. Tout comme la Réserve fédérale est le plus grand acheteur du marché des obligations du Trésor américain, ce pouvoir monopolistique a atteint le point où il peut manipuler les prix du marché. Tant que la disponibilité des capitaux n'est pas un problème, un rallye boursier est acquis.

Mais d'où vient l'énorme quantité de liquidités rachetées par les sociétés cotées, si ce n'est des ventes sur le marché ?

Acheter des actions en empruntant, Dieu sait quoi

En avril 2013, Apple, assis sur 144 milliards de dollars de liquidités, a annoncé le plus grand programme de rachat d'actions de l'histoire à 60 milliards de dollars ! Pendant ce temps, Apple a annoncé qu'elle levait 17 milliards de dollars de dettes pour aider à compléter un rachat d'actions. Il est étrange qu'Apple dispose de tant de liquidités qu'elle n'a nulle part où les dépenser, alors pourquoi lever une dette pour un rachat ? Il s'avère que 70% des liquidités d'Apple (102,3 milliards de dollars) se trouvent à l'étranger et que 42,4 milliards de dollars seulement aux États-Unis ne suffisent pas à mener à bien le programme de rachat. Alors pourquoi Apple ne rapatrie-t-elle pas ses liquidités à l'étranger ? C'est parce que 35% de l'impôt fédéral sur le revenu aux États-Unis attendent, la mâchoire ouverte, le retour de ce revenu imposable. Faire payer à Apple 35 milliards de dollars d'impôts sur le revenu au gouvernement, à moins que la tête d'Apple ne soit dans les nuages.

Il est naïf de suggérer que la reprise économique des États-Unis pourrait être imminente si seulement les États-Unis mettaient en place un "congé fiscal pour le rapatriement des bénéfices à l'étranger", qui ramènerait les bénéfices des entreprises américaines qui traînent à l'étranger, mais des études montrent que l'argent n'a pas été utilisé pour créer des emplois, mais a été investi principalement dans des rachats d'actions et des dividendes.

Le chiffre d'affaires d'Apple sur les marchés étrangers a augmenté rapidement, mais les ventes nationales aux États-Unis ont stagné au cours des deux dernières années et ont même commencé à se contracter au premier trimestre 2013. Les ventes globales du S&P500 ont décéléré trimestre par trimestre depuis septembre 2011 et, si l'on exclut l'inflation, sont tombées en territoire négatif en juin 2013. L'argent est toujours à la recherche de profits, l'économie réelle chez nous aux États-Unis est en assez mauvais état, alors pourquoi l'argent devrait-il revenir de l'étranger ? Même s'il revient, il est utilisé pour spéculer sur des actifs afin de gagner de l'argent rapidement sans aller dans une industrie à l'avenir sombre.

La beauté de la dette des entreprises n'est pas seulement qu'elle peut être utilisée pour des rachats afin de faire grimper rapidement le cours des actions, mais aussi qu'elle peut payer des dividendes et profiter des avantages de l'"arbitrage" entre les dividendes et les intérêts de la dette. Les sociétés chinoises cotées en bourse versent rarement des dividendes en espèces, mais 80% des sociétés américaines du S&P 500 le font, et les dividendes sont l'un des principaux facteurs qui incitent les investisseurs à s'intéresser à une société.

Intel avait 25 milliards de dollars de liquidités dans ses livres en 2011 et pratiquement aucune dette. Tenté par les taux d'intérêt ultra-bas induits par le QE, Intel a levé 6 milliards de dollars de dette en 2012 pour le rachat d'actions et les dividendes, qui pourraient être nettement plus élevés à l'avenir en l'absence de meilleures opportunités d'investissement. La logique d'Intel est simple, le coût du paiement des dividendes est d'environ 4%, tandis que le coût de la levée de la dette n'est que de 1,55%. En d'autres termes, emprunter pour payer des dividendes permet d'"arbitrer" 2,45% ! Dans ce cas, celui qui ne s'endette pas est un imbécile !

Ainsi, les dividendes et les rachats ont constitué deux canaux majeurs permettant aux sociétés cotées en bourse d'envoyer des bénéfices aux actionnaires ; et, dans l'environnement de taux d'intérêt ultra bas formé par la politique d'assouplissement quantitatif, l'emprunt d'argent et les dividendes et rachats de dettes sont devenus une tendance des sociétés cotées en bourse. Parmi les deux options, les dividendes et les rachats ont un coût financier plus élevé, tandis que les rachats sont nettement moins élevés.

Le code fiscal américain a une nette préférence pour la dette, les intérêts de la dette étant déductibles du revenu imposable et les dividendes étant doublement imposés. Si le revenu d'une entreprise s'élève à 100 dollars, les impôts fédéraux lui enlèvent d'abord 35 dollars, ce qui laisse à l'entreprise 65 dollars à distribuer, qui sont soumis à un impôt sur les bénéfices de 20%, laissant les actionnaires avec seulement 52 dollars dans leurs mains. En comparaison, il est beaucoup plus merveilleux d'être endetté. Les intérêts sur les dettes de l'entreprise sont déductibles du revenu imposable futur, et les 65 dollars après impôts fédéraux sont versés aux créanciers sous forme d'intérêts obligataires, qui se retrouvent avec 65 dollars en poche.

Le financement par la dette des entreprises est fortement corrélé aux rachats d'actions. Dans un environnement de taux d'intérêt artificiellement bas créé par l'assouplissement quantitatif, les sociétés cotées sont incitées à augmenter la taille de leur passif, qu'il s'agisse de rachats d'actions ou de versement de dividendes. La taille de la dette des entreprises américaines est fortement corrélée positivement avec l'activité de rachat d'actions, en bref, les entreprises sont fortement endettées pour les rachats et les paiements de dividendes.

La tendance à la détérioration de l'économie réelle au cours des dernières années est également visible dans l'évolution du bilan du système bancaire américain, où le taux de création de crédit a commencé à diminuer depuis 2012, signe évident d'un refroidissement de l'économie. Il est important de noter que l'énorme création de crédit stimulée par les rachats d'actions est déjà incluse dans la courbe de refroidissement de l'économie, et le taux de rétrécissement du crédit dans l'économie réelle serait encore pire si l'on exclut ces gonflements de dettes spéculatives.

Les rachats d'actions généralisés, que ce soit par le biais d'emprunts bancaires ou de financements obligataires, ont considérablement augmenté le niveau d'endettement global de S&P. Les prix des actions sont variables, alors que les dettes sont rigides. Sur le terrain des faibles taux d'intérêt créés par l'assouplissement quantitatif, le virus de la spéculation et de l'avidité se propage rapidement et les cours boursiers se sont éloignés de l'économie réelle.

Le "vieillissement" des actifs des entreprises

Pourquoi les sociétés cotées en bourse accumulent-elles d'énormes quantités de liquidités et empruntent-elles massivement ? Pourquoi les liquidités provenant de l'endettement ne sont-elles pas utilisées pour augmenter les effectifs, accroître les dépenses d'investissement et renforcer la compétitivité ?

Parce que l'argent est toujours à la recherche du profit, et plus précisément, l'humanité qui se cache derrière lui est toujours à la recherche du profit !

Les dirigeants du S&P500 ont emprunté de l'argent à tour de bras, distribué généreusement des dividendes et racheté allègrement dans le seul but de contenter les actionnaires, de satisfaire le conseil d'administration et enfin d'empocher de bonne foi l'argent provenant de l'encaissement des stock-options. Quant à la croissance future de l'entreprise et au remboursement de la dette, c'est aux prochains dirigeants de s'en préoccuper.

Cela crée un grave problème, avec un sérieux manque de "dépenses en capital" et d'investissements productifs en général au niveau de l'entreprise ! La rentabilité d'une entreprise dépend de ses actifs de base, qui sont stables, en croissance et qui génèrent des flux de trésorerie, comme une poule qui pond un œuf d'or et qui a besoin de soins et d'une attention particulière. Malgré tout, les poules ont une certaine durée de vie, et il est important de la prolonger le plus longtemps possible et de veiller à sa santé pour qu'elles puissent pondre davantage d'œufs d'or. De la même manière, les bons actifs d'une entreprise ont un cycle de vie, et les entreprises doivent continuellement investir dans l'entretien, l'amélioration, l'optimisation et l'extension de la durée de vie de leurs actifs afin de maximiser les rendements, et c'est là que les "dépenses d'investissement" entrent en jeu.

À l'ère de l'agriculture, où la terre était l'actif principal avec une durée de vie quasi illimitée, les dépenses d'investissement étaient consacrées à l'extension des terres arables, à l'amélioration des sols, au maintien de la fertilité, à la construction de systèmes d'irrigation, à la sélection de bonnes semences, à l'amélioration des outils agricoles, au labourage profond, etc. dans le but de maximiser la production agricole de la terre. À l'ère industrielle, les usines et les chaînes de production étaient des actifs essentiels, et des mesures telles que la construction de nouvelles usines, l'exploitation des équipements, l'entretien des machines, l'optimisation des processus, le renouvellement de la technologie et l'amélioration des compétences étaient prises pour augmenter la capacité et développer les ventes afin de maximiser les profits. À l'ère de l'économie de la connaissance, les brevets, les droits de marque, les droits d'auteur et les idées créatives sont devenus des actifs essentiels, et la vie de ces droits de propriété intellectuelle est protégée par la loi d'une part, mais d'autre part, ils ont été érodés par la frénésie du piratage. Par exemple, un film consomme une énorme quantité d'argent, du tournage à la promotion en passant par la projection. S'il réussit, il sera rentable, et s'il échoue, il sera granuleux. Un nouveau médicament, de la recherche et du développement aux essais pilotes, de l'audit à la production, peut prendre des années, voire une douzaine d'années, coûter des centaines de millions de dollars, s'il réussit, c'est une super poule qui pond l'œuf d'or, devenant un excellent atout pour nourrir un groupe pharmaceutique pendant plusieurs années ou une douzaine d'années.

Quelle que soit l'époque et quel que soit le secteur, les dépenses d'investissement déterminent la durée de vie et l'efficacité d'un actif !

Le capital suit le principe de la recherche du profit, là où les rendements sont élevés, il afflue. Historiquement, les grandes révolutions technologiques ont toujours conduit à des augmentations de la productivité, ce qui a entraîné des augmentations de la rentabilité. Dans l'attrait d'une rentabilité élevée, le capital a automatiquement afflué vers les domaines de création de la production, stimulant davantage l'innovation et la production et permettant une plus grande croissance de la richesse sociale. À ce moment-là, le développement économique est fort, les gens sont pleinement employés, le pays a un excédent budgétaire, la stabilité politique est claire, et la monnaie est forte et sans inflation. Cependant, dans la "période sèche" de l'innovation technologique, les progrès de la productivité vont stagner, la rentabilité élevée de l'industrie aura du mal à trouver une trace, et le rendement des dépenses en capital va certainement se détériorer. À ce stade, le capital se tournera vers les fusions d'actifs pour obtenir des rendements plus élevés, de manière à redistribuer la richesse sociale.

La révolution informatique des années 1990, qui a entraîné d'importants gains de productivité, est fondamentalement différente des améliorations de la productivité enregistrées aux États-Unis entre 2009 et 2011, qui ont été déclenchées par l'innovation technologique et ont résulté de licenciements ; les dépenses d'investissement et les gains de productivité peuvent être stimulés mutuellement et poursuivre leur cycle, tandis que ces derniers peuvent entraîner une contraction des dépenses d'investissement après l'épuisement du potentiel de licenciements.

En septembre 2011, la reprise spontanée de l'économie américaine avait atteint ses limites, et des gains de productivité significatifs du niveau de la révolution informatique étaient encore insaisissables, moment auquel aucune quantité de liquidités dans les sociétés cotées en bourse et une liquidité suffisante sur les marchés financiers ne s'écoulerait automatiquement vers les dépenses d'investissement. La politique monétaire et les mesures de relance budgétaire des gouvernements ne pourront jamais contrer la nature du capital, qui recherche le profit.

Les actifs se déprécient et leurs bénéfices diminuent avec le temps. La meilleure option pour les dépenses d'investissement est de continuer à créer de nouveaux bons actifs, plus les actifs sont jeunes, plus ils sont capables de créer de la richesse, et deuxièmement, d'investir dans l'entretien des actifs vieillissants pour ralentir le taux de rendement décroissant. Si les dépenses en capital sont arrêtées, ou si elles sont gravement sous-utilisées, le résultat est que les nouveaux actifs sont sous-créateurs, et que les pertes d'amortissement sur les actifs plus anciens continuent d'approcher ou même de dépasser les bénéfices qu'ils apportent, alors la disparition éventuelle des bénéfices des entreprises est une nécessité logique.

Les dépenses d'investissement américaines chutent d'un trimestre à l'autre après septembre 2011 (*Wall Street Journal*). C'est exactement ce qui arrive au S&P 500 depuis septembre 2011, et que l'on considère le montant total des dépenses d'investissement des entreprises ou la ventilation des équipements, des logiciels, des constructions, etc..., septembre 2011 a été le point d'inflexion d'une contraction importante des dépenses d'investissement, et 2012 a été encore pire, car ni les opérations faussées de la Fed ni le QE3 de septembre 2012 n'ont permis d'inverser l'effondrement des dépenses d'investissement des grandes entreprises.

Le manque de dépenses d'investissement entraînera le problème du "vieillissement" des actifs des entreprises, qui est une raison importante de l'embourbement profond des économies européenne et japonaise. Parmi les pays où les actifs sont vieillissants, le Japon connaît le problème le plus grave, avec un âge moyen de 14 ans. Après la crise financière, la marge bénéficiaire moyenne des entreprises japonaises n'était que de 1% à 2,5%, bien en dessous de la moyenne mondiale. L'âge moyen des actifs est légèrement supérieur à 10 ans en Europe, légèrement supérieur à 8 ans aux États-Unis et le plus jeune dans les pays asiatiques, avec une moyenne de 7 ans.

Depuis 2001, le Japon, l'Europe, les États-Unis et certaines parties de l'Asie ont connu des problèmes de vieillissement des actifs. Après 2010, la tendance à la détérioration s'est accélérée, les pays asiatiques se rapprochant des États-Unis en termes d'âge des actifs.

De nombreuses raisons expliquent la lenteur de la reprise économique mondiale : le vieillissement des actifs en est une, l'ampleur croissante de la dette pèse lourdement sur le rendement d'actifs de plus en plus vieillissants, et la hausse du marché boursier ignore totalement les dures réalités de l'économie.

Les gens finiront par payer le prix de leur myopie.

Comparaison de l'âge des actifs en Europe, en Amérique, au Japon et en Asie : Le Japon est le plus long, suivi de l'Europe. Les États-Unis sont en troisième position et certains pays asiatiques sont les plus courts.

Le marché boursier peut-il encore rebondir après avoir débranché le ventilateur de l'assouplissement quantitatif ?

Comment le marché boursier américain a-t-il évolué au cours des 5 années qui ont suivi la crise financière, lorsque la Fed a mis fin à ses opérations d'assouplissement quantitatif ?

Les données publiées par le département du Trésor américain démontrent visuellement l'impact de l'ampleur des achats de titres de dette dans le cadre du QE sur le marché boursier. La conséquence des achats d'obligations de la Fed a été une augmentation significative du bilan de la Fed, où la taille des avoirs obligataires avec des échéances de plus de cinq ans est fortement corrélée avec le mouvement du marché boursier américain.

Bien que la corrélation n'implique pas la causalité, les achats d'obligations dans le cadre du QE ont un fort impact sur les marchés des actions, le S&P500 émettant des obligations d'entreprises, principalement des obligations à moyen et long terme de plus de 5 ans, qui sont financées principalement pour les rachats d'actions. Lorsque la Fed met en œuvre le QE, elle imprime de l'argent à grande échelle pour concentrer ses achats de Treasuries et de MBS à moyen et long terme sur le marché obligataire, notamment deux cycles d'opérations de distorsion (OT) et le QE3. Les investisseurs obligataires vendent leurs bons du Trésor et leurs titres adossés à des créances hypothécaires à moyen et long terme à la banque centrale, obtenant ainsi une grande quantité de liquidités d'une part, et devant investir leurs liquidités à moyen et long terme d'autre part, les obligations d'entreprises à moyen et long terme sont appelées à devenir un substitut évident dans une offre limitée de bons du Trésor.

C'est grâce à cet acte de conversion d'actifs, qui consiste à remplacer les bons du Trésor par des obligations d'entreprises, que la machine à imprimer de l'argent de la Fed et le pipeline de connexion du marché boursier sont complètement ouverts, le nouvel argent créé par le QE, pour pouvoir se déverser sur le marché boursier, stimulant l'envolée du marché boursier.

Selon l'analyse du département du Trésor américain, l'ampleur des achats de dette de la Fed a un impact sur le marché boursier qui peut être précis même à une seule semaine. De janvier 2009 à avril 2013, au cours des 159 semaines où les achats hebdomadaires de dette par la Fed ont été supérieurs à 5 milliards de dollars, l'indice S&P 500 a bondi de 540 points, soit 54% ; au cours des 62 semaines où ils ont été inférieurs à 5 milliards de dollars, le marché boursier a gagné 141 points, soit seulement 15% ; et au cours des 29 semaines où la Fed a cessé d'acheter de la dette, le marché boursier a perdu 51 points, soit 2%.

Après la crise financière de 2008, la reprise du marché boursier américain s'est globalement divisée en deux phases : la première, de début 2009 à septembre 2011, peut être décrite comme une "reprise réflexe" sous l'effet de la stimulation monétaire. Au cours de cette période, l'entreprise S&P500 a immédiatement licencié du personnel par réflexe, a instinctivement saisi la bouée de sauvetage des faibles taux d'intérêt et des faibles taux de change, a tenu bon au milieu de la crise financière, a réduit les coûts, a amélioré l'efficacité de la production, a pleinement profité du dividende du taux de change du dollar, a renforcé sa base de profit, et le marché boursier a fortement rebondi.

À partir de septembre 2011, le rallye boursier est entré dans sa deuxième phase, et dans l'environnement monétaire toujours souple, on a assisté à un "rallye exubérant" sur le marché boursier, où la performance du prix des actions a commencé à être déconnectée des réalités économiques, et s'est progressivement éloignée, poussée non pas par la croissance réelle des performances des entreprises, mais par la "révolution comptable" des rachats d'actions.

Le marché boursier se nourrit de stimulus monétaire.

En raison de la nature du capital pour le profit, l'énorme quantité de liquidités sur les livres des sociétés cotées n'a pas été investie dans la consolidation du potentiel de développement à long terme des dépenses d'investissement de l'entreprise, mais plutôt gaspillée pour répondre aux intérêts à courte vue des actionnaires pour payer des dividendes et des rachats, la grande majorité des entreprises pour cette raison, au détriment de porter des montants énormes de la dette. Cela ne fait pas qu'exacerber la tendance à l'aggravation du vieillissement des actifs et compromettre la rentabilité future, mais expose également les entreprises au double risque d'une dette énorme et de changements soudains des taux d'intérêt.

Une grande partie de l'argent destiné aux rachats d'actions provient du système bancaire et du marché obligataire, qui a été inondé d'argent extrêmement bon marché pendant la mise en œuvre de la politique d'assouplissement quantitatif. Les obligations de haute qualité du S&P500, naturellement incontournables aux yeux des gestionnaires de fonds avides de rendement, ont fait grimper le coût du financement des rachats d'actions à des niveaux sans précédent.

Dans un marché boursier en "hausse exubérante", le maintien de cette "exubérance" ne dépend pas de la croissance des performances de l'entreprise, mais de la rupture de la chaîne de financement des rachats d'actions.

La politique monétaire bon marché du QE a habitué le marché boursier à une offre abondante de capitaux, et l'environnement de taux d'intérêt ultra bas a paralysé l'évaluation du risque sur le marché obligataire, qui est devenu un pari bien plus bouillonnant que le marché boursier.

Si la Fed commence à se retirer de l'assouplissement quantitatif, c'est le marché obligataire qui risque de s'effondrer en premier lieu. Un réexamen du risque nécessitera une rémunération des intérêts plus élevée, et si les taux d'intérêt s'envolent au-delà d'un plancher psychologique, le risque dépasse les limites de ce que les investisseurs obligataires peuvent supporter, et une vague de liquidations provoquera l'hémorragie du marché obligataire. Si le marché obligataire ne peut pas soutenir le financement bon marché des rachats d'actions, les coûts de financement excessifs effrayeront les PDG des rachats d'actions, et la chaîne de fonds soutenant le boom boursier finira par se rompre. À l'époque, quelle que soit la beauté de l'histoire des bénéfices par action et quel que soit le potentiel d'investissement du PE, un marché boursier qui avait rompu la chaîne principale des capitaux était destiné à devenir un abattoir que les gens s'empressaient de fuir.

Un marché obligataire en ébullition

En Chine, lorsqu'on parle des marchés de capitaux, le mot qui revient le plus souvent doit être celui de marché boursier. Depuis que la Chine a ouvert son marché boursier au début des années 1990, des centaines de millions d'actionnaires chinois ont pu déduire de nombreux mythes sur la richesse du jour au lendemain au cours des 20 années de turbulences boursières, mais aussi tirer d'innombrables leçons douloureuses sur le fait d'être tenu en captivité et coupé. Si gagner et perdre sont importants, l'excitation, la tension, la douleur et le plaisir qui accompagnent une hausse et une baisse brutales sont les véritables tentations auxquelles il faut résister. Le marché obligataire, en revanche, donne à l'individu moyen une impression plutôt lointaine et peu familière de ce qu'il peut faire avec ses obligations. Attendre six mois ou un an pour payer des intérêts ? Si le montant investi est trop faible, les investisseurs particuliers ne ressentiront pas du tout l'appréciation de leur patrimoine. De plus, les prix des obligations semblent beaucoup moins volatils que ceux des actions, et les actionnaires qui sont depuis longtemps habitués à l'excitation auront du mal à tolérer la monotonie et l'ennui.

En fait, le marché obligataire américain est beaucoup plus important, avec plus de produits et un jeu plus profond que le marché des actions, et presque toutes les innovations financières majeures ont pris naissance sur le marché obligataire.

En 2012, la taille totale du marché obligataire américain s'élevait à 3 814 milliards de dollars et la valeur totale du marché boursier à 18,67 milliards de dollars.

En termes de taille, le marché obligataire américain a une capacité de 38 000 milliards de dollars, soit environ deux fois la valeur du marché des actions. En termes de type, il existe des obligations nationales, des obligations institutionnelles, des obligations municipales, des obligations d'entreprise, des titres adossés à des créances hypothécaires, des titres adossés à des actifs, des bons à court terme, etc. En termes de nombre de produits, sur les 9 000 milliards de dollars d'obligations d'entreprises, plus de 80 000 sociétés ont émis des produits obligataires de diverses échéances et taux d'intérêt, dont plus de 37 000 et au moins 5 000 obligations activement négociées. Le marché obligataire dépasse de loin le marché des actions, tant en volume qu'en complexité. En outre, le capital des obligations est beaucoup plus important que celui des actions, les obligations les plus actives étant généralement négociées 70 fois plus que les actions.

Sur le marché boursier, les investisseurs veulent se renseigner sur les actions de milliers de sociétés cotées en bourse, ce n'est pas un gros effort, chaque action, peu importe sa liquidité, après tout, la même qualité, tous représentent un certain pourcentage de la propriété de la société, le calcul du prix de l'action est également relativement simple, la négociation centralisée, des informations transparentes, et entièrement électronique, l'investissement dans les actions est rapide et bon marché.

Mais c'est une autre histoire lorsqu'il s'agit de négocier des obligations émises par des dizaines de milliers d'entreprises, des dizaines de milliers de produits obligataires avec différentes échéances et différents taux d'intérêt, avec des prix qui sont beaucoup plus compliqués à calculer que les actions au milieu des changements constants des notations de crédit, des temps de rétention, des fluctuations des taux d'intérêt, des mouvements des taux de change, et d'autres facteurs. Le plus gros casse-tête est que le marché obligataire ne dispose pas d'une plateforme de négociation centralisée similaire à celle d'une bourse, la négociation principale repose encore sur l'approche traditionnelle du teneur de marché, les directeurs commerciaux et les traders sont l'âme du marché, et leurs relations constituent le véritable canal du marché obligataire.

Par exemple, lorsqu'un gestionnaire de fonds de pension était sur le point d'acheter une obligation du Trésor américain à 5 ans d'une valeur de 25 millions de dollars, il a d'abord appelé le directeur des ventes d'un teneur de marché. Bien qu'il connaisse beaucoup de personnes dans le domaine du marketing, après des années de recherche, il a finalement trouvé quelques-unes des anciennes relations les plus fiables, qui non seulement sont spécialisées dans le marché des obligations du Trésor à 5 ans, mais ont également accumulé de nombreuses années de ressources importantes en matière de clientèle, et le prix le plus favorable.

Lorsque le directeur commercial du teneur de marché reçoit un appel du gestionnaire du fonds de retraite, il accepte immédiatement de fournir le meilleur prix, et il veut s'assurer que l'opération est réussie, car chaque vente d'obligations signifie pour lui un gros bonus à la fin de l'année.

Le directeur commercial a dit à l'acheteur d'attendre un moment sur la ligne, puis il a arraché sa voix pour demander un devis au trader de la société assis à côté : "Cinq ans et 25 ?" 25 est l'abréviation de 25 millions de dollars, le trader est un ancien partenaire, plus de 5 ans d'expérience dans le trading des bons du trésor, donc même le mot "bons du trésor" est omis, le temps c'est de l'argent, chaque seconde a un coût ! Le trader a crié sans réfléchir : "10 !", ce qui fait référence à 101-10, 101 étant le prix du marché le plus proche et 10 étant l'abréviation de 10/32 pour cent.

Les traders partent d'un point de vue différent de celui des directeurs des ventes, où les ventes sont mesurées par rapport au volume total des ventes, alors que les traders sont mesurés par rapport aux bénéfices de négociation, et leur instinct est d'acheter bas et de vendre haut pour gagner des marges. Bien que les traders et les directeurs des ventes soient des partenaires, les transactions qui font perdre de l'argent ne se font pas. Le directeur des ventes, qui connaît bien le marché et la psychologie des clients, a estimé que le devis du négociant était un peu trop élevé et a demandé : "Pouvez-vous faire 9 et 3/4 ? C'est un vieux client ! "Le directeur commercial veut que le trader rapporte 1/128e de point de pourcentage de plus.

L'une des formations de base que la famille financière juive donnait à ses enfants dès leur plus jeune âge était de mémoriser les écarts fins qui correspondaient à 1/8, 1/16, 1/32, 1/64, 1/128… Car dans le domaine financier, les petits écarts, les énormes sommes d'argent et la rapidité de réaction requise dépassent de loin l'imagination du commun des mortels. L'affaire devait être finalisée en un clin d'œil et il n'y avait pas le temps d'appuyer sur la calculatrice. Un peu lent dans la tête, soit l'affaire est perdue, soit les coûts et les bénéfices sont mal calculés, et 1/128de point de pourcentage représente 1 953 125 $ pour une transaction de 25 millions de dollars !

Connaissant l'importance de l'ancien client et l'importance du partenaire, le trader, après avoir fait un rapide calcul dans sa tête, a immédiatement répondu : " Neuf et trois quarts, c'est bien ! ". "Le directeur commercial a immédiatement dit au gestionnaire du fonds de pension qui attendait en ligne : "Je peux vous donner 9 et 3/4 même si le prix du marché est de 10 !" et le gestionnaire du fonds de pension s'est réjoui : "Marché conclu ! "Le directeur commercial dit "marché" dans le téléphone ! Un côté a crié au trader, " Vente 25, prix 9 et 3/4, deal avec le fonds ×× ! ". Le négociant s'est précipité pour passer la commande et a crié : "Marché conclu". " Le directeur commercial confirme finalement avec le client de la pension, puis raccroche le téléphone.

L'ensemble de la transaction n'a pris que quelques dizaines de secondes !

Les gestionnaires de fonds de pension veulent acheter au prix le plus bas, tandis que les traders cherchent à vendre au prix le plus élevé. Les directeurs commerciaux veulent que l'affaire soit conclue rapidement, et si elle traîne pendant plus d'une minute, l'acheteur raccroche le téléphone pour appeler le prochain teneur de marché pour une cotation et l'affaire est perdue. Le directeur commercial doit faire une offre de compromis à la volée, tandis que le cerveau du trader doit fonctionner à grande vitesse pour traiter les offres de plusieurs directeurs commerciaux en même temps, classer les acheteurs par ordre d'importance, puis calculer les spreads séparément pour évaluer le coût de l'achat et le risque de volatilité. Il doit prendre une décision en une ou deux secondes. Le cerveau d'un super trader n'est plus une question de vitesse de traitement "logicielle", mais un "matériel" né pour se développer différemment.

Immédiatement après la confirmation de l'ordre, la "table intermédiaire" du teneur de marché obligataire prend le relais et son rôle est de contrôler le crédit et le risque. Comme les contreparties ont un crédit différent et que le montant et le nombre de collaborations varient, ils ont personnalisé différentes "lignes de crédit" pour chaque partenaire commercial et ont le droit d'avertir l'entreprise si le seuil de risque est dépassé. Dans le même temps, ils doivent également avoir un contrôle global du risque à l'échelle de l'entreprise et le surveiller en temps réel.

Lorsque la table du milieu est débarrassée, la commande passe au "back-office". Le back-office est chargé de s'occuper des questions logistiques, telles que la comptabilisation du nombre et du montant des achats et des ventes, le moment et le mode de livraison et les moyens de paiement, l'identification d'éventuelles divergences dans les commandes, la comptabilisation des bénéfices et des pertes de l'entreprise, et le traitement de tous les détails restants le même jour. Enfin, le service comptable comptabilise les transactions et rassemble un tableau des revenus d'intérêts des obligations et des montants à recevoir.

Le rôle des teneurs de marché est de promouvoir la liquidité du marché obligataire et de réduire les coûts de transaction entre acheteurs et vendeurs. Le plus important de ces 21 est le marché des obligations du Trésor, le teneur de marché de premier niveau, peut traiter directement avec la Réserve fédérale, le comité d'ouverture du marché de la Fed de la politique de taux d'intérêt, il est sur ces 21 teneurs de marché de premier niveau à mettre en œuvre, leur statut est équivalent à l'époque de l'étalon-or de la Banque d'Angleterre s'est appuyé sur les cinq principaux marchands d'or. Ils sont toujours prêts à acheter et à vendre des obligations sur le marché et à y prendre un certain écart. Dans des conditions normales, le spread du Trésor à 5 ans n'est que de $1/128$ de point de pourcentage, soit 1 million de dollars de volume d'échange, et les teneurs de marché pourraient théoriquement gagner 78 125 dollars. Dans la pratique, cependant, un bon négociateur ne peut réaliser qu'environ la moitié du bénéfice, soit 39,06 $, en négociant au point médian du prix d'achat du call et du prix de l'offre du call.

Cette maigre différence de 39,06 dollars comprend également les coûts de financement, les coûts répartis entre le front office, le middle office et le back office, ainsi que les coûts salariaux indirects, les primes de vente, le marketing, le support système, etc. Après déduction des coûts directs et indirects, la composante bénéfice net est exposée à un certain nombre de risques de marché, la plus grande variable étant la volatilité des taux d'intérêt, les nouvelles internationales, les données économiques et les événements imprévus étant tous susceptibles de provoquer des chocs importants sur les taux d'intérêt. Pendant les heures de négociation, l'évolution des taux d'intérêt fait souvent fluctuer le prix de 1% des bons du Trésor, c'est-à-dire le prix d'un million de dollars de bons du Trésor, qui peut augmenter ou diminuer de 10 000 $! Un léger retard de la part du trader et le bénéfice de 39 dollars serait dévoré par une perte de 10 000 dollars, qui est le résultat total de 250 transactions réussies de 1 million de dollars de Treasuries !

Les teneurs de marché lèchent le sang sur la pointe du couteau, dans la maigre propagation pour gagner sa vie, vous devez compter sur l'énorme échelle de négociation pour gagner de l'argent. En 2012, sur les 10 000 milliards de dollars en circulation sur le marché obligataire, le montant total des transactions quotidiennes s'élevait à 532 milliards de dollars, ce qui n'est devancé que par le marché des changes, dont le volume des transactions quotidiennes s'élève à 4 000 milliards de dollars. En plus des bons du Trésor, il y a un total de 8 000 milliards de dollars de dettes d'entreprises, qui se négocient à environ 180 milliards de dollars par jour. En outre, 20 000 milliards de dollars d'autres types d'obligations sont négociés fréquemment sur le marché.

Pour qu'un teneur de marché soit en mesure d'absorber une transaction obligataire de cette taille, il doit disposer d'un stock d'obligations important et d'une capacité de financement significative pour fournir une liquidité suffisante au marché. Pour le marché boursier américain, l'élan de la reprise du marché boursier dépend de plus en plus des rachats d'actions, qui à leur tour dépendent du financement obligataire des sociétés publiques. Si le stock d'obligations d'entreprises des teneurs de marché baisse dans une certaine mesure, cela entraînera inévitablement un manque de liquidité sur le marché obligataire et une augmentation des coûts de transaction, ce qui finira par forcer les coûts de financement des sociétés cotées à augmenter fortement et à affaiblir leur capacité de rachat d'actions, entraînant ainsi une faible hausse du marché boursier.

L'inventaire des obligations d'entreprises d'un teneur de marché devient une girouette pour observer les changements du marché boursier.

Les stocks d'obligations d'entreprises diminuent, les teneurs de marché ne s'adaptent pas

Il est bien connu que les lacs jouent un rôle important d'équilibre dans le système fluvial. En cas de crue, les lacs peuvent absorber l'excès d'eau afin d'éviter les inondations causées par l'augmentation du niveau des rivières ; lorsque le débit des rivières est insuffisant, les lacs peuvent fournir de l'eau supplémentaire pour empêcher les rivières de s'assécher, jouant ainsi un rôle d'équilibre dans la régulation du débit du réseau hydrographique.

Le stock d'obligations du teneur de marché est équivalent au lac dans le système d'eau des obligations, si les prix des obligations montent trop haut, le teneur de marché jettera une grande quantité de stock pour faire des bénéfices étalés, supprimant l'élan de la flambée des prix ; si les prix des obligations sont trop bas, le teneur de marché absorbera le bas, augmentera le stock, attendant que le prix rebondisse pour faire des bénéfices, tirant ainsi le prix du marché obligataire vers le haut. Les teneurs de marché jouent donc un rôle important de stabilisateur de prix sur le marché obligataire.

Le stock d'obligations d'entreprises des teneurs de marché américains se réduit fortement. Cependant, depuis la crise financière de 2008, les fonctions de régulation des teneurs de marché sur le marché obligataire ont tellement échoué que le marché obligataire a été "inondé" de rendements absurdement bas. Parmi ceux-ci, le problème de la dette des entreprises est le plus important.

En octobre 2007, les stocks d'obligations d'entreprises des teneurs de marché américains ont atteint le niveau record de 235 milliards de dollars, et l'optimisme extrême sur le marché boursier a culminé, les teneurs de marché accumulant massivement des actifs obligataires en pensant qu'ils constituaient une bonne affaire. Au final, l'effondrement des marchés financiers a fait perdre beaucoup d'argent aux teneurs de marché.

Une fois mordu par un serpent, dix ans à craindre la corde du puits. Les stocks de dette d'entreprise des teneurs de marché ne se sont jamais rétablis depuis la crise financière. En février 2012, il ne restait plus que 42,4 milliards de dollars dans les stocks de dette d'entreprise, soit une baisse de 82% par rapport à leur pic historique ! En mars 2013, il ne restait plus qu'environ 56 milliards de dollars.

Le stock d'obligations d'entreprises du teneur de marché a sérieusement diminué, ce qui a eu deux conséquences : premièrement, le prix des obligations d'entreprises a augmenté et a perdu les freins, l'effet d'appréciation est très évident, attirant ainsi toutes sortes de fonds dans le marché obligataire pour l'or, il y a un phénomène de bulle évident, ce phénomène est similaire à l'assèchement des lacs, le niveau de la rivière de la saison des pluies a grimpé en flèche ; deuxièmement, en raison du manque de liquidités fournies par le teneur de marché, le résultat est que l'achat d'obligations d'entreprises est facile et difficile, ce qui est comme la rupture de la rivière de la saison sèche.

Les teneurs de marché ont fortement réduit les stocks d'obligations d'entreprises, tout en augmentant massivement les stocks d'obligations du Trésor. De mai 2011 à la fin de l'année, les stocks d'obligations du Trésor ont presque doublé pour atteindre 74,7 milliards de dollars, tandis que les stocks d'obligations d'entreprises ont diminué de moitié pour atteindre 61,1 milliards de dollars, c'est la première fois que les stocks d'obligations du Trésor des teneurs de marché ont dépassé les stocks d'obligations d'entreprises. En fait, la raison derrière est simple, parce que le produit de la détention de bons du Trésor a dépassé les obligations d'entreprises, ce qui est naturellement le crédit de l'assouplissement quantitatif de la Fed, parce que la Fed n'achète que des bons du Trésor et des obligations institutionnelles MBS pendant l'opération QE, le prix des bons du Trésor a augmenté plus significativement. De la mi-2007 à la fin 2011, le rendement total des avoirs en bons du Trésor a atteint 38%, soit plus que les 37% des obligations d'entreprises, et les bons du Trésor sont plus sûrs et plus conformes aux nouveaux principes de réglementation financière.

Les teneurs de marché ont massivement augmenté leurs stocks d'obligations du Trésor, tandis que les stocks d'obligations d'entreprises se sont effondrés. Ici, il faut comprendre que les prix et les rendements des obligations sont exactement l'inverse. Dans le cas d'une maison d'investissement, par exemple, les gens tiennent compte à la fois du prix et du loyer lorsqu'ils achètent une maison. Si le prix de la maison est de 1 million de dollars et que le revenu locatif annuel est de 50 000 dollars, le taux de rendement annuel d'une maison de placement est de 5%. Si le prix de la maison passe à 1,1 million de dollars et que le revenu locatif annuel reste le même, le retour sur investissement tombe à 4,5% ; de même, si le prix de la maison tombe à 900 000 dollars et que les loyers restent les mêmes, le retour sur investissement passe à 5,6%. Les prix des logements sont inversement proportionnels au taux de rendement de l'investissement. La logique des obligations est similaire à celle d'une maison : le prix d'une obligation est égal au prix d'une maison, le revenu des intérêts d'une obligation est égal au loyer, et le rendement d'une obligation est similaire au retour sur investissement d'une maison. Plus il y a de personnes qui se précipitent pour acheter des obligations, plus le prix de l'obligation augmente, mais plus son rendement est faible ; lorsque tout le monde vend, le prix de l'obligation diminue et le rendement augmente. Dans ce processus, l'intérêt sur l'obligation reste constant.

Lorsque la Fed lance l'assouplissement quantitatif, comment mange-t-on chaque mois une grande quantité de Treasuries et d'obligations MBS sur le marché obligataire ? C'est-à-dire en imprimant de l'argent pour l'échanger avec 21 teneurs de marché primaires. Bien sûr, imprimer de l'argent est une façon figurative de dire que la Fed n'a pas du tout besoin d'une imprimante à billets, il lui suffit de taper une série de chiffres sur un écran d'ordinateur, puis d'appuyer sur le bouton "entrée" et l'argent sort, autant qu'il en faut, sans avoir à ouvrir une usine ou à se battre pour en faire fonctionner une. Le résultat de l'opération QE est que le stock d'obligations du teneur de marché inonde le bilan de la Fed, et qu'il est crédité d'un montant correspondant sur le compte de la Fed. De cette façon, les teneurs de marché détiennent une grande quantité de monnaie dans leurs mains, et la quantité totale de monnaie dans l'ensemble de l'économie augmente, c'est ainsi que la Fed injecte de l'argent dans les marchés financiers par le biais de l'assouplissement quantitatif.

Lorsque les teneurs de marché ont l'argent, ils se rendent au Trésor pour offrir de nouveaux bons du Trésor, et le gouvernement dispose ainsi de l'argent à dépenser, ce qui constitue le marché primaire. Ensuite, les teneurs de marché distribuent les obligations par leurs propres canaux, couche par couche, dans le monde entier, et finalement tout le monde achète et vend des obligations par l'intermédiaire des teneurs de marché, ce qui constitue le marché secondaire. L'exemple précédent de gestionnaires de fonds de pension achetant des bons du Trésor s'est produit sur le marché secondaire.

Les teneurs de marché sont aussi les plus grandes banques d'investissement, ils aident les entreprises à souscrire des obligations d'entreprise, souvent eux-mêmes avancent d'abord toutes les obligations à acheter, de sorte que l'entreprise a obtenu des liquidités, change de mains pour les rachats d'actions, spécule sur les prix élevés des actions, puis les PDG partagent en riant le bonus. Les teneurs de marché peuvent détenir des obligations d'entreprise ou les revendre à des investisseurs obligataires tels que les fonds de pension, les fonds communs de placement, les fonds spéculatifs, les fonds monétaires, les grandes entreprises, les institutions étrangères, etc.

Comme il y a trop d'argent sur les marchés financiers, les gestionnaires de fonds ont chaud avec l'existence de grandes sommes d'argent sur les livres, l'argent ne se presse pas pour investir, rester en main est inactif. À ce stade, dès qu'une obligation d'entreprise est émise, tout le monde a tendance à s'y précipiter. Alors que les prix des obligations ont augmenté, les rendements se sont détériorés. Avec le cycle de codage de l'assouplissement quantitatif, l'excédent de devises est devenu une inondation de devises, et les gestionnaires de fonds sont comme des loups affamés aux yeux verts à ce stade, qui se jettent immédiatement sur les obligations avec des rendements légèrement meilleurs quand ils les voient.

Stimulé par l'assouplissement quantitatif, le volume des émissions d'obligations d'entreprises a augmenté de 10% par an, et l'argent bon marché obtenu par le financement obligataire s'est transformé en rachats d'actions au tournant du siècle, l'indice S&P500 progressant de 16,7% dans un contexte de fortes attentes d'appréciation des actions.

Depuis 2008, les obligations d'entreprises ont émis un total stupéfiant de 5 700 milliards de dollars, tandis que les rendements ont chuté de 5,7% à 2,0%.

Les rendements ont chuté de plus de la moitié, ce qui signifie que les prix des obligations se sont envolés. Si les teneurs de marché disposent d'importants stocks d'obligations, c'est le bon moment pour les vendre avec un gros bénéfice, et une telle vente atténuera efficacement la hausse du prix des obligations et permettra ainsi de réguler les prix. Toutefois, en raison de la pénurie de stocks, les teneurs de marché n'ont pas été en mesure de jouer efficacement le rôle de prise d'eau excédentaire du lac, ce qui a eu pour conséquence d'inonder le marché obligataire d'argent.

Alors que les investisseurs obligataires s'arrachaient allègrement des obligations d'entreprise à des prix exorbitants, ils se sont progressivement rendu compte que la détention de ces obligations était de plus en plus problématique, car lorsqu'ils voulaient les vendre au comptant, ils devaient trouver un teneur de marché, qui faisait une offre très médiocre. Et lorsque d'autres institutions voulaient acheter des obligations d'entreprise, les teneurs de marché vendaient à des prix tout aussi décevants. L'écart entre les prix d'achat et de vente indiqués par les teneurs de marché se creuse, et la colère des investisseurs obligataires ne cesse de croître. C'est comme si le marché du logement neuf était extrêmement chaud, alors que le marché du logement secondaire est très calme, il y a des maisons qui veulent vendre pour encaisser, mais les personnes qui veulent acheter une maison ne peuvent pas commencer. Les informations des acheteurs et des vendeurs sur le marché obligataire sont entre les mains des teneurs de marché, qui sont réticents à accroître leurs stocks d'obligations et à fournir des financements. L'attitude du teneur de marché est la suivante : voulez-vous acheter des obligations ? Désolé, je suis en rupture de stock. Voulez-vous vendre des obligations ? Désolé, je suis à court d'argent.

La pénurie de stocks d'obligations d'entreprises des teneurs de marché a créé un sérieux goulot d'étranglement sur le marché obligataire.

La détérioration de la liquidité du marché des obligations d'entreprise a fini par provoquer la colère des investisseurs obligataires, qui ont communiqué à plusieurs reprises avec les teneurs de marché, mais ces derniers affirment qu'ils ne peuvent rien faire. UBS, Goldman Sachs et BlackRock sont tous des pionniers dans la création de leurs propres plateformes. Cependant, jusqu'à présent, l'effet n'a pas été significatif ; en 2013, le système de négociation d'obligations d'UBS n'a enregistré que 30 transactions par jour, un chiffre tristement faible.

En fait, le système de teneur de marché a ses points raisonnables, le marché obligataire est différent du marché boursier, du marché des changes ou du marché de l'or, sur ces marchés les fluctuations de prix sont extrêmement normales, chaque jour des hausses et des baisses de 10% ou même 20% sont apparues à plusieurs reprises, pour les investisseurs habitués à un risque élevé, la lutte est palpitante. Mais la nature du marché obligataire est complètement différente, et les investisseurs sont dans l'état d'esprit de rechercher la stabilité et la sécurité. Le rôle du teneur de marché "lac" débit d'eau n'est en aucun cas dispensable, mais une propriété de base du marché obligataire. Où diable quelqu'un oserait-il investir dans les bons du Trésor américain si les prix des obligations s'effondraient et s'envolaient chaque jour ? Comment une institution d'investissement ayant des exigences de sécurité élevées, comme les pensions et les compagnies d'assurance, pourrait-elle résister à une telle secousse ? Les plateformes de négociation électronique qui mettent directement en relation les acheteurs et les vendeurs peuvent certes réduire les coûts de transaction, mais elles créent aussi inévitablement un effet de résonance du marché. Lorsque tout le monde est à la hausse sur les obligations, on assiste à une course folle simultanée ; lorsque le pessimisme de chacun est rapidement contagieux, le prix des obligations s'envole. Ce serait comme si on comblait tous les lacs et qu'il n'y avait aucun obstacle à l'écoulement de l'eau, mais que les rivières débordaient de manière incontrôlée pendant la saison des pluies et que le lit des rivières s'asséchait jusqu'au fond pendant la saison sèche.

Les difficultés à acheter et à vendre des obligations d'entreprises en raison de la baisse des stocks finiront par obliger les acheteurs à exiger une compensation des sociétés émettrices, ce qui se traduira par une hausse des rendements obligataires. La cause profonde de ce problème est toujours la politique d'assouplissement quantitatif de la Réserve fédérale, sans la Fed comme le plus grand acheteur du fond, le rendement des investissements sur les obligations du Trésor ne peut pas dépasser les obligations d'entreprises, après tout, devrait être un risque élevé apporte des rendements élevés, les teneurs de marché ne seront pas réduire l'inventaire des obligations d'entreprises à un tel degré. la plus longue la mise en œuvre de la politique d'assouplissement quantitatif, les distorsions du marché obligataire sera plus grave.

Si le marché américain des obligations d'entreprises est sérieusement faussé, on peut dire que le junk des dettes d'entreprises est extrêmement faussé.

Junk bonds, "subprime" en matière d'obligations d'entreprises

Les "junk bonds", comme leur nom l'indique, sont des obligations de pacotille, et ne sont pas de nature différente des "subprimes". Les prêts "subprime", qui ont fait l'objet de vifs débats lors de la crise financière de 2008, font spécifiquement référence aux prêts hypothécaires américains "sans emploi, sans revenu, sans actifs" des "trois sans" pour demander des prêts, ces prêts seront destinés à un défaut de paiement à grande échelle lorsque le prix de la maison baisse. À l'époque du boom immobilier aux États-Unis, les banques ont désespérément émis des prêts à risque pour produire du "porc viral" ; les banques d'investissement ont audacieusement conditionné en obligations MBS et CDO, traitées et emballées dans des "boîtes de porc viral" standard ; la société de notation responsable de l'inspection de la qualité a fermé les yeux et a arbitrairement apposé la note AAA à des produits de haute qualité, ce qui a entraîné l'empoisonnement de la zone des investisseurs du monde entier.

Les émetteurs d'obligations de pacotille sont, bien entendu, des sociétés de pacotille, qui sont les "trois bons à rien" du monde des affaires. La plupart d'entre elles n'ont "pas de produits de base, pas de clients fixes, pas de flux de trésorerie réguliers". En période d'essor économique, les consommateurs dépensent beaucoup d'argent, se soucient moins de la marque du produit et du rapport coût-performance, et les produits de la société poubelle peuvent également obtenir une part du gâteau ; mais en période de récession, les consommateurs resserrent les cordons de leur bourse, sont plus sensibles au rapport coût-performance, et pour un même prix, valorisent davantage la qualité. Les entreprises d'ordures manquent généralement de technologie de base, ont une faible compétitivité des produits, un niveau de gestion inadéquat, une faible qualité et un prix élevé, sont souvent éliminées dans la concurrence féroce du marché, le flux de trésorerie est très instable, si la dette est excessive, le taux de défaut augmentera fortement.

En 2009, les émissions d'obligations de pacotille américaines ont finalement franchi le seuil des 100 milliards de dollars après la crise ; en 2010, elles ont franchi la barre des 200 milliards pour la première fois ; en 2012, elles ont continué à accomplir la "légende des pacotilles", dépassant le pic des 250 milliards ; en 2013, elles sont encore mieux accueillies pour ouvrir la porte, émettant 150 milliards début mai, l'année entière dépassera facilement le record de 2012, établissant une nouvelle "gloire des pacotilles". La taille totale des obligations de pacotille a gonflé à 1,1 trillion de dollars, et sa part du marché des obligations d'entreprise de 9,2 trillions de dollars a atteint 12% !

Si l'histoire est étonnamment similaire, les marchés sont toujours oublieux.

Avant la crise financière de 2006, la taille totale du marché américain des obligations adossées à des créances hypothécaires (MBS) était d'environ 10 000 milliards de dollars, dont 1 500 milliards de dollars, soit 15%, étaient des obligations subordonnées à des MBS. Les obligations de pacotille de 2013 ressemblent de plus en plus aux obligations subordonnées de 2006.

De 2009 à 2013, les prix des obligations de pacotille ont grimpé de 21% par an et les rendements ont plongé de 20% à un niveau sans précédent de 5%. Le 8 mai 2013, les rendements des obligations de pacotille sont passés sous la barre des 5% pour la première fois depuis le début des relevés, atteignant un plancher record de 4,97% ! Cela équivaut au niveau de l'obligation du Trésor américain à 10 ans en juillet 2007.

Les Treasuries sont la race la plus sûre sur le marché obligataire tant que les gens ne s'inquiètent pas d'un effondrement des États-Unis. Parmi les obligations de même échéance, les Treasuries ont les prix les plus élevés et les rendements les plus bas. En mai 2013, les entreprises de pacotille ont réussi à "passer" au crédit national américain de 2007 !

Si c'est l'inverse, c'est que le crédit national américain de 2007 a été réduit à " junk " en 2013.

L'histoire se répète : les fonds communs de placement, les régimes de retraite et les compagnies d'assurance, qui se sont rués sur les obligations adossées à des prêts hypothécaires à risque, sont devenus de gros acheteurs d'obligations de pacotille en 2013, les fonds communs de placement ayant absorbé à eux seuls 70% des nouvelles obligations de pacotille émises au premier semestre 2013. Tout le monde savait que les obligations de pacotille le deviendraient tôt ou tard, mais avec le programme d'assouplissement quantitatif de la Fed en place, personne ne croyait que la crise éclaterait immédiatement. La plus grande douleur pour les investisseurs aujourd'hui est qu'ils ne peuvent pas acheter, et l'avenir est qu'ils ne peuvent pas vendre.

Si les prix des maisons américaines pouvaient augmenter indéfiniment, les prêteurs à risque ne se retrouveraient pas en défaut de paiement massif cette année-là, et il leur suffirait de demander à la banque une "hypothèque à valeur ajoutée" pour la partie de la maison qui s'apprécie chaque année, et ils pourraient utiliser les liquidités pour rembourser l'hypothèque. Cependant, une fois que les prix de l'immobilier cesseront d'augmenter, la chaîne financière des "trois pauvres" se brisera rapidement, entraînant un défaut de paiement massif.

Le prix des obligations de pacotille est comme le prix du logement, et tant que les rendements baissent à l'infini, le prix des obligations de pacotille peut augmenter à l'infini. De cette façon, les sociétés de pacotille peuvent toujours emprunter de l'argent frais sur le marché, continuer à s'endetter, et les défauts de paiement ne se produisent pas. Mais l'hypothèse d'une baisse infinie des rendements peut-elle se vérifier ?

Chaque fois que la Fed a créé un foyer de taux d'intérêt bas depuis que les obligations de pacotille sont devenues populaires dans les années 1980, le rendement des obligations de pacotille a baissé, mais elles restent plus intéressantes que les bons du Trésor et les autres obligations normales. Avec trop d'argent entre les mains des institutions, l'instinct de recherche de rendements élevés pousse l'argent vers les "belles" obligations de pacotille, qui sont faciles à emprunter pour les entreprises de pacotille, de sorte que le taux de défaut n'est pas élevé. Cependant, chaque fois qu'une crise survient, comme en 1991, 2001 et 2008, les obligations de pacotille sont toujours les premières à connaître une hausse des rendements, suivie d'une vente massive et d'un pic des taux de défaut.

Si vous examinez le taux de défaut des obligations de pacotille sur un cycle de 10 ans, la tendance historique est claire : les obligations de pacotille notées BB font l'objet de 19% de défauts, celles notées B de plus de 30% et celles notées CCC/C de près de 60% ! Il est clair que les obligations de pacotille ne peuvent jamais être détenues longtemps. Ainsi, la mentalité des investisseurs institutionnels n'est que spéculation à court terme, faire de l'argent et courir, et un consensus s'est formé depuis longtemps sur le fait qu'une fois que la tendance des taux d'intérêt s'inversera, le prix des obligations de pacotille chutera de façon inhabituelle à l'avenir.

Lorsque la peste et la maladie s'installent, les personnes âgées et les enfants sont souvent les premiers à tomber malades. Lorsqu'une crise financière frappe, c'est toujours le maillon le plus faible de la chaîne de la dette qui se brise en premier, et le précurseur d'un effondrement de la dette est toujours le renversement de la tendance des taux d'intérêt.

Début 2007, la crise des prêts hypothécaires à risque a commencé par une "réinitialisation des taux d'intérêt" qui a déclenché une rupture dans les chaînes de financement des prêteurs à risque et un tsunami de défauts de paiement qui a balayé le monde en 2008. En 2013, les rendements des obligations de pacotille étaient absurdement bas et l'ensemble du marché obligataire de 38 000 milliards de dollars ressemblait à un chaudron sur le point de bouillir. Une fois que le rendement des obligations de pacotille aura augmenté, les investisseurs institutionnels, qui ont soudainement réalisé que le risque de taux d'intérêt était largement sous-évalué, se réveilleront, les entreprises de pacotille auront soudainement du mal à emprunter de l'argent sur le marché, et les CDS (credit default swaps), la girouette du risque de défaut, monteront en flèche comme une fusée.

Si les obligations de pacotille ne constituent pas la plus grosse bulle du marché obligataire, elles sont destinées à être la première victime.

Explications

Parmi les titres de films populaires aux États-Unis, il existe une catégorie de superproductions "zombies", où des personnes sont infectées par une sorte de virus et se transforment en zombies, et où des personnes normales sont mordues par ces derniers et infectées par le virus et se transforment en zombies, puis d'autres zombies deviennent fous et mordent les gens jusqu'à ce que des villes entières et même des pays soient remplis de zombies.

C'est ce qui se passe sur le marché obligataire.

L'achat d'obligations par la Fed propage en fait une sorte de "virus" appelé folie, avec le marché des obligations de haute qualité de moins en moins, les gestionnaires de fonds deviennent des "zombies", ils se battent pour un morceau d'actifs de "rendement" et se mordent les uns les autres, jusqu'à ce que le marché des gens normaux sains d'esprit de moins en moins, les prix des obligations ont été spéculés à la hausse.

Lorsqu'il n'y aura plus d'actifs normaux sur le marché américain, les "zombies" se précipiteront en Asie, en Europe et en Amérique du Sud, propageant le "virus" aux marchés émergents et au monde entier.

Dans un environnement où la reprise de l'économie réelle est faible, chaque économie est un actif "vieillissant" avec une croissance lente des flux de trésorerie, et lorsque tous les grands pays du monde se sont unis dans un assouplissement monétaire, les flots d'argent se sont précipités sur ces actifs inutilisés, sans amélioration fondamentale des flux de trésorerie, mais avec une grave surévaluation des actifs. Le monde appelle cette situation de faible rendement et de faible risque la "nouvelle normalité" !

Dans le cadre de la "nouvelle normalité", tant qu'il y aura une escorte de la banque centrale, tant qu'il y aura un flux continu d'argent libre, le risque de marché n'existera plus. Les gens semblent avoir inventé le "mouvement économique perpétuel" selon lequel l'impression d'argent peut entraîner un boom perpétuel du prix des actifs !

En fait, l'"argent libre", l'"appréciation perpétuelle des actifs" et le "mouvement économique perpétuel" sont logiquement impossibles. Si, à titre d'expérience de pensée, nous supposons que le marché obligataire américain est dans un état complètement fermé, avec la banque centrale imprimant constamment de l'argent pour acheter des obligations et forçant l'argent sur le marché, quel est son état limite ultime ? La Fed achètera progressivement les 38 000 milliards de dollars d'obligations sur le marché, le marché obligataire sera inondé de la même quantité de liquidités, le bilan de la banque centrale atteindra également la même taille, dans cet état "idéal", les gestionnaires de fonds obligataires feront quoi ? Ils mourront tous de faim parce qu'il n'y a plus d'actifs sur le marché qui peuvent générer des flux de trésorerie et le marché obligataire cessera d'exister.

Ainsi, il existe une limite théorique à l'argent facile, et les banques centrales ne peuvent pas manger indéfiniment dans les obligations, donc l'appréciation perpétuelle des actifs est un mythe, et le mouvement perpétuel économique a encore moins de chances d'être inventé. C'est la raison fondamentale pour laquelle la Fed a commencé à réduire ses effectifs en mai 2013 en vue de préparer sa sortie du QE.

Lorsque les prix des actifs n'augmentent plus, les rendements atteignent simultanément leur point limite le plus bas. Tout le monde souhaite que les prix des actifs se stabilisent à un niveau élevé sans avoir à baisser, mais l'histoire nous apprend que cela n'arrive jamais. Les prix des actifs sont comme un avion à réaction, s'il n'a plus de carburant, il ne peut plus planer dans le ciel et va s'écraser la tête la première, tout ce qui se passe en même temps, c'est que les rendements montent en flèche !

Ce qui est fatal, c'est que la banque centrale ne dispose pas d'un parachute pour les investisseurs lorsque les prix des actifs tombent des sommets.

On peut se demander ce qui se passerait si l'économie se redressait sous l'effet de la relance monétaire. Les flux de trésorerie croissants pourront soutenir des prix d'actifs plus élevés. Malheureusement, les mouvements monétaires ont leurs propres lois et ne se plient pas à la volonté de l'homme. Si l'on compare l'argent à l'eau, ses lois de mouvement suivent toujours la pente la plus "raide", et cette "raideur" est la marge bénéficiaire.

Lorsque la monnaie est trop souple pendant une longue période, les marges générées par la hausse des prix des actifs seront plus élevées que les marges de l'industrie opérationnelle, et plus cet écart est grand, moins l'argent affluera dans l'industrie et ne fera que courir après l'appréciation des actifs. Dans des cas plus extrêmes, cela peut même se retourner contre l'argent de l'industrie et provoquer une frénésie d'actifs. Et si le gouvernement encourageait l'argent à affluer dans l'industrie, ou forçait l'argent à modifier son flux ? C'est comme construire un barrage pour bloquer l'eau, tant qu'il y a un grand écart entre le niveau d'eau des marges bénéficiaires, le flux d'argent contournera toujours la barrière et continuera à se déverser dans les industries à marge élevée.

La politique américaine d'assouplissement quantitatif est vouée à l'échec au bout du compte, et plus elle durera, plus cet échec sera grave. De même, les mesures de relance monétaire en Europe, au Japon et dans d'autres pays ont peu de chances de réussir, et ne sont rien d'autre qu'une répétition des désastres qui se sont répétés au cours de l'histoire.

Dans le monde réel, au milieu de la frénésie des prix des obligations, il y aura toujours quelques investisseurs sobres et audacieux sur le marché, qui sont comme des chasseurs extrêmement patients, accumulant constamment leurs forces, préparant leurs munitions, et lançant soudainement une attaque de vente à découvert lorsque les prix des obligations sont au bout d'une puissante poussée. À ce stade, une quantité faible mais déterminée de puissance de capital suffit pour inciter un grand nombre de suiveurs à se retourner les uns contre les autres, ce qui entraîne un renversement soudain des prix du marché. La chute des prix des obligations déclenchera une hausse accélérée des rendements, ce qui créera une forte attente quant à la diminution des avoirs en obligations, ce qui conduira davantage de personnes à rejoindre l'armée de la liquidation, et la situation deviendra intenable dans un cercle vicieux. C'est pourquoi il est peu probable que les prix des actifs se stabilisent à des niveaux élevés une fois qu'ils auront atteint leur sommet.

Compte tenu de l'état actuel de l'économie réelle mondiale, où les taux d'intérêt ultra-bas ont laissé les marchés des actions et des obligations fortement surévalués, une inversion des rendements entraînerait une correction massive des prix des actifs qui, si elle se transformait en une chute des prix, déclencherait probablement une nouvelle crise financière.

Naturellement, les obligations de pacotille sont les premières à chuter sur le marché des obligations d'entreprises, ce qui se répercute ensuite sur les prix des obligations des entreprises normales, entraînant une rupture dans la chaîne des rachats d'entreprises cotées en bourse, ce qui déclenche l'effondrement du marché boursier.

Cependant, les junk bonds ne sont que la bulle la plus dangereuse du marché obligataire, mais en aucun cas la pire. La chute des prix des actifs sur les marchés des obligations d'entreprises et des actions n'est pas non plus la pire des situations sur les marchés financiers. Elles ne font que servir de fusible, et ce qui se déclenche, c'est un marché des produits financiers dérivés beaucoup plus vaste et un marché du crédit souverain beaucoup plus explosif.

La politique monétaire ne résout pas le problème, la politique monétaire elle-même est le problème !

CHAPITRE III

La peur de l'argent, le parti de l'ombre somnambule

Il est impossible de comprendre la nature de la finance du vingtième siècle sans comprendre le système de réserves fractionnaires, et il est impossible de voir les marchés financiers du vingt-et-unième siècle sans comprendre que les hypothèques repo créent de la monnaie.

La théorie monétaire et financière actuelle est toujours bloquée dans l'ère traditionnelle des années 1980, alors que les changements survenus sur les marchés financiers mondiaux aujourd'hui ont rendu le contenu intellectuel et les méthodes analytiques du passé largement invalides.

Si, dans un article analysant la situation monétaire et financière mondiale, vous ne trouvez pas les mots clés suivants : marché des pensions, taux des pensions, dépréciation des garanties, échanges d'actifs, sous-collatéralisation, système bancaire parallèle, argent parallèle, etc., vous pouvez tout simplement jeter l'article à la poubelle, car il ne traite pas du tout des éléments clés des marchés financiers mondiaux actuels et il est impossible d'aller au fond du problème !

Aux États-Unis, l'offre de monnaie fictive est plus de trois fois supérieure à celle du M2 traditionnel. Comment comprendre le prix des actifs sur les marchés financiers sans comprendre les principes de la création de monnaie fictive ? L'importance du shadow banking ne réside pas dans l'absence de réglementation, mais dans le fait qu'il est le centre de la création de l'argent fictif, ce qui supplante tous les autres problèmes liés au shadow banking.

Ce n'est qu'en établissant un système de connaissances entièrement nouveau que les gens pourront comprendre pourquoi des événements aussi bizarres que la "pénurie d'argent" peuvent se produire à l'ère de la prolifération monétaire mondiale, et ce n'est qu'alors qu'ils pourront être profondément alertés du fait que derrière la pénurie d'argent se cache le précurseur d'une crise financière plus grave.

La crise syrienne, une pluie opportune pour Wall Street ?

Le 21 août 2013, le monde a été choqué par la nouvelle selon laquelle les forces d'opposition syriennes ont affirmé que les forces gouvernementales syriennes avaient utilisé des armes chimiques et tué plus de 1 300 personnes, et le 23 août, le ministère de la Défense des États-Unis a commencé à déployer des forces militaires au Moyen-Orient, et le 24 août, le président des États-Unis Barack Obama a déclaré que la guerre civile syrienne avait impliqué les "intérêts nationaux fondamentaux" des États-Unis, et le 27 août, les militaires ont déclaré que la guerre était prête à commencer uniquement par ordre présidentiel. De la nouvelle des armes chimiques à l'achèvement du déploiement des États-Unis dans la guerre, il n'a fallu que sept jours, et la guerre en Irak et en Afghanistan, les États-Unis ont préparé pendant au moins un an et demi.

Curieusement, pas plus tard que le 18 août, l'équipe d'enquête des Nations unies sur les armes chimiques venait d'arriver dans la capitale syrienne, Damas, à la demande du gouvernement syrien pour enquêter sur l'utilisation d'armes chimiques par l'opposition. Le gouvernement syrien affirme qu'en mars, l'opposition a utilisé des armes chimiques pour causer des pertes massives, tandis que l'opposition nie cette allégation et pense que le gouvernement a utilisé des armes chimiques. En raison de l'imbroglio entre les deux parties, l'équipe d'enquête des Nations unies a été invitée par le gouvernement syrien à découvrir la vérité. Sous l'œil attentif de l'équipe d'enquête des Nations unies, les armes chimiques ont soudainement fait des ravages. Les parties belligérantes en Syrie, quelles qu'elles soient, oseraient utiliser des armes chimiques dans une telle situation, soit avec audace, soit avec une stupidité totale.

Cependant, quelle que soit la vérité, les États-Unis ont frappé de plein fouet. Cette crise de guerre arrive à un moment extrême, Obama était-il préparé à frapper la Syrie depuis longtemps ?

L'ère du big data pourrait aussi bien parler avec le big data. Si vous recherchez les titres de l'actualité mondiale pour "Obama, Syrie" à l'aide de l'outil de recherche de tendance de Google, "Google Trend", vous constaterez qu'Obama a rarement abordé la Syrie au cours des cinq dernières années. Si l'on se fie à la technologie de recherche de Google, dès qu'Obama mentionne la Syrie en public, tous ces commentaires se retrouveront rapidement dans le moteur de recherche de Google dans la société en ligne d'aujourd'hui.

Cependant, les résultats de la recherche montrent qu'au cours des cinq années précédant le 16 août 2013, l'ensemble des mots clés "Obama, Syrie" est apparu dans les titres des journaux du monde entier avec une fréquence quasi nulle !

Ce n'est qu'après le 16 août qu'Obama a commencé à parler abondamment de la Syrie. De toute évidence, pour Obama, la crise syrienne est arrivée si soudainement qu'il n'a pas eu beaucoup d'esprit pour se préparer. Dans ce cas, pourquoi prendre une décision hâtive sur l'opportunité d'entrer en guerre en quelques jours ? La guerre n'est pas un jeu d'enfant, après tout ! La Russie a mis en doute les preuves, la Chine a réclamé la vérité, l'ONU a argumenté, l'UE s'est opposée, l'OTAN a refusé de participer, la Grande-Bretagne a hésité à faire marche arrière, le peuple américain était réticent à l'idée d'entrer en guerre, et les peuples du Moyen-Orient l'étaient encore plus. Dans le cas de la guerre en Irak, le monde avait été ignoré par les soi-disant preuves de l'existence d'"armes de destruction massive" par les agences de renseignement britanniques et américaines, et il n'était pas facile de gagner la confiance des autres quand la confiance avait été perdue.

Cependant, dans l'atmosphère politique de Washington, la forte odeur de poudre à canon se répand partout, et la question de savoir s'il faut se battre ou non semble ne plus être une question de preuve d'armes chimiques, mais plutôt une question de savoir si Obama et le gouvernement des États-Unis ne peuvent pas "perdre la foi dans le monde". Parce qu'Obama a dit qu'il se battrait, il devait se battre. C'est une logique étrange et absurde. Même les suspects de meurtre doivent se voir garantir par la loi le droit de plaider leur cause, et le gouvernement syrien a été condamné à mort par les États-Unis avec des preuves insuffisantes d'armes chimiques, et est prêt à exécuter dans 7 jours !

L'extrême perversité de l'inquiétude des États-Unis dans une telle hâte ressemble moins à la préparation d'une véritable guerre qu'à l'utilisation de la menace de guerre comme écran de fumée.

En effet, au moment où la situation en Syrie se dégrade rapidement, Wall Street connaît une onde de choc !

Bernanke est sorti du QE en mai, juin à nouveau attitude claire, les marchés financiers internationaux sont dans le chaos. Pire encore, la tendance des taux d'intérêt commence à s'inverser et les rendements du Trésor américain s'envolent !

Début mai, le rendement du Trésor à 10 ans n'était que de 1,66%, et le 16 août, il a étonnamment grimpé à 2,83% ! C'est une magnitude jamais vue depuis 30 ans !

Le gouvernement américain est l'emprunteur de la dette nationale et le meilleur crédit du marché. Tout le monde peut faire faillite, mais tant que les États-Unis existent, le gouvernement américain peut toujours imprimer de l'argent pour rembourser. Le rendement des bons du Trésor est donc la limite inférieure du marché obligataire, et toute autre obligation du même type rapportera plus que les bons du Trésor. Si les rendements des bons du Trésor s'envolent de 70%, les autres obligations ne feront qu'augmenter de manière plus scandaleuse, et qu'en est-il de la camelote dans les obligations ? Bien sûr, c'est misérable.

La flambée des rendements obligataires, le plongeon des prix des obligations, signifie que le marché obligataire a subi une terrible liquidation. On pourrait se demander ce qu'il y a de si effrayant dans la flambée des taux d'intérêt avec un rendement de 2,83% encore faible.

Les rendements du Trésor, qui constituent la référence pour la fixation des prix des actifs financiers aux États-Unis, ont augmenté de façon si spectaculaire qu'ils vont frapper de plein fouet la fixation des prix du marché obligataire de 38 000 milliards de dollars et la valorisation du marché boursier de 19 000 milliards de dollars ! La raison pour laquelle les actifs financiers de Wall Street sont là où ils sont maintenant est que le rendement du Trésor à 10 ans n'est que d'environ 1,66%, et lorsque ce rendement atteindra 2,83%, les prix de toutes sortes d'actifs seront soumis à une forte pression pour une correction à la baisse, et en août, le marché boursier américain a connu sa plus forte baisse en un an et demi, et c'est pourquoi.

La Fed peut-elle donc continuer à acheter des obligations sur le marché pour atténuer la pression de la flambée des taux d'intérêt ? C'est précisément l'objectif de la mise en œuvre de la politique d'assouplissement quantitatif. Mais maintenant, c'est un mauvais coup !

Puisque la Fed a déjà déclaré qu'elle était prête à sortir de l'assouplissement quantitatif, le futur marché des obligations du Trésor manquera de l'un des plus gros acheteurs, la Fed a mangé 90% des nouvelles obligations du Trésor, si elle est absente, qui sur le marché peut se permettre l'énorme offre d'obligations du Trésor ? Les investisseurs chinois, japonais et étrangers penseront de cette façon, puisque vous voulez courir, je ne peux que courir plus vite que vous pour éviter de plus grosses pertes à l'avenir. Par conséquent, tout le monde a fui la dette nationale ensemble, le prix de la dette nationale a naturellement chuté fortement, et plus la dette nationale était détenue, plus la dépréciation des actifs était importante.

En juin 2013, les capitaux étrangers ont fui les actifs en dollars américains dans une plus large mesure que lors du pic du tsunami financier de 2008.

À peine 3 mois plus tard, le bilan de la Fed est en état de choc avec une perte flottante de 300 milliards de dollars ! Les banques centrales, qui détiennent d'énormes quantités de dette américaine en tant que réserves de change, sont toutes effrayées et se débattent pour sauver leur vie. La Chine et le Japon, les deux plus grands détenteurs de bons du Trésor américain, ont réduit leurs avoirs d'un montant massif de 42 milliards de dollars en juin, ce qui constitue le record d'un mois pour une telle réduction ! Tout au long du mois de juin, les investisseurs étrangers ont vendu frénétiquement les bons du Trésor américain, les obligations d'entreprises, les actions et tous les actifs en dollars, et les marchés financiers américains ont subi un exode des capitaux étrangers encore plus violent que celui qui s'est produit en 2008 lorsque Lehman Brothers s'est effondré et que le tsunami financier a éclaté !

C'est pour cette raison que les rendements des bons du Trésor à 10 ans ont augmenté si violemment que l'approche de la Fed visant à faire baisser les taux d'intérêt par le biais d'achats de dette QE est sur le point d'échapper à tout contrôle !

Lorsque le prix des actifs a chuté de façon spectaculaire, les gestionnaires de fonds de Wall Street, à la recherche de rendements risqués, ont découvert que leurs actifs hautement endettés et déjà surgonflés risquaient instantanément de subir des dévaluations massives et un épuisement des liquidités. Pour alléger la pression sur les financements, ils ont été contraints de vendre à grande échelle des actifs à l'étranger pour récupérer des dollars. Les pays de marché émergents qui ont été chaudement invités à participer à la vague d'assouplissement du dollar, en particulier ceux dont les marchés de capitaux sont plus ouverts, comme l'Inde, ont été immédiatement touchés par le coup de froid du dollar.

En août, les marchés émergents mondiaux étaient en grande difficulté. Ce n'est pas que le dollar reflue parce que l'économie américaine s'améliore, mais que le renversement des taux d'intérêt force une correction spectaculaire du prix des actifs sur les marchés financiers américains, ce qui entraîne une grave pénurie de liquidités en dollars !

Bernanke n'aurait jamais imaginé que le renversement des anticipations de taux d'intérêt se produirait aussi rapidement et aussi violemment. D'un côté, les investisseurs étrangers fuient frénétiquement les actifs en dollars, de l'autre, les investisseurs américains se retirent des marchés émergents pour renflouer Wall Street, les devises s'emballent et les actifs s'enflamment.

Le 16 août, quatre jours seulement avant l'éclatement de la crise des armes chimiques en Syrie, le rendement des obligations du Trésor américain à 10 ans avait grimpé à 2,83% ! Plusieurs institutions de Wall Street indiquent qu'une fois que les rendements auront franchi la barre des 3%, le retournement des taux d'intérêt sera confirmé par le marché avec une rupture de 3,5% et les marchés boursiers et obligataires deviendront baissiers.

Une sombre bataille pour la défense des taux d'intérêt se profile à l'horizon !

Le 16 août, le rendement des obligations du Trésor américain à 10 ans a bondi à 2,83%.

Le 20 août, le président américain Barack Obama a convoqué d'urgence les gros bonnets de Wall Street et les responsables de tous les secteurs financiers du gouvernement américain pour négocier étroitement une réponse, notamment les responsables de la Réserve fédérale, du Trésor, de la Securities and Exchange Commission (SEC), du Consumer Financial Protection Bureau (CFPB), de la Federal Housing Finance Agency (FHFA), de la Commodity Futures Trading Commission (CFTC), de la Federal Deposit Insurance Corporation (FDIC), de la National Credit Administration (NCUA). Bien que le contenu de la réunion n'ait pas fait l'objet de fuites, l'état d'urgence lié à la flambée des taux d'intérêt frappera durement toutes les institutions susmentionnées.

Si le rendement de la dette nationale augmente, le coût de financement de la société dans son ensemble augmentera. En février, les intérêts sur les prêts hypothécaires à taux fixe sur 30 ans aux États-Unis n'étaient que de 3,6%, et en août, ils avaient grimpé à 4,8% ! Les coûts de financement dans d'autres industries sont également en forte hausse. Les marchés financiers ne le supportent pas, tout comme l'économie réelle.

Le 22 août, le rendement du bon du Trésor à 10 ans a grimpé à 2,9% ! La situation devient de plus en plus urgente.

Les fonds spéculatifs, les fonds communs de placement, les fonds de pension et les compagnies d'assurance, à l'instar de la Chine et du Japon, sont de gros détenteurs de bons du Trésor américain et d'autres obligations, et ont vu leurs rendements monter en flèche alors que les prix des obligations bondissaient, avec des pertes tout aussi importantes dans leurs livres. Pour éviter des pertes plus importantes, ils n'ont fait que vendre à découvert des bons du Trésor pour couvrir leur risque, ce qui a exacerbé la baisse.

La flambée massive des taux d'intérêt de mai à août a coûté aux marchés financiers mondiaux 3 000 milliards de dollars en valeur de marché ! Si la forte hausse des taux d'intérêt n'est pas inversée rapidement, elle risque de déclencher une série d'implosions plus graves des marchés financiers.

Pour Wall Street, la crise syrienne est arrivée au bon moment !

Lorsque Barack Obama a annoncé que les États-Unis étaient prêts à recourir à la force, les nerfs du Moyen-Orient et du monde entier se sont immédiatement tendus. Les fonds mondiaux ont instinctivement afflué à nouveau vers les bons du Trésor américain pour se couvrir contre le risque de guerre, et le rendement des bons du Trésor américain à 10 ans a plongé de 2,9% à 2,75%.

La flambée presque incontrôlable des taux d'intérêt depuis mai a été grandement atténuée ! La Réserve fédérale en 4 mois consécutifs de 340 milliards de dollars d'achats de dette QE total, n'ont pas été en mesure de supprimer la crise des taux d'intérêt, étonnamment par la parade armée de plusieurs navires de guerre américains facilement désamorcé.

À l'avenir, dans le cadre du retrait de la Fed de l'assouplissement quantitatif, les guerres locales, les troubles sociaux, les conflits géopolitiques et d'autres crises internationales majeures sont susceptibles de devenir le moyen le plus efficace d'"absorption des chocs" de la flambée des taux d'intérêt.

Toutefois, l'une ou l'autre de ces crises ne fera qu'atténuer temporairement le rythme des hausses de taux d'intérêt, mais ne modifiera pas leur tendance. Le marché des pensions est l'un des points de gravité les plus critiques alors que la pression d'une plus grande implosion du système financier continue de croître.

Un rachat est un gage sur une obligation

Si une personne ordinaire achète un bon du Trésor, elle ne peut rien faire d'autre que d'attendre pendant qu'elle détient l'obligation, et ses fonds sont bloqués jusqu'à ce que l'obligation arrive à échéance ou qu'elle décide de la vendre. Cependant, la situation est différente si une institution financière détient la dette nationale, et elle peut transformer la "dette nationale morte" en "argent vivant".

C'est la beauté du Repo (Repurchase Agreement).

Les institutions financières peuvent emprunter de l'argent à d'autres personnes qui ont de l'argent libre, en utilisant les obligations comme garantie, et promettent de rembourser les obligations à un prix plus élevé après une certaine période de temps, la différence est le taux de rachat, l'investisseur gagne la marge, et l'emprunteur signe le gage de l'argent est l'accord de rachat. En raison du crédit national, de sorte que dans le marché est très facile à liquider, il y a une obligation nationale de garantie, le temps d'emprunt n'est pas long, la nuit la plus courte, la plus longue n'est pas plus de quelques dizaines de jours, de sorte que de nombreuses institutions financières et les particuliers avec de l'argent libre, ils ne veulent pas être dépôt de temps de la banque par les morts, ne veulent pas non plus être exploité par le taux d'intérêt à la demande, ils veulent à la fois la flexibilité des fonds disponibles à tout moment, mais aussi veulent un rendement plus élevé, mais aussi la sécurité des investissements, peut également répondre aux exigences ci-dessus est le marché de la pension.

Les rachats sont comme des gages, les personnes qui sont à court d'argent viennent au mont-de-piété avec les antiquités de leur famille pour emprunter de l'argent, et les antiquités sont l'équivalent des bons du Trésor garantis qui sont rachetés. Les prêteurs sur gage ont tendance à pratiquer une décote lors de l'évaluation, ce qui, dans un contrat de rachat, s'appelle un montant escompté (haircut) ; les prêteurs sur gage demandent généralement quelques jours pour racheter le gage, ce qui constitue le délai de rachat ; l'intérêt sur l'argent emprunté est naturellement le taux de rachat. Si la personne qui doit de l'argent à l'échéance ne vient pas racheter le gage, elle est en défaut de rachat, et le prêteur sur gages a le droit d'en disposer lui-même, soit pour le vendre, soit pour l'utiliser pour lui-même. De même, si le rachat est en défaut, alors les bons du Trésor garantis appartiennent au prêteur.

Le principe du rachat est simple et son fonctionnement n'est pas compliqué, mais son importance sur les marchés financiers est sérieusement négligée. Peu de personnes extérieures au secteur financier comprennent que le rachat est devenu la source de financement la plus centrale, le moyen le plus critique d'approvisionnement en liquidités, le centre le plus important de création monétaire sur les marchés financiers modernes, et on peut dire que c'est le moteur qui entraîne tout le mouvement du système financier !

Sur le marché obligataire américain, les 21 teneurs de marché primaires ont pu maintenir des stocks d'obligations de plusieurs centaines de milliards de dollars, en s'appuyant principalement sur le marché des pensions pour le financement.

Lorsque le Trésor américain met les bons du Trésor aux enchères, 21 négociants principaux sont autorisés à soumissionner directement sur les bons du Trésor, ce qui constitue le marché primaire des bons du Trésor. Ils sont également les principaux teneurs de marché sur le marché secondaire, et la Federal Reserve Bank of New York travaille en étroite collaboration avec eux dans le cadre des opérations d'open market, de l'achat et de la vente de Treasuries et d'obligations MBS, de l'expansion ou de la contraction du bilan de la Fed, du QE et de toute politique monétaire qui doit être mise en œuvre par les primary dealers.

En fait, les membres du Cercle des Premiers Négociants sont tous des branches sanguines des 17 grandes familles financières qui ont vu le jour en Europe au 18ème siècle, héritant des circuits financiers mondiaux créés par leurs ancêtres depuis 300 ans. Ils travaillent les uns avec les autres de génération en génération, et sont reliés par des couches et des couches de racines. La dernière génération, au début de l'industrie financière, est souvent stationnée dans les banques de l'autre pour des stages et des formations, afin de se familiariser avec les détails opérationnels spécifiques de l'industrie, mais aussi pour établir une confiance mutuelle et une amitié. Ils se font également concurrence de temps à autre et s'affrontent même férocement, mais l'objectif sous-jacent est de renforcer une position de monopole existante. S'il y a des brebis galeuses qui sont grossièrement indisciplinées et menacent les intérêts de l'ensemble, ou des pourris qui ne sont pas bien gérés, ils uniront leurs forces pour dégager la porte. En raison des centaines d'années d'accumulation des ressources des clients et de la lutte à long terme sur la ligne de front du marché, leurs informations sont souvent plus précises et opportunes, l'expérience pratique est bien plus que l'origine académique du chef de la Fed. Ils sont le véritable cerveau, le cœur, les nerfs, les os, les muscles, les bras et les jambes des marchés financiers américains, tandis que les responsables de la Fed, aussi éloignés que Washington, sont plutôt des porte-parole des médias.

Lors de la vente aux enchères des bons du Trésor par le ministère des Finances, la taille de chaque demande se chiffre souvent en centaines de millions de dollars, et seuls les négociants de premier rang ont la force de manger, et eux seuls ont suffisamment de canaux pour vendre. La taille de leurs avoirs, souvent des dizaines de fois supérieure à leurs propres fonds, peut être décrite comme magistrale et audacieuse. Lorsqu'ils ont mis la main sur les obligations, les courtiers de premier rang les ont immédiatement garanties sur le marché des pensions, et les prêteurs ont afflué vers eux pour se disputer le gâteau des pensions. Ces grands acteurs disposant d'argent gratuit comprennent principalement : des fonds monétaires, des fonds communs de placement, des multinationales, des compagnies d'assurance, des gouvernements d'État et locaux, des fonds souverains, des banques centrales étrangères et d'autres investisseurs de poids. Pourquoi les riches investisseurs de poids ne se contentent-ils pas d'acheter des bons du Trésor ? Parce que les rachats au jour le jour rapportent parfois plus que les obligations du Trésor à trois mois, d'autres produits obligataires à plusieurs mois d'échéance font également pâle figure en comparaison des rachats. En même temps, le temps de rachat est ultra-court, les fonds sont très flexibles, la garantie est sûre et le risque est presque négligeable.

Les courtiers de premier rang utilisent les obligations du Trésor pour financer les pensions, et lorsque l'argent arrive, ils tuent à nouveau le marché des pensions, cette fois-ci ils font les prêteurs, également connus sous le nom de pensions inversées, pour prêter en retour exactement la même variété et le même montant d'obligations du Trésor sur le marché. On pourrait se demander si ce n'est pas un pile ou face ? Cela n'a absolument aucun sens de presser d'abord les coupons pour emprunter de l'argent, puis de presser les coupons pour emprunter de l'argent. Cependant, les opérateurs primaires ont vu juste. Détenir des centaines de milliards de dollars de stocks d'obligations est une entreprise risquée, car les taux d'intérêt changent d'un moment à l'autre, parfois de façon spectaculaire. Une fois que le taux d'intérêt change, les prix des obligations changent avec lui, et la rotation d'un stock d'obligations aussi important prend beaucoup de temps, si le débit ne peut pas être achevé à temps, alors que les taux d'intérêt ont fortement augmenté, alors les frais durement gagnés peuvent être tous partis, ou même cracher du sang et perdre de l'argent. Le coût des intérêts du premier peut être entièrement couvert par les revenus des intérêts du second. C'est la "couverture correspondante" du bilan (Matched Books). Sans le risque de taux d'intérêt, le souscripteur primaire peut mettre le pied dans la porte et gagner l'écart entre les obligations de gros et de détail.

Bien sûr, opérer de cette manière est une assurance, mais le profit entre les obligations du Trésor de gros et de détail est vraiment un peu minable, un million de dollars juste pour faire quelques dizaines de dollars, cent millions de dollars pour faire quelques milliers, même la marge de profit de la vente de choux est beaucoup plus élevée que cela. Bien sûr, les traders de niveau 1 recherchent le volume, et les États-Unis ajoutent des milliers de milliards de dollars de dette nationale chaque année, et il y a toujours un certain profit à faire.

Y a-t-il un moyen de gagner plus ? Bien sûr qu'il y en a un. Si les négociants primaires "voir" le taux d'intérêt ne va pas monter en flèche, alors vous pouvez réduire la dernière pression de l'argent pour emprunter le montant des titres, et utiliser l'argent excédentaire pour l'expansion de l'inventaire des obligations du Trésor, d'augmenter le montant total de l'entreprise sur elle. après 2011, les négociants primaires inventaire des obligations du Trésor a dépassé de manière significative l'inventaire des obligations d'entreprise, est parce qu'ils "parient" que la Réserve fédérale continuera à étendre l'échelle de QE, de sorte que les rendements des obligations du Trésor sont clairement une tendance continue de faible, continuer à s'engager dans "couverture de correspondance", il est clairement inutile. Cependant, plus les stocks d'obligations du Trésor sont déséquilibrés par rapport aux couvertures, plus le risque de pics de taux d'intérêt est élevé.

Parce que les traders primaires ont une influence invisible et cruciale sur la politique de la Fed, ils " parient " souvent sur la bonne chose.

On ne peut pas se tromper sur l'orientation générale des taux d'intérêt, et il y a plus de façons de faire un petit tacle. Pourquoi y a-t-il tant de scandales concernant la manipulation des taux d'intérêt au London Interbank Offered Rate (Libor) ? Parce que manipuler le marché des taux d'intérêt peut accroître les marges bénéficiaires des traders primaires ! Nombre de ces personnes ne sont pas seulement les titans du marché financier américain, mais aussi du marché européen. Le marché des pensions de titres n'est qu'un petit cas où la manipulation des taux d'intérêt profite, les profits étant plus importants sur les marchés des swaps de taux d'intérêt et autres produits financiers dérivés.

Les négociants de premier niveau ont divisé les grosses commandes de centaines de millions de dollars d'obligations du Trésor qu'ils offraient en commandes plus petites de plusieurs millions de dollars, et les petits négociants du marché se sont précipités pour les acheter. Leur pratique et celle des grands négociants sont les mêmes, le financement par la mise en pension, la couverture par la mise en pension inversée, les audacieux n'utilisent tout simplement pas la couverture des risques, ils détiennent directement des obligations du Trésor "nues", puis sur le marché obligataire, au téléphone avec les nouveaux copains du vieux maniaque, et bientôt les obligations du Trésor sont distribuées sur un marché plus fin, pour finalement se retrouver sur le bilan d'un millier de ménages.

La surprise de juin sur le marché des pensions

En mai, Bernanke a déclaré qu'il mettrait fin à l'assouplissement quantitatif avec fracas, ce qui a réveillé tous les participants de la chaîne du marché obligataire. Les détenteurs d'obligations "nus" se précipitent pour trouver des "sous-vêtements", les stocks d'obligations trop importants et le manque de contreparties chez les opérateurs en couverture sont impatients de sauter du mur.

En Juin, la Chine, le Japon et d'autres grandes obligations du Trésor américain a commencé à "échapper à la victoire", les rendements du Trésor a brusquement changé de visage, qui à son tour surpris le marché du rachat dans de nombreux "titres empruntant de l'argent" fonds spéculatifs, les prix des obligations du Trésor a chuté, la plate-forme collatérale élevé plonger. Les prêteurs ont immédiatement démissionné et ont lancé des ultimatums aux emprunteurs pour limiter les appels de marge, tandis que les fonds spéculatifs à fort effet de levier n'ont aucune réserve de trésorerie du tout !

Les fonds spéculatifs ne peuvent vendre des actifs que pour couvrir des liquidités, quelques-uns d'entre eux peuvent le faire, mais tout le monde vend en même temps et le marché manque de liquidités et le prix des actifs s'effondre !

Fin mai et début juillet, le taux de rachat des bons du Trésor à 3 et 10 ans est devenu négatif ! En juin, lorsque la Chine et le Japon se sont débarrassés des bons du Trésor américain, le taux de rachat des bons du Trésor à 10 ans a atteint -3%, ce qui est un spectacle extrêmement rare !

Un prêteur qui, à l'origine, avait de l'argent de côté à investir, a fait en sorte que le prêteur mette 3% parce que la garantie de l'autre partie était un bon du Trésor à 10 ans !

Qu'est-ce qui se passe ici ?

Inversion des taux négatifs des prises en pension à 3 et 10 ans sur les obligations du Trésor américain à partir de mai 2013.

Toujours en utilisant l'exemple du prêteur sur gages pour expliquer, vous prenez l'héritage familial d'antiquités au prêteur sur gages de prêt hypothécaire de l'argent, les gars du prêteur sur gages ramasser leur nez et les yeux de dire que seulement 5% du prêt, vous immédiatement le feu en prétendant que moins de 10% est inapproprié, le dernier dépend de qui consomme qui, le résultat des deux parties de compromis à 7%, c'est la situation normale.

Maintenant, le marché a soudainement changé, les rumeurs du marché que cette antiquité est jeté sauvagement par plusieurs grands collectionneurs, de plus en plus sans valeur, ce qui peut effrayer les mains d'autres collectionneurs qui ont l'inventaire, ils ont également à vendre sur le marché. En plus des collectionneurs, le marché est plus de spéculateurs, spécialisés dans les affaires d'achat et de vente à découvert, ils ont entendu les nouvelles, a immédiatement déclaré qu'ils ont des marchandises, a sauté du bâtiment pour vendre, crachant du sang pour effacer leurs positions. En fait, les spéculateurs n'ont pas la marchandise dans leurs mains. Il y a toujours eu une vente et un achat sur le marché, alors les acheteurs ont afflué vers les spéculateurs qui vendent à découvert, ont payé en liquide et ont attendu de récupérer les marchandises. Les spéculateurs savaient que le prêteur sur gages avait la marchandise en main et couraient pour l'emprunter, et comme la quantité augmentait, ils étaient prêts à payer une prime.

Pourquoi les spéculateurs sont-ils prêts à risquer une prime pour emprunter des antiquités ? Il s'avère que les spéculateurs pensent que le prix des antiquités va également baisser, d'abord emprunter les antiquités du prêteur sur gages à livrer, lorsque le prix est plus bas dans quelques jours, puis racheter pour retourner au propriétaire du prêteur sur gages, manger la différence au milieu du prix sera gagné.

À l'origine, les antiquités ont chuté, le marché de vendre plus pour acheter moins, les antiquités devraient être en excès de la demande, mais les spéculateurs impliqués dans un grand nombre de vente à découvert, mais a conduit à des difficultés de livraison, ils ont dû payer une prime aux prêteurs sur gages pour emprunter des marchandises pour répondre à la livraison, à la suite de l'antiquités du prêteur sur gages au contraire cher. À ce stade, ceux qui ont des antiquités entre les mains peuvent gagner une partie de la prime du spéculateur en les hypothéquant auprès d'un prêteur sur gages.

Il en va de même lorsque le taux de pension devient négatif. La forte hausse des rendements résultant de la liquidation de la dette nationale a effrayé les banques, les FMI, les compagnies d'assurance, les multinationales et les institutions d'investissement étrangères détenant d'énormes quantités d'actifs de la dette nationale, qui ont dû se joindre à la liquidation afin de réduire les pertes importantes dues à la dépréciation de la dette nationale, ce qui a exacerbé l'horreur du déclin de la dette nationale. En tant que vendeurs à découvert professionnels, certains fonds spéculatifs ont vu l'occasion de tuer. Si les ventes à découvert sur le marché obligataire étaient importantes, l'ampleur des ventes à découvert était encore plus stupéfiante.

Ceux qui détiennent des obligations dans leurs mains vendent simplement leur stock, et il n'est pas question de les emprunter, mais ceux qui les vendent purement à découvert doivent les emprunter afin de compléter la livraison. Si l'ampleur des ventes à découvert simultanées atteint un point critique, la livraison des titres empruntés sera inévitablement bloquée, de sorte que de nombreuses personnes ne pourront pas emprunter de bons du Trésor pour compléter la livraison. C'est alors que le taux de défaut de livraison augmente de façon spectaculaire.

Le 5 juin 2013, le taux de défaut de paiement des obligations du Trésor américain a atteint 130 milliards de dollars.

Et c'est exactement ce qui s'est passé dans la réalité, puisque le 5 juin, le taux de défaut sur la livraison des bons du Trésor a atteint le chiffre vertigineux de 130 milliards de dollars !

La vente à découvert de bons du Trésor américain a été suffisamment intense pour éblouir Bernanke.

L'inversion des taux négatifs des pensions et l'augmentation continue des défauts de livraison des bons du Trésor indiquent que le marché des pensions se trouve déjà dans un état d'extrême anormalité, ce qui affectera gravement l'offre de liquidités et la fonction de création monétaire du système financier, induisant ainsi une implosion plus violente du marché des produits dérivés de plusieurs milliards.

Création de monnaie traditionnelle

Par sa nature même, le système bancaire est un prestataire de services dont la fonction principale est de fournir des services monétaires à l'activité économique. Ce n'est pas fondamentalement différent du secteur des télécommunications, qui fournit des services de communication, et du secteur des transports, qui fournit des services de transport, où le système bancaire tire ses revenus des frais de service payés par la société pour ses services monétaires.

D'où vient l'argent du système bancaire ? La réponse est : l'argent du système bancaire provient de l'auto-création du système bancaire.

La grande majorité des personnes qui utilisent l'argent au quotidien ne connaissent pas le mécanisme par lequel il est généré et croient à tort que les billets imprimés par l'hôtel des monnaies du gouvernement constituent la totalité de la monnaie de la société. En fait, dans les pays modernes, les billets de banque ne représentent qu'une infime partie de la monnaie, la grande majorité étant de la monnaie bancaire créée par les banques.

Comment exactement les banques créent-elles l'argent ?

Si l'on considère tout d'abord le bilan bancaire le plus simple, si une banque dans son état initial n'a ni actif, ni passif, ni participation, son état peut être simplifié comme suit.

Actifs	Passif et capitaux propres
Espèces : 0	Économies : 100

Le bilan d'une banque est l'état des opérations de la banque à un certain moment, ce qui est comme un instantané, si vous prenez un instantané de chaque moment des opérations de la banque et que vous le regardez continuellement, vous pouvez dire l'état du développement des affaires de la banque. Où le total des actifs à gauche est toujours égal au passif plus les fonds propres à droite, ce qui est une équation constante.

L'argent liquide est un actif d'une banque et l'épargne un passif, car lorsque les gens déposent de l'argent liquide dans une banque, ils peuvent venir le retirer à tout moment et la banque doit répondre à la demande de retrait du déposant sans aucune condition, ce qui est un devoir et une obligation de la banque.

À ce moment-là, un client A vient à la banque et dépose 100 dollars en espèces. Si l'on prend un autre instantané, le bilan de la banque deviendra :

Actifs	Passif et capitaux propres
Argent liquide : 100	épargne du client A : 100

En d'autres termes, l'actif à gauche est toujours égal au passif + les fonds propres à droite. La banque fournit au client A un livret d'épargne en papier, une carte bancaire en plastique ou un bouclier U pour les transactions en ligne. Dans tous les cas, le client A a le droit de retirer des espèces de la banque à tout moment, et l'essence de l'épargne bancaire est le droit du déposant de demander des espèces.

À ce moment-là, un autre client B est arrivé, il n'est pas venu pour économiser de l'argent, mais pour contracter un prêt, la banque a mené une enquête sérieuse sur le client B, les besoins en matière de prêt ont également été examinés à plusieurs reprises, et a décidé de contracter un prêt. Mais sous réserve des règlements de la banque centrale, par exemple, sur un dépôt de 100 \$, seul un maximum de 90 \$ peut être contracté pour un prêt, et les 10 \$ restants doivent être laissés à la banque pour les urgences.

Le sentiment général est que la banque doit prêter 90 dollars d'actifs en espèces au client B, donc les actifs en espèces ne devraient être que de 10 dollars, n'est-ce pas le rôle de la banque de prêter l'argent des déposants aux personnes qui en ont besoin ? Si la grande majorité des gens ont cette opinion, cela signifie que la grande majorité des gens ne comprennent pas le mystère de la création d'argent dans les banques modernes. En fait, au lieu d'utiliser 100 dollars en espèces, la banque a créé une nouvelle épargne "à partir de rien", et si l'on prenait un autre instantané, le bilan de la banque deviendrait :

Actifs	Passif et capitaux propres
Argent liquide : 100	Épargne du client A : 100
Prêt du client B : 90	Économies réalisées par le client B : 90

Tu ne l'as pas eu ? C'est vrai.

Les banques sont de véritables magiciens, elles peuvent en fait créer de nouvelles économies "à partir de rien" ! Il est difficile pour l'esprit du commun des mortels de comprendre la rationalité et la logique d'une telle comptabilité. Mais quoi qu'il en soit, depuis que les familles financières d'Europe ont établi de telles règles comptables au 19e siècle et qu'elles ont été reconnues dans le système de droit commun, le système de réserves fractionnaires est devenu la norme dominante dans le monde, et il importe peu de savoir s'il est raisonnable ou juste ou non. Il est important que les gens ordinaires aient une compréhension profonde des injustices qui leur sont imposées par ce système. Notez qu'à l'exception des banques, qui jouissent du privilège de tenir des livres "de toutes pièces", toute autre entreprise qui ose le faire est vouée à être traitée comme une fraude et la personne morale sera emprisonnée. Cela illustre un point important : le système bancaire s'est vu accorder un certain privilège dans l'activité économique depuis le 19e siècle.

Pourquoi le prêt du client B serait-il considéré comme un actif par la banque ? L'endettement du client B est capable de générer des revenus d'intérêts. Pour une banque, tout ce qui rapporte des liquidités est un actif. Les actifs de la banque sont donc les dettes que lui doit le reste de la société. L'actif total de la banque est maintenant de 190 $ et le passif total est également de 190 $, et ils sont toujours égaux. La dette de droite a augmenté de 90 $, un nouveau compte d'épargne que la banque a ouvert pour le client B, qui peut dépenser l'argent en le transférant par chèque ou en le retirant en espèces.

Notez que lorsque le compte d'épargne du client B est activé, la quantité totale de monnaie dans l'ensemble de l'économie augmente de 90 $.

Quelle que soit la façon dont le client B dépense l'argent, tôt ou tard, les 90 dollars iront sur un compte dans une autre banque du système bancaire. Cette banque ajoutera donc 90 dollars d'épargne, tout en ajoutant 90 dollars d'actifs liquides, dont elle pourra également prêter 81 dollars et créer de nouveaux 81 dollars d'épargne. Ce cycle peut se poursuivre jusqu'à ce que la quantité totale d'argent dans l'ensemble du système bancaire soit multipliée par dix, et que 100 dollars d'épargne supplémentaire finissent par créer une masse monétaire de 1 000 dollars.

Il s'agit d'une création monétaire par les banques. Dans des circonstances normales, la nouvelle monnaie ne circule pas sur le marché sous la forme de billets de banque, mais sous la forme de chiffres inscrits sur les livres du système bancaire, qui sont ajoutés et soustraits des livres des différentes banques, et l'argent circule tranquillement et sans intérêt dans les changements des chiffres sur les livres des banques.

Lorsque le client B prête de l'argent à une banque, cette demande est équivalente à la demande monétaire générée par la croissance de l'économie réelle, le système bancaire crée de l'argent pour répondre à cette demande, et les intérêts perçus sont les frais de service que la banque facture à la société. Lorsqu'il n'y a pas de nouvelle demande de création monétaire dans l'économie réelle, mais que le système bancaire est capable de créer lui-même une nouvelle demande de monnaie, alors les frais de service payés par la société aux banques deviennent des "frais de gestion" que les banques imposent à la société.

Puisque l'économie réelle est dans le marasme, il sera difficile pour les banques d'émettre des prêts, comment percevoir ces "frais de gestion" ?

Sur les marchés financiers actuels, la capacité des banques à créer de la monnaie d'épargne traditionnelle s'est atrophiée et a été remplacée par de nouveaux mécanismes permettant au système bancaire parallèle de créer de la monnaie fictive. Les prêts créent des engagements d'épargne qui ont cédé la place aux hypothèques qui créent des engagements de pension. C'est le marché des pensions de titres qui est le centre le plus important de création monétaire dans le monde aujourd'hui.

L'argent évolue, et la pensée de la grande majorité des gens dans la société ne suit pas. Les théories monétaires et financières actuelles en sont encore au niveau des années 1980, et ces connaissances dépassées, qui sont totalement incapables de comprendre le nouveau phénomène de la création monétaire, ont conduit à des erreurs importantes dans de nombreuses interprétations actuelles de la monnaie, des prix, des taux de change, des taux d'intérêt et des marchés financiers.

On ne peut pas comprendre l'essence de la finance du 20ème siècle sans comprendre le système de réserve fractionnaire, et on ne peut pas voir le noyau financier du 21ème siècle sans comprendre que les hypothèques repo créent de l'argent.

L'argent fictif : une nouvelle loi sur la création monétaire

Le moyen le plus simple de comprendre les subtilités de la création monétaire sur les marchés financiers actuels est d'observer comment un fonds spéculatif crée des engagements qui ressemblent à de l'épargne bancaire.

Si, à partir de l'état initial, un fonds lève 100 dollars et ouvre avec fracas, l'argent ne peut pas rester inactif, le gestionnaire de fonds achète donc d'abord 100 dollars de bons du Trésor, et le bilan est alors simple.

Actifs	Passif et capitaux propres
Espèces : 0	Responsabilité : 0

| Dette nationale : 100 | Avantages : 100 |

Mais l'objectif du gestionnaire de fonds en achetant des bons du Trésor n'est pas de les conserver passivement et de manger les intérêts, c'est ce que font papa et maman, il achète des bons du Trésor pour financer davantage l'expansion de la taille des actifs afin de gagner de l'argent. Ainsi, il a obtenu 100 $ de bons du Trésor sur le marché de la pension et s'est retrouvé avec 90 $ en espèces (une simple note conceptuelle), et le bilan de la transaction de pension accrue a commencé à changer de manière intéressante.

Actifs	Passif et capitaux propres
Dette nationale : 100	Engagement de rachat : 90
Espèces : 90	Avantages : 100

Avec le financement par mise en pension, l'actif total du fonds est passé à 190 $, et les 90 $ de liquidités supplémentaires ont pu être utilisés pour des aventures à haut risque et à haut rendement, couvrant ainsi l'écart entre le coût des intérêts de la mise en pension et le rendement à haut rendement.

Il est important de souligner ici que bien que l'opération de rachat soit "vendre d'abord, racheter ensuite", ce qui semble être une "vente réelle", mais est en fait un "emprunt réel", puisque l'emprunteur a promis dans l'accord de rachat de racheter les actifs dans un jour ou quelques jours, en fait, tout le risque de taux d'intérêt ou de défaut de paiement appartient toujours à l'emprunteur garanti, par conséquent, les règles comptables exigent que les actifs rachetés doivent rester sur le bilan de l'emprunteur, et ne pas être transférés au prêteur.

Lehman Brothers l'avait fait en volant le concept, ce qui a conduit à la célèbre affaire du "Repo 105".

À la veille de la crise financière, l'exposition du problème des prêts hypothécaires à risque a entraîné une grave dépréciation des actifs chez Lehman Brothers, qui était très impliquée sur ce marché. Dans un marché financier extrêmement mauvais, il était difficile pour Lehman de vendre cette pacotille toxique à temps pour éviter une perte financière massive. Afin de dissimuler sa véritable situation financière, Lehman s'est engagée dans une opération de rachat massif à chaque fois que ses états financiers étaient publiés, en "vendant" des actifs obligataires d'une valeur de 105 dollars pour 100 dollars et en utilisant les liquidités provenant du "produit de la vente" pour liquider son passif, ce qui a entraîné une réduction importante de l'actif et du passif dans les états financiers et a dissimulé sa situation financière. Lorsque les états financiers seront publiés après 10 jours, Lehman refinancera ces actifs et les "rachètera" et rétablira l'actif et le passif dans leur état initial. Lehman Brothers avait utilisé cette tactique pour sortir "temporairement" de son bilan jusqu'à 50 milliards de dollars d'actifs par des déchets toxiques, trompant ainsi gravement l'évaluation du risque de Lehman par les investisseurs et constituant une fraude financière.

Dans l'état normal du marché repo, hypothéquer 102 dollars d'actifs obligataires aurait donné environ 100 dollars de prêts, mais Lehman a hypothéqué 105 dollars d'obligations pour obtenir 100 dollars de prêts, alors pourquoi ?

Il s'avère que Lehman voulait que le "rachat et l'emprunt" ressemblent davantage à de "vraies ventes" ! La juste valeur du surdimensionnement sur le marché des pensions est de 2%. Une fois cette valeur dépassée, on considère que l'emprunteur a essentiellement perdu le contrôle effectif de l'actif garanti, se rapprochant ainsi d'une "vente" de l'actif et non plus d'un nantissement de pension, et les normes comptables permettent à Lehman de sortir ces obligations "littéralement vendues" du bilan. Lehman a précisément profité de cette faille, préférant profiter du taux d'escompte plus élevé et contourner le risque de fraude de la lettre de la loi.

L'excédent de 105% de la garantie de la prise en pension est devenu célèbre depuis, et la "prise en pension 105" entrera également dans l'histoire financière mondiale.

Dans l'exemple ci-dessus, un taux d'actualisation de 10% a été choisi pour des raisons de simplicité. Si les prêteurs ne veulent pas prendre de risque, le taux d'escompte de 10% sur les prêts garantis par le Trésor est très sûr, même si le fonds spéculatif s'effondre, les prêteurs peuvent également vendre les 100 $ d'obligations du Trésor sur le marché, peuvent facilement récupérer au moins 90 $ de prêt, et même plus.

Les 90 dollars que le fonds spéculatif a collectés par le biais de la mise en pension sont équivalents au dépôt en espèces du client A dans une banque traditionnelle, la responsabilité de la mise en pension est équivalente à la responsabilité de l'épargne, et c'est également un devoir et une obligation pour le fonds spéculatif de racheter l'actif en garantie à un prix légèrement plus élevé dans un délai déterminé. En d'autres termes, le prêteur qui détient l'engagement de rachat a le droit de réclamer son principal plus les intérêts le moment venu.

Si l'on regarde de près les bilans des fonds spéculatifs, un problème est apparu : les bons du Trésor peuvent être utilisés presque comme des liquidités grâce au marché des pensions !

Dans le système bancaire traditionnel, la création monétaire est la création d'engagements d'épargne par l'émission de prêts basés sur les réserves, la monnaie légale du pays. Dans le contexte de l'ensemble du système bancaire, la création monétaire est l'amplification de la monnaie de base de la banque centrale.

Sur le marché des pensions, les bons du Trésor jouent le rôle d'une monnaie de base, qui, par essence, constitue la "réserve" permettant au système financier de créer de la "monnaie fictive" !

Le passif d'épargne d'une banque est la monnaie bancaire, qui a pour fonction de payer toutes les transactions du marché. Que les gens retirent de l'argent de leurs comptes d'épargne ou paient des chèques bancaires, ils mobilisent et transfèrent essentiellement des réserves dans les bilans bancaires. Lorsqu'un déposant rédige un chèque bancaire, il s'agit d'une instruction pour transférer les réserves de la banque dépositaire à une autre banque.

Si la dette repo est équivalente à la dette d'épargne de la banque, a-t-elle une fonction de paiement et est-elle capable de mobiliser et de transférer la dette nationale au bilan ? La réponse est oui.

C'est la "réhypothécation" du marché de la pension livrée !

Dans la figure ci-dessous, on peut voir que les actifs originaux en bons du Trésor détenus par le fonds spéculatif, la "réserve" de monnaie fictive, peuvent être utilisés à plusieurs reprises comme garantie sur le marché des pensions, réutilisés par tous les engagements de pensions dans une "chaîne de garanties".

La dette nationale est transférée des actifs des fonds spéculatifs pour être réutilisée dans la chaîne de garantie. [19]

L'obligation du Trésor de 100 dollars était censée être un actif détenu par le fonds spéculatif, et lorsqu'elle a été mise en gage auprès de Goldman Sachs, le courtier principal sur le marché des pensions, Goldman Sachs a pu faire une demande de "sous-collatéralisation", ce qui signifie que l'obligation du Trésor du fonds spéculatif aurait eu le droit de la remettre en gage à quelqu'un d'autre pendant la période de gage. Les fonds spéculatifs auraient certainement eu le droit de refuser, et Goldman Sachs aurait alors facturé un "taux repo" plus élevé, ce qui aurait augmenté le coût du financement des fonds spéculatifs. Le gestionnaire du fonds spéculatif a tourné la tête et s'est dit : "Mais qui est donc Goldman Sachs ? C'est l'homme le plus important du marché financier, la dette nationale est certainement en sécurité chez Goldman Sachs, tant que Goldman Sachs ne s'effondre pas, la "sous-hypothèque" n'est pas trop risquée pour eux-mêmes, et le taux de rachat est plus bas, et les gens sont commodes à leur propre convenance, pourquoi ne pas le faire ? Et donc accepté la demande de Goldman Sachs.

Goldman Sachs a changé de main et a "payé" les Treasuries à Credit Suisse pour liquider sa position de négociation de produits dérivés avec Credit Suisse. Notez que le "passif repo" initial du bilan du hedge fund est maintenant devenu un actif de Goldman Sachs, qui est essentiellement l'équivalent d'un "compte d'épargne" ouvert par le hedge fund à Goldman Sachs pour émettre des chèques bancaires dans le secteur bancaire traditionnel. Le "paiement" d'un "chèque" par Goldman Sachs à Credit Suisse équivalait à un ordre de transférer les actifs de trésorerie du hedge fund à Credit Suisse, de la même manière que le chèque d'une banque traditionnelle transfère les réserves bancaires. En fin de compte, le Credit Suisse a "payé" à nouveau les mêmes obligations à un fonds monétaire, qui a décidé de détenir temporairement les obligations, comme nous le verrons plus loin.

L'énergie créée par la monnaie diminue progressivement à chaque sous-collatéralisation en raison de l'actualisation constante de l'attrition. Dans une telle chaîne de création monétaire collatéralisée,

---

[19] Manmohan Singh, Peter Stella, *The (other) deleveraging: Ce que les économistes doivent savoir sur le processus moderne de création monétaire*, 2012-07-02.

les Treasuries sont l'équivalent de la monnaie à haute énergie, le nombre de fois où la garantie est transférée est la longueur de la chaîne collatéralisée, qui est le multiplicateur de la monnaie, et le taux d'actualisation (décote) de l'actif collatéralisé est le taux de réserve. Alors que les banques traditionnelles s'appuient sur un système de "réserves fractionnaires" pour créer de la monnaie, les banques parallèles utilisent des "actifs partiellement garantis" pour créer de la monnaie parallèle.

La pension livrée est-elle de l'argent ou non ? Cela dépend de qui vous demandez, s'il s'agit d'une grande mère ou d'une grande tante, elles ne peuvent certainement pas utiliser le repo liability pour acheter de la nourriture dans la rue ; mais s'il s'agit d'un investissement institutionnel sur les marchés financiers, c'est parfaitement bien, elles peuvent utiliser le repo liability pour acheter n'importe quel actif financier. Les actifs sous-jacents à la dette repo sont les bons du Trésor, qui sont virtuellement des espèces, ou des recettes "en espèces", pour lesquelles la dette repo est une recette "en espèces".

Un proverbe américain dit : "S'il existe un animal qui ressemble à un canard, qui appelle comme un canard et qui marche comme un canard, alors c'est un canard." La pension livrée a toutes les fonctions d'une pension d'épargne bancaire, à la seule différence que la pension d'épargne bancaire, ou monnaie bancaire, peut être utilisée dans tous les domaines de l'économie pour payer des biens et des services, tandis que la pension livrée, ou monnaie fictive, est dédiée aux marchés financiers, pour acheter et vendre des actifs financiers.

Une sous-hypothèque, quelques bouteilles avec un bouchon pour les acrobaties

Prenons encore l'exemple d'un prêteur sur gages, si vous mettez en gage votre héritage chez un prêteur sur gages afin d'emprunter de l'argent et que vous acceptez un délai de remboursement de trois jours. Entre-temps, le prêteur sur gages exige qu'il ait le droit d'hypothéquer votre héritage à quelqu'un d'autre, et vous vous douterez probablement qu'il ne se trouve pas entre les mains du prêteur sur gages trois jours plus tard lorsque vous voudrez le racheter. En fait, le prêteur sur gages a bien sous-hypothéqué votre bébé à la grande famille Zhang de la ville, qui l'a à son tour sous-hypothéqué à la banque de la famille Li. Dans des circonstances normales, les prêteurs sur gages, les bailleurs de fonds de la famille Zhang et les banquiers d'argent de la famille Li sont des bailleurs de fonds réputés et puissants, avec un passé familial, une maison debout sur le sol, ils ne font généralement pas défaut. Mais si l'économie va au sud, leur entreprise sera également dans un état de dette en série qui rendra difficile de s'en sortir, et vous risquez de ne pas récupérer votre objet de famille dès que l'un d'eux va mal.

Avec l'extension de la chaîne collatéralisée, le risque de défaut se développera de façon géométrique et le système financier sera aussi fragile qu'une cascade d'ailes, à tel point qu'un papillon peut briser le maillon le plus vulnérable de la chaîne d'un simple coup d'ailes, déclenchant un défaut massif et l'implosion du système financier.

Qu'il s'agisse du système de réserve partielle de la banque traditionnelle ou de la chaîne de prêts hypothécaires de la banque de l'ombre d'aujourd'hui, son essence est de jouer à un jeu de quelques bouteilles par bouchon, plus les acrobates financiers jouent, plus ils sont audacieux, à côté de regarder les personnes animées sous les enjeux sont également de plus en plus élevés, jusqu'à ce que la bouteille est trop, le bouchon de la bouteille est involontairement tombé sur le sol, tout le monde ensemble pour les oiseaux et les bêtes.

C'est exactement ce qui s'est passé en 2008.

Les régulateurs financiers américains comprennent certainement l'essence des acrobaties financières et ont donc limité la taille du sous-collatéral pour les courtiers de niveau 1 à un maximum de 140% de leurs engagements totaux envers la clientèle, c'est-à-dire à un multiplicateur de 1,4 x pour l'argent virtuel.

Les Britanniques, en revanche, ne sont pas aussi conservateurs. Afin de gagner une plus grande part du marché financier, ni le Royaume-Uni ni l'UE n'ont fixé de limites légales au nombre de sous-collatéralisations pour les rachats.

Les joueurs de Wall Street ayant du mal à se salir les mains aux États-Unis, le Royaume-Uni est naturellement devenu un havre de paix pour les méga-bookies, qui peuvent y faire du repo et du remortgage.

Les gestionnaires de fonds ont afflué en masse vers les teneurs de marché de niveau 1 de Wall Street pour le financement de repo, Lehman jouant le rôle le plus sauvage des dealers de niveau 1. Le financement repo de Lehman pour les joueurs est le plus bas coût, tous sont des clients, le jeu est élevé. Lehman explique aux joueurs à l'avance, les obligations que vous avez parié sur moi, je vais les sous-hypothéquer à Londres, sous la loi anglaise, la propriété de vos obligations doit être temporairement confiée à moi. Londres vous encourage tous à jouer pour que vous puissiez avoir le moins de frais et le plus de plaisir, et tant que vous pouvez me faire confiance, à moi, Lehman Brothers, je garantis que vos obligations seront rendues à leurs propriétaires d'origine, absolument en sécurité !

Mais qui est donc Lehman ? C'était l'un des plus grands "prêteurs sur gages" de Wall Street, un magasin centenaire réputé pour ses acrobaties de très haut niveau, capable de jouer trente bouteilles par casquette, et un magicien de la finance qui ne manquait jamais un battement, et les parieurs doutaient que quiconque soupçonne un jour Lehman de s'effondrer. Les parieurs se sont donc précipités pour parier leurs actifs obligataires, que Lehman a encapsulés et expédiés en vrac au sous-site londonien de Lehman.

En 2008, Lehman a effectivement fait faillite !

C'est une chose à laquelle personne n'aurait pu penser à l'avance. Les joueurs se sont inquiétés, et les actifs obligataires qu'ils avaient promis à Lehman ont tous disparu d'un seul coup. Lors d'une libération de faillite, il n'est pas simple de déterminer à qui appartiennent exactement vos actifs. Si les actifs sont détenus en séquestre aux États-Unis, la question est beaucoup plus simple, et la loi américaine est beaucoup plus claire sur la protection des actifs détenus en séquestre, et les récupérer n'est pas un problème. Cependant, Lehman a transféré les actifs de ses clients à la branche londonienne de "Lehman Brothers International (Europe)" (LBIE), et le Royaume-Uni a des lois de protection fiduciaire très différentes de celles des États-Unis.

Les joueurs avaient tellement de remords qu'en premier lieu, afin de racheter l'intérêt pourrait être moins cher, ils ont fait confiance à Lehman Brothers et ont volontairement renoncé à leur propriété des actifs après qu'ils ont été transférés à l'étranger, et par conséquent, ils ont perdu la protection de la loi américaine. La partie londonienne estime que ces joueurs n'ont aucune relation juridique avec leurs actifs, la distribution des actifs après la faillite est en fonction des actifs garantis et non garantis pour donner la priorité aux créanciers, ils ne peuvent maintenant être considérés que comme des créanciers ordinaires non garantis, après le sous-marin de Lehman Londres, les premiers à rembourser les personnes garanties par des actifs, les derniers chiffons restants par les créanciers ordinaires à ramasser, s'il y a encore quelques tables, chaises et tabourets, c'est déjà un jour de chance. Les joueurs sont immédiatement tombés dans une frénésie de cris et de hurlements.

Après le désastre, les parieurs ont appris à leurs dépens qu'ils ne pouvaient plus croire à la crédibilité des courtiers de niveau 1. Qui peut dire qu'ils sont parfaitement en sécurité quand Lehman peut tomber ? Ils ne se sont jamais souciés des détails des accords de rachat avec les négociants de premier rang, mais seulement de savoir si l'intérêt de rachat est suffisamment favorable, alors que les accords de rachat de Wall Street et d'Europe n'ont pas de modèle uniforme pour l'industrie, les principaux négociants soufflent chacun dans leur propre trompette, chacun chantant sa propre chanson, l'accord sur le sous-collatéralisation est encore moins certain, la faillite de Lehman a fait mal au cœur de tout le monde. Les joueurs ont commencé à se battre mot à mot avec les courtiers sur des conditions telles que l'imposition de restrictions sur les sous-collatéraux, l'obligation pour les courtiers d'ouvrir des comptes séquestres spéciaux, etc.

Un compte dédié peut-il protéger les actifs de mes clients ? Les magiciens de la finance ne peuvent s'empêcher de rire, les clients oublient que le métier de magicien consiste à "changer" l'argent des autres dans leurs propres poches.

Les opérations de "rachat à l'échéance" : une nouvelle façon de jouer pour les magiciens de la finance

En novembre 2011, après l'effondrement de Lehman, un autre négociant de niveau 1, MF Global, a fait faillite, 1,2 milliard de dollars ayant mystérieusement disparu des comptes dédiés des clients.

MF Global est l'un des plus petits des opérateurs primaires avec seulement 1/30 de la taille des autres grands. Sans parler de sa petite taille, mais pas de son petit courage, il aspire à devenir une mini version de Goldman Sachs, mais a fini par devenir une mini version de Lehman. La principale raison de son échec est l'investissement de jusqu'à 6,2 milliards de dollars dans la dette souveraine européenne, en particulier la dette nationale des "Europig Five".

Naturellement, les "euro-obligations" de MF Global ont également été placées sur le marché des pensions de titres à des fins de financement garanti, où les liquidités étaient utilisées pour augmenter les paris, qui pouvaient ensuite être garantis par les liquidités, et ainsi de suite jusqu'à ce que la main noire soit mise sur le compte du client.

Les actifs obligataires de MF Global en Italie, en Espagne, en Belgique, en Irlande et au Portugal, bien que le marché ne soit pas haussier, le service de la dette reste normal, en particulier le rendement des intérêts est assez attractif, en plus du coût des intérêts du financement repo, mais aussi un rendement considérable sur l'écart. MF Global a l'impression d'avoir trouvé une grande mine d'or. Toutefois, plus la taille des avoirs en euro-obligations augmente, plus le problème de l'insuffisance des fonds propres se pose, le ratio des actifs en euro-obligations atteignant cinq fois la valeur nette de la société !

Afin de répondre aux besoins de la réglementation financière et d'embellir les états financiers, MF Global doit également " tailler " son bilan, en particulier après le début de la crise de la dette européenne, le prix de ses actifs s'est détérioré, la " taille " n'est pas seulement " cosmétique ", mais surtout pour couvrir l'exposition à la détérioration des actifs, l'outil le plus pratique étant naturellement la transaction de rachat. Cependant, après la disparition globale du "rachat 105" de Lehman, MF Global n'a plus osé jouer la "vente réelle" d'actifs, et après mûre réflexion, elle a créé une nouvelle astuce de "Repo-To-Maturity" !

MF Global fait le compte de son stock d'"Europig bonds", regroupe les obligations qui arrivent à échéance en même temps, et les amène sur le marché des pensions pour trouver un acheteur, d'autant que dans la transaction, il est explicitement demandé que le rachat ait lieu exactement au même moment que l'échéance des obligations, ce qu'on appelle une transaction "repo maturity". Le prêteur s'est senti bizarre, mais n'a pas non plus compris le raisonnement qui se cachait derrière, tant qu'il y avait une garantie, que le rendement du prêt était bon et que la durée n'était pas un problème. Par conséquent, MF Global a progressivement converti une "obligation européenne" en une transaction de financement de type "repo maturity".

La norme comptable applicable aux opérations de rachat aux États-Unis s'appelle FASB 140, qui stipule qu'une vente dite "véritable" doit être un transfert d'un actif financier, ce qui signifie que le détenteur initial renonce au contrôle de l'actif. Le mot clé est "contrôle", et Lehman en a tiré parti en fixant le prix de 102% comme contrôle, tandis que le prix de 105% correspond à une perte de contrôle. MF Global tente également d'exploiter la même faille, lorsqu'elle a mis en gage les obligations Europig, ces actifs étaient encore "vivants", mais lorsque la date limite de rachat est arrivée, les obligations Europig mises en gage sont "mortes de causes naturelles", MF Global n'a évidemment pas pu mener à bien le rachat.

Au vu des règles comptables, la "mort naturelle" des obligations pendant la période de rachat est clairement une perte de "contrôle" par le détenteur. Par conséquent, les normes comptables autorisent les opérations de "rachat à l'échéance" à sortir du bilan, et elles sont enregistrées sous les états financiers dans des notes qui sont denses et qui doivent être vues au microscope et sont totalement dépourvues de détails. MF Global a utilisé cet astucieux tour de magie pour "racheter" 16,5 milliards de dollars d'actifs qui avaient disparu du bilan.

Comment la magie s'opère-t-elle ?

Il s'avère que LCH. Clearnet, la société européenne chargée de la compensation des opérations de pension, n'a pas été en mesure de traiter les opérations de pension sur obligations dues le même jour, ce qui a eu pour conséquence d'avancer de deux jours le délai de pension de MF Global. C'est beaucoup d'ennuis, la nécrologie sort deux jours avant la mort de la personne, et le résultat est un désordre total !

Le rachat a eu lieu deux jours avant la date d'échéance des obligations, ce qui signifie que MF Global n'avait pas perdu le "contrôle" des actifs, qui devaient être ramenés au bilan, et les importants actifs euro-obligataires ont été exposés dans la modification des états financiers du 31 juillet 2011. L'augmentation soudaine de 5 milliards de dollars de l'actif et du passif a immédiatement fait en sorte que le capital de MF Global soit gravement inférieur à ses exigences, et les investisseurs qui ont évité les "actifs Europig" ont immédiatement flairé le gros problème.

Le manque de fonds de MF Global a coïncidé avec un moment important de la crise de la dette européenne, lorsque le prix des obligations Europig s'est effondré et que la valeur des actifs garantis de la société sur le marché des pensions a considérablement diminué. Cependant, MF Global a poussé son effet de levier à la limite et ses fonds propres ne sont plus en mesure de faire face aux pressions des prêteurs.

Les obligations Europig ne sont pas en défaut de paiement, mais le coût élevé de l'effet de levier est tel que MF Global ne peut plus respirer, et le ratio de levier de la société atteint désormais le chiffre stupéfiant de 40:1 !

Comme Lehman Brothers, MF Global compte un grand nombre de fonds clients et, à la suite de l'effondrement de Lehman, les fonds ont été alarmés par les demandes d'ouverture de comptes propres séparés pour protéger leurs actifs. En fait, MF Global est allé jusqu'à mettre en gage les fonds des comptes propres de ses clients en faveur des prêteurs lorsqu'ils étaient poursuivis par les prêteurs en pension.

Finalement, lorsque la faillite a frappé, les fonds des clients du fonds ont été gelés ainsi que les prêteurs en pension. Comme le dit le vieil adage, si vous n'avez pas peur d'un voleur qui vole, vous avez peur d'un voleur qui se souvient.

La "dérive fantaisiste" de la dette de pacotille

Dans le mécanisme de création de monnaie garantie par des pensions, les bons du Trésor fonctionnent comme une monnaie de base, équivalente aux réserves des banques traditionnelles, et en raison de l'existence du marché des pensions, les bons du Trésor sont presque de l'argent liquide, ou "cash-like". En plus des bons du Trésor, les obligations MBS à deux logements, indirectement garanties par le gouvernement américain, peuvent également être financées en tant que garantie de repo.

Et si, au lieu de la dette nationale et des titres adossés à des créances hypothécaires à deux chambres, les avoirs étaient des obligations de pacotille ? Les obligations de pacotille peuvent-elles agir comme des "espèces sonnantes et trébuchantes" ? Bien sûr, dans le monde de la magie financière de Wall Street, il n'y a que l'inattendu et rien qui ne puisse être fait, c'est le tour de la transformation des garanties.

Si un hedge fund détient des obligations de pacotille mais veut faire du financement par repo, il a deux options, la première est d'aller lui-même dans le monde entier pour trouver une contrepartie prête à accepter sa garantie en obligations de pacotille, bien sûr le taux d'escompte sera beaucoup plus élevé, le taux d'intérêt n'est naturellement pas bon marché. Le plus gros problème est que les hedge funds ont des ressources limitées pour les clients, et doivent également s'occuper de leur propre livraison d'actifs, de la gestion des stocks, du transfert de fonds, de la prévention des défauts, du contrôle des risques et d'une série de travaux de back-office, les hedge funds manquent à la fois de directeurs des ventes bien connectés sur le marché des repo, et de traders expérimentés, la capacité de traitement du back-office est encore plus faible, leurs propres contreparties directes de repo ne sont pas rentables, ce qui est l'inconvénient du repo bilatéral (Bilateral Repo).

Une autre option est le repo tripartite, où tout marché qui se forme spontanément fait la loi, et le marché du repo ne fait pas exception. Deux des plus grands noms du marché des pensions de Wall Street sont JP Morgan Chase et la Bank of New York Mellon, qui ont assumé le rôle de chambre de compensation pour les transactions de pensions de titres. Les acheteurs et les vendeurs ouvrent des comptes dans les chambres de compensation, les fonds et les obligations sont transférés par l'intermédiaire de ces chambres, et les deux grands noms fixent les règles du jeu pour le marché des pensions de titres. Les participants aux opérations de rachat "externalisent" toute la logistique autre que l'achat et la vente proprement dits à la chambre de compensation, de sorte que chacun doit se concentrer uniquement sur l'activité d'achat et de vente proprement dite.

Le hedge fund pense qu'il est préférable de trouver une chambre de compensation pour effectuer le financement de rachat de la dette de pacotille est plus fiable, donc trouver JP Morgan Chase pour expliquer l'intention, les gens de JP Morgan Chase regarder la garantie est la dette de pacotille, immédiatement envoyer le gestionnaire du hedge fund à quitter. Il s'avère que les gros bonnets ont aussi leurs propres normes strictes, le marché tripartite des pensions n'accepte que les obligations d'État ou les obligations institutionnelles garanties par le gouvernement comme garantie, sans parler des obligations de pacotille, et même les obligations d'entreprise de bonne qualité ne sont pas les bienvenues.

Les gestionnaires de hedge funds hors du frontispice, sont tombés par hasard sur un marché de rachat sur les commerçants ordinaires, après avoir appris la situation, les commerçants ont ri, ce n'est rien, pour faire face à cette difficulté est facile. Le trader a proposé un arrangement selon lequel le hedge fund a d'abord effectué un rachat bilatéral avec le trader et a donné en gage les junk bonds au trader, qui était chargé de fournir les obligations, et le hedge fund a promis de rendre les obligations après une certaine période de temps et de récupérer ses propres junk bonds, ce qui est appelé un "échange de garantie". Bien entendu, les fonds spéculatifs doivent payer assez cher, et le montant des junk bonds donnés en garantie doit être encore plus élevé. Le gestionnaire du fonds spéculatif a fait le calcul, et même si ce n'était pas cher, c'était quand même plus rentable que de chercher des rachats bilatéraux, et il a finalement accepté de descendre.

Cependant, le négociant ne disposait pas nécessairement d'un excédent de bons du Trésor, mais il savait qu'un gestionnaire de fonds de pension avait la marchandise entre ses mains. Le négociant a donc trouvé le gestionnaire du fonds de pension et lui a proposé de faire un "échange miroir" avec le fonds de pension, c'est-à-dire d'échanger les obligations de pacotille du hedge fund et les bons du Trésor du fonds de pension contre exactement la même garantie, et il a promis de rendre les bons du Trésor d'ici là pour récupérer les obligations de pacotille, en échange de quoi le fonds de pension recevra une commission substantielle. Bien entendu, il ne s'agit que d'une partie des frais payés par le fonds spéculatif au courtier, le reste allant naturellement dans la poche de ce dernier. Finalement, le gestionnaire du fonds de pension a accepté sans hésiter.

Les gestionnaires de fonds de pension ne savent-ils pas que les obligations de pacotille sont beaucoup plus risquées que les bons du Trésor ? Ne craint-il pas qu'il soit difficile de comptabiliser les obligations de pacotille entassées dans son bilan ? Quel besoin avait-il d'une opération aussi risquée ? Le gestionnaire du fonds de pension était certainement conscient des risques, mais il n'était pas inquiet.

Il s'avère que les gestionnaires de fonds de retraite ont eux aussi du mal, car l'inondation monétaire provoquée par l'assouplissement quantitatif a fait grimper outrageusement les prix des obligations sûres pouvant être investies sur le marché, alors que les rendements sont déchirants. Les fonds de pension doivent assumer la responsabilité majeure de payer les retraités pendant toute leur vie. Le risque d'investissement ne doit pas être élevé et le rendement ne doit pas être trop faible, sinon le rendement ne rattrapera pas l'inflation, les retraités ne recevront pas assez d'argent pour subvenir à leurs besoins, et lorsque les investisseurs retireront leurs investissements, le fonds fermera ses portes. La pression exercée sur les revenus d'investissement a plongé les gestionnaires de fonds dans un profond désarroi.

Les courtiers envoient une bonne opportunité de rendements élevés. Les gestionnaires de fonds de retraite ne peuvent pas simplement aller acheter des obligations de pacotille, les politiques et les règlements ne le permettent pas, mais le "remplacement d'hypothèques" est une autre histoire. Pour le gestionnaire de fonds, il lui suffit de signer un contrat sur papier pour obtenir un rendement excédentaire. Comme le modèle de "remplacement d'actifs" est similaire à un rachat, la dette nationale reste au bilan du fonds. À première vue, il ne se passe rien, et c'est court, risqué et rémunérateur.

Est-ce que tout cela est bon juste parce que le ciel peut encore tomber pour quelques jours de détention de dette de pacotille ?

Un "remplacement d'hypothèque" en moins, les fonds spéculatifs trouvent allègrement JP Morgan Chase pour faire du financement de rachat, les gestionnaires de fonds de retraite s'assoient confortablement et profitent des revenus excédentaires, les traders sourient et rentrent chez eux pour compter l'argent.

Qui est réellement propriétaire de la dette de pacotille ? C'est difficile à dire. Le fonds spéculatif a des bons du Trésor entre ses mains et a reçu de l'argent réel de JP Morgan Chase ; les obligations de pacotille ne sont certainement pas entre ses mains ; le trader les achète et les vend, et n'a en fait aucune obligation de pacotille dans son inventaire ; et légalement, les bons du Trésor restent intacts dans le bilan du fonds de pension.

Mais la dette pourrie n'est nulle part !

Magie financière = vides juridiques + révolution comptable, Bienvenue dans l'espace de magie financière de Wall Street !

La dette de pacotille à haut risque est la poubelle toxique des actifs sur les marchés financiers actuels, et après une "dérive miraculeuse", elle n'a pas vraiment disparu, mais a dérivé des livres des fonds spéculatifs vers les entrepôts des fonds de pension, et peu importe comment la loi est interprétée, le risque réel a été transféré aux fonds de pension.

Si le prix de la dette de pacotille ne se détraque pas, le jeu peut continuer sans fin. Mais soudain, un jour, les taux d'intérêt se mettent à grimper en flèche et les ennuis arrivent. Si le prix des obligations de pacotille s'effondre de 30%, le gestionnaire du fonds de pension se lève d'un bond et frappe frénétiquement le courtier en lui disant : "Rendez-moi mes bons du Trésor immédiatement ou ajoutez au moins 50% de la garantie, sinon je me débarrasse de vos obligations de pacotille !

Bon sang, c'est vraiment n'importe quoi ! Fixant l'écran de son ordinateur, le gestionnaire du fonds de pension a des sueurs froides et est déjà sans voix, car les obligations de pacotille sont abandonnées par tous les acteurs du marché.

Le trader qui a été rendu fou par le gestionnaire de fonds de retraite, à ce moment-là est également anxieux, s'il ne veut pas déclarer l'effondrement, il a une obligation légale de collecter la dette de pacotille et de retourner la dette nationale, seulement se précipiter désespérément le gestionnaire de fonds de couverture, se dépêcher de retourner la dette nationale, ramasser sa pacotille dos, il y a une autre façon est d'augmenter immédiatement la marge. À ce stade, le gestionnaire de fonds spéculatifs est également assis sur des épingles et des aiguilles, les obligations de pacotille sont sur son bilan, et une forte baisse du prix affectera directement la performance du fonds. La dette nationale ? Où il y a des obligations du Trésor, il y a longtemps hypothéqué à JP Morgan Chase, ce vieux garçon et ne savent pas combien de fois à tourner l'hypothèque, dans les mains de qui seul Dieu sait. Dépôt supplémentaire ? L'argent de l'effondrement du rachat a depuis longtemps acheté plus de dette de pacotille, et les actions et obligations indiennes, où est l'argent libre ? De l'argent indien pur, vous en voulez ? Les traders ont déjà le nez creux, la dette de pacotille sur le marché est de pacotille, et les actifs indiens sont plus de pacotille que de pacotille. Le gestionnaire de fonds spéculatifs a pris la pose de ne pas vouloir d'argent, de vouloir la vie. Malgré cela, les fonds spéculatifs ont également commencé à liquider la dette de pacotille à grande échelle pour tenter de se protéger.

Le pic des taux d'intérêt en mai 2013 n'était que le prélude à un volcan de taux d'intérêt plus important à l'avenir, et les marchés financiers mondiaux ont déjà perdu 3 000 milliards de dollars depuis mai, les pays émergents, comme l'Inde, le Brésil, l'Afrique du Sud et l'Indonésie, étant les victimes directes de ce pic.

L'investissement intérieur indien est différent de celui de la Chine, où l'investissement direct (IDE) est largement prédominant, et bien que les parieurs à l'argent chaud ne manquent pas qui guettent l'appréciation du yuan, la plupart des entreprises industrielles qui veulent étendre leurs investissements en Chine voient à long terme, et elles ne seront pas beaucoup affectées par la flambée des taux d'intérêt. Le modèle indien, qui a été vanté par les médias occidentaux ces dernières années, est devenu une star internationale. Dès que l'esprit de l'Inde s'échauffe, elle ouvre la porte aux entrées et sorties de capitaux, notamment en permettant aux capitaux étrangers d'entrer directement sur le marché indien des capitaux. En conséquence, la plupart des fonds étrangers investis en Inde appartiennent à la hot money financière de type gestion de portefeuille, dont les fonds spéculatifs sont le pilier, pariant sur l'appréciation du marché des capitaux indien, mais s'intéressant peu aux investissements industriels indiens. Une fois que le vent souffle sur Wall Street, ils peuvent courir plus vite qu'un lapin.

Ces têtes en l'air et les gestionnaires de fonds spéculatifs de Wall Street, qui n'ont même pas de sous-vêtements, ont l'audace de se lancer à corps perdu dans l'Inde. Heureusement, la Chine n'a pas ouvert ses marchés boursiers et obligataires, et si la Chine était comme l'Inde, elle figurerait sur la liste des pays émergents à mourir en juin.

Si un jour dans le futur, le volcan des taux d'intérêt entre soudainement en éruption, la première chose à brûler est 1. La liquidité du marché obligataire sera paralysée par les traders et les teneurs de marché sur le point de s'assécher, en raison du blocage de l'achat et de la vente d'obligations de haute qualité, le coût du rachat s'est envolé, déclenchant une gamme plus large de rendements, l'auto-assurance et la spéculation de la vente à découvert se sont répandues sur le marché, le marché obligataire a commencé à imploser violemment. En tant que détenteur ultime de la dette de pacotille, la dette nationale a disparu, la dette de pacotille a perdu beaucoup d'argent, les audits ont révélé le scandale du "remplacement des hypothèques", les institutions d'investissement ont été réprimandées pour avoir été trompées et ont retiré leurs capitaux.

D'un autre point de vue, les obligations de pacotille des fonds spéculatifs, grâce à une alchimie financière moderne, ont été transformées en bons du Trésor, qui se sont ensuite répandus dans l'ensemble du système financier par le biais d'une chaîne de garanties repo, semant au passage des actifs toxiques qui continueront à prendre racine et à se développer sauvagement. Plus cette chaîne d'hypothèques est longue, plus la liquidation future sera violente.

On ne peut que prier pour le taux tout-puissant, la montée est trop dure à supporter, le pic est une impasse.

L'argent fictif et le système bancaire parallèle

L'argent fictif est la masse monétaire créée par le système bancaire parallèle, qui circule sur le marché des capitaux, achète et vend des actifs financiers, crée fictivement l'effet de richesse, crée l'inflation des actifs, modifie la distribution de la richesse, affecte le flux de fonds dans l'industrie et affecte l'allocation des ressources de l'ensemble de la société.

Qu'est-ce que le système bancaire parallèle ?

En termes simples, il s'agit d'un système qui est libéré des contraintes réglementaires des banques traditionnelles, qui a la capacité de créer des monnaies fictives et qui accepte mutuellement les monnaies fictives comme moyen de paiement. Les banques traditionnelles doivent être réglementées par la Banque centrale, la loi autorise l'absorption des dépôts des déposants, le privilège de créer de la monnaie bancaire, et l'assurance des dépôts présente des caractéristiques telles que des garanties gouvernementales. Le système bancaire parallèle ne dispose pas d'un mécanisme de gestion global unifié, ne peut pas absorber directement les dépôts des déposants, s'appuie principalement sur le financement collatéral repo, la création de la monnaie parallèle dépend entièrement de l'acceptation du marché, manque de normes juridiques, faillite de l'entreprise sans aucune garantie gouvernementale.

Pourquoi le shadow banking est-il devenu viral ?

La cause profonde en est la perte des contrôles efficaces sur la création de monnaie suite à l'abolition de l'étalon-or aux États-Unis en 1971 et à l'intensification du dollar, les prix des actifs augmentant beaucoup plus vite que la rentabilité de l'économie réelle. L'écologie des entrepreneurs évolue rapidement et, pour survivre et prospérer, de plus en plus d'entreprises manufacturières des États-Unis se déplacent vers l'Asie de l'Est et du Sud-Est afin de maintenir des marges bénéficiaires plus élevées à des coûts de production plus faibles. Sous l'influence de la politique monétaire américaine, l'Europe et le Japon ont également entamé une vague d'investissements à l'étranger, ce qui constitue l'évidement industriel de l'industrie d'expulsion de l'argent bon marché.

Avec le changement massif sans précédent de l'économie industrielle américaine au cours des 40 dernières années, et la perte conséquente d'actifs de qualité capables de générer des flux de trésorerie stables, les actifs qui restent aux États-Unis ne peuvent que devenir de plus en plus dépendants des prêts immobiliers et du crédit à la consommation, et le modèle de rentabilité des banques traditionnelles commence à être confronté à des défis importants. Lorsqu'une banque prête de l'argent à une entreprise, en particulier à une entreprise manufacturière de qualité à marge élevée, elle ne s'inquiète pas de la sécurité du prêt car elle sait que l'entreprise peut générer davantage de flux de trésorerie pour rembourser le prêt. Mais lorsqu'une banque prête de l'argent à un consommateur pour qu'il achète une maison et une voiture, elle doit évaluer soigneusement le niveau de revenu du consommateur et sa capacité à rembourser le prêt, car le prêt n'est pas destiné à accroître la capacité des gens à créer de la richesse, mais simplement à satisfaire le désir de dépenser d'un individu. À ce stade, les fonds sont consommés, et non utilisés pour créer. Pour les banques, il existe une différence fondamentale entre les actifs productifs et les actifs de consommation, en ce sens que si les deux génèrent des revenus pour la banque, les premiers créent des flux de trésorerie pour l'économie, tandis que les seconds consomment des flux de trésorerie. Lorsque la consommation dépasse la création, le pays devient de plus en plus dépendant de l'apport de fonds de l'étranger pour subventionner la "saignée interne" de l'économie, c'est-à-dire le retour du dollar dans le modèle économique subventionné.

La qualité des actifs des banques traditionnelles s'est généralement dégradée et les bénéfices ont été beaucoup plus faibles, tandis que la menace d'inflation liée au découvert en dollars ronge leurs bilans. En conséquence, le système bancaire a été contraint de réagir de manière stressante en réduisant la taille de ses actifs et de ses passifs et en "réduisant" considérablement ses effectifs. En conséquence, le système bancaire a développé une forte impulsion pour "se débarrasser" de ses actifs et passifs. Cette tendance a coïncidé avec le raz-de-marée du rapatriement des dollars, créant ainsi un nouveau modèle de rentabilité pour le système bancaire, un modèle qui crée un marché financier vaste et complexe, avec une nouvelle façon de jouer avec des actifs financiers éclatés pour obtenir des profits supérieurs aux prêts. C'est pour cette raison que la titrisation d'actifs, le financement par repo et d'autres innovations financières ont vu le jour après les années 1970.

L'énorme demande de "dumping" d'actifs et de passifs a donné naissance à une nouvelle série de marchés et de nouveaux services. Au début des années 1970, les États-Unis ont rendu illégal le paiement d'intérêts sur les comptes chèques dans les banques (où les déposants pouvaient toujours effectuer des transferts de chèques ou des retraits d'espèces). Après l'abolition de l'étalon-or, la surabondance massive du dollar a permis aux banques de créer une nouvelle épargne énorme qui, sous la menace d'une inflation sévère, cherchait désespérément un refuge rémunéré et les fonds du marché monétaire ont été créés. Parce que le FMI investit sur le marché des pensions et est donc en mesure d'offrir des taux d'intérêt plus élevés et qu'il n'est pas soumis à des contrôles d'intérêt de type bancaire, il a "fui" l'épargne qui se trouverait autrement dans les banques et s'est imposé comme un prêteur majeur sur les marchés des pensions et des billets de trésorerie, étant actuellement assis sur un montant massif de 2 600 milliards de dollars. Le fonds monétaire semble sûr car il n'investit que dans des produits à très court terme comme les prêts hypothécaires repo, mais dans des cas extrêmes, il devient au contraire le marché le plus dangereux.

Le 18 septembre 2008, après la déclaration de faillite de Lehman, un certain nombre de fonds monétaires ont subi de lourdes pertes en raison de leurs investissements dans Lehman, avec une chute rare sous la valeur nette d'un dollar. Les Américains, qui considèrent habituellement les comptes des fonds monétaires comme des économies bancaires, ne s'attendaient pas du tout à ce que les fonds monétaires perdent de l'argent, et une forte panique dans toute la société a déclenché une fuite massive de capitaux. Ce jour-là, à 11 heures, la Fed a trouvé 550 milliards de dollars en fonds monétaires, qui ont été "épuisés" par les investisseurs en une heure ou deux, et le Trésor a injecté d'urgence 105 milliards de dollars, mais n'a pas pu arrêter la fuite des investisseurs. Le gouvernement américain a immédiatement gelé tous les comptes et, sans mesures drastiques, les 3 500 milliards de dollars du FMI étaient sur le point d'être épuisés à 14 heures.

Étant donné que les fonds monétaires sont les principaux prêteurs sur le marché des pensions et le marché des billets de trésorerie, qui sont les maillons les plus critiques de la chaîne de financement à court terme des grandes entreprises américaines, une fois l'argent asséché, les États-Unis connaîtront des défauts de paiement massifs sur les dettes des entreprises et même une insolvabilité directe des entreprises, et l'effondrement de milliers de banques et de dizaines de milliers d'entreprises en 1933 se répétera.

Le marché des billets de trésorerie n'a pas récupéré après la "frayeur" de septembre 2008. À l'heure actuelle, le marché du rachat est devenu une "bouée de sauvetage" pour la reconstitution du capital à court terme des institutions financières et des grandes entreprises américaines.

Au sommet d'un fonds commun de placement de 13 000 milliards de dollars et acteur actif sur le marché bancaire parallèle, elle fournit au marché des pensions une quantité importante d'obligations et d'actions en garantie, ainsi qu'une partie de l'argent nécessaire au financement des pensions.

Ils contrôlent environ 2 000 milliards de dollars de capital, "pressent des titres pour emprunter de l'argent" sur le marché des pensions, puis "achètent des titres avec de l'argent", étendent l'échelle des actifs, arbitrent, parient, achètent et vendent à découvert toutes sortes de marchés dans le monde entier, capturent la machine de guerre dans la volatilité du marché et les événements clés, avec un effet de levier élevé pour réaliser des gains énormes.

Les fonds de pension apparemment conservateurs ne sont pas non plus à l'aise avec les 6 000 milliards de dollars qu'ils ont entre les mains et, au lieu de rester couchés dans des obligations et d'autres actifs à faible risque, ils tripotent en secret de nouveaux gadgets comme les "swaps d'actifs" et sont indirectement impliqués dans des opérations de rachat et d'autres opérations bancaires parallèles.

En outre, les compagnies d'assurance, les fonds ETF et les fonds souverains étrangers, qui représentent des milliards de dollars, font partie intégrante du système bancaire parallèle.

Ces institutions "non bancaires" mais "de type bancaire" constituent ensemble ce que l'on appelle le système bancaire parallèle. Le système bancaire parallèle s'articule en gros autour de deux chaînes. La première chaîne consiste à aider les banques à "vendre" leurs actifs "pour de vrai", c'est la chaîne de titrisation des actifs ; l'autre chaîne consiste à aider les banques à mettre en gage leurs actifs à grande échelle, c'est la chaîne de mise en pension. En fin de compte, les deux chaînes sont reliées entre elles et les produits finaux de la titrisation des actifs sont les MBS (titres adossés à des créances hypothécaires), les ABS (titres adossés à des actifs), les CDO (titres adossés à des créances), etc., qui peuvent être utilisés comme garantie pour le financement sur le marché des pensions, c'est-à-dire qu'ils deviennent la monnaie de base du système bancaire parallèle et participent à la création d'une monnaie parallèle à plus grande échelle, avec les bons du Trésor, les obligations d'entreprise et même les obligations de pacotille.

Sous l'effet combiné du retour du dollar, des monnaies traditionnelles et des monnaies fictives, le prix des actifs financiers américains a augmenté, les profits des banques ont afflué et les "banques de classe" ont également fait fortune.

L'objectif fondamental de ces deux chaînes industrielles, les "ventes réelles" et les "mises en pension", est de réaliser les actifs des banques le plus rapidement possible, de raccourcir le cycle de détention des actifs, d'accélérer la vitesse de rotation du capital, d'éviter le risque de détérioration de la qualité des actifs et de l'inflation, de déplacer le centre de gravité des profits vers le commerce des actifs financiers, et de s'engager sur la voie d'un développement allégé en actifs et lourd en transactions.

C'est dans ce contexte que Wall Street s'est empressée de supprimer la frontière entre la banque commerciale et la banque d'investissement dans les années 1990.

Le Glass Steagall Act de 1934, après une réflexion sur l'extrême cupidité qui a conduit au grand krach financier des années 30, a complètement isolé les banques commerciales et d'investissement et a assuré le bon fonctionnement du système financier pendant plus de 60 ans. En 1999, le président Clinton, avec un fort lobbying de Wall Street, a signé la loi Gramm Leach Bliley, qui a aboli les frontières entre les banques commerciales, les banques d'investissement et les compagnies d'assurance. En l'espace de dix ans seulement, le monde a été témoin de la première crise financière grave de l'ère de la "modernisation financière", qui a été aussi importante et aussi dévastatrice que le grand krach des années 30.

Après la crise financière, le marché de la titrisation et du rachat d'actifs était autrefois assez froid, mais la Réserve fédérale a créé le miracle de la "reflation des actifs", tout en utilisant la suppression des taux d'intérêt de référence à court terme à près de zéro, la suppression des taux d'intérêt à moyen terme par des attentes politiques fortes, la suppression des taux d'intérêt à long terme par l'assouplissement quantitatif, trois types de moyens non conventionnels, de sorte que le marché financier est à nouveau actif. Cependant, le protagoniste de la création de la monnaie fictive est passé de la dette subordonnée des entreprises à la dette nationale et aux titres adossés à des créances hypothécaires à deux chambres, et le risque financier se concentre rapidement sur le crédit souverain.

Quelle part de la monnaie fictive a été créée par l'hypothèque repo ?

En décembre 2012, le montant total des actifs garantis rachetés par les trois parties était de 1,96 trillion de dollars.

Sur le marché américain de la pension livrée, la pension livrée tripartite est la plus courante, et ses actifs garantis sont le plus souvent " sous-collatéralisés ". Fin 2012, le total des actifs nantis sur le marché du repo tripartite s'élevait à 1,96 trillion de dollars, la monnaie de base créée par la monnaie fantôme, qui peut aussi être appelée SM0 (pour correspondre au M0 des banques traditionnelles). Sur la base de 1,96 trillion de dollars, la monnaie fantôme est amplifiée par un multiplicateur monétaire, qui est actuellement d'environ 2,5 fois,[20] c'est-à-dire les actifs garantis sur le marché des pensions tripartites, qui ont été sous-collatéralisés en moyenne 2,5 fois. Selon cette estimation approximative, le marché des pensions à trois voies a créé une masse monétaire fictive de près de 5 000 milliards de dollars.

À l'ère de la mondialisation financière, d'innombrables chaînes immenses et invisibles de garanties resserrent les bilans des institutions financières du monde entier, ainsi que ceux de milliards de personnes. Les "euro-obligations" peuvent avoir été initialement détenues par des banques allemandes, puis sous-hypothéquées à des courtiers britanniques, puis après de nombreuses sous-hypothèques sur le marché londonien, elles sont tombées entre les mains de MF Global ou de Lehman Londres, puis par le biais de "swaps d'actifs" à des fonds spéculatifs, et enfin ont "dérivé" dans les comptes de pensions américaines, lorsque la crise est arrivée, les pertes ont été subies par les retraités américains. De même, les obligations de pacotille "made in US" peuvent affluer à Londres par le biais de fonds spéculatifs, de centimes internationaux de négociants primaires, qui sont ensuite sous-collatéralisés à des institutions financières de Hong Kong, puis détenus par des fonds chinois QDII, se cachant ainsi dans les bilans des Chinois.

Lorsque la crise de la dette européenne a éclaté, le système bancaire américain a prétendu détenir de très petites euro-obligations, mais la Banque des règlements internationaux a estimé que l'exposition était d'au moins 181 milliards de dollars. Malgré la confiance de l'Allemagne dans son système bancaire le plus solide du continent, le Grant's Interest Rate Observer révèle que la Deutsche Bank, avec un ratio de levier de 43:1, est au sommet de la magie financière européenne.

Une chaîne d'hypothèques repo est comme un élastique, plus on la tire longtemps, plus elle a de rebonds et plus le risque de rupture est grand. L'extrémité de cet élastique est liée à la richesse de centaines de millions de familles, et le point de départ est entre les mains de la banque centrale. L'effet de levier de la banque centrale allemande a

---

[20] Ibid.

doublé depuis 2007, atteignant 75:1, alors que le ratio moyen des banques centrales du monde est de 153:1, ce qui donne le vertige !

Si l'élastique se rompt, les institutions financières feront faillite et le renflouement se fera par la banque centrale, mais que se passera-t-il si la banque centrale est également insolvable ? C'est la richesse de l'ensemble de la nation qui, en fin de compte, la sauvera.

Pourquoi y a-t-il une crise de l'argent en juin ?

Si l'on considère la théorie monétaire au sens étroit et que l'on compare les données de septembre 2013, le M2 de la Chine est de 106 trillions de RMB, tandis que le M2 des États-Unis est de 10,8 trillions de USD (1 USD = 6,2 RMB), et le M2 des États-Unis est d'environ 67 trillions de RMB, si bien que beaucoup de gens s'exclament "le M2 de la Chine est beaucoup plus élevé que celui des États-Unis" !

Cependant, je crains que cette perception doive être un peu corrigée une fois que les réalités des marchés financiers américains seront comprises.

L'existence de l'argent fictif, a rendu la banque monétaire traditionnelle sur le concept de base de la création monétaire complètement obsolète. 2013, le Bureau de la gestion de la dette du Département du Trésor américain (Office of Debt Management) sur le montant total de l'évaluation de l'argent fictif américain, a conclu que le montant total de l'argent fictif américain est d'environ 33 trillions de dollars (dont le rachat et le re-prélèvement a contribué 5 trillions), plus de trois fois le M2, la masse monétaire effective totale est d'environ 45 trillions de dollars,[21] environ 279 trillions de yuans !

Si l'argent virtuel est défini comme SM2 (Shadow M2), il comprendrait tous les actifs obligataires qui peuvent être utilisés pour un financement garanti sur le marché des pensions. En termes simples, les obligations sont de l'argent ! S'il n'y a pas de collatéralisation, le multiplicateur de la monnaie fictive est de un et le nombre de collatéralisations est le multiplicateur de la monnaie fictive.

---

[21] Dept of Treasury, Office of Debt Management, 2013 fiscal year Q2 report.

Il convient donc de modifier la définition de l'offre effective totale de monnaie dans un pays, à savoir.

$$\text{Masse monétaire effective} = M2 + SM2$$

$$\text{Masse monétaire effective américaine} = \text{monnaie fictive} + M2$$

Bien sûr, il y a aussi le problème du shadow banking et de l'argent fictif en Chine, dont la taille fait l'objet de diverses estimations, en gros entre 20 000 et 36 000 milliards de yuans, plus l'argent fictif, la masse monétaire effective de la Chine est estimée entre 126 000 et 142 000 milliards de yuans, soit environ la moitié de la taille des États-Unis, et le PIB de la Chine en 2012 est aussi environ la moitié de la taille des États-Unis. Ainsi, la relation proportionnelle entre la masse monétaire de la Chine et le développement économique est à peu près comparable à celle des États-Unis.

La différence entre la Chine et les États-Unis est que l'ampleur de la création de monnaie fictive aux États-Unis est de 5,7 fois à 10,2 fois celle de la Chine, tandis que l'ampleur de la création de monnaie traditionnelle chinoise est de 1,6 fois celle des États-Unis. En termes d'expression de la richesse, la richesse de la Chine a la plus forte teneur en or dans l'immobilier, tandis que la richesse des États-Unis est concentrée dans les actifs financiers. Étant donné que la monnaie totale de la Chine est si importante, comment une soudaine pénurie d'argent a-t-elle pu se produire en juin 2013 ?

En fait, le système bancaire chinois est à court de liquidités depuis la fin mai, et le problème est devenu sérieux en juin. En termes de timing, cela coïncide à peu près avec l'annonce faite par la Fed en mai qu'elle s'apprêtait à sortir de l'assouplissement quantitatif, et en juin, le taux des prises en pension du Trésor américain à 10 ans a atteint un niveau extrêmement rare de -3%, tandis que le taux des prises en pension chinoises s'est envolé à 30% ! La principale raison d'une telle dichotomie est que les bons du Trésor américain permettent aux spéculateurs de vendre à découvert à grande échelle ! Sans la perturbation de la vente à découvert, les taux repo américains se seraient également envolés en même temps que les rendements du Trésor.

En fait, ce n'est pas seulement la Chine qui est en pénurie d'argent, c'est aussi les États-Unis qui sont en pénurie d'argent !

Le marché financier des États-Unis en mai et juin a été le théâtre d'une crise de panique due à la montée en flèche des taux d'intérêt, qui a conduit à la quasi-paralysie du marché de rachat dans les parties clés de la création de devises, la montée en flèche des rendements a fait bondir la valeur des garanties rachetées, obligeant les institutions financières à fort effet de levier à vendre des actifs, ce qui a entraîné un grave manque de liquidités en dollars, l'"effet de vide du dollar" de Wall Street, la formation d'une vague froide mondiale de rapatriement du dollar, entraînant une série de crises dans les pays émergents tels que l'effondrement du marché boursier, les sorties de capitaux, la dévaluation de la monnaie. La Chine ne fait pas exception, et la forte contraction du compte de devises en mai en est un signe.

Notez encore une fois que le recul du dollar n'est pas dû à une forte reprise de l'économie américaine, mais plutôt à une forte augmentation de la pression due à l'implosion du marché repo américain !

Le vrai risque du shadow banking est sa fonction de création monétaire, qui est au cœur du marché des repo ! Grâce au marché du repo, des obligations de 1 $ sont directement transformées en espèces de 1 $, ce qui double immédiatement la masse monétaire effective ! Si la "sous-collatéralisation" est autorisée, la masse monétaire s'accroît encore. De ce fait, l'importance du marché repo l'emporte sur tous les autres problèmes liés au shadow banking.

C'est la devise du repo qui crée cette caractéristique, permettant à de nombreuses institutions financières de tirer profit des actifs obligataires dans leur inventaire, d'obtenir immédiatement de nouvelles liquidités, d'étendre davantage l'inventaire obligataire, puis de racheter à plusieurs reprises pour augmenter la taille des actifs, couvrant ainsi facilement l'écart entre le coût de l'intérêt du repo et le rendement de l'intérêt obligataire. Dans le cas normal de taux repo bas, le roulement de l'argent n'est pas un problème, et ce modèle de profit est bien plus sûr, plus flexible et plus attrayant que l'investissement dans l'immobilier, le marché boursier et l'industrie.

Le problème généralisé des "obligations nourricières" sur les marchés financiers chinois est exactement le même que le principe de fonctionnement des fonds spéculatifs de Wall Street à fort effet de levier, sauf que les institutions financières chinoises ne font pas du tout de couverture du risque, et encore moins de "couverture correspondante", et une fois que les coûts de financement du marché repo continueront à augmenter, les conséquences seront inimaginables. Pour cette raison, pendant la pénurie d'argent de juin, toutes les institutions financières comptent sur la "mère centrale" pour se dépêcher de "donner le sein". Il ne fait aucun doute qu'une crise systémique sur les marchés financiers ne manquera pas d'éclater si les banques centrales refusent de fournir des liquidités.

Il est intéressant de noter que c'est le marché obligataire qui a été la principale victime de la pénurie d'argent de juin. Les obligations à haut rendement, représentées par les obligations municipales, ont été fortement vendues et le marché obligataire s'est effondré. Le marché obligataire interbancaire a connu un cumul de 1,2 trillion de yuans de transactions au comptant, soit une baisse de 81,1% en glissement annuel et une chute brutale de 49,0% en glissement annuel. Au cours du même mois, des obligations ont été émises pour un total de 534,2 milliards de yuans, soit une baisse de 34,6% en glissement annuel et de 43,3% en glissement annuel. Le marché boursier a aussi apparemment subi une secousse, et il n'est pas exclu qu'une partie de l'argent de l'ombre se soit déversée sur le marché boursier.

Si les institutions financières investissent principalement dans des projets à long terme, comme l'immobilier, alors ce qui est bradé lorsque les liquidités sont serrées devrait être les trusts, les financements groupés ou d'autres produits de financement immobilier similaires, et l'immobilier sera également soumis à une pression de financement importante. Mais en juin, les rois de la terre des provinces du pays ont augmenté à leur tour, tout comme l'argent s'est déchaîné à la fin du mois de juin, Shanghai, Chongqing, Nanjing, Wuhan et d'autres villes ont fréquemment atteint un prix record de la terre.

Le marché chinois des pensions de titres se développe rapidement, et dans les transactions de pensions de titres, il y a des problèmes de conversion des obligations d'entreprises et des obligations standard, ce qui est similaire à la "dérive fantaisiste" des obligations de pacotille américaines, sauf que même la "dérive" est omise. Si la dette des entreprises est suffisamment garantie en termes de qualité et que le taux d'actualisation est suffisamment élevé, alors le problème n'est pas grave, mais ce système d'actualisation laisse planer des dangers cachés pour l'avenir qui méritent la vigilance des régulateurs financiers.

En outre, le marché chinois des pensions de titres ne comporte pas de disposition relative aux "sous-collatéraux", mais il n'est pas exclu que l'avenir soit "innovant". Tant qu'un cadre juridique uniforme pour les "subprimes" n'émergera pas au niveau mondial, les subprimes seront le principal foyer de la crise du marché repo.

Il faut garder à l'esprit que la pénurie d'argent de juin n'est qu'un modeste avant-goût d'une future éruption du volcan des taux d'intérêt.

Explications

Ce que la banque fournit à la société est un service monétaire, et ses revenus sont les frais de service que la société paie pour ce service. La société place divers actifs en dépôt auprès des banques et obtient ensuite des reçus pour ces actifs en dépôt, qui constituent la monnaie en circulation. Les reçus monétaires correspondent à des créances sur les actifs en dépôt, et les gens effectuent des paiements sur le marché avec des reçus monétaires, et lorsque les reçus monétaires changent de mains, cela signifie que la propriété de leurs contreparties en dépôt bancaire change également de mains.

Parmi les actifs détenus par les banques, celui qui est le plus largement accepté par la société est celui qui a la meilleure liquidité, et lorsque vous prenez cet actif et l'échangez avec n'importe qui sur le marché, tout le monde accepte facilement que celui qui a la meilleure liquidité est celui qui représente la richesse, le véritable argent. Ainsi, l'argent n'est pas de l'argent, mais un reçu pour de l'argent ; l'argent n'est pas non plus une richesse, mais le droit de la réclamer.

À l'époque de l'étalon-or, l'or était la véritable monnaie, les banques étaient le lieu où l'argent était déposé, les billets de banque émis par les banques étaient le reçu de l'or, et toute personne détenant des billets de banque pouvait toujours demander à la banque de lui remettre l'or en fiducie. Après l'abolition de l'étalon-or par les États-Unis en 1971, la monnaie légale nationale a remplacé l'or, et les reçus monétaires correspondaient à la monnaie légale nationale. Les reçus monétaires existent sous différentes formes, qu'il s'agisse de livrets d'épargne en papier, de cartes bancaires en plastique ou de numéros sur un compte bancaire en ligne, ils sont tous essentiellement les mêmes, à savoir la preuve de la réclamation du cours légal national auprès de la banque.

Si l'or est utilisé comme référence pour la monnaie, la capacité des banques à créer leur propre monnaie devra correspondre à la croissance progressive de l'or, qui est largement synchrone avec la croissance industrielle. Que se passe-t-il donc si certains secteurs industriels connaissent une croissance bien supérieure à celle de l'or, et que la qualité et la quantité de leurs produits et services n'ont pas assez d'or pour justifier un échange ? Évidemment, les prix de ces produits vont baisser. Cela crée-t-il une déflation des prix ? C'est possible, mais cela ne pose pas de problème à l'économie. En fin de compte, l'or n'est qu'une "calculatrice" pour aider à échanger des marchandises, et la taille de la calculatrice n'affecte pas les résultats, donc la relation de prix entre les marchandises n'a rien à voir avec la quantité d'or. Lorsque la masse monétaire est stable, l'influence ultime de l'argent sur l'économie est "neutre".

C'est exactement ce qui s'est passé dans l'histoire du développement économique mondial. Le système britannique de statistiques des prix a été établi en 1664, et si l'étalon des prix était fixé à 100, alors 250 ans plus tard, en 1914, l'indice des prix britannique n'était que de 91. Sous le régime de l'étalon-or, les prix ont été déflationnistes pendant longtemps, mais cela n'a pas affecté la révolution industrielle britannique, qui a multiplié la productivité par des milliers de fois par rapport à l'ère agricole, et la variété et la quantité des marchandises n'ont pas du tout été un ordre de grandeur. En fait, l'essence de la prospérité économique est l'augmentation de la productivité et la forte baisse du coût de production, qui s'accompagne de ce qui aurait été une baisse régulière des prix des différentes marchandises pour refléter l'augmentation de la productivité.

Ce phénomène est encore plus évident à l'ère de l'Internet et de l'électronique, où le prix des ordinateurs et des téléphones portables ne cesse de baisser, mais cela n'a pas incité tout le monde à attendre avec son argent, mais plutôt à se mettre à jour plus fréquemment et à acheter en plus grande quantité, et n'est-ce pas là le résultat d'une productivité accrue ? Plutôt que de stagner à cause de la "déflation des prix", ces industries progressent plus rapidement.

Les États-Unis sont un autre exemple : en 1800, l'indice des prix américains était de 100, en 1939, il était tombé à 81, et au cours de 139 années de "déflation", les États-Unis sont passés du statut de colonie marginale à celui de première puissance mondiale, un bond économique qui a également été réalisé sous l'étalon-or. Il n'est pas étonnant que certains penseurs occidentaux estiment que l'ère de l'étalon-or est l'âge d'or du capitalisme.

Le système monétaire est en fait un contrat de répartition des richesses dans la société, où la stabilité monétaire rend le monde public et le chaos monétaire rend le monde malade.

Après avoir travaillé dur chaque jour, les gens déposent le fruit de leur travail à la banque et reçoivent un reçu, qu'ils espèrent utiliser lorsqu'ils prendront leur retraite ou seront dans l'incapacité de travailler, pour récupérer le fruit de leur travail équivalent à la contribution qu'ils ont apportée à la société afin de garantir une qualité de vie aussi proche qu'avant. Mais si les reçus se déprécient considérablement, cela ne revient-il pas à du pillage et de la fraude ? Dans une société, les gens peuvent ne pas se connaître, mais grâce à l'existence d'un contrat monétaire, ils peuvent se faire confiance pour créer ensemble plus de richesse. Si la monnaie est dévaluée, elle foule aux pieds le principe d'équité dans la répartition des richesses, crée une méfiance profondément ancrée dans la société, qui détruit à son tour la division sociale du travail, décourage l'enthousiasme du travail, encourage la spéculation, sape les bases de l'intégrité et entraîne une augmentation des coûts de transaction.

Comment un pays qui n'est pas honnête sur sa monnaie peut-il espérer que la population soit honnête sur le pays ? Comment peut-on s'attendre à ce qu'il y ait de l'intégrité au sein de la population ? Les dommages causés à un pays et à une civilisation par la dévaluation de la monnaie sont profonds, durables et irréversibles.

Lorsque la Grande-Bretagne a quitté l'étalon-or en 1914, le destin de l'Empire britannique était déjà voué au déclin ; lorsque les États-Unis ont aboli l'étalon-or en 1971, ils ont abandonné les fondements du pays que sont l'intégrité, la créativité, le travail acharné et l'épargne, pour se laisser aller au style dégénéré de la cupidité, de la spéculation, du plaisir et du luxe.

La crise financière de 2008 n'était que le prélude à une série de crises économiques et sociales plus graves. Malheureusement, la dévaluation des monnaies, représentée par le dollar américain, s'installe partout dans le monde, et c'est cette dévaluation qui a donné naissance au shadow banking et à la shadow money, alors que pendant les 300 ans d'industrialisation qui ont précédé 1971, les banques n'avaient pas besoin de "l'ombre de la banque" pour faire des profits, et la société n'avait pas besoin de "l'ombre de la monnaie".

La tension inhérente à la chaîne collatérale de plus en plus longue des monnaies fantômes atteint son point de rupture, et la famine monétaire mondiale de juin 2013 n'était que le précurseur d'un séisme financier bien plus important.

La mondialisation financière, qui lie déjà les pays entre eux par des chaînes d'actifs collatéralisés, signifie que les crises futures deviendront inévitablement des crises mondiales.

CHAPITRE IV

Volcan des taux d'intérêt, le dernier jour des comptes

Parmi toutes les données relatives à l'économie et à la finance, je crains qu'aucune ne soit plus importante que le rendement des obligations du Trésor américain à 10 ans. C'est la dernière lueur d'espoir avant l'éruption du volcan des taux d'intérêt, et lorsqu'il commence à clignoter violemment, votre temps est compté.

Si vous n'avez pas entendu parler des swaps de taux d'intérêt, il est préférable de faire une recherche rapide sur Google, les swaps de taux d'intérêt vont être aussi célèbres dans un avenir proche que les swaps de défaut de crédit l'étaient en 2008. Les credit default swaps (CDS) qui ont fait s'effondrer le système financier américain à l'époque n'étaient rien d'autre que le marché des produits dérivés de près de 60 000 milliards de dollars, alors que les swaps de taux d'intérêt (IRS) seront plus de sept fois plus importants, si les CDS ont la puissance d'une bombe atomique, alors les IRS sont l'équivalent d'une bombe à hydrogène.

Jamais dans l'histoire de l'humanité nous n'avons vu des pays maintenir des taux d'intérêt à un niveau aussi bas et pendant aussi longtemps. Un foyer rare de taux d'intérêt ultra-bas engendre un monstre rare de bulle d'actifs qui se développe de manière déformée dans la distorsion, pillant constamment les aliments de l'industrie, comprimant l'équilibre de la richesse et détruisant la santé de la société.

L'assouplissement quantitatif et les bulles d'actifs arrivent à la fin des temps et les efforts des banques centrales pour supprimer les taux d'intérêt finiront par échouer.

Lorsque les nouveaux dirigeants de la BCE et de la Fed commencent à parler de plus en plus fréquemment de "taux d'intérêt négatifs", vous devez être alerté immédiatement. Cela signifie que même les taux d'intérêt nuls ne suffisent plus à soutenir la hausse continue du prix des actifs. Les taux d'intérêt négatifs sont définitivement une idée folle, et cela montrera au monde entier jusqu'où la folie peut aller.

En fin de compte, l'éruption du volcan des taux d'intérêt est le jour du jugement pour cette série de bulles !

La Réserve fédérale est soudainement "impuissante", Bernanke a changé d'avis de façon inattendue

Le 18 septembre 2013, la Réserve fédérale a annoncé qu'elle maintiendrait inchangé à 85 milliards de dollars le montant mensuel d'achat de dette QE3. La nouvelle est tombée, Wall Street est de nouveau en ébullition, le S&P500 et l'indice Dow Jones ont tous deux établi de nouveaux records, les rendements du Trésor américain à 10 ans ont fortement baissé, passant de 2,9% à 2,7% dans la journée, les marchés boursiers des pays émergents, les marchés de la dette, les rumeurs de change se sont envolés, l'or, l'argent, le pétrole ont fortement rebondi.

La décision de la Fed était trop éloignée des attentes du marché.

Depuis mai, Bernanke a scandé à plusieurs reprises "fade out" (Tapering) le resserrement de l'assouplissement quantitatif, les marchés financiers mondiaux du jour au lendemain, les rendements de la dette nationale sanglante vent, la guerre syrienne sur les cordes, les obligations d'actions, le système financier pénurie d'argent rampant, le flux du dollar retour à la haute vent et les vagues, les marchés émergents plein de plumes de poulet.

Bernanke également peur d'un grand saut, à son avis, "fade out" ne signifie pas que la monnaie resserre, mais seulement l'impression de l'argent pour ralentir, dans l'ensemble est encore l'assouplissement monétaire, le marché ne devrait pas être excessive "interprétation" ah, sans mentionner qu'il a également attaché une série de "si" "hypothétique" et d'autres conditions préalables. Il a joué la "gestion des attentes" au fil des ans, l'échec soudain de cette, en particulier la flambée des rendements du Trésor presque hors de contrôle, qui a fait Bernanke et la Réserve fédérale sont sombrement alarmé.

En ce qui concerne l'efficacité de la politique d'assouplissement monétaire, les désaccords sont de plus en plus marqués au sein de la

Réserve fédérale, et même en Europe, au Fonds monétaire international (FMI) et à la Banque des règlements internationaux (BRI), la soi-disant "banque centrale des banques". Les pigeons monétaires, naturellement représentés par Bernanke et les banquiers centraux au pouvoir, pensent que l'assouplissement monétaire a sauvé le système financier et les économies, et qu'avec le temps, le miracle de la reprise économique se produira ; mais les faucons monétaires pensent qu'au cours des cinq années qui se sont écoulées depuis la crise financière, les banques centrales ont perdu un temps précieux, et que l'assouplissement monétaire excessif a favorisé la paralysie et la paresse dans les pays, et que les déséquilibres économiques sont restés, que les déficits budgétaires se sont aggravés, que la reprise de l'emploi a été faible, et que les bulles d'actifs se sont propagées, tout cela semblable à 2007, tandis que les risques financiers sont devenus encore plus graves.

L'approche de la BRI à l'égard de l'assouplissement quantitatif est plutôt négative, et son ancien économiste en chef, William White, a lancé un avertissement cinglant avant la réunion de septembre de la Fed : "À mon avis, c'est une répétition de 2007. Tous les déséquilibres économiques qui existaient alors ne sont toujours pas résolus, le ratio de la dette publique et privée totale par rapport au PIB dans le monde développé est de 30% supérieur à ce qu'il était à l'époque, et maintenant nous avons une toute nouvelle énigme d'une bulle sur les marchés émergents qui se dirige vers un cycle d'éclatement... Les niveaux (ultra-bas) des taux d'intérêt aux États-Unis sont le moteur ultime des (bulles d'actifs) dans le monde entier, et lorsque les taux d'intérêt commenceront à augmenter, tout le monde sera touché. "La BRI insinue même que les tentatives des banques centrales européennes et américaines de supprimer les taux d'intérêt à long terme par une simple "gestion des attentes" rhétorique ont "fondamentalement échoué" et que "les limites d'une bonne communication (de la politique de la banque centrale) et du contrôle du marché sont devenues très claires". [22]

L'idée que les taux d'intérêt ultra-bas aux États-Unis sont le moteur ultime de la bulle spéculative mondiale est tout à fait juste !

---

[22] Ambrose Evans-Pritchard, BIS veteran says global credit excess worse than pre-Lehman, The Telegraph, 2013-09-15.

En voyant la bulle gonfler de plus en plus, la magie jouer de plus en plus maléfique, les acrobaties de plus en plus dangereuses, les spectateurs de la BRI et du FMI qui regardaient avec trépidation et sueurs froides, attendaient que les faucons monétaires forts arrivent au pouvoir pour arrêter ce jeu fou, l'ancien secrétaire au Trésor américain Summers était leur espoir.

Bernanke est allé à la journée n'est pas beaucoup, dans le président de la Réserve fédérale des prétendants, la voix la plus élevée est Ben Summers, il a brusquement annoncé son retrait, ce qui rend la situation un peu plus claire, la tarte aux pigeons de la monnaie du nouveau chef Yellen est déjà criant pour. La croyance extrême de Yellen dans l'argent facile fait même passer Bernanke pour un faucon. Elle a soutenu l'assouplissement, l'assouplissement et encore l'assouplissement dans tous les votes de politique monétaire de la Fed, sans exception, et en 2010, elle a même demandé que le taux d'intérêt de référence soit simplement arrondi à "négatif" ! Voilà le "courage des ours" auquel même le grand frère Bernanke à la tête de pigeon et les prédécesseurs à la tête de pigeon de la Banque du Japon sont prêts à se soumettre, qui dit que les femmes sont inférieures aux hommes ?

Bernanke est parti, Yellen est là, bien, bien, les deux méritent d'être "célébrés". La Réserve fédérale a retenu pendant 3 mois la passion "fade out", enfin "l'impuissance" et la fin.

Le Titanic de l'assouplissement quantitatif fonce tête baissée dans l'iceberg des pensions.

En mai 2013, la Réserve fédérale a commencé à faire fortement allusion à une sortie imminente du QE, le marché mondial ne pouvait pas s'empêcher d'être étonné, la forte hausse des rendements du Trésor américain montre l'ampleur du choc du marché. QE3 a été promu depuis un peu plus de six mois, le marché boursier américain, le marché de la dette, l'immobilier est apparu une scène en plein essor, les résultats de la réinflation des actifs vient d'émerger, quelle est la raison pour laquelle Bernanke se prépare si anxieusement à sortir du QE ?

Il y a en effet très peu de personnes qui regardent par la porte, principalement des chercheurs de la Banque fédérale de réserve de New York, de la BRI, du FMI et une poignée d'universitaires qui discutent de ces sujets dans certaines études et sur internet à petite échelle, sans que les médias grand public n'y prêtent attention. Ce n'est qu'en mai

2013 qu'une poignée de médias se sont réveillés comme dans un rêve et ont commencé à parler des malheurs du marché des pensions de titres dont le public américain moyen n'avait jamais entendu parler.

Le Wall Street Journal du 23 mai s'est exclamé : "La pression exercée par la Fed sur les banques parallèles, les achats de bons du Trésor par la banque centrale, provoque une pénurie de garanties sur le marché critique des pensions de titres. L'article déclare : "La façon dont l'argent et le crédit sont créés a changé de façon spectaculaire au cours des 30 dernières années, jetez vos manuels scolaires". "Bien que l'article comprenne mal le concept de "collatéralisation", il capture correctement l'essence paradoxale de la politique d'assouplissement quantitatif :

> *"Les 1 800 milliards de dollars de dette du Trésor qui dorment sur le compte de la Réserve fédérale privent le marché des pensions de garanties sûres, ce qui, compte tenu de l'effet multiplicateur (monétaire) de la "collatéralisation", signifie que les économies ont créé environ 5 000 milliards de dollars de crédit en moins. C'est la conséquence involontaire du classique. La Fed de Bernanke (en imprimant de la monnaie) a été fortement critiquée pour avoir permis au gouvernement américain de faire d'énormes découverts déficitaires, et bousiller le sang de l'économie américaine est encore pire.* " [23]

Le raisonnement est simple, le marché des pensions a besoin de garanties et les Treasuries sont les garanties les plus importantes, les achats de QE ont créé un conflit entre la Fed et le marché des pensions pour les garanties, plus longtemps la Fed exécute le QE, plus faible est la capacité des garanties des pensions à créer de la monnaie fictive.

En fait, il y a 1,1 billion de dollars d'obligations MBS à deux chambres "inactives" dans les comptes de la Fed, qui sont considérées comme ayant un crédit de qualité gouvernementale et sont également des actifs repo "sûrs". Si les bons du Trésor et les obligations MBS à deux chambres sont utilisés comme monnaie de base pour l'argent virtuel, alors le système bancaire parallèle pourrait avoir un déficit de

---

[23] Andy Kessler, *The Fed Squeezes the Shadow-Banking System*, Wall Street Journal, 2013-05-22.

7 000 à 9 000 milliards de dollars dans l'expansion de l'argent virtuel en raison des politiques d'assouplissement quantitatif.

Quelle est la gravité du problème des garanties des pensions de titres qui sont comprimées par l'assouplissement quantitatif ? On peut dire qu'il est urgent !

Dans le cadre du QE, lorsque la Fed achète des bons du Trésor sur le marché, elle achète tout, des obligations à court terme aux obligations à long terme, mais elle se concentre principalement sur les obligations à moyen et long terme. Ainsi, le "stock d'obligations du Trésor" de la Fed devient très complexe, il y a différentes échéances d'obligations du Trésor, et le montant varie beaucoup. L'une des méthodologies de la recherche scientifique consiste à trouver des variables de substitution simples (Proxy) pour des systèmes complexes et à comprendre l'état de l'ensemble du système en étudiant les variables de substitution. Les "10-Year Equivalents" sont des variables de substitution efficaces pour le "Treasury Bond Inventory" de la Réserve fédérale, qui remplace le risque de taux d'intérêt associé à diverses échéances et à différents montants d'obligations du Trésor par un certain nombre de Treasuries à 10 ans. En bref, tous les avoirs en obligations du Trésor de la Fed peuvent être représentés par des "obligations du Trésor de catégorie 10 ans".

Si l'on utilise la méthode des "bons du Trésor à 10 ans", en août 2013, la Fed détenait déjà 30% de tous les bons du Trésor en circulation, et si l'on continue à suivre le rythme du QE3, elle atteindra 45% en 2014, 60% en 2015, 75% en 2016, et 90% en 2017, et fin 2018, tous les bons du Trésor sur le marché seront mangés par la Fed. Bien sûr, bien avant cela, le marché du repo s'était effondré.

J'ai bien peur que Bernanke n'ait vraiment pas anticipé que l'assouplissement quantitatif causerait une détresse sérieuse sur le marché des pensions, l'expansion de la monnaie fictive de 7 à 9 trillions est insuffisante pour compenser l'effet de la machine à imprimer de l'argent de la Fed. La pression d'implosion sur le marché repo augmentera de jour en jour si elle continue à manger des Treasuries et des obligations MBS à deux chambres au rythme de 85 milliards de dollars par mois.

C'est la vraie raison pour laquelle Bernanke est si désespéré de mettre fin au QE en 2014 !

Dans le marché repo, joué à l'origine est de 10 bouteilles 3 bouchons de haute difficulté acrobatiques, si la Réserve fédérale au taux de 85 milliards par mois du marché de récupérer en permanence "bouchons de bouteille", puis une année fera le marché de réduire 1 trillion de dollars US de la garantie, considérant que le marché repo tripartite des États-Unis de tous les actifs hypothécaires taille est seulement 2 trillions, un tel taux de perte bouchon de bouteille ne peut pas être dit pas alarmant. Au fur et à mesure que le nombre de bouchons diminue, les acrobaties deviennent progressivement 10 bouteilles par bouchon, voire 20 bouteilles par bouchon, et plus les acrobaties deviennent techniquement difficiles, plus le risque de ratés augmente.

Ne sous-estimez pas les milliers de milliards de garanties sur le marché des pensions de titres, qui agit de la même manière que la monnaie de base du système bancaire traditionnel et fournit des liquidités essentielles au système bancaire parallèle américain, qui représente plusieurs milliers de milliards de dollars. Bien qu'il soit extrêmement vaste, le système bancaire parallèle dépend fortement de la confiance du marché, les chaînes de prêts hypothécaires étant très tendues et extrêmement sensibles aux caprices des contreparties. En outre, les banques de l'ombre sont incapables d'absorber l'épargne traditionnelle et doivent s'en remettre aux financements à très court terme des institutions financières, avec des échéances aussi courtes que le lendemain. Alors que l'épargne regroupait les fonds éparpillés de milliers de petits épargnants, le financement par repo représente une quantité énorme et très concentrée d'argent dans les institutions financières. Lorsque les marchés sont volatils, les institutions sont mieux informées, mettent moins de temps à prendre la décision de céder et les fonds s'échappent plus rapidement.

Dans un marché des pensions de titres calme, le financement des pensions de titres pendant la nuit n'est pas un problème, et afin d'économiser sur les coûts de transaction, les emprunteurs et les prêteurs continueront toujours à rouler les contrats le jour suivant. Cependant, cela repose sur une confiance mutuelle continue, et si le financier entend soudain des rumeurs sur le marché pour l'emprunteur, il peut refuser le lendemain de poursuivre le contrat de repo rolling, et l'emprunteur court immédiatement le risque d'une rupture de la chaîne de financement. Bien sûr, l'emprunteur peut s'adresser immédiatement à un nouveau financier, mais les mauvaises nouvelles à Wall Street se propagent toujours plus vite que les bonnes, et le refus de rachat d'une institution signifie souvent que tout le monde ferme la porte comme un dieu de la peste. Si les problèmes de Bear Stearns, Lehman Brothers et MF Global sont dus à la détention d'un grand nombre d'actifs toxiques de pacotille, les coups les plus meurtriers lorsque la crise a éclaté provenaient tous du marché du repo.

Dans les conditions normales du marché des pensions en 2007, les obligations adossées à des actifs (ABS) et les obligations d'entreprises de haute qualité n'étaient escomptées qu'à 3 ou 5%, alors que lors de la crise financière de 2008, les ABS et les obligations de pacotille étaient escomptées à 40% et les obligations d'entreprises de haute qualité à 30%. Un tel bond des taux d'actualisation obligerait les financiers des pensions à ajouter d'énormes quantités d'actifs à un moment où leur expansion est à sa limite et ils seraient soit obligés de sauter des immeubles pour vendre leurs actifs, soit une rupture dans la chaîne de financement entraînerait un défaut de paiement et la liquidité du marché des pensions serait complètement gelée en un instant.

La conséquence ultime de la poursuite de l'assouplissement quantitatif sera une contraction progressive du marché des pensions jusqu'à un gel soudain, suivi de l'effondrement du système bancaire parallèle de plusieurs milliers de milliards de dollars !

Qu'en est-il du marché boursier ? Le boom boursier repose sur les rachats d'actions, les fonds pour les rachats d'actions proviennent du faible taux d'intérêt du marché obligataire, le faible taux d'intérêt des obligations repose sur le soutien de la liquidité des teneurs de marché, le fonds de roulement des teneurs de marché repose sur le marché des rachats, le marché des rachats a touché l'iceberg, la chaîne de capital du marché boursier se brisera également.

Si en septembre 2012, Bernanke et la Réserve fédérale se sont engagés avec enthousiasme dans le QE3, n'a pas encore réalisé la gravité du problème, alors au plus tard en mai 2013, tous les connaisseurs ont vu dans le QE ce front du "Titanic", surplombant un énorme iceberg de rachat !

En mai, le capitaine Bernanke s'est préparé à un ralentissement d'urgence, les passagers impuissants jouaient haut, pas le moindre risque perçu, les joueurs en colère ont fait tomber des casseroles, se sont agités, les taux d'intérêt à long terme ont soudainement grimpé en flèche, la crise du marché repo a soudainement, Bernanke a eu peur de se dépêcher de changer le mot. en septembre, le QE a maintenu la vitesse initiale, la direction est restée inchangée, a continué à frapper l'iceberg.

Bernanke est face à un dilemme, continuer le QE, le front va heurter l'iceberg des rachats ; sortir du QE, cela déclenchera à nouveau une flambée des taux d'intérêt. Entre deux hésitations, le temps s'écoule, et la distance jusqu'à l'iceberg se rapproche.

Le marché des pensions de titres est l'élément vital de la quasi-totalité des fonds à court terme des institutions financières européennes et américaines, et le marché est totalement dépourvu de normes juridiques et comptables internationales uniformes, car la chaîne de garanties des pensions de titres s'étend des deux côtés de l'Atlantique, jusqu'en Asie-Pacifique et dans le monde entier. Par conséquent, la santé du marché des pensions de titres n'inquiète pas seulement la Fed, mais aussi le Royaume-Uni, l'Union européenne, le Fonds monétaire international (FMI) et la Banque des règlements internationaux (BRI).

La pénurie de garanties s'aggrave en raison du gel réglementaire

Dans le "Wall Street Journal" a commencé à rapporter que le marché des pensions de titres pénurie de garanties dans le même temps, la Banque des règlements internationaux (BIS) a longtemps été enquêté en mai a également publié un haut degré de préoccupation sur la "qualité des garanties" (HQA, High-Quality Collateral) pénurie de rapports.[24]

La BRI a exprimé une attitude plutôt dédaigneuse à l'égard de l'assouplissement monétaire en Europe et aux États-Unis, et a déjà commencé à formuler de nouvelles règles du jeu, à savoir l'accord de Bâle III.

Quelle est l'origine de cette BRI ? Pourquoi crée-t-elle des accords que les institutions financières du monde entier doivent suivre ? Comment avez-vous obtenu ce statut de "Commission de réglementation bancaire" du monde ?

---

[24] Rapport de la BRI, Asset encumbrance, financial reform and the demand for collateral assets, 2013-05.

Les origines de la BRI ne sont pas simples, comme l'a dit un jour Carlo Quigley, célèbre historien de l'université de Georgetown et mentor de l'ancien président américain Clinton, à propos de la BRI.

Les forces du capital financier ont un plan à très long terme pour créer un système financier permettant de contrôler le monde, un mécanisme contrôlé par quelques-uns et capable de dominer le système politique mondial et le système économique mondial.

Le système était contrôlé sur un mode autocratique féodal par des banquiers centraux qui le coordonnaient par le biais d'accords secrets conclus lors de fréquentes réunions.

Au cœur de ce système se trouve la Banque des règlements internationaux à Bâle, en Suisse, une banque privée, et la banque centrale qui la contrôle est également une société privée.

Chaque banque centrale s'engage à contrôler son gouvernement respectif en contrôlant les prêts budgétaires, en manipulant les opérations de change, en influençant le niveau d'activité économique du pays et en offrant des récompenses aux politiciens qui restent coopératifs dans le monde des affaires.

L'objectif ultime de la BRI est, bien entendu, de protéger les intérêts des banquiers internationaux dans leur ensemble et d'amener le système bancaire mondial directement dans son orbite à travers les États souverains, de mettre un frein aux gouvernements dotés d'un pouvoir financier et de diriger le monde par des moyens monétaires. Pour atteindre cet objectif "ambitieux", il est nécessaire d'éliminer résolument les risques financiers à courte vue, avides, frauduleux et irresponsables, et une autodiscipline stricte est une condition préalable pour que les banquiers internationaux puissent réaliser leur "grande œuvre", et l'accord de Bâle III est une exigence spécifique pour une autodiscipline stricte.

Un accord qui n'est pas exécutoire est un gaspillage de papier. Que se passerait-il si une banque refusait d'accepter la direction de la BRI et ne mettait pas en œuvre les exigences de Bâle III ? Tout simplement, les autres banques du monde entier refuseront de faire des affaires financières avec les "fauteurs de troubles". Vous voulez envoyer de l'argent à une autre banque ? Aucune banque n'ose le prendre ; vous voulez racheter un financement sur les marchés financiers ? Aucune contrepartie n'ose prêter ; vous voulez accorder un prêt à un client ? Personne ne veut de votre chèque ! Qui oserait garder de l'argent dans une telle banque ? Les "fauteurs de trouble" exclus du système financier n'ont d'autre choix que de mourir.

Que se passe-t-il si un pays refuse d'appliquer l'accord de Bâle III ? La conséquence serait que toutes les banques du pays seraient exclues des marchés financiers internationaux, ce qui équivaudrait à des sanctions financières, que le commerce d'importation et d'exportation du pays devrait être interrompu parce que le décaissement et la réception de fonds au niveau international ne seraient pas possibles, et que les investissements du pays à l'étranger seraient interrompus parce que les fonds étrangers ne seraient pas accessibles. Un pays moderne peut-il tenir quelques jours sans commerce international et sans investissements à l'étranger ? Pour les petits pays, c'est comme une prison ; pour les grands pays, c'est comme un exil financier.

C'est là que Bâle III entre en jeu ! Le gouvernement souverain d'un pays doit lui être asservi. Le professeur Quigley a vu tout cela il y a un demi-siècle : les quelques personnes qui contrôlent la BRI sont les véritables maîtres du monde, sans élection démocratique ni aucun contrôle ; ils n'ont de comptes à rendre ni aux électeurs ni aux gouvernements, un pouvoir spécial et absolu qui est extrêmement rare dans la communauté internationale ! Cette tendance va continuer à s'accentuer dans un avenir prévisible, ce qui est le but ultime de la mondialisation financière.

Le pouvoir absolu ne signifie pas qu'il n'a pas de comptes à rendre, mais qu'il n'a de comptes à rendre qu'à lui-même. Si les quelques personnes qui détiennent ce pouvoir possédaient un haut degré d'intelligence et de compétence, leur gestion produirait une efficacité encore plus grande et de meilleurs résultats, du moins les maîtres de la BRI le pensaient-ils.

En termes de liquidités, Bâle III impose des exigences plus élevées aux banques. Toutes les banques doivent conserver suffisamment de garanties de qualité, telles que des bons du Trésor américain, pour être en mesure de liquider leurs actifs afin d'éviter que leur trésorerie ne se tarisse pendant 30 jours en cas de situation extrême. À elle seule, cette situation créerait une pénurie de garanties de qualité de 2 300 milliards de dollars. Dans le même temps, la loi américaine Dodd-Frank (loi Dodd-Frank) a mis en avant des exigences plus élevées en matière de marge sur les transactions de produits financiers dérivés, ce qui entraînera à son tour une pénurie de 1 600 à 3 200 milliards de dollars de garanties de qualité. En outre, la demande officielle de garanties de qualité devrait croître de manière significative, car les devises étrangères dont disposent les pays par le biais de la gestion des changes et de la politique monétaire sont passées de 6 700 milliards de dollars à la fin de 2007 à 10 500 milliards de dollars en 2012. Si l'on fait le calcul de cette façon, la pénurie de garanties de qualité passera à 5 700 milliards de dollars au cours des prochaines années si les marchés financiers fonctionnent bien.

Ceci dans des conditions de marché normales, alors que faire si le marché est sous pression ? Estimations du Trésor américain : le plafond de manque à gagner sur les garanties de qualité va grimper à 11,2 trillions de dollars ! [25]

L'assouplissement quantitatif a déjà entraîné une pénurie de garanties de haute qualité, la pression exercée sur le système bancaire parallèle à fort effet de levier s'accroît, et les lois de Bâle III et Dodd-Frank se sont mises en concurrence pour les actifs de haute qualité, ce qui entraînera une pression accrue sur le marché des pensions.

Au lieu de fondre, l'iceberg grossit !

Comment les banques fantômes peuvent tuer la concurrence

La BRI, la Réserve fédérale et le Trésor américain, qui ont tous constaté la pénurie de plus en plus aiguë de garanties de qualité dans le système bancaire parallèle, sont à nouveau relativement optimistes dans leurs conclusions car ils pensent que la pénurie peut être atténuée en augmentant l'offre.

Les garanties dites de qualité sont les actifs qui sont les plus proches du cœur du risque tridimensionnel de la durée, de la liquidité et du crédit. Le risque de durée est facile à comprendre : quelqu'un vous met sur un billet blanc pour emprunter de l'argent et s'il le rembourse demain, c'est moins risqué, alors que s'il dit qu'il ne le remboursera que 30 ans plus tard, vous ne pourrez plus dormir la nuit ; le risque de liquidité consiste à savoir si vous pouvez changer de mains très facilement sur le marché si vous ne voulez pas conserver le billet, et plus la décote est faible, mieux c'est ; le risque de crédit, bien sûr,

---

[25] Office of Debt Management, Fiscal year 2013 Q2 Report-US Treasury Department.

concerne la probabilité que la personne qui emprunte l'argent ait des problèmes d'argent à l'avenir.

Le collatéral de qualité est l'actif le plus proche du noyau en termes de durée, de liquidité et de risque 3D de crédit. Dans le risque tridimensionnel, la partie la plus proche du cœur est l'argent lui-même, tant que le pays existe encore, que le gouvernement ne s'est pas effondré, l'argent n'a pas peur de rester en place aussi longtemps qu'il le souhaite, n'importe qui peut s'en emparer, il n'y a pas de défaut ; les obligations du Trésor à 10 ans sont légèrement moins bonnes que l'argent en termes de liquidité et de risque de crédit, mais le risque de rester en place trop longtemps est plus élevé que l'argent ; les obligations d'entreprise de haute qualité (IG, Investment Grade Bond) sont plus risquées que les obligations du Trésor, les ABS (obligations adossées à des actifs) sont un peu moins bonnes que les obligations d'entreprise.

Selon la définition du Trésor américain, les garanties de qualité comprennent : les liquidités, les obligations du Trésor, les obligations des agences gouvernementales et les obligations MBS à deux chambres. On pourrait se demander si les espèces sont considérées comme des garanties. Bien sûr, l'achat de quelque chose en espèces peut être compris comme un accord de rachat "pour emprunter quelque chose en retour avec des espèces comme garantie, la période de rachat est illimitée, le taux de rachat est nul, et le taux d'actualisation est également nul". En ce sens, l'assouplissement quantitatif n'est rien d'autre qu'un échange de liquidités, une garantie de premier ordre, avec une autre garantie de premier ordre, les bons du Trésor. Les liquidités peuvent créer de l'argent dans les banques traditionnelles, tandis que les bons du Trésor peuvent créer de l'argent dans les banques parallèles. Ainsi, l'essence de l'assouplissement quantitatif consiste à "remplacer" la création de monnaie fictive par la création de monnaie traditionnelle, mais avec des résultats loin d'être idéaux.

Théoriquement, les garanties de qualité peuvent être considérablement augmentées, mais il ne s'agit que d'un grand déficit budgétaire pour augmenter l'émission de plus de dette nationale, mais aussi peut pousser à la hausse les prix de l'immobilier pour augmenter l'offre de MBS, tant que le crédit souverain peut être un découvert illimité, les garanties de qualité peuvent être une croissance illimitée. Par conséquent, la BRI estime qu'il n'y a pas de pénurie absolue de garanties de qualité, mais seulement des tensions régionales ou locales.

Le problème est qu'un actif de qualité dans la finance ne correspond pas à un actif de qualité dans l'économie réelle. La dette nationale est un actif de qualité parce qu'elle est garantie par des flux de trésorerie provenant de l'imposition universelle, qui ne peuvent être générés que par l'activité économique réelle elle-même, et en dernière analyse, les opérations des entreprises et la consommation privée se combinent pour créer des actifs de qualité et des flux de trésorerie stables. Ainsi, ce n'est pas le gouvernement qui est le véritable créateur de garanties de qualité dans un pays, mais les actifs de qualité formés par le secteur économique privé.

Cependant, dans un environnement de taux d'intérêt ultra-bas, les entreprises n'investissent pas le capital acquis à bon marché dans des activités qui créent de bons actifs, mais se tournent plutôt vers des activités financières rapides, ce qui se traduit par la réduction des dépenses d'investissement des entreprises et le "vieillissement des actifs" de l'économie dans son ensemble. Si l'on considère le pays comme une entreprise, ce qui se passe, c'est que cette entreprise croît à un rythme de cash-flow décroissant, tandis que le PDG de l'entreprise s'endette pour investir dans des actifs qui n'ont pas de cash-flow, tels que des tableaux de Picasso ou de Van Gogh, puis, au cours de la comptabilité, il ne cesse d'augmenter l'évaluation des tableaux de 1 million à 10 millions, puis à 100 millions. Alors que dans les livres, le total de l'actif s'apprécie rapidement et dépasse constamment le total du passif, le flux de trésorerie décroissant est submergé par une montagne de plus en plus lourde de dettes, et la société doit continuellement augmenter la valeur des peintures à l'huile et les transformer en obligations, en garantissant le financement d'autres sociétés pour maintenir un fonds de roulement normal. Est-ce qu'une entreprise comme celle-ci, dont la valeur totale de l'actif est plus élevée, indique qu'elle obtient un meilleur crédit ?

Le crédit souverain est comme une carte de crédit, il a sa propre limite de crédit intrinsèque, sans le soutien efficace de l'économie réelle, la carte de crédit sera toujours éclatée, l'"Eurobond" en est le dernier exemple.

La théorie du Trésor américain et de la BRI d'une offre illimitée de garanties de qualité suppose en fait que les bons du Trésor américain ont des découverts illimités, une prémisse qui est elle-même un point de rupture dans la logique du marché.

Selon cette logique, le gouvernement américain doit enregistrer des déficits, et ceux-ci continueront de croître, car où est la dette nationale sans déficits ? Où sont les garanties de qualité sans la dette nationale ? Comment le corps lourd de mille milliards de dollars du système bancaire parallèle peut-il se permettre sans garantie de qualité ?

Comment les banques parallèles se distinguent-elles face à l'assouplissement quantitatif et à la pression réglementaire ? Le moyen le plus simple est de "recycler" des garanties de haute qualité, mais la sous-hypothèque "verte et de protection de l'environnement" est coincée par l'accord de Bâle III, le cadre juridique des États-Unis n'est pas facile à percer, la route est pleine d'épines.

Il existe un autre moyen pour la Fed de sortir du QE afin d'alléger la pression sur l'offre de collatéral de qualité, mais Bernanke tergiverse encore sur les conséquences d'une telle démarche, il y a plus de collatéral, mais personne ne veut d'obligations à long terme, la Fed doit être prudente et circonspecte, bien qu'elle doive finir par abandonner le QE, mais ce n'est pas dû à l'économie ou à l'emploi, et le choix du timing est critique, il vaut mieux parvenir à la fois à sortir du QE et à obtenir des taux à long terme sans perdre le contrôle. Il faut utiliser une combinaison de "gestion des attentes" du marché, de données économiques, de politique monétaire, de géopolitique, de crises militaires, etc. et une telle opportunité demande de la patience.

Le fait est que les autres peuvent attendre, les banques fantômes qui sont en train de mettre le feu et de rôtir sur un fourneau ne peuvent pas attendre.

Si "Bâle III" a forcé les banques de l'ombre, elles ne peuvent que prendre de plus grands risques et effectuer une "dérive fantaisiste des obligations de pacotille" à grande échelle pour "remplacer" les obligations du Trésor américain "inactives" dans les livres des fonds de pension, des fonds de retraite, des compagnies d'assurance et des fonds souverains, puis "remplir" à nouveau les obligations de pacotille et d'autres actifs toxiques de pacotille, non seulement pour répondre aux exigences de "Bâle III", mais aussi pour obtenir des garanties de haute qualité, la clé est qu'il n'y a pas de changement dans les livres. La réglementation sera toujours peu réactive par rapport au fort désir d'innovation des acteurs financiers sur le marché.

Sous la double pression des marchés et de la réglementation, le shadow banking va fissionner ! Des "échanges d'actifs" plus risqués et plus insidieux sont susceptibles de se développer rapidement. C'est une façon de sortir du shadow banking, mais une façon de sortir de la stabilité financière mondiale !

En modifiant les taux d'intérêt, la Fed joue à la fois le rôle d'arbitre et de gardien de but.

Le pic soudain des taux d'intérêt en mai 2013 a laissé la Fed en état de choc, comment le marché des taux d'intérêt, qui a toujours eu la mainmise, pouvait-il être sur le point de perdre le contrôle ?

La Fed exerce un contrôle direct sur les taux d'intérêt à court terme, notamment par le biais de la fixation du taux des fonds fédéraux et des opérations d'open market, qui permettent de "fixer" les taux à court terme à proximité des objectifs de la politique monétaire. Que sont les fonds fédéraux ? Il s'agit en fait des réserves dont disposent les banques traditionnelles pour créer de la monnaie, qui se trouvent soit dans leurs propres coffres, soit sur les comptes de la Réserve fédérale. De nombreuses banques régionales, après avoir absorbé les dépôts des déposants, n'ont pas pu trouver un nombre suffisant de prêteurs suffisamment fiables, de sorte que le potentiel de création monétaire n'a pas été pleinement libéré et que les réserves excédentaires sont restées inactives sur les comptes. En revanche, d'autres grandes banques ont plus d'accès et plus de possibilités de prêter, mais l'insuffisance des réserves limite leur capacité à créer de la monnaie. Pour compenser le déficit par l'excédent, sous la coordination de la Réserve fédérale, chaque banque peut "acheter et vendre" les réserves excédentaires sur le marché monétaire. Lorsqu'il y a plus d'argent, l'intérêt est faible ; lorsqu'il y a moins d'argent, l'intérêt est élevé. Après avoir fixé un objectif de taux d'intérêt à court terme, la Fed libère ou récupère de l'argent en engloutissant continuellement des bons du Trésor sur le marché monétaire, affectant ainsi l'offre et la demande de fonds sur le marché jusqu'à ce que le taux d'intérêt soit proche de l'objectif fixé, ce qui constitue une opération "d'open market".

Ces dernières années, la Fed est tombée de plus en plus fortement amoureuse de l'outil repo. Si le marché est serré, la Réserve fédérale et le premier niveau de concessionnaires à faire des transactions, la Réserve fédérale permet aux concessionnaires d'emprunter de l'argent à l'obligation comme garantie, c'est à dire, "prêt de titres" pour libérer de l'argent, pour alléger la pression du marché pénurie de fonds ; quand il y a un excès de fonds, la Réserve fédérale, à son tour, "hors de titres pour recueillir de l'argent", leurs propres obligations de garantie, les concessionnaires dans les mains de la monnaie "prêté", ce qui atteint l'objectif de contracter des fonds du marché.

Le plus grand avantage d'un rachat est qu'il est super flexible et à très court terme, l'échange de bons peut être aussi court qu'une nuit, et après un jour, les bons retournent à leurs propriétaires respectifs et tout revient à la normale. Si les résultats souhaités ne sont pas satisfaisants, le jour suivant, vous pouvez ajouter progressivement le code jusqu'à ce que vous soyez satisfait. L'opération repo fournit à la Fed une arme puissante, précise, efficace, d'un nouveau genre, avec moins d'effets secondaires et une gestion plus souple du marché monétaire.

Les taux d'intérêt à court terme sont une bonne chose, le contrôle des taux à long terme est plus difficile. Sur le marché des pensions, la pension la plus longue ne dépasserait pas un an, et maintenant que le monde évolue si vite, qui voudrait s'engager à financer des obligations sur 30 ans ? De plus, il est peu probable que la durée de vie de la plupart des obligations soit aussi longue.

La Fed peut donc se contenter d'acheter des obligations à long terme ? C'est le fonctionnement du QE, qui est typique du contrôle des prix et viole évidemment l'esprit fondamental de la marchandisation des taux d'intérêt. Sans parler du fait qu'une intervention forcée sur le marché des taux d'intérêt à long terme revient à placer la banque centrale dans la position d'un preneur de risques, plutôt que d'un gestionnaire de risques. Plus explicitement encore, le QE et les "opérations de distorsion" sont intrinsèquement conçus non pas pour simplement imprimer de la monnaie, mais pour contrôler directement l'évolution des taux d'intérêt à long terme.

Et qu'est-ce que l'opération Twist ? Pour "fausser" le prix du marché des taux d'intérêt, bien sûr, en l'occurrence la courbe des taux.

Dans les transactions sur le marché obligataire, chaque instant façonne le prix d'une obligation, ainsi que le rendement correspondant. Imaginez que quelqu'un prenne un instantané des rendements de diverses maturités de bons du Trésor à un moment donné avec un appareil photo et obtienne une courbe de rendement pour toutes les variétés de bons du Trésor de 1 mois à 30 ans à ce moment-là.

Dans le cadre de l'assouplissement quantitatif et de l'"opération Twist" aux États-Unis, l'accent a été mis sur l'achat d'obligations à moyen et long terme, dont l'objectif principal est de déprimer la tendance des taux d'intérêt à long terme. La soi-disant "opération de distorsion", c'est-à-dire que la Fed tiendra les obligations du Trésor à court terme jetés, puis échanger l'opération des obligations du Trésor à long terme, comme en témoigne la courbe de rendement est le taux d'intérêt à long terme est "déformé" vers le bas.

En janvier 2007, les marchés financiers n'ont pas pris conscience de l'imminence de la crise, les bons du Trésor à ultra-court terme à un mois offrant des rendements similaires à ceux des bons du Trésor à 30 ans et ne semblant pas se préoccuper de l'inflation ; les rendements des bons du Trésor à 10 ans ont diminué lentement de six mois à 10 ans, comme s'ils n'étaient pas préparés au danger d'un futur épuisement des liquidités.

La plus grande différence entre la courbe des taux en septembre 2013 et en 2007 est que les rendements à court terme sont enfoncés directement dans le sol depuis les airs, ce qui démontre le contrôle fort et direct de la Fed sur les taux d'intérêt à court terme, alors que plus la maturité des rendements est longue, plus il est difficile de les contrôler. Les obligations du Trésor à 10 ans ont baissé de 2 points de pourcentage, tandis que les rendements à 30 ans n'ont baissé que d'un point de pourcentage, et la suppression des taux d'intérêt à long terme par les opérations d'assouplissement quantitatif et de distorsion est toujours évidente, mais c'est au détriment de l'expansion des actifs et des passifs de 3 000 milliards de dollars de la banque centrale, les effets secondaires comprennent une nouvelle explosion des prix des actifs, l'ampleur des passifs continue d'augmenter, le problème du déficit est difficile à atténuer, l'inadéquation des ressources de l'économie mondiale, les déséquilibres des marchés financiers, la reprise de l'économie réelle est faible, le marché de l'emploi atone.

La Réserve fédérale a retroussé ses manches et est allé dans la bataille personnellement, indépendamment de la tête dans le risque à long terme, où il n'est pas facile d'acheter et de vendre des obligations à long terme sont tous mangés, tant que le contrôle des taux d'intérêt à long terme dans le niveau ultra-bas, les prêts hypothécaires seront incroyablement bon marché, de sorte que l'immobilier sera en mesure de revenir à la vie, le rêve de réinflation des actifs peut être réalisé. 1990, les États-Unis normal 30 ans taux d'intérêt hypothécaire de 8% ~ 9%, et 2013 a été de 3% ~ 4% !

Le United joue maintenant à la fois le rôle d'arbitre et de gardien de but, et chaque fois que le ballon entre dans la seconde moitié du terrain, il se met à la hauteur, les mains et les genoux, saisissant et donnant des coups de pied pour récupérer le ballon dans la première moitié. C'est ainsi que le "grand mais pas abattu" des joueurs est venu à l'esprit, tout le monde courageux, un par un, ne risquant rien, l'argent rapide ne péchant pas pour rien. Le jeu déloyal est devenu la norme, et la fraude est plus banale, juste une amende.

Ainsi, le scandale du Libor, la fraude des pensions, la fraude de la dette européenne, la fraude pétrolière, la manipulation de l'or et de l'argent, le diable des devises, les violations de la "baleine de Londres", les swaps de taux d'intérêt, dans tous les domaines que l'on peut appeler le marché, personne ne peut ne pas voir la manipulation de la main noire, derrière toute la main noire, il n'y a pas de figure "grosse mais pas basse".

Le volcan des taux d'intérêt, le tueur ultime des bulles d'actifs

Si l'assouplissement quantitatif à l'avenir va frapper l'iceberg des pensions, alors l'assouplissement quantitatif à l'envers va déclencher le volcan des taux d'intérêt !

Le marché repo est confronté à une pression mortelle sur le QE, si le QE ne sort pas en 2014, le marché sera retiré de 45% aux Treasuries par la Fed, les MBS seront pressés encore plus que les Treasuries, et le marché repo sera épuisé de collatéral, donc la Fed devra mettre fin au QE à court terme.

Si l'assouplissement quantitatif prend fin en 2014, M. Bernanke affirme que le taux de référence restera inchangé pour l'instant et qu'une hausse ne pourra commencer qu'en 2015, avec un taux modeste de 2% à 2,5% prévu pour la fin de 2016. Des taux d'intérêt de référence aussi bas ne semblent pas avoir beaucoup d'effets négatifs sur l'économie.

Ce n'est que la surface du problème.

Si les achats de dette de la Fed visent principalement à supprimer les taux d'intérêt à long terme, leur impact sur les taux à court terme ne doit pas non plus être sous-estimé. Malgré les calculs du marché, il est généralement admis que le montant des 800 milliards de dollars d'achats annuels de dette par la Fed a un impact sur le PIB équivalent à une réduction de 1 point de pourcentage du taux d'intérêt de référence, tandis que le montant total des achats de QE jusqu'en 2013 équivaut à une réduction de 3,7 points de pourcentage du taux de référence. En d'autres termes, malgré des taux d'intérêt à court terme de 0 à 0,25%, l'effet économique réel équivaut à ce que la Fed abaisse son taux de référence à -3,7% !

Imaginez que lorsque l'économie réelle et les marchés financiers américains seront confrontés à un processus de "réinitialisation" des taux d'intérêt à court terme, qui passeront de -3,7% à 2% puis à 2,5% au cours des prochaines années, ce sera jusqu'à 600 points de base (100 points de base = 1 point de pourcentage) d'envolée !

Il existe deux écoles de pensée concernant l'effet des achats de dette sur les taux d'intérêt. Selon l'une d'elles, lorsque la Fed annonce la taille de ses achats de dette, les taux d'intérêt ont déjà été modifiés en conséquence, et les réductions futures de la taille des achats de dette n'auront pas d'incidence sur les taux d'intérêt, et la "taille des actifs statiques" détenus par la Fed détermine le niveau des taux d'intérêt, c'est-à-dire que le "stock" détermine les taux d'intérêt ; selon une autre opinion, le "flux" des achats mensuels de dette a un impact plus important sur les taux d'intérêt, c'est-à-dire que le "flux" détermine les taux d'intérêt. En fait, si vous observez les changements drastiques des taux d'intérêt depuis le mois de mai, vous constaterez que le "stock" et le "flux" de la Fed n'ont pas changé, mais que ce sont les cœurs et les esprits qui ont changé ! Plus précisément, les changements dans les "attentes de flux" peuvent également avoir un impact sérieux sur le niveau des taux d'intérêt !

Dans la tendance des taux d'intérêt à moyen et long terme, le retrait de la Fed provoquera une pénurie mensuelle de 85 milliards de dollars de fonds d'achat d'obligations à moyen et long terme, la Fed est le plus grand acheteur de Treasuries et d'obligations MBS à deux chambres, si elle se retire, comment les autres acheteurs du marché continueront-ils à "porter la chaise à porteurs" ? L'influence de la Fed sur les taux d'intérêt à long terme aurait été plus faible, le marché sera plus alarmé par la sortie de la Fed après les "attentes", les taux d'intérêt à long terme sont susceptibles de s'envoler beaucoup plus que les taux à court terme.

La bagarre annuelle du Congrès sur le plafond de la dette est aussi hilarante et drôle qu'un spectacle de cirque ; le plafond de la dette ne peut-il pas être relevé ? Le budget peut-il se passer de déficit ? La taille de la dette des États-Unis a été loin des années 1990 peut être comparée aux 60 trillions de dollars américains de la dette traditionnelle + la dette de l'ombre, a été aussi élevé que 370 pour cent du PIB, les taux d'intérêt augmentent d'un point de pourcentage, la pression du flux de trésorerie de l'économie va augmenter d'au moins 600 milliards de dollars américains, si la rencontre est de 600 points de base de taux d'intérêt "reset", le flux de trésorerie va supporter au moins 3 trillions ~ 4 trillions de dollars américains de la pression, près de 20 pour cent du PIB, beaucoup plus que les recettes fiscales ! Oubliez la reprise économique et préparez-vous à sauver une autre crise financière.

Une politique de taux d'intérêt ultra-bas qui n'est pas seulement dans l'intérêt des États-Unis, mais un intérêt central mortel ! Pourquoi les États-Unis détestent-ils la hausse du prix de l'or ? Parce que le prix de l'or représente les attentes du monde en matière d'inflation future, une flambée du prix de l'or modifiera l'évaluation par le marché du coût des fonds, et les prêteurs exigeront des taux d'intérêt plus élevés pour couvrir les pertes inflationnistes, de sorte que le prix de l'or affecte directement les attentes en matière d'évolution des taux d'intérêt. À son tour, une flambée des taux d'intérêt peut modifier les attentes du marché en matière d'inflation, ce qui peut à son tour modifier l'évaluation du prix de l'or.

Les États-Unis souhaitent certainement un environnement où les taux d'intérêt sont toujours ultra-bas afin que les bulles d'actifs puissent gonfler indéfiniment, tout comme les gens en 2008 souhaitaient, à juste titre, que les prix de l'immobilier augmentent éternellement, mais il faut bien finir par se rendre à l'évidence. Quoi qu'il en soit, la Fed doit sortir de l'assouplissement quantitatif dès que possible, et le prix à payer sera la flambée des taux d'intérêt.

Si elle est mal contrôlée, la flambée des taux d'intérêt se transformera en un volcan de taux d'intérêt, qui déclenchera à son tour une crise encore plus grave.

Les swaps de taux d'intérêt, les New-Yorkais ne peuvent pas se permettre de souffrir.

Lorsque vous conduisez du New Jersey à l'entrée de Manhattan, il y a le Lincoln Tunnel de 1,5 miles devant vous, et vous êtes choqué lorsque vous payez le péage : fin 2012, le péage est soudainement passé à 13 $, une augmentation de 50% par rapport au passé ; lorsque vous arrivez à Manhattan et sautez dans le métro en râlant, vous découvrez que le tarif aller simple est devenu 2 $.50 dollars, soit une augmentation de 60% par rapport au tarif d'avant la crise financière ; lorsque vous arrivez enfin dans un hôtel et que vous dévissez le robinet pour vous laver le visage, pour vous rendre compte que l'eau s'arrête le matin, appelez la réception et demandez, et on vous répond que les canalisations sont en cours d'entretien et qu'ils sont à court de personnel.

Bienvenue dans la plus grande ville d'Amérique — New York !

Les difficultés de financement des services municipaux de New York ne sont pas dues à la construction massive de nouvelles infrastructures ou à des augmentations de salaire généralisées, mais les municipalités new-yorkaises sont tombées dans le piège du peu connu swap de taux d'intérêt.

Dans des circonstances normales, les États et les collectivités locales empruntent principalement pour entretenir les infrastructures telles que les routes, les ponts, les tunnels, les écoles, les bâtiments publics, etc. et remboursent ensuite la dette grâce aux impôts locaux. En raison de la longue durée et du coût élevé de ces projets, les gouvernements locaux choisissent souvent une échéance de 20 à 30 ans lorsqu'ils émettent des obligations. Lorsqu'il émet des obligations à long terme, le gouvernement a le choix entre un taux d'intérêt fixe ou variable. L'avantage des obligations à taux fixe est que le risque de fluctuation des taux d'intérêt est gérable et que le budget des coûts est connu ; l'inconvénient est que le taux d'intérêt émis est légèrement supérieur au taux du marché, de sorte que le coût total est plus élevé. Et si les obligations à taux variable sont émises à un coût moindre, les fluctuations du marché des taux d'intérêt pourraient faire monter en flèche les futurs paiements d'intérêts du gouvernement de manière inattendue.

À ce moment-là, la banque, sensible aux besoins de ses clients, a vendu au gouvernement une option "le meilleur des deux mondes" qui lui permettrait de bénéficier d'un taux d'intérêt flottant plus faible lors de l'émission d'obligations à long terme, tout en garantissant que les fluctuations futures des taux d'intérêt seraient "verrouillées". Les choix proposés par les banques ressemblent à un repas gratuit. Bien sûr, il n'existe pas de repas gratuit dans le monde, mais le gouvernement y croit.

Les taux d'intérêt sur les obligations à long terme émises par les collectivités locales restent variables, mais les banques sont disposées à conclure un accord distinct avec le gouvernement dans lequel ce dernier s'engage à payer à la banque un taux d'intérêt fixe sur le montant total financé par les obligations et la banque s'engage à payer au gouvernement un taux d'intérêt variable. Dans le jargon, il s'agit pour le gouvernement d'échanger un flux de trésorerie fixe contre un flux de trésorerie variable provenant d'une banque, ce qui s'appelle un swap de taux d'intérêt.

Swaps de taux d'intérêt entre les gouvernements et les banques

L'essence des swaps de taux d'intérêt est en fait une sorte d'assurance de taux d'intérêt, la durée des obligations municipales du gouvernement est aussi longue que 20 ans à 30 ans, et le taux d'intérêt fluctue chaque jour, parfois même violemment, dans une si longue période de temps, causera de grands problèmes et un risque pour le paiement des intérêts de la dette municipale, afin d'éviter ce risque, la banque au gouvernement de vendre une sorte d'assurance de taux d'intérêt, si le taux d'intérêt dans un certain niveau, comme 6,07%, le gouvernement est prêt à supporter le risque d'intérêt ; en dessous de cette valeur, le gouvernement demande à la banque de payer la différence de 6,07% du taux d'intérêt du marché, en tant que prime d'assurance du taux d'intérêt ; et au-delà de 6,07%, la compensation de la banque sera facturée. Ainsi, en décembre 2007, le département des transports de la ville de New York (MTA) a acheté une assurance taux d'intérêt de 6,07%.

Le gouvernement estime qu'il peut dorénavant dormir sur ses deux oreilles. Dans des circonstances normales, le taux d'intérêt du marché pour la dette municipale devrait flotter autour de 5%, le gouvernement paie environ 1% de la prime d'assurance annuelle, en échange de 20 ans de solidité, si le taux d'intérêt monte à 8%, il peut également obtenir près de 2% de la rémunération annuelle des banques. En d'autres termes, c'est le gouvernement qui parie que les taux d'intérêt vont augmenter et les banques qui parient qu'ils vont baisser.

Si la ville de New York comprend vraiment le raisonnement de la Fed, elle ne devrait jamais parier sur des hausses de taux d'intérêt, car les taux d'intérêt sont la base de tarification la plus importante pour les actifs financiers américains, et une forte hausse signifierait un grand marché baissier sur les marchés financiers, ce qui n'est jamais ce que la Fed souhaite. Il n'y a qu'un seul scénario dans lequel une hausse des taux d'intérêt à long terme se produira, et c'est lorsque la Fed perdra sa capacité à contrôler les taux d'intérêt. Les grandes banques le savent depuis longtemps et, au cours des 30 dernières années, avec la complicité de la Réserve fédérale, les taux d'intérêt ont continué à baisser et les bulles d'actifs n'ont cessé de grossir.

Non seulement la banque a touché une importante commission de souscription d'obligations au départ, mais elle a rapidement eu droit à un déjeuner gratuit tous les jours, tandis que le cauchemar du gouvernement de la ville de New York se poursuivait nuit après nuit.

En 2008, les grandes banques de Wall Street ont provoqué une crise financière lorsque le gouvernement fédéral a abaissé les taux d'intérêt à un niveau proche de zéro pour les renflouer. En conséquence, la ville de New York a été contrainte de continuer à payer un taux fixe de 6,07% aux banques, tandis que les banques payaient de moins en moins au gouvernement ; en 2007, les banques payaient 3,36%, en 2008, ce taux est tombé à 0,7%, et en 2009, il est tombé à 0,09%, ce qui donne un gain net de 6,06%. Ce n'est qu'un des dizaines de contrats de swap de taux d'intérêt de la MTA. De 2000 à 2011, le NYSDOT a versé un montant cumulé de 658 millions de dollars aux banques, et les pertes continuent.

Date	Le taux fixe de MTA	Taux variable de la banque	Paiements CTM à la banque	Paiements bancaires à MTA	Coût mensuel net pour le MTA
Déc. 2007	6 070%	3,36%	$1,017.130	$563,024	$454,106
Déc.2008	6 070%	0,70%	$954,002	$110,017	$843,985
Déc.2009	6 070%	0,09%	$633,809	$9,398	$624,411

Taux d'intérêt et coûts mensuels nets du contrat d'échange de 2000 CD de la MTA

Pour tous les émetteurs d'obligations qui cherchent à verrouiller les coûts des taux d'intérêt, non seulement l'assurance taux d'intérêt entraîne des pertes énormes, mais les intérêts des obligations flottantes doivent être payés comme d'habitude. L'émetteur, qui espérait une situation gagnant-gagnant avec la banque, s'est retrouvé dans une situation "perdant-perdant" pour lui-même.

N'oubliez pas qu'un swap de taux d'intérêt n'est qu'un accord supplémentaire qui s'ajoute à l'émission de l'obligation, et que les conditions normales initiales de paiement des intérêts flottants sur l'obligation restent en vigueur. Très malheureusement, lorsque l'émetteur interprète mal la tendance des taux d'intérêt, il doit payer deux taux d'intérêt, l'un est l'intérêt flottant normal sur l'obligation, qui est payé au créancier, et l'autre est la coûteuse commission d'assurance du taux d'intérêt payée à la banque.

Le taux flottant standard des swaps de taux d'intérêt est basé sur le taux LIBOR (London Interbank Offered Rate), tandis que le taux flottant des obligations à long terme peut être lié à d'autres taux d'intérêt, comme le rendement du Trésor américain à 30 ans. Lorsque le taux LIBOR est tombé à 0,1%, le taux flottant des obligations à long terme a également baissé, mais il était toujours beaucoup plus élevé que le LIBOR, par exemple 3,5%. Si le swap de taux d'intérêt de l'émetteur avec la banque était à l'origine bloqué à 6,07%, l'émetteur doit maintenant payer deux frais : d'abord une prime d'assurance de taux d'intérêt de 5,97% (6,07%-0,1%) versée à la banque, puis un paiement d'intérêt de 3,5% à l'investisseur obligataire, ce qui porte les coûts de financement de l'émetteur à 9,4% ! L'idée de devoir supporter un coût de financement énorme de 9,4% dans un environnement où le taux d'intérêt sur les obligations à long terme n'est que de 3,5% fait cracher le sang.

Les auteurs de la crise financière ont non seulement reçu des milliers de milliards de dollars en renflouements fédéraux, mais ils continuent également à recevoir 236 millions de dollars par an en bonifications d'intérêts de la part de la ville de New York, dont le prix de rachat pour se libérer des "menottes dorées" des swaps de taux d'intérêt s'élève à 1,4 milliard de dollars ! La ville de New York a voulu lui rendre la pareille, et la banque a répondu : "Pas question, c'est tout ce que valent les flux de trésorerie du contrat pour les prochaines années".

Notez que la ville de New York a non seulement payé des dizaines de millions de dollars aux banques pour les obligations souscrites, mais qu'elle est maintenant obligée de rembourser d'énormes "paiements" annuels aux banques, qui sont tous des impôts pour les résidents de la ville de New York qui ont été tondus une fois en 2008 lorsque Wall Street a été renflouée, et qui sont maintenant tondus une deuxième fois, et qui continueront à l'être pendant de nombreuses années. Comprenez maintenant pourquoi les New-Yorkais occupent Wall Street !

Ce qui est encore plus irritant, c'est que si les banques de Wall Street font faillite, la ville de New York devra payer des "frais d'obsèques" pour résilier le contrat de swap de taux d'intérêt. Étant donné que les swaps de taux d'intérêt nécessitent la garantie d'un tiers, même si la ville de New York ne fait pas défaut, elle doit toujours de l'argent à la banque si quelque chose arrive au tiers et que le contrat est résilié. Par exemple, lorsque Lehman Brothers s'est effondré en 2008, le département des transports de la ville de New York a dû payer 9,4 millions de dollars pour clôturer deux contrats de swap de taux d'intérêt.

L'État de New York et la ville de New York ont conclu 86 swaps de taux d'intérêt avec Wall Street, pour un montant de 10,6 milliards de dollars, en plus du secteur des transports et d'agences telles que la bibliothèque publique, l'autorité de l'eau et l'autorité de développement industriel, avec des contrats d'une durée moyenne de 17 ans, certains pouvant aller jusqu'à 2036.

L'argent que la ville de New York devrait consacrer à l'entretien des infrastructures va dans les poches de Wall Street, et la laine finit par sortir des poches des moutons. Ainsi, plus de 1 800 personnes ont été licenciées, le prix du Lincoln Tunnel a augmenté, le métro a augmenté, les bus ont diminué, le budget de la ville a diminué, les hôtels ont diminué et la qualité du service dans toute la ville de New York s'est détériorée.

Si les difficultés financières causées par le swap de taux d'intérêt à New York sont assez malheureuses, le sort de Détroit est tout simplement affreux.

L'échange de taux d'intérêt derrière la faillite de Detroit.

Le 18 juillet 2013, la ville de Détroit, surnommée la "ville des voitures" avec plus de 18 milliards de dollars de dettes, s'est officiellement placée sous la protection de la loi sur les faillites, devenant ainsi la plus grande ville des États-Unis à se déclarer en faillite.

Le 18 juillet 2013, Détroit, la capitale américaine de l'automobile, s'est déclarée en faillite. Les villes aussi peuvent faire faillite ? Oui, la faillite est aussi une option lorsque les finances de la ville se détériorent et qu'il n'y a pas de retour possible.

Détroit n'est pas dépourvue de revenus financiers, ni en rupture totale de trésorerie, mais elle est incapable de payer le principal et les intérêts de la dette à temps, tout en perdant la possibilité de payer la dette dans un avenir prévisible. Si une ville peut encore payer ses factures à temps, alors un juge du tribunal des faillites jugera s'il y a lieu d'accorder le dépôt de bilan en fonction de la viabilité de la situation financière actuelle de la ville.

Si Detroit fait faillite, qui remboursera les 18 milliards de dollars de dettes ? La réponse est simple : il n'y a plus personne. Le créancier vendra les actifs municipaux et divisera la valeur restante. Qui sont les créanciers, déjà ? Comptez tous ceux que la ville de Detroit a promis de payer et n'a pas payés, et le total atteint 100 000 personnes, dont 20 000 retraités dont les pensions ont été sévèrement réduites. En outre, les banques, les détenteurs d'obligations, les garants d'obligations, etc. sont également des créanciers.

Si tous les hommes sont créés égaux, les créanciers ne le sont pas. Les créanciers qui ont des biens garantis (p. ex. construction, sécurité du revenu) peuvent non seulement continuer à profiter des paiements de la dette de Détroit, mais aussi posséder ou vendre directement les biens gagés. Les autres créanciers, sauf circonstances particulières, ne peuvent qu'attendre la décision du tribunal des faillites, pendant laquelle ils ne recevront pas un centime. Si les installations municipales de Detroit ne valent peut-être pas grand-chose, les musées d'art contiennent 3 milliards de dollars de tableaux, d'œuvres d'art et de curiosités qui pourraient être vendus aux enchères s'ils rendent les créanciers fous.

Comment une ville autrefois fière d'être la capitale mondiale de l'automobile, une grande ville qui était autrefois un symbole de l'industrie américaine, est-elle tombée dans un tel état de délabrement ?

Ses racines sont également le résultat inévitable de l'expulsion de l'industrie par la mauvaise monnaie depuis l'abolition de l'étalon-or aux États-Unis en 1971. Alors que la marée du creusement industriel balaie les côtes est et ouest des États-Unis, les actifs industriels de qualité qui génèrent des flux de trésorerie stables continuent de partir à l'étranger, tandis que les nouveaux bons actifs ne peuvent pas compenser le préjudice économique causé par la perte, si bien que le passif continue de s'accumuler et de se détériorer. Détroit est un exemple frappant de la ceinture rouillée du ralentissement économique américain.

Le dernier passif, et le plus mortel, est la nouvelle dette de 1,4 milliard de dollars que Detroit a empruntée en 2005, que le gouvernement tente d'utiliser pour renflouer deux comptes de pension fortement réduits, où les salaires des retraités municipaux ont été sévèrement réduits, et où l'absence de solution entraînera de graves conséquences.

En 2009, le crédit de Detroit a été dégradé, ce qui a automatiquement déclenché la résiliation des swaps de taux d'intérêt, et Detroit a été contraint de payer des centaines de millions de dollars de "frais de rachat" obligatoires aux banques.

Detroit, qui est à court d'argent, ne peut pas obtenir le gros lot et doit plaider auprès de Merrill Lynch et UBS. À ce stade, les banques sont tellement rentables qu'elles ne peuvent pas laisser un si gros poisson s'en sortir si facilement qu'elles proposent de prêter de l'argent à Detroit pour se "racheter" à condition que Detroit s'engage à payer ses impôts. Detroit, aux abois, a dû consentir à descendre, et la situation s'est aggravée au fur et à mesure que Detroit passait d'un brasier à un autre encore plus grand. À la suite de cette transaction, Merrill Lynch et UBS sont passés du statut de créanciers ordinaires non garantis à celui de créanciers privilégiés garantis par des revenus financiers, qui ont non seulement bénéficié du paiement continu de la dette pendant la faillite, mais ont également eu la priorité dans l'attribution des bons actifs.

Merrill Lynch et UBS ont tellement joué leur jeu que la dette initiale de Détroit n'a pas été réduite d'un centime, mais a plutôt perdu l'hypothèque de la taxe fiscale.

En juin 2013, lorsque les calculs ont été faits, et cela a effrayé tout le monde, la dette initiale de 1,4 milliard de dollars a gonflé de façon spectaculaire à 2,7 milliards de dollars, soit presque le double ! Sur ce montant, 770 millions de dollars étaient directement attribuables aux " frais de rachat " à la résiliation des swaps de taux d'intérêt, dépassant de loin les frais d'intérêt totaux de 500 millions de dollars ! Et pour rembourser cette nouvelle dette, plus les dépenses nécessaires comme les retraites, ces dépenses ont englouti 65% des revenus de Détroit jusqu'en 2017 !

Detroit est finalement acculé au pied du mur.

Merrill Lynch et UBS, elles aussi, ont le sentiment d'avoir fait du mauvais travail, comme l'admettent les représentants des banques impliqués dans les négociations sur la faillite,

> " Sympa, c'est notre argent, mais personne ne veut être cette banque parce que c'est celle qui a forcé une grande ville américaine à la faillite. " [26]

Des swaps de taux d'intérêt aux "pièges à taux d'intérêt".

Les victimes des swaps de taux d'intérêt ne sont pas seulement les collectivités locales, mais aussi les écoles et les hôpitaux.

Le système médical de l'Université du Maryland (UMMS), qui tire 58% de ses fonds de fonctionnement des impôts des résidents locaux, est endetté de 180 millions de dollars et, malheureusement, ces dettes sont également contractées auprès des banques pour des swaps de taux d'intérêt. Comme la ville de New York, l'Université du Maryland a parié sur la mauvaise direction de l'évolution des taux d'intérêt et est tombée dans le piège des swaps de taux d'intérêt.

Les swaps de taux d'intérêt sont devenus un énorme passif pour UMass parce que les taux d'intérêt sur les swaps étaient si faux qu'ils ont exposé un autre gros problème, les swaps de taux d'intérêt sur les swaps exigeaient des actifs garantis, et lorsque les taux d'intérêt ont continué à baisser, la valeur des contrats de swap d'UMass a rapidement diminué et les actifs garantis n'étaient plus suffisants. La banque, en tant que contrepartie du pari, a exigé des actifs collatéraux supplémentaires immédiats, et en conséquence, UMass Health System a été contraint de geler 93 millions de dollars d'actifs, un coup fatal pour l'institution, dont les revenus annuels s'élèvent à seulement 70 millions de dollars. Avec des millions de dollars d'intérêts perdus chaque année, c'est déjà un désastre, et le gel de 93 millions de dollars d'actifs va encore aggraver la situation, et la trésorerie de l'UMass health system sera en péril. À ce stade, les agences de notation ont commencé à s'intéresser sérieusement au bilan de l'UMass Health System, qui aurait des coûts de financement plus élevés et davantage

---

[26] Henny Sender et Stephen Foley, *Details of Detroit's troubles come to light*, Financial Times, 2013-07-25.

d'actifs gelés une fois le crédit dégradé, ce qui entraînerait à son tour une détérioration plus grave de la trésorerie.

UMass Health System, qui gère 11 hôpitaux dans le Maryland et emploie plus de 5 000 personnes, a été contraint de procéder à d'importantes réductions du personnel médical et de diminuer les dépenses médicales normales sous la pression d'un gel des actifs et d'un manque de liquidités. Dans un système de soins de santé qui dépend des impôts des résidents pour la majeure partie de son financement, lorsque les patients ont besoin de médecins, d'infirmières, de médicaments et d'appareils médicaux, ces fonds qui sauvent des vies vont dans la poche des banques. L'UMass Health System peut également mettre fin aux swaps de taux d'intérêt s'il le souhaite, à condition de dédommager les banques pour 183 millions de dollars en espèces, ce qui représente la quasi-totalité du passif du système, et le système de santé ne peut pas échapper aux swaps de taux d'intérêt, sauf à déclarer faillite.

Le système de soins de santé de l'Université du Maryland n'est pas le seul à être tombé dans le piège, c'est aussi le système de soins de santé de l'Université Johns Hopkins, et plus de 500 hôpitaux de tous types.

L'université du Maryland est tombée de plein fouet dans le gouffre des swaps de taux d'intérêt, tandis que Hopkins, financièrement solide, a survécu à la perte, mais plus mal que l'UMass. La plus surprenante est l'université Harvard, qui a failli voir sa chaîne de financement brisée en 2009 par une perte énorme sur un pari de swap de taux d'intérêt.

L'université de Harvard, une université de 30 milliards de dollars et sans doute l'une des plus riches du monde, s'est soudainement retrouvée à perdre de l'argent sur un swap de taux d'intérêt de pari en 2009, et les conséquences auraient été encore plus désastreuses si l'homme fort n'avait pas eu l'audace de mettre fin au swap de manière décisive avec un call de 500 millions de dollars. En fait, la taille de l'actif total n'a pas d'importance dans une situation donnée, ce qui compte, c'est le cash-flow, et dès que ce cash-flow se brise, les créanciers peuvent vous envoyer immédiatement au tribunal des faillites. À l'époque, le directeur financier de Harvard redoutait l'idée des swaps de taux d'intérêt :

> " *Au début de l'automne, nous avons été confrontés à de sérieux problèmes de gestion des liquidités, et le gel des actifs collatéralisés issus des swaps en faisait partie.* "

Il s'avère qu'en 2005, l'université de Harvard se préparait ambitieusement à agrandir son campus en émettant des milliards de dollars d'obligations à taux variable et, afin de verrouiller le risque de taux d'intérêt, a conclu un contrat de swap de taux d'intérêt avec la banque pour un montant maximal de 3,7 milliards de dollars le 30 juin 2005. Et c'est Summers, alors président de l'université de Harvard, qui a été à un moment donné le plus bruyant des successeurs de Ben Bernanke, président de la Fed. Plus intéressant encore, lorsque Summers était en charge du département du Trésor américain dans les années 1990, il était le principal défenseur de l'abrogation du Glass-Steagall Act, arguant que la frontière entre les banques commerciales et les banques d'investissement avait disparu depuis longtemps, que les produits financiers dérivés n'avaient pas besoin d'être réglementés par le gouvernement et que tout allait bien avec l'autorégulation du marché.

Le swap de taux d'intérêt signé sous le nez de Summers est également le coupable qui a failli entraîner la rupture de la chaîne de financement de Harvard. Si Summers avait mis fin à ce swap de taux d'intérêt à la fin de 2006, l'année où il a quitté ses fonctions, il n'y aurait pas eu de perte énorme sur le swap de taux d'intérêt de 500 millions de dollars en 2009.

Le jugement de Summers sur les marchés financiers peut être vu ainsi.

L'origine du Libor

Étant donné que le taux variable d'un contrat de swap de taux d'intérêt est généralement lié au Libor et que le bénéfice net d'une banque est la différence entre l'intérêt fixe qu'elle reçoit et le taux variable qu'elle paie, plus le taux Libor est bas pour les banques, plus leur bénéfice net est élevé, ce qui incite les grandes banques à s'associer pour manipuler le Libor.

Où se trouve exactement ce Libor ? Pourquoi les institutions financières des États-Unis et du monde entier font-elles des affaires en se référant à son taux d'intérêt, et le taux Libor a-t-il plus d'influence que le taux de référence de la Fed ? Pour donner un sens à ces questions, il faut explorer pour comprendre d'où vient le Libor.

Le Libor (London Interbank Offered Rate) est le taux interbancaire offert à Londres (LIBOR), dont les premières origines remontent aux années 1960, alors que l'essor du dollar européen battait son plein.

Après la Seconde Guerre mondiale, l'Europe s'est progressivement relevée de ses ruines et a enregistré un excédent commercial croissant avec les États-Unis, tandis que les États-Unis, en raison de la guerre de Corée, de la guerre du Viêt Nam, de la course à l'armement et à l'espace entre l'Union soviétique et les États-Unis, du maintien de l'hégémonie militaire mondiale et du grand programme social à l'intérieur du pays, ont entraîné des dépenses financières excessives, qui n'ont finalement été résolues que par l'impression monétaire.

Dans les années 1960, les énormes excédents en dollars des pays européens, les investissements en dollars à l'étranger des multinationales américaines, l'épargne en dollars de l'Union soviétique, des pays exportateurs de pétrole d'Europe de l'Est et du Moyen-Orient, et les dépenses militaires en dollars de l'armée américaine dans les bases à l'étranger étaient tous regroupés sur les marchés financiers européens. La taille totale du dollar d'outre-mer dépassant pour la première fois les réserves d'or des États-Unis, le dollar est passé de la rareté à l'excédent, et ces soi-disant dollars européens "oisifs" cherchent désespérément de nouvelles opportunités d'investissement.

Dans les années 1960, l'Europe se trouve dans une situation très difficile, avec un excédent de dollars d'une part et des marchés financiers fragmentés d'autre part. Les prêts et les investissements transfrontaliers sont rares, les opérations de change et les flux de capitaux sont entravés, et toutes les opérations financières des entreprises sont généralement traitées par les banques nationales. Pourquoi les dollars européens ne reviennent-ils pas vers les États-Unis ? En raison du renforcement des contrôles financiers aux États-Unis et des efforts constants de Londres pour retrouver son rôle de centre financier, cette dernière a une attitude de laissez-faire vis-à-vis du dollar européen. Lorsque Sigmund Warburg a lancé le concept d'obligations européennes en dollars à Londres, de grandes quantités de dollars européens ont commencé à affluer de toutes parts dans la ville de Londres, très libre financièrement, et les obligations en dollars de toutes sortes ont connu une "croissance sauvage".

Cependant, ces obligations libellées en dollars américains ont un inconvénient, c'est que l'échelle de financement n'est pas grande, généralement pas plus de 20 millions de dollars américains, tandis que les banques d'investissement facturent des commissions de souscription sont souvent aussi élevés que 2,5%, la raison en est que le dollar européen continental à venir à Londres à travers la mer n'est pas facile, les obligations normalisées nécessitent des coûts de mobilisation des capitaux très faible afin d'être grande, apparemment les marchés financiers fragmentés et les contrôles des changes limitent le dollar américain transfrontalier à grande échelle.

Ce dilemme a attiré l'attention d'un autre génie de la finance, Minos Zombanakis, connu comme le "père du Libor".

Dans les années 1960, Minos a travaillé à la filiale romaine de Manufacturers Hanover, qui n'était pas une usine mais une boutique bancaire new-yorkaise centenaire. En 1913, il est devenu l'un des actionnaires fondateurs de la Federal Reserve Bank of New York, détenant jusqu'à 7% des actions. Dans les années 1970, Hannover Manufacturing contrôlait 89 des 130 principaux sièges de conseil d'administration aux États-Unis. Plus tard, Hannover Manufacturing a été fusionnée avec JP Morgan Chase. Minos a été impressionné par l'énorme succès des obligations en eurodollars, mais il a aussi découvert l'essentiel : comment briser les contraintes du financement par obligations de faible montant ?

Le plan de Minos est de créer un nouveau concept de "prêts en dollars européens", similaire aux "obligations en eurodollars", en créant de grands syndicats ! Il est convaincu que les prêts en dollars à grande échelle peuvent mieux répondre aux besoins de financement des grandes entreprises et des gouvernements souverains. Ses principaux concurrents étant précisément les banques d'investissement audacieuses et innovantes, Minos convainc plusieurs banques et compagnies d'assurance, dont la Banque Rothschild, et obtient l'accord de la Banque d'Angleterre pour se lancer dans cette quête historique en 1969.

Le premier problème rencontré était la question de la durée des prêts, les personnes ayant d'importants besoins en capitaux préférant des prêts de cinq ans ou plus, alors que les banques commerciales ne sont ni des épargnants à long terme ni disposées à envisager de tels prêts à long terme.

La deuxième difficulté était la taille du prêt, alors qu'aucune banque n'était prête à prendre seule le risque d'un prêt important. Par conséquent, le plan de Minos est d'établir un syndicat, avec une banque qui dirige la gestion et l'autre qui la met en œuvre, et de normaliser les conditions du prêt en interne et la promotion en externe.

Pour résoudre le problème des longues durées de prêt, Minos a fait preuve de créativité en demandant aux membres du syndicat de s'engager sur un type de prêt à court terme à roulement continu, par exemple de trois ou six mois, qui pourrait être assorti d'une épargne à court terme pour la même durée, avec des taux d'intérêt ajustés à chaque extrémité. Minos a donc mis au point un processus opérationnel dans lequel il a demandé aux banques membres du syndicat de communiquer leur coût de financement actuel à la banque exécutrice deux jours avant l'échéance du prêt à court terme, puis de pondérer la moyenne à 1/8 de point de pourcentage exactement, et ce taux, plus les points de profit de la banque, constituait le taux du prêt à court terme suivant.

C'est de là que vient le taux Libor.

L'innovation de Minos a été un énorme succès : des centaines de millions de dollars de prêts en dollars européens ont été lancés en quelques mois et d'autres banques ont suivi l'exemple. Au début des années 1970, le marché des prêts en dollars européens avait atteint des milliards de dollars par an, des centaines de banques devenant des participants actifs sur ce nouveau marché.

L'idée de Minos sur la tarification des taux d'intérêt à court terme s'est largement répandue, devenant le Tibor à Tokyo, l'Euribor en Europe, le Sibor à Singapour et le Shibor à Shanghai, que la British Bankers' Association de Londres a appelé Libor dans les années 1980 et qui est devenu depuis la norme pour la tarification des taux d'intérêt sur les dollars étrangers dans le monde entier.

L'influence du Libor sur les taux du dollar est encore plus grande que celle de la Réserve fédérale, car 2/3 des émissions du dollar vont à l'étranger, reflétant de manière plus réaliste la relation entre l'offre et la demande pour le dollar, et les niveaux de taux d'intérêt du Libor sont généralement légèrement plus élevés que le taux de référence de la Fed, ce qui en fait une fenêtre clé sur les mouvements mondiaux du dollar. Lorsque le Libor est nettement plus élevé que le taux d'intérêt de référence américain, cela indique que le niveau de méfiance entre les banques s'accroît, ce qui est souvent le signe précurseur d'une crise.

Le Libor propose des taux d'intérêt pour 15 échéances dans 10 grandes devises, dont la plus importante est le Libor en dollars US pour les échéances à 3 mois. 18 banques publient leur volonté de prêter à 11 heures chaque jour, et la moyenne des 10 cotations restantes est le prix du Libor pour le jour, après avoir retiré les 4 cotations les plus élevées et les plus basses.

Minos n'aurait jamais pu imaginer que les normes de taux d'intérêt qu'il a proposées pour régler la gestion interne du syndicat s'étendraient désormais bien au-delà des prêts interbancaires, avec des milliards de dollars de prêts hypothécaires, d'obligations de toutes sortes, d'effets de commerce, de cartes de crédit et même de produits de base tels que le pétrole, l'or et les céréales, négociés à l'échelle mondiale et liés au Libor, et le marché des swaps de taux d'intérêt de plusieurs milliards de dollars lié encore plus étroitement au Libor.

À l'époque de Minos, il n'existait pas de trucage des taux Libor, non pas que l'intégrité de l'époque soit plus fiable que celle des temps modernes, mais l'absence de motivation à truquer. À cette époque, le Libor n'était utilisé que pour estimer le coût des taux d'intérêt au sein du syndicat qui accordait des "prêts en dollars européens" et n'abordait pas la question de la référence à ses indicateurs dans d'autres domaines financiers. Et le taux Libor, aujourd'hui estimé par *The Economist* UK, est lié à la fixation du prix des actifs financiers mondiaux dont la valeur totale peut atteindre 800 000 milliards de dollars.

Pour ceux qui veulent jouer avec ce marché, une variation de 0,1 point de base peut créer un profit substantiel de plusieurs millions de dollars !

Le Libor lui-même est naturellement entaché de vulnérabilités évidentes. Tout d'abord, les cotations des 18 banques sont basées sur leurs propres "estimations" plutôt que sur des transactions réelles entre elles, ce qui fait perdre toute "preuve" à poursuivre. Même le système de cotation de l'or de Londres est plus fiable que celui du Libor, après tout, les prix de l'or sont échangés entre les clients des cinq grands négociants en or. Pour être précis, le Libor n'est pas un prix réel du marché, mais un prix "imaginaire" pour 18 banques réunies. Puisqu'il s'agit d'un concours d'imagination, chacune des banques participantes est fortement incitée à mentir, puisque les résultats des calculs du taux d'intérêt du jour affecteront directement leurs propres profits et pertes, voire déclencheront des soupçons plutôt mortels sur leur crédit. le mécanisme du Libor incite les banques participantes à tricher et crée les conditions pour qu'elles le fassent.

Le reste de la question est de savoir jusqu'à quel point ils vont devenir fous.

Qui manipule les taux d'intérêt ?

Les rumeurs de manipulation du Libor ne sont pas rares dans les milieux financiers ; ce qui est rare, c'est que les manipulateurs soient pris avec des preuves qui ne peuvent être niées.

La première révélation de la manipulation du Libor a eu lieu dans le Wall Street Journal, où dans plusieurs articles en avril et mai 2008, l'auteur a mis en doute la sous-estimation délibérée de leurs coûts d'emprunt par certaines banques, ce qui a entraîné une guerre d'opinion de mur à mur. La British Bankers Association est fermement convaincue que le Libor est un indicateur de marché fiable, même en pleine crise financière ; la Banque des règlements internationaux (BRI) affirme que "les données disponibles ne confirment pas le type d'hypothèse selon laquelle les banques manipulent les taux d'intérêt et en tirent profit" ; et le Fonds monétaire international (FMI) a constaté que

> *"Alors que certains acteurs du marché et les médias financiers doutent de l'intégrité du processus de fixation du Libor en dollars, les faits suggèrent que la fixation du Libor en dollars reste une mesure précise de la fiabilité des prêts bancaires de fonds non garantis".*

C'est ainsi qu'a commencé un débat officiel contre officiel, médiatique contre médiatique, universitaire contre universitaire sur la manipulation des taux d'intérêt.

L'engagement du monde universitaire a placé la question de la manipulation des taux d'intérêt sous un éclairage beaucoup plus rigoureux et intense. Des études ont montré que les banques possèdent d'importants portefeuilles d'actifs liés au Libor et que les taux d'intérêt sont manipulés afin de réaliser d'énormes bénéfices. Par exemple, les swaps de taux d'intérêt de Citi en 2009 valaient une valeur notionnelle de 14,2 billions de dollars, ceux de Bank of America 49,7 billions de dollars et ceux de JP Morgan Chase 49,3 billions de dollars. Un contrat d'échange de taux d'intérêt de cette ampleur, avec une exposition légèrement plus importante, peut réaliser un profit énorme dans la manipulation du Libor. Dans son rapport du premier trimestre 2009, Citi a admis que les revenus nets d'intérêts généreraient un bénéfice stupéfiant de 936 millions de dollars si les niveaux de taux d'intérêt baissaient de 0,25 point de pourcentage par trimestre ; une réduction d'un point de pourcentage entraînerait un bénéfice de 1,9 milliard de dollars.

Comment la baisse des taux d'intérêt a-t-elle permis aux banques de générer des rendements aussi étonnants ? N'oubliez pas les milliers d'États, de comtés, de collectivités locales, d'écoles, d'hôpitaux, de bibliothèques, de services des eaux et d'autorités de transport aux États-Unis qui ont conclu des contrats de swap de taux d'intérêt avec les banques, en vertu desquels la baisse des taux d'intérêt les obligera à payer d'énormes primes de taux d'intérêt aux banques.

En fait, ce n'est pas un secret que la Couronne est bien consciente de la manipulation du Libor ; fin 2008, le gouverneur de la Banque d'Angleterre, Mervyn King, en décrivant le Libor devant le Parlement britannique, a explicitement dit,

> *" Il (le Libor) est à bien des égards le taux auquel les banques refusent de se prêter les unes aux autres, et non le taux auquel quiconque prêterait réellement. "*

La Federal Reserve Bank of New York a également adopté une approche ouverte à l'égard de la manipulation du Libor, un employé de Barclays ayant déclaré en 2008 à la Federal Reserve Bank of New York : "Nous savons que nous ne faisons pas une offre honnête sur le Libor, mais nous le faisons parce que si nous ne le faisons pas, nous attirons au contraire une attention inutile". "Geithner, alors gouverneur de la Federal Reserve Bank of New York, avait écrit un mémo à la Banque d'Angleterre en 2008 pour alerter Marvin King sur la manipulation du Libor, mais Geithner n'a rien fait pour forcer la Banque d'Angleterre à mener une enquête de fond. Quelques mois après le mémo de Geithner, un employé de Barclays a déclaré à la Federal Reserve Bank of New York que le Libor était toujours "une ordure absolue".

Le Wall Street Journal s'est intéressé à l'affaire de la manipulation du Libor. En mars 2011 et février 2012, il est apparu que les régulateurs financiers et le ministère de la justice des États-Unis avaient ouvert des enquêtes criminelles sur la manipulation du Libor.

La question qui se pose est la suivante : la manipulation du Libor a eu lieu à Londres et la juridiction américaine est limitée au territoire des États-Unis. Sur quelle base le ministère américain de la justice peut-il enquêter et poursuivre les personnes impliquées dans l'affaire au Royaume-Uni ? Étant donné que les taux Libor constituent également la référence en matière de tarification des produits financiers tels que les prêts hypothécaires, les cartes de crédit et les prêts étudiants aux États-Unis, la manipulation des taux Libor constitue une violation du droit national américain et le ministère américain de la justice est habilité à mener des enquêtes et des dépositions au niveau international.

Il en va de même pour d'autres pays, comme Kunming, dans la province du Yunnan, où une personne a intenté un procès à la Réserve fédérale devant un tribunal chinois après avoir poursuivi les États-Unis pour avoir déprécié la valeur de ses dépôts en dollars en raison de leur politique d'assouplissement quantitatif, comme l'ont rapporté les médias nationaux. Cette allégation échappe clairement à la juridiction de la Chine ; toutefois, si l'avocat des plaignants peut trouver des preuves que la dépréciation du dollar américain a effectivement porté atteinte aux intérêts légitimes des plaignants et constitue une violation manifeste du droit chinois, alors une telle allégation autoriserait également le pouvoir judiciaire chinois à mener une enquête internationale. La Chine manque clairement d'expérience internationale, et son économie est depuis longtemps liée au monde. Lorsque des actions étrangères portent atteinte aux intérêts nationaux de la Chine, celle-ci devrait également agir pour protéger les siens, ou du moins inspirer un fort sentiment d'auto-préservation à l'enquête internationale américaine sur le Libor.

Bien que les marchés financiers chinois ne soient pas ouverts, de nombreux investisseurs nationaux sont sortis dans le monde par le biais de fonds QDII (Qualified Domestic Investor), qui, quelle que soit leur répartition des actifs, impliqueront presque certainement les taux Libor, et ces investisseurs sont effectivement en droit de faire des réclamations contre les banques qui manipulent le Libor.

Au fur et à mesure que l'enquête sur le Libor progressait, de plus en plus de preuves directes ont été découvertes. Un trader de la RBS a admis que les cadres supérieurs de leur banque demandaient régulièrement aux cotateurs de taux Libor de la banque de soumettre des cotations de taux Libor favorables à la banque, et qu'ils satisfaisaient de temps à autre les demandes de taux Libor de certaines de leurs anciennes relations, ce qui était devenu monnaie courante en interne. Des preuves encore plus explosives de la manipulation des taux d'intérêt sont le contenu des conversations fournies par des courriels, des textos de téléphones portables et d'autres moyens de communication entre traders, qui ont finalement été révélés.

Les régulateurs financiers d'au moins dix pays du monde entier ont ouvert des enquêtes sur la manipulation des taux d'intérêt du Libor, et vingt grandes banques mondiales ont été désignées pour faire l'objet d'une enquête.

Le résultat final de l'affaire de manipulation du Libor se traduira probablement par des poursuites pénales à l'encontre de quelques traders et rien de plus qu'une amende pour les grandes banques. Les dirigeants des grandes banques ne savent-ils pas que les traders jouent avec les taux d'intérêt ? Ne sont-ils pas impliqués ? C'est impensable, mais difficile de trouver des preuves de ces personnes. Contrairement aux traders stupides et imprudents qui exposent les manipulations dans des SMS ou les enregistrent sur leur agenda, ils sont plus conscients juridiquement, plus protecteurs et moins exposés.

Comme le dit le proverbe, la poutre du haut n'est pas la bonne et la poutre du bas n'est pas la bonne, les traders osent manipuler le Libor de façon inconsidérée, ce qui indique l'assentiment des dirigeants des banques ; les grandes banques osent faire ce qu'elles veulent, car les banques centrales comme la Réserve fédérale manipulent ouvertement les taux d'intérêt tous les jours. Le but des politiques monétaires laxistes des pays est de supprimer artificiellement les taux d'intérêt, et puisque les patrons au pouvoir font cela, comment peuvent-ils avoir la bonté de retenir leurs larbins ? Toute cette débâcle n'a pas été déclenchée par les banques centrales qui ont fait le ménage dans leur propre porte, mais par l'intervention d'autres branches du gouvernement.

Si la réponse à la question de savoir qui est le plus grand manipulateur de taux d'intérêt, ce n'est clairement pas les traders, qui sont les boucs émissaires, ni les grandes banques, qui sont au mieux complices ; ce sont les banques centrales qui sont les maîtres d'œuvre de la manipulation des taux d'intérêt sans précédent dans l'histoire de l'humanité, et ce sont les gouvernements qui sont les plus grands complices.

Le gouvernement des États-Unis est l'un des principaux bénéficiaires des politiques de taux d'intérêt ultra-faibles, et l'énorme déficit doit de toute urgence réduire le coût du financement de la dette nationale, qui, en 2008, a coûté au gouvernement fédéral 4,5% en moyenne de ses 10 000 milliards de dollars et 451 milliards de dollars en paiements d'intérêts annuels sur la dette nationale. En 2012, la dette nationale américaine totale a atteint 16 000 milliards de dollars, alors que les paiements d'intérêts du gouvernement fédéral sur la dette nationale sont tombés à 360 milliards de dollars et que le taux d'intérêt moyen sur la dette nationale est tombé à 2,3%, tandis que le rendement moyen de l'emblématique dette nationale à 10 ans n'était que de 1,75%, même en dessous de l'inflation. C'est grâce à la manipulation des taux d'intérêt par la Fed.

Si le rendement de l'obligation du Trésor à 10 ans était resté au niveau de septembre 2013, soit 2,75%, le taux d'intérêt moyen des bons du Trésor aurait été de 3,6%, et le total des charges d'intérêt aurait dépassé 600 milliards de dollars, ce qui équivaut à peu près au budget total de la défense et de l'armée américaine. Si le coût moyen des intérêts de la dette nationale revient au niveau normal de 4,5% en 2008, les paiements d'intérêts de la dette nationale s'envoleront à 765 milliards de dollars, à savoir que le total des recettes fiscales des États-Unis en 2012 n'est que de 2,45 trillions, si les paiements d'intérêts de la dette nationale représentaient à eux seuls près d'un tiers du total des recettes fiscales, alors que penseront les créanciers des États-Unis ? Y a-t-il un espoir de payer une telle dette ? Même si les États-Unis peuvent imprimer de l'argent pour payer leurs dettes, quelle confiance restera-t-elle dans la "teneur en or" du dollar ?

Il ne fait aucun doute que le gouvernement américain est un fervent partisan des taux d'intérêt ultra-bas.

Bien sûr, ce n'est pas seulement le gouvernement américain qui adopte activement les taux d'intérêt ultra-bas, mais aussi tous les pays développés qui halètent avec une dette élevée qui ont un intérêt commun. Les gouvernements ont d'abord été victimes de la crise financière, mais ils ont ensuite mis en œuvre d'énormes politiques d'État déficitaires qui n'ont fait que déprécier le système bancaire et n'ont pas contribué à la reprise de l'économie réelle, et finalement les gouvernements ont été "pris en otage" par le système bancaire, pris dans un piège de la dette dont ils ne pouvaient pas s'extraire.

Le besoin désespéré du gouvernement américain de réduire le coût de ses déficits, le fétichisme de la Fed pour le regonflement des actifs et le fort appétit du système bancaire pour les énormes profits ont parfaitement formé l'impasse infranchissable des taux d'intérêt ultra-bas. Ils se sont utilisés les uns les autres, ont uni leurs forces et ont veillé les uns sur les autres. Dans ce contexte, la manipulation des taux d'intérêt est devenue une plate-forme commune, les banques centrales étant responsables de l'"intervention prévue" et de la "suppression de la politique" des mouvements des taux d'intérêt, les banques étant responsables de l'"intervention sur le marché" et de la "suppression des transactions", et le gouvernement des États-Unis créant constamment des tensions géopolitiques, des crises de guerre et des attaques terroristes, avec un objectif en tête : dans un monde extrêmement "insécurisé", les bons du Trésor américain sont le seul refuge sûr.

La manipulation du Libor n'est rien de plus qu'un incident dans un contexte plus large, et un Libor plus bas est bon pour réduire le coût du financement des bons du Trésor, pour faire monter le prix des bons du Trésor, et pour le tableau plus large de la reflation des actifs. C'est juste que cela a été joué de manière trop explicite au point que "aucune enquête n'est suffisante pour mettre les civils en colère".

Les taux d'intérêt ultra-bas font exploser la plus grosse bulle financière de l'histoire

On croit généralement que les banques ont instinctivement horreur de l'inflation et préfèrent des taux d'intérêt plus élevés parce qu'elles sont des prêteurs dont l'intérêt fondamental est de protéger les revenus d'intérêts. En fait, la conclusion est tout le contraire, des taux d'intérêt bas, des taux d'intérêt super bas, des taux d'intérêt super bas permanents sont la plus grande aubaine pour le système bancaire.

En effet, les taux d'intérêt bas font grimper le prix de tous les actifs financiers, et les banques en sont les plus grands bénéficiaires.

L'objectif fondamental de l'assouplissement monétaire est de créer une regonflementation[27] des actifs, et le rebondissement progressif des prix des actifs est comme une marée montante d'eau de mer, qui noie les récifs de créances douteuses cachées dans les livres de la banque et en dehors, présentant une mer calme et bleue devant les gens. Les nageurs ordinaires ne peuvent ni voir les rochers déchiquetés et escarpés sous la surface, ni sentir la marée noire féroce, ni repérer les requins mangeurs d'hommes assoiffés de sang. Un tel environnement écologique est le plus propice à la prolifération des prédateurs.

Dans un environnement de taux d'intérêt bas, tout peut arriver. Le rendement des bons du Trésor américain à 10 ans, par exemple, est

---

[27] Barbarisme qui résume néanmoins parfaitement la fonction du QE, Nde.

inférieur à l'inflation depuis longtemps, ce qui signifie qu'un investisseur sain d'esprit qui investit dans des bons du Trésor à 10 ans verra son capital lentement rongé par l'inflation. Dans le même temps, la part de la dette nationale dans le PIB augmente chaque année, ce qui signifie que le risque lié au service de la dette s'accroît. Mais il n'a toujours pas hésité à investir dans des bons du Trésor américain, car il savait que la Fed achetait constamment des bons du Trésor, malgré le fait que les rendements étaient de plus en plus bas, mais que le prix des bons du Trésor était de plus en plus élevé, et ce n'était plus le revenu des intérêts qu'il recherchait à ce stade, mais le revenu du prix.

Plutôt que de rechercher des flux de trésorerie, les investisseurs s'attendent-ils à ce que les prix continuent d'augmenter ? Cela ressemble un peu à une bulle immobilière. À l'époque, les revenus locatifs étaient négligeables, mais les prix des maisons ne cessaient d'augmenter, et il y avait toujours quelqu'un prêt à offrir un prix plus élevé pour prendre la maison. La bulle boursière était très similaire en ce sens que l'investisseur n'avait aucun sens des dividendes mais était absolument convaincu que le prix de l'action allait continuer à monter et monter et qu'un autre groupe d'imbéciles se précipiterait pour surenchérir et lui acheter l'action jusqu'à ce qu'il réalise qu'il était le dernier.

Ce sont les augmentations, et non les stocks, qui déterminent l'évolution des prix.

Les taux d'intérêt doivent être constamment bousculés pour créer de la volatilité tout en maintenant l'élan nécessaire à la poursuite de la hausse des prix des actifs. La hausse constante de la Fed a créé un marché en dents de scie, tandis que les swaps de taux d'intérêt ont parfaitement assuré une tendance à la baisse des taux.

Les banques parient sur des taux d'intérêt plus bas signés par les swaps de taux d'intérêt, ce qui équivaut à vendre à découvert les taux d'intérêt sur le marché, ce qui est tout à fait cohérent avec le principe de vente à découvert de l'or papier sur le marché de l'or, plus l'échelle de vente à découvert de l'or est grande, plus la pression à la baisse sur les prix de l'or est importante.

De 2007 à 2012, la valeur nominale des swaps de taux d'intérêt a doublé, passant de 20 000 milliards de dollars à la taille stupéfiante de près de 40 000 milliards de dollars, ce qui revient à ajouter un autre poids lourd au levier de suppression des taux d'intérêt de la Fed, le QE. Dans les cinq années qui ont suivi la crise, la Réserve fédérale, la

Banque centrale européenne, la Banque d'Angleterre, la Banque du Japon et la Banque centrale de Chine ont acheté un total de 10 000 milliards de dollars d'actifs du Trésor. 10 000 milliards de dollars de dette des banques centrales et 400 000 milliards de dollars de produits dérivés sur taux d'intérêt ont été combinés pour créer une écologie sans précédent de taux d'intérêt ultra-bas, créant ainsi la pire bulle d'actifs de l'histoire humaine.

De 2007 à la fin de 2013, le total des achats de dette de la Réserve fédérale, de la Banque centrale européenne, de la Banque du Japon et de la banque centrale chinoise a atteint 10 000 milliards de dollars.

Les deux façons dont les banques centrales achètent de la dette et échangent des taux d'intérêt pour supprimer les taux d'intérêt peuvent être exprimées graphiquement comme suit : les banques centrales plantent le décor et les swaps jouent.

Selon un rapport publié en 2013 par l'Office of the Comptroller of the Currency (OCC), le commerce des produits financiers dérivés aux États-Unis est concentré entre les mains d'un très petit nombre de grandes banques, les quatre plus grandes banques ayant le monopole sur 93% de la valeur nominale totale des produits financiers dérivés : JP Morgan Chase, Citibank, Bank of America et Goldman Sachs. Les swaps de taux d'intérêt représentent à nouveau une part absolue des produits financiers dérivés, avec une valeur nominale de 188 000 milliards de dollars, soit 81% de tous les produits dérivés. [28]

On peut dire avec quelle confiance une poignée de grandes banques parient contre le monde sur les mouvements des taux d'intérêt, avec leurs propres expositions de plusieurs millions de dollars, que les taux d'intérêt n'augmenteront pas ! À bien y penser, leur confiance est logique. Ces grandes banques ont une influence déterminante sur la politique de la Fed, et nombre d'entre elles sont également les décideurs et les exécutants des opérations d'open market de la Fed, à la fois comme arbitres et comme athlètes. Elles ont le droit de participer aux discussions politiques au sein de la Fed, et encore moins à la mise en œuvre du plan d'exécution, et elles disposent d'une clairvoyance inégalée sur le marché, voire d'un pouvoir de décision. Ils osent donc

---

[28] Rapport trimestriel sur les activités des banques en matière de produits dérivés, Bureau du contrôleur de la monnaie, 2013.

parier gros car ils sont les propriétaires du casino et ils ont le pouvoir de changer les règles du casino.

En plus de la prévision absolue du marché, les grandes banques ont un autre avantage, qui est le facteur d'assurance absolue "big but not down". Quel que soit le risque qu'elles prennent, la Fed finira par l'assumer, car leur vie ou leur mort sera liée à la survie de l'ensemble du marché financier américain, affectant directement la sécurité de l'économie américaine et de l'économie mondiale. Quel que soit le responsable de la Maison Blanche et de la Réserve fédérale, il a dû sauver, et n'ose pas sauver, les "gros".

Prévoyance absolue du marché + facteur d'assurance absolu = avidité absolue.

Quelle autre raison ces banques ont-elles de craindre de jouer aussi audacieusement ?

Mais ce qui devrait arriver arrive toujours, et il y a des moments où les paris s'arrêtent. Lorsqu'une méga-bulle financière mondiale gonflée par des taux d'intérêt ultra-bas éclatera, le désastre sera violent et brutal.

Alors que l'on entend la mèche des rendements du Trésor commencer à grésiller, les taux d'intérêt, ce volcan endormi est sur le point d'entrer en éruption !

Arrêter le QE, c'est chercher la mort, continuer le QE, c'est attendre la mort.

En mai 2013, Bernanke a mené une expérience dangereuse : il a tenté de tester et d'évaluer la réaction du marché mondial à la sortie du QE de la Fed en criant et le résultat a été une flambée désastreuse des taux d'intérêt ! Les rendements du Trésor sont presque hors de contrôle, la valeur des obligations se réduit fortement, les indices boursiers plongent, les marchés des pensions sont sous pression, les monnaies fictives manquent cruellement et les marchés émergents sont exsangues.

Bernanke comprend enfin que l'assouplissement quantitatif est beaucoup plus dangereux qu'il ne le pensait pour s'en sortir en un seul morceau, et que la Fed est loin d'être prête à faire face aux conséquences désastreuses de la flambée des taux d'intérêt. En conséquence, il a dû faire marche arrière lors de la réunion de la Fed en septembre et poursuivre l'assouplissement quantitatif la tête haute.

Le plus grand avantage de l'assouplissement quantitatif a été la création d'un environnement financier à taux d'intérêt ultra bas, le système bancaire profitant de cinq années de regonflement des actifs. Cependant, tout ce qui a un avantage a un inconvénient, et la conséquence de la suppression artificielle des taux d'intérêt est que l'on doit faire face à un rebond des taux d'intérêt après la suppression, et plus la force de la suppression est grande, plus le rebond sera destructeur.

Du point de vue de l'effet économique, le niveau global des taux d'intérêt a été faussé d'au moins 800 points de base par rapport à la normale, y compris la politique du taux de base zéro qui a été faussée d'au moins 400 points de base, tandis que l'échelle d'achat de la dette de 3 000 milliards de dollars a "contribué" à 400 autres points de base. Entre mai et septembre, les rendements du Trésor à 10 ans n'ont rebondi que de 100 points de base, les marchés financiers mondiaux sont déjà dans la tourmente, 8 fois la flambée des taux d'intérêt signifiera quoi ?

Bernanke sait que la conséquence de la poursuite de l'assouplissement quantitatif est de toucher l'iceberg des rachats, il n'a donc pas d'autre choix que de mettre fin à l'assouplissement quantitatif le plus tôt possible.

Si un exercice de sandboxing visant à simuler une sortie de l'assouplissement quantitatif est effectué, la Fed devra alors faire face aux ondes de choc d'une explosion des taux d'intérêt en trois temps.

La première onde de choc commencera avec la réduction par la Fed de ses achats de bons du Trésor et de titres adossés à des créances hypothécaires à long terme, ce qui déclenchera la première flambée des taux d'intérêt à long terme.

Dans le cas de rendements réels négatifs ou insignifiants des obligations du Trésor, ces dernières sont considérées comme une valeur refuge, principalement parce que les investisseurs parient que les prix des obligations du Trésor vont augmenter à l'infini, et que la Réserve fédérale, en tant que plus grand acheteur du marché, a en fait, pour les prix des obligations du Trésor, coulé un "fond de diamant". La réduction par la Fed de la taille des achats de titres de créance signifie que le "fond de diamant" n'est pas garanti, alors les investisseurs exigeront inévitablement des rendements plus élevés pour compenser le risque qu'ils prennent, et le niveau des taux d'intérêt à long terme augmentera sensiblement.

Cette réaction du marché, à son tour, sera interprétée par un plus grand nombre d'investisseurs comme signifiant que la hausse des taux d'intérêt est déjà la tendance générale, de sorte qu'un plus grand nombre d'investisseurs doivent faire face au changement futur à l'avance, ils commencent soit à vendre des actifs obligataires, soit à vendre des obligations à découvert pour spéculer sur le profit. À ce stade, même si la Fed maintient le taux d'intérêt de référence inchangé à zéro, mais la hausse des rendements obligataires longs va progressivement devenir incontrôlable, ce qui incitera davantage d'investisseurs à rejoindre l'armée des ventes et des ventes à découvert.

Les taux des obligations à long terme sont hors de contrôle et les rendements des obligations à court et moyen terme sont contagieux pour la psychologie du marché, bien que dans une moindre mesure, mais le marché obligataire ne peut éviter une panique générale des taux d'intérêt. Ainsi, les fonds spéculatifs, les fonds monétaires, les fonds de pension et les compagnies d'assurance qui détiennent des actifs obligataires seront soumis à une forte pression en raison des pertes d'actifs causées par la chute des prix des obligations. Les fonds spéculatifs opérant à des niveaux élevés d'effet de levier seraient dans un état d'anxiété extrême car leurs fonds dépendent presque entièrement de financements garantis par des pensions, mais soudain la valeur de ces actifs garantis diminue de façon spectaculaire, les teneurs de marché ou les traders commencent à appeler les gestionnaires de fonds spéculatifs avec frénésie, demandant des appels de marge ou plus sur les actifs garantis, et les fonds spéculatifs désespérés sont obligés de vendre leurs avoirs risqués pour encaisser la pression. Lorsqu'une telle situation prévaut sur le marché, le marché financier a provoqué une "pénurie d'argent".

Lorsque plusieurs des fonds spéculatifs les plus endettés annonceront que leurs chaînes de financement se sont rompues, le marché entrera dans une phobie de la prise de risque, et les chaînes de repo déjà surchargées seront pleines de pièges, d'anneaux qui pourraient se rompre, Londres sera le centre du vent, l'Allemagne, les États-Unis, Hong Kong, la Chine, Singapour, l'Amérique du Sud, et partout où les chaînes de repo sont enfilées, la panique s'installera.

Ce n'est que la première onde de choc qui a commencé avec l'emballement des taux d'intérêt à long terme. La deuxième onde de choc sera déclenchée par une flambée des taux d'intérêt à court terme.

La Réserve fédérale, la Banque d'Angleterre, la Banque centrale européenne et la Banque du Japon n'ont pas osé et n'osent pas augmenter les taux d'intérêt à court terme, mais les taux d'intérêt Libor ne seront pas contrôlés par la "réaction instinctive" de la banque centrale. Avec la crise de 2008, le taux d'intérêt de référence des banques centrales britannique et américaine est rapidement tombé à zéro, mais le Libor a déjà atteint 4% ou plus, et le taux d'intérêt de référence des banques centrales s'est séparé. Le Libor est un taux d'intérêt de marché pur, après tout, pour participer à l'offre des grandes banques elles-mêmes ont souffert de la contraction des actifs et d'un financement insuffisant, la pénurie d'argent sur le marché financier affectera naturellement l'offre du Libor. En particulier, le marché du Libor vient de subir un "coup sévère", la probabilité de la banque "à la tête du vent" à nouveau fortement réduite, les taux Libor vont inévitablement augmenter.

C'est là que les problèmes s'intensifient !

Sur les 40 000 milliards de dollars de swaps de taux d'intérêt, le taux flottant est essentiellement bloqué sur le Libor, le risque étant fortement concentré sur quelques-unes des plus grandes banques, celles qui ont fait fortune les années précédentes, maintenant bêtement. Après la crise financière, les swaps de taux d'intérêt ont doublé, et le nouveau contrat de 20 000 milliards de dollars était naturellement un pari contre les banques à des taux d'intérêt ultra-bas, et lorsque les banques ont vérifié leurs livres, elles n'ont pu s'empêcher de prendre une respiration froide. Le feng shui tourne, malchanceux pour les leurs, et pire, la valeur du contrat devient "négative", ce qui obligera la banque à "geler" plus d'actifs, à "geler" aussi la trésorerie déjà courte. Les termes qui étaient utilisés par les banques pour intimider des milliers de collectivités locales, d'écoles et d'hôpitaux sont maintenant, à leur tour, une corde autour de leur cou. Bien sûr, si les grandes banques sont suffisamment "rusées", ces conditions pourraient être des "traités inégaux", visant uniquement les autres, sans se limiter elles-mêmes, c'est-à-dire des conditions inégales.

Si les taux d'intérêt continuent à s'envoler, l'étau autour du cou de la banque ne cessera de se resserrer.

Attendez une minute, n'est-il pas vrai que les banques ont encore 2 000 milliards de dollars de liquidités sur le compte de réserves excédentaires de la Fed ? L'argent oisif est resté là en silence, mangeant les 0,25% d'intérêt sur l'offre de la Fed. Oui, ces 2 000 milliards de dollars "existent" dans les bilans des banques, mais on aurait tort de penser que les banques laissent dormir une telle somme juste pour manger un peu d'intérêt. Le "corps" de l'argent est toujours là, mais l'"âme" s'est depuis longtemps envolée du bilan de la banque.

Cela est également dû aux directives comptables relatives aux rachats, où les liquidités sont un actif garanti de qualité au même titre que les obligations, et comme il existe une chaîne de garantie pour les obligations, on peut en dire autant des liquidités. Les plus de 6 milliards de dollars que JP Morgan Chase a lamentablement échoués lors de l'incident de la "baleine de Londres" en 2012 sont en fait un excellent exemple du transfert de "l'épargne excédentaire" à Londres pour les jeux d'argent, où l'épargne est toujours comptabilisée, mais perd en réalité tout.

L'effondrement qui s'est produit sur le marché des swaps de taux d'intérêt aura un autre effet terrible. La nature des swaps de taux d'intérêt équivaut à ce que les grandes banques vendent les taux à découvert, et si ce marché se désintègre, alors le plus grand glacier pressé sur les taux fondra rapidement et les taux d'intérêt connaîtront un pic de représailles, qui évoluera en une éruption d'un volcan de taux d'intérêt !

Ne cherchez pas plus loin que les prix des obligations, ils ne donnent aux investisseurs obligataires qu'un brusque choc cérébral.

La deuxième onde de choc fera exploser la "bombe à hydrogène" des swaps de taux d'intérêt ! L'épicentre de la crise financière de 2008 est le marché des contrats d'échange sur défaut de crédit (CDS), qui ne représente qu'une "bombe atomique" de 60 000 milliards de dollars, et la taille des contrats d'échange sur taux d'intérêt est près de sept fois supérieure à celle du marché des CDS, si les contrats d'échange sur taux d'intérêt s'effondrent, la crise financière de 2008 sera comme un plat froid avant le repas principal, pas de quoi s'étouffer.

Lorsque les banques centrales ont tenté de venir à nouveau à la rescousse des "gros mais pas morts", elles ont constaté qu'elles n'avaient ni armes ni munitions. La banque centrale ne peut-elle pas à nouveau imprimer de la monnaie ? N'oublions pas que c'est l'impression de monnaie qui a fait exploser la bombe à hydrogène, et quelqu'un croit-il qu'une nouvelle impression puisse sauver la crise ?

L'arme la plus importante de la banque centrale n'est pas le pouvoir d'imprimer de la monnaie, mais la confiance que les gens lui accordent. La perte de cette confiance, et le sens du pouvoir, ont été démontrés en action tant par la Banque centrale allemande en 1923 que par la Banque centrale de la République de Chine en 1949.

On craint également qu'une troisième onde de choc ne s'éloigne de la confiance monétaire précaire. Puisque le risque de sortie du QE est si horrible, quelles sont les conséquences de la poursuite du QE ?

C'est le collatéral de qualité sur le marché du repo, drainé pas à pas par la banque centrale. Sur la chaîne de rachat, il y aura un "spectacle acrobatique" de plus en plus excitant, avec 5, 10 ou 20 bouteilles devant être couvertes par un seul couvercle. Un élastique de rachat trop tendu accumulera une tension de recul plus forte qui se brisera ou rebondira pour faire mal. La liquidité s'asséchera également rapidement lorsqu'une panique sur le risque domestique provoquera un gel soudain du marché des pensions.

L'objectif principal des investisseurs qui achètent de grandes quantités de Treasuries est de financer les rachats afin d'augmenter la taille des actifs et de générer des rendements plus élevés. Si le marché des pensions est trop risqué, la demande de Treasuries va également chuter rapidement, ce qui équivaut à l'effet de la sortie de la Fed du QE, c'est-à-dire une offre excédentaire de Treasuries, avec pour conséquence que les taux d'intérêt augmentent également. Dans le même temps, les teneurs de marché ne seront pas en mesure de maintenir d'importants stocks d'obligations à l'aide du financement repo, ce qui entraînera une baisse de la liquidité du marché obligataire, comme c'est déjà le cas avec la détérioration du marché des obligations d'entreprise. Les obligations sont bonnes à acheter et mauvaises à vendre, et les investisseurs frustrés ne manqueront pas d'exiger des rendements plus élevés pour compenser leurs pertes, ce qui, si on le traduit, revient à augmenter les taux d'intérêt.

Quelle est la suite ? Veuillez revenir au premier tour de Blaster. L'assouplissement monétaire quantitatif arrive à la fin de l'histoire, et il n'y a pas de sortie sûre du QE ! Le monde est confronté soit à une nouvelle série de crises financières plus graves, soit à des guerres localisées et à des troubles sociaux, ou pire encore, peut-être aux deux.

Le nuage sur la guerre en Syrie n'est rien d'autre que le prélude à une crise mondiale, le Moyen-Orient, l'Asie du Sud, l'Asie de l'Est et du Sud-Est étant tous exposés à un risque élevé de conflit géopolitique futur. Historiquement, lorsque les crises économiques et financières ont atteint le point où elles ne peuvent être atténuées, la guerre a souvent été la solution ultime.

Explications

Dans une ville bien surveillée, il n'est pas nécessaire d'installer des portes et des fenêtres anti-effraction très résistantes dans chaque maison. Les gestionnaires de la ville qui se concentrent sur les cambriolages, plutôt que sur l'éradication de la pauvreté à la racine et l'éradication des foyers de criminalité, ne seront pas en mesure de faire face au vol endémique avec un système de cambriolage coûteux.

Les fluctuations des taux d'intérêt sur le marché existent depuis au moins cinq mille ans, et le risque de taux d'intérêt a toujours accompagné l'évolution de la civilisation depuis la civilisation mésopotamienne. La couverture du risque de taux d'intérêt n'est pas un problème propre à notre époque ; la révolution industrielle, la révolution électrique, la révolution aérospatiale comportaient toutes un risque de taux d'intérêt, mais jusqu'à l'avènement du "dollar européen", il n'y avait pas lieu de trop s'inquiéter de la volatilité des taux d'intérêt. Lorsque l'ancrage de la valeur de l'argent est très stable, les fluctuations des taux d'intérêt ne font pas de grandes vagues.

Lorsque l'étalon-or a été aboli aux États-Unis, l'ancrage de la monnaie a été perdu, et le découvert excessif du dollar a sérieusement perturbé la stabilité monétaire dans le monde entier. Les taux d'intérêt ont fluctué de façon spectaculaire, les taux de change ont beaucoup fluctué, le monde financier a soudainement perdu une bonne sécurité, en conséquence de quoi tout le monde était en danger, et chaque ménage s'est engagé dans la couverture des risques, ce qui est la raison fondamentale de la survie et de l'expansion des produits dérivés tels que les swaps de taux d'intérêt, les swaps de devises, les swaps de défaut de crédit, la titrisation des actifs. L'expansion monstrueuse des marchés de produits financiers dérivés n'est pas la cause de la prospérité économique, mais le résultat du chaos monétaire !

Plus le monde est dangereux, plus les assurances sont nécessaires. Ce n'est pas une scène de paix et de prospérité, mais un signe de la fin des temps.

La couverture du risque est coûteuse, et si chaque membre de la société devait être couvert, cela signifierait un coût géométriquement plus élevé pour la société dans son ensemble. L'installation de portes anti-effraction dans chaque maison n'augmentera pas la prospérité de la société, mais ne fera que rendre heureux les marchands de portes anti-effraction. Les marchands de portes anti-effraction ont hâte que la société soit aussi désordonnée que possible, et les citadins ont certainement hâte de vivre dans la paix et la prospérité.

Pour un grand pays ancré dans l'économie réelle, plus la taille des produits financiers dérivés est importante, plus le coût de l'assurance des dépenses industrielles est élevé, ce qui n'aide pas l'économie industrielle, mais exploite le reste de la population. Dans une existence aussi féroce et dure, les bonnes personnes deviendront également méchantes, et les industrieux seront aliénés dans la trahison.

Ironiquement, au lieu de réduire le risque financier, la couverture du risque a créé des désastres financiers plus destructeurs.

CHAPITRE V

Les spéculateurs de Wall Street en action

Le rebond des prix de l'immobilier est considéré comme une autre "preuve irréfutable" de la reprise économique aux États-Unis, et la vérité est une fois de plus obscurcie par la désillusion et le fanatisme. La raison pour laquelle les prix peuvent dérouter la grande majorité des gens est que ceux-ci ont tendance à ne regarder que les prix eux-mêmes et à ne pas analyser les raisons sous-jacentes de leur formation.

Mars 2012 a été un point d'inflexion dans le renversement des prix de l'immobilier américain, et le marché baissier de l'immobilier, qui durait depuis six ans, a finalement pris un tournant. Le facteur clé pour parvenir à ce renversement des prix de l'immobilier a été le changement de l'offre et de la demande de maisons saisies par les banques. D'une part, l'accumulation des dossiers de saisie dans les banques a ralenti la forte pression des ventes aux enchères de saisies sur les prix des maisons ; d'autre part, avec le soutien du gouvernement américain, les spéculateurs de Wall Street ont commencé à entrer sur le marché en force, balayant les stocks de maisons saisies dans les cinq grandes catastrophes immobilières des côtes est et ouest des États-Unis, inversant la tendance de l'immobilier d'un seul coup en quelques mois.

La spéculation de Wall Street dans les dizaines de milliards de dollars de fonds, mobilise des centaines de milliards de l'armée spéculative, convoite les milliards du marché immobilier et son utilisation des fonds influence le temps court ; son interventionnisme efficace peut être considéré comme un cas classique de moyens financiers œuvrant aux changements de tendance au sein de la guerre immobilière.

Le problème est que les manipulations financières peuvent modifier les prix du marché à court terme, mais sont impuissantes à maintenir les tendances à long terme. L'avenir de l'immobilier dépend de la jeune génération d'acheteurs potentiels, qui sont sur le point de perdre leurs rêves.

Sous la menace d'un volcan de taux d'intérêt, les spéculateurs de Wall Street ont commencé à préparer une "fuite triomphale", l'une de leurs deux voies de repli ayant échoué et l'autre commençant tout juste à être tentée.

N'oubliez pas que le succès du concept de "titres adossés à des hypothèques locatives" déterminera le succès de la percée des spéculateurs de Wall Street.

Les plaies de l'hémorragie des prix des maisons : Maisons saisies

En janvier 2012, alors que la Chine s'efforçait de maintenir les prix de l'immobilier à un niveau bas, les États-Unis s'inquiétaient du fait qu'ils ne pouvaient pas les maintenir à un niveau bas. Les Chinois ne croient tout simplement pas que les prix de l'immobilier puissent baisser, tout comme les Américains l'ont fait en 2006 et les Japonais en 1989.

En fait, la clé de la baisse des prix de l'immobilier est l'effondrement des prêts hypothécaires, les défauts de paiement importants et graves ont forcé les banques à confisquer les propriétés pour les vendre aux enchères, et les faibles prix des enchères ont écrasé les prix des propriétés. Jusqu'à présent, il y a eu très peu de cas en Chine où les propriétés ont été confisquées par les banques pour être mises aux enchères, de sorte que le concept de saisies bancaires est relativement indifférent.

Lorsqu'une personne achète une maison par le biais d'une hypothèque bancaire, tant en Chine qu'aux États-Unis, comme l'acheteur n'a pas d'autres actifs à mettre en garantie, le bien acheté est utilisé comme garantie pour la banque et celle-ci ne rend pas la propriété du bien au propriétaire tant que l'hypothèque n'est pas entièrement payée. Pour les acheteurs de maison, le remboursement mensuel de l'hypothèque à temps est un processus continu de "rachat" de la propriété de leur bien. Si le remboursement n'est pas effectué à temps, la banque a le droit de suspendre le "rachat" du propriétaire et de mettre l'hypothèque aux enchères, d'où le terme "saisie".

Dans des circonstances normales, les banques sont réticentes à conserver un grand nombre de propriétés saisies, ce qui serait coûteux en termes de ressources humaines et financières et serait plus coûteux que les avantages, et la meilleure option est de mettre les propriétés aux enchères dès que possible pour récupérer les fonds rapidement. Les saisies ont tendance à être très peu coûteuses, et elles arrivent sur le marché en grand nombre et en concentration, ce qui équivaut aux ventes massives et violentes qui ont eu lieu sur le marché de l'or "4-1-2", où le flux détermine finalement le prix de l'action. L'effondrement des maisons saisies a aggravé les attentes en matière de prix des maisons, tandis que la baisse des prix des maisons a exacerbé l'apparition de maisons saisies, un cercle vicieux qui s'est poursuivi pendant cinq ans aux États-Unis, de 2007 à 2012.

William C. Dudley, président et directeur général de la Banque fédérale de réserve de New York, a noté avec inquiétude lors du Forum économique de l'Association des banquiers du New Jersey, le 6 janvier 2012, que depuis 2006, date à laquelle les prix des maisons ont atteint un sommet, l'immobilier américain a subi une baisse sans précédent de 34%, les propriétaires perdant 7 300 milliards de dollars, soit plus de la moitié de leur valeur nette. Le nombre de nouvelles mises en chantier a chuté de façon spectaculaire, passant d'un pic de 1,75 million par an à 360 000 au début de 2009, pour se maintenir à seulement 420 000 en 2012.[29]

Au début de l'année 2012, bien que le déluge de défauts de paiement des prêts hypothécaires soit passé, il y avait encore 1,5 million de ménages qui étaient en défaut grave de paiement depuis plus de 90 jours sur leur prêt immobilier, et 2 millions de ménages qui étaient déjà en état de saisie bancaire. Lorsqu'une banque saisit une propriété, ces biens saisis sont appelés REO (Real Estate Owned). Si la situation ne s'améliore pas radicalement, 3,6 millions de logements supplémentaires seront saisis en 2012 et 2013.

Pour aggraver les choses, il y a 11 millions de familles aux États-Unis dont le total des prêts hypothécaires dépasse la valeur de leur

---

[29] William C. Dudley, *Housing and the Economic Recovery*, discours prononcé lors du forum économique de la New Jersey Bankers Association, Iselin, New Jersey, 2012-01-06.

maison, et ces débiteurs qui "noient leurs biens" sont fortement incités à "abandonner" leurs propriétés et à rejoindre l'armée des défaillants à tout moment, ce qui porte le nombre total de saisies potentielles à des dizaines de millions !

Imaginez que les banques détiennent des dizaines de millions de propriétés saisies, en lots et continuent de frapper le fragile marché immobilier, les prix des maisons américaines seront inévitables à nouveau dans une situation d'effondrement majeur, difficile à récupérer dans les 10 ans.

Lorsque l'économie était en plein essor, les ménages américains n'épargnaient pratiquement pas, et lorsqu'ils avaient besoin de dépenser, la maison qui prenait de la valeur était le distributeur de billets. Lorsque l'économie est en récession, il est difficile pour les gens de conserver leur emploi, et avec une croissance négative des revenus réels, il est encore plus difficile de vouloir dépenser librement. La maison est la principale richesse des ménages américains, et si les prix de l'immobilier continuent de baisser, l'effet de richesse se réduit, et la consommation tire l'économie, ce sont des paroles en l'air. Où sont les flux de trésorerie et les recettes fiscales lorsque la consommation est atone, que l'économie est déprimée et que l'activité économique fait défaut ? Et comment les bulles de la bourse et des marchés financiers peuvent-elles se maintenir ?

Les prix de l'immobilier continuent de chuter. Les États-Unis sont le pays le plus meurtrier et le plus en proie à des difficultés économiques, la politique d'assouplissement quantitatif de la Réserve fédérale a été mise en œuvre pendant deux cycles, tandis que les prix de l'immobilier tardent à s'améliorer.

La suppression des taux d'intérêt peut facilement entraîner un boom des obligations et des marchés boursiers, mais la plupart des Américains ne possèdent pas directement des actions et des obligations. L'effet de richesse de la bulle financière sur un grand nombre de personnes riches possédant des actifs financiers est bien plus important que la classe moyenne qui se bat pour garder son emploi et joindre les deux bouts, de sorte que le marché boursier record n'est pas suffisant pour stimuler une croissance soutenue de la consommation, tandis que l'argent facile de la Fed coule principalement dans le système financier, stimulant une plus grande bulle fantôme, les Américains ordinaires ne peuvent pas profiter des avantages du QE. Ainsi, la reprise des prix de l'immobilier ne concerne tout simplement pas la classe moyenne déjà endettée et "stressée".

Au début de 2012, la Réserve fédérale a clairement vu que le fait de s'appuyer uniquement sur l'impression monétaire QE et les taux d'intérêt ultra-bas ne permettra pas d'inverser fondamentalement la tendance à la baisse des prix de l'immobilier, le moyen le plus efficace restant la manipulation des prix sur les marchés financiers, qui a fait ses preuves.

Une fois de plus, il convient de souligner que l'immobilier, comme les marchés financiers, a pour loi commune que le prix des flux détermine le prix des actions, ou encore que ce sont les anticipations du prix des flux qui jouent un rôle déterminant.

Le marché immobilier américain compte un stock total de 133 millions d'unités, pour une valeur totale d'environ 23 000 milliards de dollars, et un volume annuel de ventes de 8 millions de logements neufs et existants, ce qui signifie que le trafic ne représente que 6% du stock.

Dans un marché où les prix des logements sont en baisse, les promoteurs qui sont prêts à lancer de nouveaux logements se préoccupent d'abord du prix de transaction des logements existants et jugent de la compétitivité et de la rentabilité des nouveaux logements sur le marché, et le prix des nouveaux logements est en fait influencé par le marché du logement existant. Sur le marché actuel du logement, près d'un million de maisons saisies ont été vendues chaque année, ce qui a sérieusement supprimé le prix de transaction de plus de 7 millions d'unités de transactions de logements actuels.

Si le prix moyen d'une maison dans un quartier est de 250 000 dollars, il suffit de mettre aux enchères quelques maisons saisies par les banques pour qu'elles ne coûtent que 120 000 dollars pour que tous les vendeurs de maisons subissent une pression psychologique énorme. Le fait est que cet écart de prix peut influencer les attentes du marché, rendant les acheteurs plus patients et les vendeurs plus impatients.

Si le trafic détermine l'inventaire, les maisons saisies sont la partie incrémentale du trafic, le "point" le plus critique qui détermine le prix global.

La Banque fédérale de réserve de New York et le département du Trésor américain regorgent d'experts en marchés financiers qui savent comment jouer le marché, et puisque les marchés des actions, des obligations, des taux d'intérêt et des métaux précieux peuvent être contrôlés artificiellement, le marché immobilier peut certainement apprendre d'eux. Ce que l'on appelle le "contrôle humain" consiste à "gérer les attentes" dans le bon sens du terme et à "manipuler les attentes" dans le mauvais. Qu'il s'agisse de "gestion" ou de "manipulation", le dénominateur commun de base est le mot "humain".

La clé pour inverser les prévisions de prix des maisons est de contrôler l'offre et la demande de maisons saisies, en les forçant à augmenter ! Pour y parvenir, il faut d'abord réduire l'offre de maisons saisies.

Blocage des saisies, stabilisation des prix des logements

Garder les propriétaires hors de la banque est la première astuce pour réduire l'offre de maisons saisies.

Le programme HAMP (Home Affordable Modification Program) a été lancé en 2009, dans le but de permettre aux contribuables de payer et aux banques de profiter, afin que les propriétaires puissent continuer à "s'accrocher" à des maisons qui sont devenues des "actifs noyés" afin de retarder les saisies. Le programme HAMP est entièrement dirigé par les banques, et si la banque estime qu'elle a plus à gagner du gouvernement, elle notifiera au propriétaire de réviser les conditions du prêt immobilier, par exemple en réduisant légèrement le paiement mensuel au détriment de l'augmentation du montant total du prêt. Si la banque estime que le gouvernement ne subventionne pas suffisamment, elle décidera de passer directement à la saisie et à la vente aux enchères.

Le programme HAMP était censé "sauver" 4 millions de ménages du marécage des "maisons qui se noient", et seuls 1,2 million de ménages qui avaient déjà fait défaut sur leurs prêts hypothécaires ont été traités pour des modifications de prêts en raison de problèmes d'efficacité et d'établissement de normes. Malheureusement, 306 000 familles sont à nouveau en défaut de paiement et 88 000 autres sont sur le point de l'être, soit un total de 33% de toutes les familles participantes ! Et plus une famille participe longtemps au programme, plus elle est susceptible de manquer à ses engagements. Le taux de défaillance des familles qui ont participé au programme depuis sa création en 2009 est de 46% ! Lorsque ces familles se sont retrouvées en défaut de paiement, elles ont non seulement dû faire face à une dette totale plus élevée, mais elles ont également subi un préjudice de crédit plus grave.

Fin avril 2013, le programme HAMP avait reçu 19,1 milliards de dollars de crédits, mais n'en avait utilisé que 4,4 milliards, avec des pertes de 815 millions de dollars dues à de nouveaux défauts de paiement, et le programme sera prolongé jusqu'en 2015.

En effet, le programme HAMP est moins une opération de sauvetage qu'un piège. Les familles en situation de forclusion sont essentiellement handicapées par la perte de leur emploi, la dépression extrême du marché du travail a rendu difficile pour ces familles l'obtention d'une source de revenu adéquate, alors que le montant total des prêts immobiliers a augmenté de façon spectaculaire, et il y a peu de suspense sur le fait que leur taux de défaillance augmentera de façon spectaculaire avec le temps.

Indépendamment de l'effet final de HAMP ou d'autres opérations de "sauvetage", la mise en œuvre de ces politiques a permis de soulager la pression imminente sur l'offre de maisons saisies, retardant ainsi l'explosion de la bombe à retardement de millions de maisons saisies.

Outre l'intervention du gouvernement, les banques ont également retardé le processus de saisie.

En novembre 2010, la révélation soudaine du scandale de la "robo-signature" a donné un nouvel élan à l'affaire des banques en difficulté. Si les banques émettent des prêts hypothécaires, elles ne disposent pas de la main-d'œuvre ou des ressources nécessaires pour gérer les milliers de "corvées" consistant à collecter l'argent, à passer des appels ou à émettre des avis de forclusion aux mauvais payeurs, qui sont souvent confiées à des "prestataires de services". Lorsqu'un défaut de paiement survient, la charge de travail du "prestataire de services" augmente de façon spectaculaire et ses maigres bénéfices sont rapidement engloutis par l'énorme charge de travail que représente la procédure de saisie qui s'ensuit. Le personnel du prestataire de services traite chaque jour des milliers de documents juridiques, y compris les procédures de signature et de notarisation. Dans un souci de commodité et d'économie, ils lisent à peine les spécificités de ces documents et se contentent de les signer comme des "robots", allant parfois jusqu'à effectuer la procédure de notarisation au petit bonheur la chance, sans témoins ni notaires, et certains documents contiennent de nombreuses erreurs.

L'incident du "robo-signing" a déclenché un tollé dans la société américaine, après tout, l'immobilier est un fondement important du "rêve américain", lorsqu'une famille est sur le point de perdre ce rêve de déchirement, si hâtivement géré, l'antipathie du public envers la banque encore plus forte. Le processus de forclusion a été largement remis en question par la société à la suite de la crise causée par les banques et de l'"homme de paille" qui a suivi.

Pour procéder à une forclusion, celle-ci doit d'abord être confirmée, et c'est généralement sans avoir terminé la confirmation de la forclusion que la banque s'empresse d'émettre l'avis de forclusion, procède à l'expulsion du propriétaire et termine la vente aux enchères. L'"illégalité procédurale" de l'action collective des avocats contre la banque a donné lieu à un long procès qui a fait le tour des États-Unis.

Cet énorme gâchis a paralysé les efforts des banques en matière de saisies, et il n'est jamais facile de faire le tri entre les demandes officielles et les millions de saisies. Incapables de comprendre le statu quo, les banques ont dû suspendre le processus de forclusion à grande échelle, ce qui a entraîné un arriéré pouvant atteindre 2,5 millions de dossiers de forclusion.

À ce stade, la Fed et les grandes banques n'ont pas encore trouvé de plan brillant pour faire remonter les prix des logements, alors bien sûr, leur état d'esprit est que plus le processus de saisie est rapide, mieux c'est pour réduire les pertes des banques.

Début 2012, après que le gouvernement américain et les banques ont trouvé un compromis sur les cas de "robo-signature", les banques ont soudainement vu les avantages d'un arriéré massif de cas de saisies, ce qui a ralenti la baisse des prix des maisons.

Les banques ont enfin compris que les saisies sont la clé de l'inversion des prix des logements !

L'offre de maisons saisies aux États-Unis a fortement diminué en novembre 2010 et a continué à se contracter en 2012, en raison d'un arriéré délibéré de dépôts de demandes de saisie auprès des banques. En conséquence, même après que les poursuites ont été résolues et que l'arriéré de saisies a été éliminé, les banques ont continué à retenir les saisies, ce qui a fait que les ventes aux enchères de saisies ont atteint des niveaux records en 2012 après des crises répétées. À New York, le processus de forclusion s'est étiré jusqu'à 1072 jours, soit une période de trois ans, 4,3 fois plus longue qu'en 2007 ; en Floride, 858 jours ; en

Californie, près d'un an ; et la situation dans les autres États est globalement similaire. Les banques ont délibérément réduit les ventes aux enchères de saisies, de sorte que les investisseurs immobiliers ont dû se battre pour une offre beaucoup plus réduite, ce qui a considérablement atténué l'impact radical des ventes aux enchères de saisies sur les prix des maisons.

Bien entendu, les banques qui prolongent délibérément les saisies subissent également des pertes. Lorsqu'une défaillance grave se produit, le propriétaire initial, sachant qu'il sera expulsé, ne continue tout simplement pas à payer la banque, et celle-ci n'a pas le droit de l'expulser tant que la saisie n'est pas terminée. Au cours du bras de fer entre les deux parties, la banque a assimilé la fourniture d'un logement aux propriétaires à un service gratuit.

Cependant, la réduction de l'offre de maisons saisies ne servira qu'à ralentir la baisse des prix des maisons et ne suffira pas à générer une dynamique de hausse des prix des maisons. Pour achever le renversement des prix des maisons, une intervention forte des acheteurs est nécessaire.

C'est la dernière tendance à la hausse des acheteurs dans l'immobilier américain — la foule de spéculateurs de Wall Street !

La spéculation de Wall Street, le rythme de l'inversion des prix des logements

L'idée de concentrer des forces supérieures pour mener une guerre d'anéantissement est tout aussi vraie sur les marchés financiers. Le jeu du marché financier et le champ de bataille entre l'ennemi et nous, tous dans le but de saisir l'initiative, c'est-à-dire de changer l'attente de l'issue de la guerre, le vainqueur pour détruire l'élan et le perdant pour le désespoir de la défaite comme une montagne, sont tous censés former les conséquences de la descente du côté.

Le 12 avril 2013, le sell-off tonitruant de Wall Street a complètement détruit la longue résistance du marché de l'or volonté est un exemple frappant de la bataille, au début de 2012, Wall Street est prêt à lancer une contre-attaque tranchante dans le marché immobilier, afin de changer les attentes du marché des prix des maisons en un seul coup, la principale direction de l'attaque est le logement forcé, qui constitue une percée stratégique, et la principale force d'assaut est le féroce PE de Wall Street, les REIT et les fonds spéculatifs, parmi lesquels Blackstone Group serait la force principale de la force principale, l'as dans l'as.

La disposition stratégique de la grande contre-attaque immobilière a été planifiée dès août 2011, et l'arriéré des audiences de saisie a créé une situation favorable au ralentissement des prix des maisons. Du point de vue de la psychologie du marché, l'attente de l'immobilier court a été contrôlée dans une certaine mesure, mais si l'on ne profite pas de cette occasion favorable pour contre-attaquer, alors l'offre future de maisons saisies continuera à se déverser sur le marché, et l'échelle devient de plus en plus grande, le pouvoir de vente à découvert continuera à se renforcer. Ce n'est qu'en se concentrant sur un rebondissement soudain, et avec une intensité qui doit être suffisamment grande pour secouer le marché, qu'il sera possible de détruire la volonté des vendeurs à découvert et de faire remonter les prix des logements de manière importante. La hausse des prix de l'immobilier, à son tour, affaiblira la source d'approvisionnement en maisons saisies, inversant fondamentalement la tendance de l'immobilier.

Le 1er février 2012, l'Agence fédérale américaine de financement du logement (FHFA), en étroite coordination avec la Réserve fédérale, le Trésor américain, la Réserve fédérale et la Société d'assurance (FDIC), le Département américain du logement et du développement urbain, Fannie Mae, Freddie Mac et d'autres agences, a émis un "ordre de mobilisation générale" à plus de 4 000 agences d'investissement pour la contre-attaque immobilière.

Depuis août 2011, la FHFA travaille sur un plan d'action visant à attirer les investisseurs privés pour aider à résoudre l'inventaire des saisies de la banque, et le 1er février 2012, les détails de mise en œuvre ont été publiés avec l'approche globale de 1) digérer l'inventaire des saisies de Fannie Mae, Freddie Mac, et l'Administration fédérale du logement ; 2) la brèche est un désastre immobilier ; 3) accueillir des achats importants par des institutions d'investissement à des prix extrêmement favorables ; et 4) la condition que le faible prix d'achat soit détenu et loué pendant une certaine période.

Les fonds, les sociétés, les fonds d'investissement, les banques et les particuliers dont la valeur nette est supérieure à 1 million de dollars peuvent participer à cette "fête du siècle" de l'immobilier, et les investisseurs peuvent même être en mesure d'obtenir des prêts pour deux maisons afin d'élargir leurs avoirs. La taille de l'ensemble des actifs est d'environ 500 à 1 000 maisons individuelles, et la taille totale des saisies de deux pièces et des saisies FHA est d'environ 210 000 maisons, ce qui nécessiterait la souscription d'environ 200 super investisseurs si chaque ensemble d'actifs était de 1 000 maisons.

Dans quelle mesure le prix est-il réduit ? Le prix réduit d'un ensemble d'actifs ne dépasse pas 30 cents à 40 cents pour un actif de 1 $. Il s'agit d'une maison individuelle de 200 000 dollars américains dont le prix réduit est de 60 000 à 80 000 dollars américains. Si l'investissement moyen de 10 000 à 20 000 dollars américains par maison pour la rénovation et le réaménagement, vous pouvez changer de main pour investir 1 000 à 1 500 dollars américains sur le marché de la location, même en tenant compte de la période d'inoccupation des logements locatifs et d'autres facteurs, le retour sur investissement peut être d'au moins 14% à 20%. Dans un Wall Street en manque de rendement, une telle chose n'est qu'un mirage.

Stimulées par les rendements ultra élevés, les institutions d'investissement de Wall Street, représentées par Black Rock, ont commencé à tuer le marché des saisies de façon spectaculaire.

Le 1er février, l'Agence fédérale américaine de financement du logement a publié la contre-attaque immobilière de l'"ordre de mobilisation générale", a eu un effet immédiat. En Mars, l'industrie immobilière américaine pendant cinq ans, le souffle de l'ours, a inauguré un retournement miraculeux. L'effet de la manipulation financière du marché immobilier a été remarquable et le rebond a été spectaculaire, dépassant de loin les attentes des concepteurs politiques à l'avance.

Comment exactement Wall Street a-t-elle inversé sa fortune ?

Phoenix, le premier test des spéculateurs

La bulle immobilière américaine a commencé à éclater à l'été 2006, avec des prix de l'immobilier d'abord élevés, suivis d'une chute brutale, et jusqu'au début de 2012, l'immobilier était un secteur qui frustrait tout le monde. C'était comme un marché boursier sans acteur majeur, qui a perdu près de six ans dans une transe désabusée et pessimiste.

Lorsque les fonds forts de Wall Street ont soudainement et violemment tué dans le marché immobilier, inspirés par la magie de "l'effet anguille", l'atmosphère pessimiste, fatiguée, découragée, paresseuse a soudainement disparu, les grands et petits spéculateurs immobiliers comme un choc électrique généralement actif. Partout où les "anguilles" de Wall Street nagent, le marché commence à bouillir.

Parmi les cinq régions des États-Unis où il y a le plus de blessures immobilières, Phoenix (Arizona), la Californie du Sud, Las Vegas (Nevada), la Floride et Atlanta (Géorgie), l'argent de Wall Street a choisi Phoenix en premier.

Phoenix est la capitale de l'Arizona et l'un des principaux centres industriels, avec une population de 4,3 millions d'habitants dans la zone métropolitaine qui dépasse même celle du Capital District de Washington. Phoenix est également le siège du gouvernement de l'État. On y trouve le centre de recherche et de développement et l'usine de fabrication de puces d'Intel, de nombreuses entreprises de haute technologie et de communication, le siège du groupe Apollo, l'usine de fabrication de moteurs militaires d'Honeywell et la base aérienne de Luke, qui emploient tous un grand nombre de personnes bien rémunérées, ainsi que de nombreuses universités et institutions de recherche qui attirent des personnes talentueuses à Phoenix. En raison du climat chaud de l'hiver, l'industrie du tourisme et du golf est bien développée. Tant qu'il y a des personnes à hauts revenus, il n'y a aucun souci à se faire quant à la stabilité du marché locatif.

Phoenix a été durement touchée par la crise financière, les saisies bancaires ayant chuté de 57% par rapport au pic des prix de l'immobilier. Le marché immobilier de Phoenix est un endroit misérable, misérable.

Les Rothschild avaient un célèbre dicton : lorsque les rues sont pleines de sang, assurez-vous d'acheter des actifs !

Une crise est une opportunité au milieu d'un danger.

L'une des premières personnes à avoir repéré une opportunité à Phoenix a été Steve Schmitz et ses partenaires. Ils ont créé une société d'investissement, American Residential Properties, en 2008 et ont commencé à acheter une douzaine de maisons saisies par les banques à Phoenix avec leurs propres fonds. Comme la plupart de ces maisons sont le produit de la bulle immobilière d'il y a quelques années, elles sont neuves, ne nécessitent pratiquement aucun entretien et peuvent être louées rapidement. Steve s'est intéressé au modèle commercial de la "location de maisons saisies" après sa première acquisition et, afin de connaître les locataires, il a fait du porte-à-porte et a constaté que les locataires étaient une famille américaine typique de la classe moyenne, un mari et une femme avec deux enfants et un chien qui avaient perdu leur maison pour diverses raisons, mais dont l'amour et le dévouement pour la maison n'étaient pas différents de ceux des autres propriétaires.

En 2010, Steve a décidé de créer un REIT (Real Estate Trust) pour lever des fonds sur les marchés financiers afin de reproduire à grande échelle le modèle commercial de la saisie-location. Le fonds dit REIT est un trust créé pour éviter le problème de la double imposition des sociétés et des particuliers, ses bénéfices sont presque entièrement distribués aux investisseurs, c'est-à-dire que les bénéfices ne sont que des sociétés "pass-through", mais directement sur le compte de l'investisseur, de sorte que l'investisseur ne doit payer que l'impôt personnel, mais la société ne doit pas payer d'impôt.

Dans le marché immobilier traditionnel, le modèle "saisie-location" est principalement le comportement des investisseurs de détail, tandis que les fonds REIT sera le marché des capitaux de grande échelle dans ce marché, les guérilleros ont rencontré l'armée régulière, les investisseurs de détail sont difficiles à lutter contre la force de capital des institutions, l'environnement écologique du marché a changé de façon spectaculaire.

Steve et sa "American Residential Real Estate Corporation" sont reconnus dans le secteur comme les pionniers du modèle "forclusion-location". De 2010 à l'été 2012, le financement institutionnel de Phoenix est passé de 15% à 26% des ventes de propriétés. [30]

La reprise économique de Phoenix étant lente, davantage de familles ont perdu leur maison, ce qui a entraîné une augmentation significative de la part du marché des logements individuels utilisée pour la location, qui a bondi de 8% avant la crise à 22% en 2013. Le nombre de propriétés disponibles à la location a augmenté de façon spectaculaire, mais la concurrence est devenue plus intense.

---

[30] Morgan Brennan, Wall Street Buying Adds to Housing Booming, *Forbes*, 2013-06-24.

À partir de l'été 2012, les investisseurs institutionnels locaux de Phoenix ont commencé à être confrontés à un défi de taille de la part des géants du capital-investissement comme Black Rock et des fonds spéculatifs les plus féroces de Wall Street, le puissant dragon et la marmotte s'attaquant à Phoenix. À l'été 2013, l'argent de Wall Street s'était emparé de 11 440 des 230 000 maisons individuelles locatives de Phoenix, ce qui n'est pas un chiffre important, mais l'"effet anguille" de Wall Street avait activé l'ensemble du marché immobilier de Phoenix.

L'afflux massif de fonds a entraîné une féroce ruée vers le logement, avec une montée en flèche des prix des maisons et un déclin rapide du taux de rendement des investissements. En 2013, le taux de rendement des investissements dans l'immobilier de Phoenix est tombé à seulement 5 à 6%. Les stocks de saisies se sont taris et les maisons à très bas prix ont disparu.

Les spéculateurs de Wall Street ne se sont plus accrochés à Phoenix, ils se sont abattus comme des sauterelles sur Las Vegas (Nevada) et le nord et le sud de la Californie au nord-ouest, puis ont fait demi-tour et se sont dirigés directement vers la Floride, la Géorgie et la Caroline du Nord et du Sud sur la côte sud-est avant de se diriger vers les régions immobilières du Midwest durement touchées, à savoir Chicago, Detroit, Denver et l'Ohio.

Vegas, Las Vegas, loyer 1117 $, prix de la maison 109 K$.

La prime de Vegas

Au début de 2012, les spéculateurs de Wall Street ont traversé Las Vegas et se sont attaqués directement à Phoenix. C'est parce que si les prix des maisons ont baissé plus profondément et sont moins chers à Vegas, le modèle économique de la ville est trop homogène, avec un taux de chômage de 10%. Pendant la récession, le nombre de personnes qui viennent à Vegas pour dépenser de l'argent est bien moindre qu'auparavant, et ses loyers sont moins durables que ceux de Phoenix.

Lorsque l'offre de maisons saisies à Phoenix s'est tarie et que les prix des maisons ont explosé, il n'a pas fallu longtemps pour que les prix à Vegas deviennent beaucoup moins chers. Les spéculateurs de Wall Street ont commencé à faire une grande poussée à Vegas à la fin de 2012, et en novembre, Black Rock avait rejoint l'armée de spéculation de la ville, Wall Street claquant 8 milliards de dollars dans le marché immobilier de la ville pour un pari de choc.

Sur le marché immobilier de Las Vegas, la législation du Nevada (projet de loi 284 de l'Assemblée) surprotège les intérêts des propriétaires, en rendant les saisies presque impossibles, et en rendant difficile l'apparition sur le marché d'autres maisons en défaut de paiement grave, créant ainsi artificiellement l'illusion que le marché est en pénurie. Au moins 64 000 maisons sont vacantes, et jusqu'à 45 000 familles sont en défaut grave de remboursement de leur prêt hypothécaire depuis plus de 90 jours, mais seulement 8 000 maisons sont inscrites à la vente sur l'ensemble du marché immobilier de Las Vegas, selon les données de la compagnie d'électricité locale.

Las Vegas a connu un afflux de maisons vacantes et incapables de se vendre, tandis que le stock existant de propriétés fait l'objet d'une bataille frénétique d'appropriation par les investisseurs institutionnels. Un agent immobilier de Las Vegas s'apprêtant à vendre une propriété saisie pour 86 000 dollars a dépensé environ 20 000 dollars en réparations et rénovations, et dès que l'annonce a été publiée, elle a immédiatement attiré 41 enchérisseurs, dont 39 ont payé tout en liquide. Le courtier n'avait jamais vu une telle ruée sur les maisons, même au plus fort de la bulle immobilière, avec un tel pourcentage d'offres en espèces que sa maison a fini par se vendre pour 135 000 dollars, soit plus de la moitié du prix qu'il avait prévu.

D'une part, des dizaines de milliers de maisons saisies vacantes sont empêchées d'entrer sur le marché, et d'autre part, des milliards de dollars sont engloutis pour s'emparer de 8 000 rares logements existants, ce qui a pour conséquence naturelle non seulement de faire grimper les prix des logements existants, mais aussi de diriger le pouvoir d'achat vers le marché du neuf. En 2013, les ventes de logements neufs à Las Vegas ont grimpé de 87% et le nombre de permis de construire a bondi de 52%.

Au second semestre 2012, lorsque les spéculateurs de Wall Street ont commencé à entrer sur le marché de Las Vegas, un total de 19% des ventes immobilières annuelles de Las Vegas ont été englouties, et si vous traduisez cela, près de la moitié des propriétés ont été emportées par les spéculateurs de Wall Street au cours des derniers mois de l'année. Les paiements en espèces représentant jusqu'à 60% du total des ventes de maisons à Las Vegas, les prix des maisons dans la ville ont grimpé de 30% d'une année sur l'autre en 2012, grâce à une combinaison de quantités massives d'argent et de puissance de feu concentrée.

Toutefois, même après l'augmentation des prix, les prix des logements à Vegas sont encore inférieurs de 56% à leur pic d'avant la crise.

Se tourner vers la Californie du Sud

Californie du Sud Inland Empire Riverside County, prix des maisons $172K, maisons saisies $156K, au sommet 60% de baisse

L'Inland Empire, situé dans la région métropolitaine de Los Angeles en Californie du Sud, compte 4,3 millions d'habitants et constitue la deuxième plus grande région métropolitaine de Californie du Sud. La Californie du Sud bénéficie d'un climat confortable avec des saisons ensoleillées, des températures hivernales agréables et un paysage naturel d'une richesse unique. Ici, on peut surfer à la plage le matin, puis faire un tour à Disneyland et enfin profiter de la tranquillité du ski dans les montagnes enneigées de San Bernardino City. Avec la proximité de Los Angeles, San Diego et Las Vegas, Disneyland, Hollywood, Universal Studios, Palm Springs, les plages, les déserts, les montagnes enneigées et d'autres activités de loisirs, il y a de tout. Un emplacement aussi séduisant et une beauté naturelle attirent naturellement les immigrants des États-Unis et du monde entier.

Cependant, l'Inland Empire est malheureusement devenu le centre d'un crash immobilier dans la région de la Californie du Sud lorsque la crise financière a frappé en 2008.

Au moment où les spéculateurs de Wall Street ont conduit en Californie du Sud en avril 2012, leurs opérations étaient en bonne voie vers un fonctionnement à la chaîne. Ils ont organisé une façon modulaire de la manipulation, tous les matins à 6 h 30 a commencé à préparer pour la journée de la vente de forclusion de la maison arrachage plan d'action, ils ont sorti l'énergie de Wall Street analyse des stocks, une moyenne de 1000 maisons saisies par semaine pour analyser les conditions de la divers, des dizaines d'écrans LCD à tour de rôle, l'affichage volumineux de Wall Street atmosphère salle des marchés.

La première chose à déterminer est le critère de sélection du logement, et comme il s'agit d'un investissement, ce n'est pas la recherche du confort du logement, mais la maîtrise des coûts pour assurer la stabilité du loyer. Si la maison est équipée d'une piscine, ce qui aurait été un avantage d'une maison normale, c'est un inconvénient fatal aux yeux des spéculateurs, car une piscine nécessite des coûts d'entretien plus élevés, et augmenter le loyer sans couvrir les dépenses correspondantes rend plus probable la difficulté de louer. Un bon ordre public, un bon district scolaire, des transports pratiques et la proximité de centres commerciaux, ces quatre critères sont le seul moyen de recruter des locataires.

Sur la base de ces critères, le groupe de spéculateurs a rapidement passé au crible la maison de vente aux enchères pour s'emparer de la liste, puis la chaîne de montage a commencé à gronder. L'équipe de terrain se rend immédiatement sur le site du logement, interroge les propriétaires, évalue le coût de la réparation et de la rénovation ; l'équipe d'évaluation du logement commence à calculer une variété de taxes et de frais, s'enquiert de la propriété de la maison est propre, comme si le propriétaire a d'autres créanciers ont le droit de réclamer la maison comme une hypothèque, si la propriété de la maison il y a d'autres créanciers mai être entaché, l'achat de la maison doit également être remboursé après les coûts connexes des autres créanciers ; transfert de logement, l'équipe d'entretien suit immédiatement, ils ont besoin de contacter l'entrepreneur local pour compléter le temps le plus court pour repeindre les murs, remplacer les rideaux, nettoyer les tapis, tondre la pelouse, la rénovation de la cuisine et d'autres questions spécifiques ; enfin, l'équipe de marketing a commencé, en utilisant divers canaux pour diffuser des informations de location, recevoir les locataires pour voir la maison, enquêter sur les antécédents du locataire, et de signer le contrat.

Dans l'Inland Empire, de mi-2012 à début 2013, 52% des propriétés saisies ont été emportées par les spéculateurs de Wall Street, des propriétés qui n'étaient même pas annoncées publiquement sur le marché. La nouvelle des saisies de Wall Street a semé la panique parmi les investisseurs locaux, qui craignaient auparavant que les prix des maisons continuent de baisser s'ils achetaient, mais qui craignent maintenant de ne pas pouvoir obtenir une maison s'ils sont en retard. Plus effrayants encore sont les récits parus dans les journaux locaux d'acheteurs qui ont soumis 200 offres consécutives pour une maison sans succès, ce qui a provoqué encore plus de panique et de désespoir parmi les acheteurs de prêts qui faisaient des pieds et des mains pour regarder et soumettre des offres lorsqu'ils voyaient une maison. La vague d'achat de maisons a fait grimper les prix des maisons dans l'Inland Empire de 18% à 25%.

Dans le comté d'Orange, en Californie du Sud, la spéculation de Wall Street a représenté 22% du total des ventes de maisons en 2012, alors que 10 600 maisons étaient mises en circulation en 2011 et qu'il n'en restait que 3 300 début 2013, et qu'une mentalité de ruée féroce a fait grimper les prix des maisons de 10%. Sur le marché des saisies du comté d'Orange, les investisseurs institutionnels ne représentaient pas plus de 10% du marché en 2008, tandis que les spéculateurs de Wall Street représentaient près de la moitié du marché en 2012.

L'Inland Empire est le représentant de la flambée des prix des maisons en Californie du Sud, non pas en raison de l'amélioration spectaculaire de l'économie, mais de la spéculation de Wall Street sur le marché créée par l'"effet anguille", la situation économique réelle en Californie du Sud est loin d'être optimiste.

Dans les données de l'enquête du Bureau du recensement des États-Unis sur les villes de 65 000 habitants ou plus, les taux de chômage de plusieurs villes de Californie ont diminué après 2011, mais tournent toujours autour de 15%, soit près du double du taux d'avant 2008. Bien que le taux de chômage ait diminué en 2011 et 2012, certains emplois ne sont que des emplois à bas salaire ou à temps partiel. Alors que la récession a pris fin en 2009, de nombreuses villes de Californie du Sud se sont encore appauvries en 2012. Le taux de pauvreté de la Californie a augmenté de 3,6 points de pourcentage entre 2008 et 2012. La pauvreté dans le comté de Los Angeles a augmenté à 19,1%, contre 15,5% en 2008, tandis que le revenu annuel moyen des ménages a diminué à 5,300 1 $, contre 59 196 $ en 2008.

Phoenix, Las Vegas et le sud de la Californie, dans le sud-ouest des États-Unis, autrefois le berceau de la crise des prêts hypothécaires à risque, depuis mars 2012, mais est devenu la "Mecque de l'investissement" la plus populaire pour les spéculateurs de Wall Street, qui ont balayé les trois zones, respectivement, 38,6 pour cent, 48,5 pour cent et 27,3 pour cent du total des ventes de maisons. Parmi eux, Las Vegas était autrefois la plus recherchée, avec 50,2% des acheteurs qui ne se sont pas présentés du tout à une vente de maison en octobre 2012 — ils n'ont même pas pris la peine de regarder la maison qu'ils achetaient et l'ont simplement payée. Un énorme 52,5% de toutes les transactions étaient des paiements forfaitaires entièrement en espèces.

Tout comme le groupe de spéculation immobilière de Wenzhou dans les provinces chinoises a déclenché une vague de hausse sauvage des prix des maisons, le groupe de spéculation de Wall Street du début de 2012 a commencé à balayer la côte est et ouest des États-Unis et la région centrale, où l'inventaire des maisons saisies a été considérablement réduit, partout dans la capitale touristique à se déplacer, la bataille pour le logement intensifié, les prix des maisons locales devraient augmenter fortement.

La manipulation américaine du marché immobilier par le biais des marchés financiers a en effet eu des résultats immédiats.

Black Rock, le plus grand propriétaire foncier des États-Unis

Parmi les spéculateurs de Wall Street, BlackRock est en tête de peloton.

Pour de nombreux fonds de capital-investissement, fonds spéculatifs ou sociétés de gestion d'actifs, la spéculation immobilière consiste à acheter et à détenir un grand nombre de logements bon marché, à les conserver et à les louer pendant un certain temps, de manière à ce que les prix des logements augmentent jusqu'au bon prix pour les vendre afin d'encaisser et de partir. Mais les ambitions de BlackRock sont manifestement bien plus grandes, et son objectif en s'emparant de biens immobiliers est de créer un "empire du locataire" qui consolidera les marchés locatifs dispersés aux États-Unis et même dans le monde entier, avec un produit standardisé qui fournira des logements locatifs en masse et de manière industrialisée. Au lieu d'essayer de vendre des propriétés individuelles lorsque les prix de l'immobilier sont élevés, Black Rock tente de quitter le marché des capitaux en un seul morceau.

En février 2012, l'Agence fédérale américaine de financement du logement (FHFA) a émis un ordre de mobilisation générale pour une contre-attaque sur les prix des logements, et en avril, le BlackRock Group a formé son propre "empire du locataire" (Investment Homes) et a entamé une fusion sans précédent dans le secteur de l'immobilier.

Ayant également travaillé à l'origine dans le secteur de l'immobilier, mais sans expérience directe de la gestion de grands immeubles locatifs décentralisés, Blackstone était prêt à gérer les choses en interne dès le départ afin d'obtenir des informations de première main. L'"empire des locataires" emploie des milliers de personnes à temps plein, ce qui est énorme pour un fonds, en plus de cibler plus de 5 000 prestataires externes. Lorsqu'il entre dans un marché, Empire emploie des analystes du marché local, une équipe de fusion et d'acquisition pour l'achat de propriétés, une équipe d'entretien et de rénovation pour superviser l'équipe de construction locale, une équipe de gestion des propriétés pour les opérations quotidiennes et une équipe de location qui travaille en étroite collaboration avec les courtiers locaux pour solliciter des locataires.

L'"empire" achète principalement des maisons saisies auprès des banques, ou des maisons en cash-out auprès de petits investisseurs, et dans certains cas, il achète également des maisons de revente en gros auprès d'autres sociétés. Après réception de la maison, les travaux de réparation et de rénovation prennent environ 2 à 3 semaines et coûtent environ 10% du prix d'achat. Le modèle le plus standard est une maison de trois chambres à coucher, deux salles de bain, deux garages avec une pelouse, qui attire généralement les familles les plus "collantes" qui louent.

Dans une communauté, les propriétés gérées par Empire sont souvent très visibles, l'extérieur de la maison est souvent repeint et la pelouse verte est tondue à point. À l'intérieur de la maison, la baignoire de la chambre principale est une taille plus grande que la normale, les comptoirs de la cuisine sont tous en marbre neuf, et la nouvelle moquette et les murs sont marron clair, ce qui est la norme habituelle pour la pierre noire. Le loyer d'une telle maison est d'environ 1 750 $ par mois, avec un taux de location de plus de 80% et un rendement net moyen d'environ 6% de toutes les maisons individuelles détenues par l'Empire.

Avec des normes aussi élevées, "Empire" a pris la nation d'assaut.

En juillet 2012, Empire a annoncé qu'il avait acquis 2 000 maisons individuelles pour un coût de 300 millions de dollars, en se concentrant sur cinq grandes régions des États-Unis où l'immobilier avait été durement touché.

En septembre, l'Empire a débarqué à Tampa Bay, en Floride, et a largué une "bombe lourde" d'un milliard de dollars, en engageant un grand nombre d'agents immobiliers locaux et en ciblant les maisons dont le prix se situe entre 100 000 et 175 000 dollars. Les "mercenaires" de l'"Empire" ont "balayé" en masse toute la région de la baie, imprimant un grand nombre de prospectus avec des mots choquants tels que "tout en liquide", "pas d'évaluation", "payez maintenant", "affaire rapide" et ainsi de suite, et ces "petites annonces" peuvent être trouvées partout le long des rues de la ville. L'"Empire" dévore les saisies au rythme de centaines de maisons par mois, et son objectif à Tampa Bay est de faire tomber 15 000 maisons individuelles en 3 ans !

Floride, région de Tampa Bay, loyers de 1 210 $, maisons de 93 000 $, saisies de 89 000 $, baisse de 53% du sommet.

Avec des prix de l'immobilier en Floride en baisse de 45% depuis leur pic de 2006, et un grand nombre de propriétaires contraints de se mettre à la location après avoir été balayés de leur maison, le marché de la location à l'échelle de l'État a rapidement explosé pour atteindre 100 milliards de dollars, faisant de la Floride un terrain fertile pour l'exploitation du marché de la location en raison des prix bas et des loyers élevés. Étant donné que la plupart des locataires étaient à l'origine des propriétaires qui savaient prendre soin de tout ce qui se trouvait dans la maison, qu'ils avaient un fort sens de la communauté et qu'ils étaient les locataires standard que les investisseurs aimaient tant, l'"Empire" de Floride s'est concentré sur le balayage de la disposition stratégique que l'on pourrait qualifier d'assez visionnaire.

En octobre, Black Rock a affirmé qu'elle balayait le marché américain des saisies au rythme de 100 millions de dollars par semaine.

En novembre, Black Rock s'est tourné vers Las Vegas pour rejoindre les spéculateurs de Wall Street qui étaient arrivés plus tôt pour s'emparer des maisons saisies pour un montant énorme de 8 milliards de dollars.

En avril 2013, Black Rock a réalisé une importante acquisition ponctuelle de 1 400 logements à Atlanta auprès d'une autre institution, établissant ainsi un record pour la plus grande transaction unique dans le modèle de saisie-location.

En septembre 2013, Black Rock avait investi 5,5 milliards de dollars pour s'emparer de 12 grands marchés immobiliers américains, dont 32 000 maisons individuelles.

Outre l'acquisition de maisons individuelles à louer, Kuroshi souhaite également compléter la chaîne de produits de "l'empire du locataire", dont les appartements à louer font partie intégrante. Le Wall Street Journal a affirmé le 13 août que "Black Rock reprend les actifs d'appartements de GE". Le rapport indique que "la société de capital-investissement, Black Rock Group, fait un gros pari sur le marché de la location d'appartements après la crise financière". "BlackRock Group est prêt à dépenser 2,7 milliards de dollars pour acquérir une participation importante dans le portefeuille d'appartements de GE Financial Corp. qui s'étend sur Atlanta, le Texas et les États du sud-est et totalise jusqu'à 30 000 unités résidentielles. Sur les 2,7 milliards de dollars de financement de l'acquisition, Blackstone est prêt à payer 1 milliard de dollars de sa poche et à faire appel aux marchés financiers pour le reste. Cette transaction controversée est l'une des plus importantes du secteur de l'immobilier. Black Rock vise un nombre record de personnes qui ne peuvent et ne veulent pas acheter une maison après la crise et qui doivent avoir un endroit où vivre, les appartements étant clairement la meilleure option pour satisfaire les jeunes qui ne peuvent pas se permettre d'acheter. La hausse des loyers des appartements et la baisse des taux de vacance indiquent que le marché de la location d'appartements est en train de devenir le segment le plus chaud de l'industrie immobilière américaine. [31]

L'indice Moody's, qui suit les appartements locatifs à travers les États-Unis, montre que les appartements locatifs ont augmenté de 59% par rapport à leur point bas de 2009, alors que l'ensemble de l'immobilier est en hausse de 35%. Les loyers des appartements ont augmenté de 2,3% en 2010, de 2,4% en 2011 et de 3,8% en 2012. Dans le même temps, le taux de vacance des appartements est passé de 8% en 2009 à 4,3% en 2013, soit son plus bas niveau en 12 ans.

L'"empire des locataires" de Black Rock ne compte pas seulement 32 000 maisons individuelles, mais si l'on y ajoute 30 000 appartements, c'est le plus grand propriétaire foncier d'Amérique !

En plus de Black Rock, les membres du groupe de spéculation de Wall Street ont également fait leur marque, et en septembre 2013.

Outre les principaux acteurs de ces groupes spéculatifs, il existe d'innombrables petites et moyennes sociétés financières, des capitaux étrangers, des spéculateurs individuels et même des fonds souverains

---

[31] Craig Karmin, Blackstone to Buy Stakes in Apartment Complexes From GE Unit, *Wall Street Journal*, 2013-08-12.

qui ont sauté sur le char des groupes spéculatifs de Wall Street pour tenter de faire fortune dans la frénésie de la bulle immobilière 2.0.

En août 2013, il y a eu environ 5,6 millions de ventes immobilières aux États-Unis, dont le pourcentage d'achats tout en liquide a atteint 45%, soit beaucoup plus que les 30% d'août 2012, contre 10 à 20% sur le marché immobilier normal. Dans les zones métropolitaines comptant au moins un million d'habitants, les taux les plus élevés d'achats de maisons entièrement en espèces ont été constatés à Miami (69%), à Détroit (68%), à Las Vegas (66%), à Jacksonville (Floride) (65%) et à Tampa (64%).

Il ne fait aucun doute que la spéculation est devenue l'un des principaux moteurs de la hausse des prix des logements aux États-Unis.

Qui sont les victimes de la spéculation de Wall Street ?

Sur le marché immobilier américain, on peut clairement voir ce qui se passe sur le marché boursier, où la hausse des prix n'est pas due à une amélioration des fondamentaux, mais est directement motivée par l'argent. Sur le marché boursier, près de 2 000 milliards de dollars d'énormes rachats d'actions par les grandes entreprises ont fait exploser une nouvelle bulle boursière ; sur le marché immobilier, les spéculateurs de Wall Street ont joué le rôle des initiateurs de la bulle 2.0.

Étonnamment, les dizaines de milliards de dollars d'argent de Wall Street peuvent, en si peu de temps, soulever le marché immobilier de 23 000 milliards de dollars, et l'ampleur est si grande, ce qui est sans précédent dans l'histoire de l'immobilier américain.

Goldman Sachs prévoit que le cash achète près de 60% des maisons.

Trois fois plus qu'avant la crise financière.

Rien qu'au début de l'année 2012, le PDG de la Federal Reserve Bank of New York s'inquiétait encore du marché immobilier, alors que presque tout le monde pensait que l'immobilier allait traverser une récession de 8 à 9 ans comme la précédente qui avait débuté en 1989, si l'on considère que la crise de 2008 a été beaucoup plus sévère que celle de 1990, le ralentissement de l'immobilier allait durer plus de 10 ans. Si cela est vrai dans un cycle économique normal, il reste à voir si la prolifération des monnaies atténuera l'ampleur de la crise ou raccourcira le cycle de son déclenchement, tant les anomalies ont été nombreuses cette fois-ci, notamment celle, sans précédent, de la politique monétaire.

De toute évidence, le pourcentage anormalement élevé d'achats de maisons en espèces est révélateur de l'extrême dysfonctionnement du marché immobilier, qui, selon les estimations de Goldman Sachs, a atteint près de 60% d'achats de maisons en espèces, soit trois fois plus qu'avant la crise financière ! Si l'on en croit ces données, la plupart des acteurs du marché immobilier sont des spéculateurs, car il est extrêmement rare que la classe moyenne américaine puisse acheter une maison entièrement en liquide. Si le marché de l'immobilier est axé sur l'investissement et caractérisé par la vente à la hausse à des fins de profit, il s'agit alors d'un cas classique de bulle immobilière.

C'est un marché où la participation des propriétaires fait cruellement défaut, non pas qu'ils ne veuillent pas participer, mais parce que les spéculateurs de Wall Street leur ont refusé la possibilité de le faire.

Le 16 février 2013, le *Los Angeles Times* a relaté l'histoire de la façon dont un acheteur de maison moyen typique a été évincé du marché immobilier. Le protagoniste est un acheteur de maison de 28 ans qui a un emploi qualifié stable, qui satisfait pleinement aux conditions du prêt et qui a reçu un prêt d'achat de maison pré-approuvé par la banque. Il a commencé à chercher des maisons dans la région de l'Inland Empire en Californie du Sud en août 2012 et a soumis 200 offres, dont aucune n'a été retenue.[32] Après le crash dans l'Inland Empire, les maisons chères sont devenues relativement bon marché, et de nombreux acheteurs potentiels sont maintenant devenus des acheteurs qualifiés qui ont profité de l'occasion pour se préparer à leur "rêve américain" de posséder leur propre maison, mais ils ont rapidement découvert que la maison était bon marché, mais pas pour eux.

Sur le marché des saisies, les spéculateurs de Wall Street ont pris une bonne partie des maisons par la porte arrière. Sur le marché général, les acheteurs au comptant font non seulement des offres élevées, mais paient également en une seule fois. Les vendeurs de maisons sont bien

---

[32] Alejandro Lazo, Inland Empire housing is more affordable but still out of reach, *Los Angeles Times*, 2013-02-16.

sûr prêts à choisir des acheteurs au comptant, évitant ainsi le temps et le risque d'attendre l'approbation des prêts par les banques. Cela revient à écarter les véritables propriétaires du seuil de l'achat d'une maison, tandis que les spéculateurs disposent du levier de l'arbitrage à court terme. Paul Leonardo, directeur du California Center for Responsible Lending, a déclaré, impuissant,

> *"Pour ceux qui respectent les règles et se reposent sur leurs lauriers, ils ratent vraiment une occasion d'essayer d'accéder à la propriété."[33]*

Définition du nouveau "rêve américain" : du sous-sol de la maison de vos parents : Déménager et vivre dans " l'empire des locataires " de Black Rock."

Dans l'Inland Empire, l'acheteur moyen d'une maison doit faire au moins 20 à 30 offres farouches pour avoir une chance de réussir, et dépasse souvent largement son budget, ce qui oblige beaucoup de gens à réduire leurs autres dépenses de consommation, tandis que les chanceux sont toujours minoritaires. La plupart des gens ne peuvent que regarder les prix des maisons grimper à des hauteurs qu'ils ne peuvent pas se permettre, puis sont obligés d'abandonner le rêve de posséder leur propre propriété et de retourner à la réalité de la location, qui les attend sous la forme des annonces de location des spéculateurs de Wall Street.

Ce n'est pas un phénomène qui se produit uniquement en Californie du Sud ; des histoires similaires se produisent chaque jour dans tous les coins de l'Amérique.

Il n'est pas étonnant que le "rêve américain" de la jeune génération consiste à quitter le sous-sol de la maison de leurs parents pour vivre dans "l'empire des locataires" de Black Rock.

L'immobilier est-il éveillé ou somnambule ?

Pour le savoir, il faut d'abord examiner le tableau complet de l'immobilier américain.

---

[33] Ibid.

Le parc immobilier américain total est de 133 millions d'unités résidentielles abritant 310 millions de personnes, et en 2013, la valeur totale de l'immobilier américain était de 2,37 trillions de dollars. Le nombre total de logements occupés par leur propriétaire est de 78,9 millions d'unités résidentielles, dont 48,4 millions d'unités résidentielles ont encore des prêts hypothécaires en cours.

Parmi ces prêts hypothécaires, un total de 3,3 millions étaient en défaut de paiement grave depuis plus de 90 jours, et ils étaient censés être vendus aux enchères par les banques, mais au lieu de cela, ils ont été bloqués par la lenteur du processus de saisie, contribuant directement à la grave pénurie d'offre sur le marché du logement du pays en 2012. Il y a également 2 millions de prêts en défaut de paiement entre 30 et 90 jours, et ils constituent la solution de secours pour les maisons saisies. Apparemment, sur 48,4 millions de prêts hypothécaires, 5,5 millions sont déjà en défaut de paiement, ce qui représente un taux de défaut de 11,4% ! C'est déjà un chiffre époustouflant.

Le nombre total de maisons en défaut de paiement et en "capitaux propres négatifs" aux États-Unis a atteint 11,1 millions en 2012. À cela s'ajoutent 5,8 millions de "maisons noyées", où le montant total des prêts hypothécaires dépasse le prix de la maison, et où la probabilité que le propriétaire s'en aille est généralement très élevée et elles constituent une source potentielle de saisies. Si l'on additionne les maisons en défaut de paiement et les maisons noyées, le "stock fantôme" de maisons saisies atteint le chiffre impressionnant de 11,1 millions !

Les spéculateurs de Wall Street ont parcouru 12 grands marchés immobiliers américains pendant un an et demi entre 2012 et 2013, en prenant un total de moins de 100 000 propriétés, et le "stock fantôme" était 111 fois plus élevé que le total englouti par Wall Street !

La pression désespérée des "stocks fantômes" ne peut être atténuée que par une nouvelle hausse brutale des prix de l'immobilier !

Si le rebond des prix de l'immobilier survenu après 2012 a contribué à affaiblir l'ampleur des conversions de "maisons noyées" en saisies, et si les banques ont délibérément retardé le rythme des inscriptions de saisies et ont pu créer des pénuries d'offre et des surenchères de maisons, le problème n'a été que mis à nu par ce retard, mais pas éliminé.

Les maisons saisies sont par nature des déchets qui empoisonnent les actifs, et le stock fantôme est une bombe à retardement que les banques dissimulent temporairement dans leurs bilans, mais la panique et l'anxiété intérieures parlent d'elles-mêmes. L'accord de Bâle III est sur le point d'être mis en œuvre, la hausse des taux d'intérêt est inévitable, le marché des rachats à l'extérieur de l'intérieur lâche, le danger de pénurie de liquidités suit l'ombre, les maisons saisies ne sont pas éliminées un jour, la journée de la banque est toujours dans le tourment de la pendaison à l'envers.

Bank of America (BOA) reconnaît l'ampleur stupéfiante de l'inventaire des maisons saisies qui doit être traité au cours des prochaines années. Les stratèges en matière de prêts hypothécaires prévoient que 6,6 millions de maisons saisies doivent être éliminées au cours des cinq prochaines années. Ce n'est qu'après 2016 que l'échelle des saisies reviendra progressivement à la normale. Comme indiqué précédemment, 5,5 millions de maisons en défaut sont en grande partie destinées à être saisies, et 5,8 millions de "maisons noyées" supplémentaires doivent être sauvées grâce à une augmentation d'au moins 30% des prix des maisons, et même dans ce cas, quelque 600 000 "maisons noyées" seront encore saisies. Si les prix de l'immobilier en 2013 ont chassé du marché la plupart des vrais acheteurs, une hausse continue de 30% signifie, je le crains, que plus de 80% des transactions immobilières sont le fait de spéculateurs.

Les banques doivent se débarrasser de 6,6 millions d'immeubles d'ici 2016. Dans des conditions immobilières normales, le nombre moyen de maisons saisies par les banques est de 21 000 par mois, soit un total d'environ 250 000 par an. Même selon les estimations les plus optimistes de Bank of America, les banques devront se débarrasser de 1,32 million de maisons saisies par an d'ici 2016, soit plus de cinq fois l'état normal !

Il n'est pas étonnant que la Fed ne bouge pas son taux d'intérêt de référence avant 2016, car lorsque les taux d'intérêt augmentent, les prix des actifs baissent et les liquidités diminuent, ce qui non seulement fait grimper le coût d'achat d'une maison et affaiblit le pouvoir d'achat de l'immobilier, mais fait aussi baisser simultanément le prix des actifs toxiques dont les banques doivent encore se débarrasser, ce qui les laisse sous-capitalisées.

La Fed et les banques espèrent simplement que l'éruption du volcan des taux d'intérêt ne se produira pas nécessairement selon leur calendrier.

Les pas de l'immobilier somnambule avec l'aide de la béquille du groupe hypothécaire spéculatif, peut également durer pendant un certain temps, mais l'hypothèque spéculative n'est pas la voie, il doit y avoir un nouveau pouvoir d'achat pour soutenir les prix de l'immobilier, sinon le groupe hypothécaire spéculatif sera également une couverture élevée.

Où sont les autres acheteurs de maisons qui suivent ? Cela dépend de la jeune génération, bien sûr. Cependant, la situation de la jeune génération américaine est plutôt sombre.

Une nouvelle tendance chez les jeunes : revenir au pays pour "manger les vieux".

Au cours des 30 dernières années, le groupe d'âge médian des acheteurs d'une première maison aux États-Unis se situait entre 30 et 32 ans, et la tendance sous-jacente des prix des maisons au cours des cinq à dix prochaines années sera l'accessibilité financière de la jeune génération dans la vingtaine et la trentaine.

Et la tendance la plus notable de la génération actuelle est la suivante : déménager pour "ronger ses vieux jours" ! Le pourcentage de milléniaux américains qui déménagent chez eux pour "ronger leurs vieux jours" augmente de façon spectaculaire

Le "rêve américain" traditionnel de posséder sa propre maison à l'âge de 30 ans environ a été détruit par la crise financière. Un rêve plus réaliste serait d'emménager dans l'"empire des locataires" de Black Rock, mais il semble qu'une solide position financière soit nécessaire pour faire de ce rêve une réalité. La réalité est que, depuis la récession, de plus en plus de jeunes retournent vivre chez leurs parents pour "manger leurs vieux jours". Dans les cinq années qui ont suivi la crise financière, 14,2% des jeunes âgés de 25 à 34 ans sont retournés chez leurs parents, contre 10,5% avant la crise, tandis que 54,6% des jeunes âgés de 18 à 24 ans sont rentrés chez eux.

Pour la jeune génération, la plupart des nouvelles possibilités d'emploi sont des caissiers de centre commercial, McDonald's, barmans, serveurs d'hôtel et autres postes, ces jeunes de toutes tailles ne gagnent que 25 000 dollars par an, le salaire mensuel après impôt n'est que d'environ 1 700 dollars, et il n'y a pas d'assurance maladie et de prestations de sécurité sociale, l'"empire des locataires" de Black Rock commence souvent à 1 750 à 2 000 dollars par mois, la jeune génération a peur que le seul moyen de continuer à "manger les vieux" à la maison.

Les Américains ont grandi en mettant l'accent sur la vie indépendante. Il est vrai que, par le passé, les jeunes étaient rarement dépendants de leurs parents, et vivre avec eux après l'université était une chose plutôt humiliante à faire parmi leurs pairs. Cinq ans après la crise financière, les jeunes qui ont obtenu un diplôme universitaire ont non seulement du mal à trouver un emploi, mais ont aussi des salaires généralement bas et doivent rembourser des prêts étudiants élevés.

La pression exercée pour rembourser les prêts étudiants est une chose que peu de jeunes du même âge connaissent en Chine. Alors que les frais de scolarité continuent d'augmenter rapidement, la pression exercée sur les étudiants pour qu'ils remboursent leurs prêts à la fin de leurs études ne cesse de croître.

La crise financière et le ralentissement économique n'ont pas ralenti le rythme de l'augmentation des frais de scolarité dans les universités américaines. La dette moyenne des étudiants de premier cycle peut atteindre 40 000 dollars (y compris les prêts étudiants contractés par leurs parents) à la fin de leurs études, contre 55 000 dollars pour les étudiants diplômés.

Vous voulez toujours créer une entreprise dès la sortie de l'université ? Désolé, nous ne sommes plus à l'époque de Bill Gates et Steve Jobs, lorsque les frais de scolarité des universités publiques étaient super bon marché, que les universités privées ne valaient rien par rapport à aujourd'hui, que les étudiants disposaient d'une grande variété de bourses fédérales et d'État, et que les prêts étudiants subissaient trop de pression, et que l'esprit d'entreprise de la jeune génération américaine du 21ème siècle était moribond de dettes. Le Wall Street Journal a mené une enquête le 13 août 2013, qui a révélé que "le stress de la dette des prêts étudiants est le plus grand facteur de dépression de l'esprit d'entreprise". [34]

Les prêts étudiants ont franchi la barre des 1 000 milliards de dollars, dépassant les prêts sur carte de crédit et les prêts automobiles réunis. Près de 40 millions de personnes empruntent et près de la moitié de la dette étudiante est concentrée dans la tranche d'âge des 25 ans et plus, le groupe le plus dominant d'acheteurs potentiels de logements.

Seront-ils en mesure de rembourser leurs prêts étudiants à temps en période de récession ? Malheureusement, le taux de défaut de remboursement des prêts étudiants n'a jamais été aussi élevé depuis 30 ans.

Sur les 40 millions de jeunes qui doivent des prêts étudiants, une partie de ces étudiants reçoivent des prêts de banques commerciales, tandis que la majorité reçoit des prêts directement par le gouvernement fédéral, avec un total de 27,8 millions de prêts gouvernementaux. Parmi eux, 7,9 millions sont encore aux études et n'ont pas besoin de rembourser leurs prêts avant un certain temps. Seuls 10,8 millions de personnes seront en mesure de rembourser leurs prêts à temps, et les 9 millions restants sont soit déjà en défaut de paiement (plus d'un an de retard), soit en état de retard et d'abstention. En d'autres termes, il y a presque autant de personnes qui ne peuvent pas rembourser leurs dettes à temps que de personnes qui le font ! Et la moitié des 7,9 millions d'étudiants en cours de scolarité auront du mal à payer leurs dettes dès qu'ils quitteront l'école, tout comme les personnes âgées.

Sur les 27,8 millions d'emprunteurs étudiants (gouvernementaux), seuls 10,8 millions remboursent leurs prêts à temps. 7,9 millions de personnes sont aux études et 9 autres millions ne remboursent pas leurs prêts à temps.

Si l'on ajoute les défauts de remboursement des prêts bancaires commerciaux, le taux de défaut global des prêts étudiants est tout simplement abyssal, avec un taux élevé de défauts graves de plus de 90 jours chez les moins de 30 ans ayant contracté un prêt étudiant, soit 35%. Sur les 40 millions de futurs acquéreurs de logements, 14 millions

---

[34] Ruth Simon, *Student-Loan Load Kills Startup Dreams*, Wall Street Journal, 2013-08-13.

pourraient voir leur crédit s'effondrer, ce qui les mettrait hors jeu, car ces antécédents de crédit gravement défaillants entraînent inévitablement le refus des demandes de prêt lorsque les banques approuvent les prêts hypothécaires.

Le nombre de ventes de logements neufs est bien inférieur aux niveaux normaux du marché. (Source : Indice Case-Shiller)

Aux États-Unis, non seulement pour acheter une maison, il faut demander un prêt hypothécaire pour vérifier l'historique de crédit, mais aussi pour louer une maison pour vérifier le crédit, pour 14 millions d'acheteurs potentiels de moins de 30 ans, il n'est pas seulement difficile d'obtenir un prêt pour acheter une maison, mais aussi pas facile de trouver un appartement à louer, pour déménager dans l'"empire des locataires" de Black Rock, c'est vraiment un nouveau "rêve américain".

Il n'est pas étonnant que les jeunes aux États-Unis n'aient d'autre choix que de rentrer chez eux et de "manger leurs vieux jours". En 2012, seuls 4% de la population de la tranche d'âge 25-30 ans étaient prêts à signer un prêt hypothécaire s'ils avaient un prêt étudiant.

La capacité de la jeune génération à acheter une maison a été durement touchée, et c'est la cause profonde de la morosité persistante des ventes de maisons neuves, avec seulement 400 000 maisons neuves vendues aux États-Unis en 2013, bien en dessous des 1,3 million vendues pendant la bulle et bien en dessous des 900 000 vendues vers 2000, lorsque la population américaine a augmenté d'au moins 40 millions de personnes et que les ventes de maisons neuves étaient moins de la moitié de ce qu'elles étaient en 2000.

En ce qui concerne l'avenir de l'immobilier américain, d'une part, l'offre de maisons saisies va continuer à monter en flèche (6,6 millions) jusqu'en 2016, et la pénurie d'offre causée par les maisons vacantes mais non disponibles aux enchères va stimuler les mises en chantier de nouvelles maisons, et l'offre globale de propriétés va augmenter de manière substantielle ; et la demande ? Parmi les véritables acheteurs qui peuvent se permettre d'emprunter, la plupart ont été évincés du marché par les spéculateurs de Wall Street, et sur les 40 millions de jeunes acheteurs potentiels, 1/3 ont déjà été évincés du marché, ce qui ne fera qu'augmenter le nombre de ceux qui seront abandonnés par l'immobilier.

C'est la tendance future de l'offre et de la demande de biens immobiliers, l'absence de demande réelle, combien de temps le groupe de spéculation peut-il soutenir les prix des maisons ?

Le volcan des taux d'intérêt va brûler l'immobilier

Le vendredi 12 juillet 2013, les taux hypothécaires ont connu la plus grande flambée en une seule journée de l'histoire de l'immobilier ! Si un prêteur a vu un taux bancaire de prêt immobilier fixe sur 30 ans de 4,2% le jeudi, ce taux est passé à 4,575% le vendredi.

Rien qu'en mai, le taux hypothécaire fixe à 30 ans n'était que de 3,25%, et en juillet, il a grimpé jusqu'à 5% ! Les taux hypothécaires à 30 ans s'envolent (Source : Federal Reserve Bank of St. Louis)

Tout est de la faute de Bernanke, bien sûr, qui a laissé échapper le vent de l'assouplissement quantitatif en mai et a réaffirmé sa détermination en juin, avec pour résultat que les marchés financiers mondiaux ont éclaté en violentes turbulences en juin. Les marchés émergents ont failli s'effondrer, Wall Street est encore sous le choc, la Chine a fait une grosse "pénurie d'argent", qui s'est reflétée dans les prêts immobiliers, est les taux hypothécaires les plus violents de l'histoire se sont envolés.

Ce n'est qu'un exercice verbal, les achats d'obligations de la Fed n'ont pas ralenti le moins du monde, et l'impact désastreux du changement soudain de la psychologie du marché sur les marchés financiers est évident.

La hausse des taux hypothécaires signifie naturellement que le montant du remboursement mensuel augmente, s'il y a une hausse soutenue et spectaculaire des taux d'intérêt, cela conduira inévitablement à une "panique du paiement mensuel" pour les propriétaires qui seront pris au dépourvu, non seulement la possibilité de défaut a fortement augmenté, mais aussi les prix des maisons seront plus que ce que les gens peuvent se permettre. Selon l'expérience du secteur de l'immobilier, chaque augmentation d'un point de pourcentage des taux hypothécaires se traduit par une baisse de 10% de l'accessibilité financière (Affordability), et le pic des taux entre mai et juillet a entraîné une forte baisse de 17% de l'accessibilité financière.

Si une famille moyenne consacre un montant fixe de 2 000 $ par mois à un prêt immobilier, le montant que cette famille peut se permettre de payer diminuera à mesure que les taux d'intérêt augmenteront. Si le taux d'intérêt d'un prêt immobilier à taux fixe sur 30 ans est de 2,5%, la famille peut se permettre une maison de 500 000 $, et lorsque le taux passe à 6,5%, elle ne peut plus se permettre que 300 000 $.

Lorsque le taux hypothécaire à 30 ans est passé de 3,25% en mai à 4,75% en juillet, la différence de taux d'intérêt entre les deux se traduit par une baisse d'environ 50 000 $ du prix des maisons.

À mesure que les taux d'intérêt augmentent, les prix des maisons que l'on peut se permettre avec des dépenses mensuelles fixes vont chuter. La flambée des taux d'intérêt n'exerce pas seulement une forte pression sur les prix des maisons, elle affecte également le secteur du refinancement. La raison pour laquelle les Américains peuvent utiliser leur maison comme un distributeur automatique de billets est que lorsque les taux d'intérêt baissent, les prêteurs qui ont bloqué les taux d'intérêt peuvent demander à la banque de réajuster les conditions du prêt, d'une part, pour abaisser le niveau des intérêts, d'autre part, pour retirer des liquidités à dépenser en augmentant le solde du prêt, ce qui est également l'une des motivations de la Réserve fédérale qui ne ménage aucun effort pour faire monter les prix des maisons afin de stimuler l'économie. Si les taux d'intérêt augmentent, le refinancement ne permettra pas aux gens d'encaisser, et avec une épargne limitée, les gens devront dépenser moins.

En juillet, Bank of America a annoncé la fin de 20 000 licenciements pour faire face aux mauvais prêts hypothécaires ; en août, Wells Fargo, le plus grand prêteur hypothécaire des États-Unis, a annoncé 2 300 licenciements ; JP Morgan Chase prévoit de licencier 15 000 personnes, dont 3 000 sont des prêteurs hypothécaires ; en septembre, Bank of America a annoncé 2 100 autres licenciements dans sa division de prêts hypothécaires ; et Citibank a annoncé 2 200 licenciements.

Parce que les ventes de nouvelles maisons ne peuvent pas suivre, la capacité de prêt hypothécaire des acheteurs d'une première maison est grandement supprimée, et les anciennes transactions de logement dans la plupart des gens appartiennent au groupe spéculatif, ils sont tous les paiements en espèces, n'ont pas besoin de demander un prêt hypothécaire, les deux premières années de l'activité du secteur hypothécaire bancaire est en plein essor, les bénéfices roulés, en s'appuyant sur la politique de taux d'intérêt ultra-bas de la Réserve fédérale stimulée par la vague de refinancement à grande échelle. 2012, la taille du refinancement américain autant que 1,25 trillion de dollars, et 2014 est estimé à seulement 388 milliards d'affaires à gauche.

La marée des taux d'intérêt est tranquillement en train de tourner, les nouveaux prêts immobiliers pour les maisons existantes n'ont pas encore vu une reprise, et le refinancement a également été demain, la banque de garder tant de personnes de prêt hypothécaire quelle est l'utilité ?

Les banques voient déjà les taux d'intérêt augmenter et les licenciements massifs ne sont qu'un jour de pluie. Si le volcan des taux d'intérêt entre en éruption, les perspectives de l'immobilier seront très sombres. Avec la hausse des prix de l'immobilier et l'envolée des taux d'intérêt, les ménages américains et les mensualités des prêts hypothécaires s'envolent.

Les prêts hypothécaires ont bien sûr été les plus touchés ; le taux hypothécaire fixe à 30 ans avant la crise de 2007 était de 7%, contre 9% à la fin des années 1990. De 3,25% en mai 2013, à 7-9% de retour à la normale, les taux d'intérêt n'ont pas seulement changé de façon spectaculaire !

Le niveau de revenu médian des ménages aux États-Unis est de 50 000 $, et après les coûts obligatoires tels que les impôts et les assurances, le revenu disponible est d'environ 35 000 $, soit une moyenne de 2 900 $ par mois. Pour une famille de quatre personnes, une grande partie de leur revenu est perdue, et elles peuvent se permettre de payer l'hypothèque à environ 1200 $. Dans le niveau de 7%-9% des taux d'intérêt hypothécaires, ne peut se permettre que 160 000 $-170 000 $ prêts immobiliers, ils peuvent se permettre le prix de la maison est d'environ 200 000. En août 2013, le prix médian d'une nouvelle maison aux États-Unis était de 257 000 $, et le prix médian d'une maison actuelle était de 237 000 $, et le prix a évidemment été surévalué, environ 30 000 $ à 50 000 $ de plus, la partie supérieure est le résultat de QE, si QE sortie, cette partie de la hausse des prix seront obligés de se rétracter.

Le volcan des taux d'intérêt supprimera gravement la demande réelle de hausse des prix des logements. Si 60% des acheteurs du marché immobilier paient comptant, notamment les riches spéculateurs de Wall Street, est-il possible que l'éruption du volcan des taux d'intérêt n'ait aucun effet sur eux ?

La réponse est non.

L'"empire des locataires", représenté par Black Rock, présente un dangereux défaut de modèle.

Le piège mortel de "l'empire des locataires"

À première vue, le déclin de l'accession à la propriété aux États-Unis signifie que davantage de personnes doivent louer, et en 2013, le taux d'accession à la propriété aux États-Unis est tombé au niveau de 1980, ce qui devrait être une excellente nouvelle pour le modèle de "l'empire des locataires", mais le problème n'est pas si simple.

Le modèle de "l'empire des locataires" peut sembler raisonnable, mais en réalité il est fatalement défectueux. L'accession à la propriété aux États-Unis est tombée au niveau de 1980.

Le taux de croissance du revenu réel, net d'inflation, des ménages américains est en baisse, avec une croissance négative en 2013.

Les familles contraintes de louer, principalement celles dont les moyens sont moyens ou plus pauvres, sont soit d'anciens propriétaires qui ont été expulsés par les banques, soit des familles nouvellement constituées qui croulent sous les prêts étudiants et autres dettes. Si les locataires sont représentés par le ménage américain médian, le loyer qu'ils peuvent payer s'ils n'ont pas les moyens de payer la mensualité du prêt hypothécaire est également limité et a peu de marge de progression.

En raison de la spéculation de Wall Street, les ressources de logements locatifs super bon marché ont été rapidement divisées, et la hausse rapide des prix des maisons, de sorte que le ratio entrée-sortie du groupe de spéculation continue de diminuer. Au début de 2012, l'investissement du groupe de spéculation dans les rendements locatifs aussi élevés que 14% à 27%, et dans la seconde moitié de 2013, le taux de rendement locatif est rapidement tombé à 3% à 4%. Pendant ce temps, le taux d'occupation moyen des spéculateurs de Wall Street n'est que de 50%, ce qui est loin d'être aussi élevé que prévu initialement. Black Rock est une performance relativement bonne, précoce, faible prix d'achat, grand capital, la formation d'un effet d'échelle, le taux d'occupation de plus de 80%, mais le rendement global de la location de maisons individuelles est également seulement 6%, d'autres groupes spéculatifs sont difficiles à dépasser Black Rock.

La gestion de dizaines de milliers de propriétés disséminées dans tout le pays est une industrie à forte intensité de main-d'œuvre, qui diffère complètement de la gestion d'une chaîne hôtelière à forte concentration de résidents. Chaque maison de l'"empire des locataires" est l'équivalent d'un mini-hôtel, et les coûts d'entretien et d'exploitation quotidiens ne sont guère réduits de manière significative.

"Tenant Empire" tente d'industrialiser des produits personnalisés à grande échelle pour répondre aux besoins des clients dans différents lieux géographiques, différentes conditions climatiques, différentes habitudes de vie, différentes coutumes ethniques, en particulier les milliers de préférences personnalisées différentes, mais aussi difficile de répondre à tous les aspects. Contrairement au fait de manger au McDonald's et de séjourner dans un hôtel, où un repas ou une nuit résout le problème, vivre dans une maison est un processus à long terme, individualisé et lié aux sentiments psychologiques de chacun.

Il y a eu une vague aux États-Unis dans les années 1990 visant à remplacer les agents immobiliers par Internet, ce qui était parfaitement logique en théorie, mais n'a pas fonctionné en pratique. Car il faut entrer dans cette maison, toucher le plan de travail de la cuisine, dévisser le robinet de la salle de bains, marcher sur la moquette moelleuse, sortir sur le balcon et respirer l'air frais pour être sûr que cette merveilleuse réaction chimique appelée amour se produit.

La condition de base de tous les produits fabriqués en série est que les gens n'ont pas, et n'ont pas besoin d'avoir, de lien émotionnel particulier avec ce produit, et le logement n'entre clairement pas dans cette catégorie.

Il s'agit simplement de failles dans le modèle économique, et plus mortels sont les dangers potentiels du modèle de financement.

En effet, la flambée des taux d'intérêt ne constitue pas une menace immédiate pour les propriétés que Black Rock et d'autres spéculateurs de Wall Street ont déjà acquises, car ils utilisent essentiellement des achats entièrement en espèces. Toutefois, des rendements de l'ordre de 6% ne sont pas suffisants pour soutenir un modèle commercial prometteur, surtout dans les premiers stades de la formation du modèle. Pour réaliser avec succès l'idéal de "l'empire des locataires", la spéculation de Wall Street doit continuer à étendre l'échelle, avec un effet d'échelle pour réduire les coûts, pour compenser les dépenses toujours croissantes de personnel, elle doit non seulement faire face à l'augmentation du coût d'achat des maisons et au goulot d'étranglement causé par la croissance limitée de la capacité de paiement des locataires, mais aussi subir l'épreuve sévère de la flambée des coûts de financement.

Les spéculateurs de Wall Street sont financés par le marché des capitaux et les grandes banques, et la Deutsche Bank est le plus grand fournisseur de fonds pour le modèle de l'"empire locataire". Lorsqu'un volcan de taux d'intérêt entre en éruption, le marché des pensions, les swaps de taux d'intérêt et les actions obligataires souffrent tous, et la liquidité du marché des capitaux est épuisée. Les grandes banques elles-mêmes ne peuvent pas protéger, les fonds spéculatifs crient, où sont les fonds pour étendre les frontières de l'"empire du locataire" ?

Ce qui est plus susceptible d'arriver, c'est que le groupe hypothécaire spéculatif au sein des nombreuses institutions a brisé la chaîne financière, contraint de vendre des biens à grande échelle à l'argent comptant, à ce moment, les propriétaires sont "l'alarme d'approvisionnement mensuel" forcé à défaut à grande échelle, l'hypothèque spéculative ménages dispersés ont peur de s'enfuir, qui a la capacité d'attraper à chaque tour des milliers de maisons de la décharge ?

On craint que l'"empire du locataire" ne soit mort avant que la prochaine série de crises des taux d'intérêt ne prenne de l'ampleur.

Feuille de route pour la grande évasion vers la victoire

Au début, le groupe spéculatif afin de saisir la position avantageuse du marché des saisies, de frapper l'atmosphère, l'appétit est féroce, peu importe la rénovation de l'argent. Avec la hausse rapide des prix des maisons, l'investissement initial dans le groupe de logement spéculatif a augmenté de manière significative, tandis que le taux d'occupation n'est pas satisfaisant, le nuage de risque a commencé à rassembler. Les taux d'intérêt ont grimpé en flèche depuis mai 2013, les gros bonnets du groupe de logement spéculatif ont eu peur, les coûts de financement ont fortement augmenté, la concurrence pour le logement devient de plus en plus féroce, tandis que le taux d'inoccupation reste élevé, le potentiel de revenu locatif est limité, l'idéal de "l'empire des locataires" de plus en plus comme "côtes de poulet", sans goût, abandonné la pitié.

Les gros bonnets de la spéculation de Wall Street doivent commencer à penser à faire marche arrière.

Carrington Holdings, le premier fonds spéculatif à expérimenter le modèle de "saisie-location", a regardé le mauvais vent et a commencé à se retirer fin mai 2013, le PDG du fonds admettant candidement : "Nous ne voyons pas assez de rendement pour stimuler d'autres investissements". "Les spéculateurs qui se jettent encore sur le marché ont été qualifiés par lui d'"argent stupide".

Cependant, il n'est pas du tout facile pour le groupe spéculatif de se retirer en un seul morceau, et le moyen le plus stupide est de vendre la maison directement.

Les fonds spéculatifs et les fonds de capital-investissement n'ont pas l'intention de devenir des gestionnaires immobiliers à long terme dès le départ, ni avec un tel idéal ni avec un tel intérêt, et leur pensée est d'acheter à bas prix et de vendre à prix élevé pour gagner des marges, et plus le temps est court, mieux c'est. Mais la vente pure et simple de dizaines de milliers de logements sur le marché de l'immobilier est presque totalement irréaliste, et personne sur le marché de l'immobilier ne peut se permettre d'assumer une vente de cette ampleur.

En outre, les coûts de transaction liés à la vente directe d'une maison seraient incroyablement élevés ; imaginez qu'avant de vendre une maison, il faudrait rénover des dizaines de milliers de maisons, en faire la publicité dans les médias nationaux et sur Internet, engager d'innombrables personnes et recevoir d'innombrables téléspectateurs pour trouver des acheteurs potentiels qualifiés ; il faudrait ensuite examiner l'historique de crédit, la situation professionnelle, le casier judiciaire et le flux bancaire de chaque famille pour déterminer si elle peut obtenir un prêt et le taux d'intérêt du prêt, ce qui nécessiterait la coordination d'un grand nombre de banques ; ensuite, il faudrait signer des dizaines de milliers de contrats d'achat et, enfin, les gouvernements locaux devraient procéder à l'enregistrement, au transfert et au paiement des taxes, ce qui impliquerait une quantité stupéfiante de main-d'œuvre et de travail. De l'ensemble du corps hors du chemin à considérer, seul le marché financier peut à travers le groupe spéculatif de l'échelle de vente.

Pour le groupe immobilier spéculatif, la voie de retraite la plus idéale est celle des fonds de sociétés immobilières (REIT) pour être cotés en bourse, à la fois pour encaisser afin d'éviter leur propre risque, mais aussi dans le jeu de "l'empire des locataires" pour continuer à jouer, à l'argent des actionnaires pour risquer un pari, gagner les bénéfices sont les leurs, perdre un grand nombre de boucs émissaires à porter. Les gros bonnets entrent et sortent, s'assoient et regardent les nuages s'amonceler.

Le premier spéculateur immobilier à manger des crabes est Silver Bay Real Estate Trust, qui a été cotée en décembre 2012 et a procédé à une levée de fonds publique. Elle possède 2 548 propriétés locatives avec un investissement total en capital de 300 millions de dollars et un prix d'achat moyen d'environ 120 000 dollars, avec un loyer moyen de 11 266 dollars par immeuble et un taux d'occupation de 46%. Parmi ceux-ci, 900 ont été achetés avant juin 2012 et étaient occupés à 91%, avec des revenus de 4,0 millions de dollars au quatrième trimestre 2012 et des coûts d'exploitation de 24,6 millions de dollars pour l'ensemble de l'année, ce qui a entraîné une perte nette en 2012. Avec des taux d'occupation saturés, les revenus annuels pourraient atteindre 42 millions de dollars et devraient être rentables en 2013.

Le financement public de 245 millions de dollars prévu par Silver Bay a permis de récupérer 82% du coût d'achat de 300 millions de dollars avec une participation de 35%. Avec un prix d'émission de 18,50 dollars, la valeur du groupe spéculatif est immédiatement passée à 455 millions de dollars. À ce stade, 82% du risque de l'investissement initial a en fait été transféré à l'investisseur, qui reste lui-même l'actionnaire majoritaire. Si le modèle économique ne fonctionne pas, il est beaucoup plus facile pour les spéculateurs de se retirer du marché boursier que de faire du porte-à-porte sur le marché immobilier et de vendre les maisons qu'ils ne peuvent pas vendre aux actionnaires.

L'inscription est une excellente initiative, et le groupe de spéculation est en bonne position pour se battre, se défendre et se déplacer.

Cependant, les investisseurs et les actionnaires sont beaucoup plus vigilants qu'avant la crise, les débuts de "Silver Bay" n'ont pas reçu la poursuite enthousiaste attendue, le prix de la cotation est tombé en dessous du prix d'émission en six mois, depuis lors n'a pas été ralenti.

Silver Bay a enregistré des performances médiocres depuis son entrée en bourse en décembre 2012. Alors que nous observions l'entrée en bourse de Silver Bay, d'autres groupes spéculatifs étaient également impatients.

Colony American Homes, qui se prépare à entrer en bourse en mai 2013, possède des actifs bien plus importants que Silver Bay, puisqu'elle détenait 9 931 propriétés saisies à la fin du mois d'avril, principalement à Phoenix, en Californie, en Floride et au Texas. Elle prévoit de lever 245 millions de dollars. Au moment où l'immobilier colonial américain attendait avec excitation la cloche d'inscription, Bernanke est sorti pour parler de la préparation de la sortie du QE, les mauvaises nouvelles sont arrivées à Wall Street en pagaille, l'attente d'une hausse des taux d'intérêt a fait perdre immédiatement l'appétit des investisseurs pour les projets immobiliers, Silver Bay et d'autres actions immobilières ont chuté en pagaille. En voyant le tableau d'ensemble, les propriétés coloniales américaines ont dû annoncer des plans pour retarder la cotation.

Il existe des incrédules dans le milieu de la spéculation immobilière, et American Homes 4 Rent est l'un d'entre eux, qui insiste sur une inscription en juin. American Rental Properties, qui est plus grande qu'American Colonial Properties, a investi la somme énorme de 2,5 milliards de dollars et détient 14 210 propriétés dont le prix d'achat moyen est de 176 000 dollars, soit 56 000 dollars de plus que le coût d'achat de Silver Bay. Pourquoi cette dernière doit-elle être mise sur le marché à la hâte en juin ? Parce qu'elle avait éclaboussé 700 millions de dollars dans une saisie de maison en novembre 2012, lorsque le prix d'achat n'était plus bas, selon l'expérience de l'industrie, le meilleur moment pour passer de l'achat en gros, de la rénovation à la location est de six mois, parce que les locataires ont signé en grand nombre pour emménager, il n'y a pas eu de phénomène de déménagement ou de reddition des locataires, lorsque les locataires sont les plus stables, les taux de location les plus élevés et le meilleur flux de trésorerie. Si ce moment est manqué, les états financiers seront difficiles à dire.

Il y a un prix à payer pour l'exploitation de l'éolien de pointe, et entrer en bourse en juin à une période de pénurie d'argent ne peut que se terminer en tragédie. L'entreprise de location américaine devait lever 1,25 milliard de dollars, mais n'a finalement obtenu que 700 millions de dollars, soit une décote de 44% par rapport au cours de l'action.

L'inscription était censée être la retraite idéale pour le groupe spéculatif, et c'était également un plan qu'ils avaient envisagé au début de 2012, mais qui savait que le plan ne pouvait pas rattraper les changements et que la flambée des taux d'intérêt est arrivée trop soudainement et au-delà de leurs attentes.

Le patron de la société, Black Rock, est un peu déprimé, et son entrée dans le marché des saisies est de prendre une sortie rapide après le fond de l'idée, le superbe PE si le long terme dans les affaires de location de la belle-mère, quel est le statut ?

On peut également dire que la cotation est la meilleure option pour Black Rock, mais avec les leçons du passé et la flambée des taux d'intérêt, si cette voie ne fonctionne pas pour le moment, il faut commencer à chercher d'autres voies de sortie immédiatement.

Le deuxième champ de bataille de l'évasion : les titres adossés à des loyers

Au moment où les débuts de l'introduction en bourse de "American Rental Real Estate" tombaient à l'eau, Black Rock avait déjà commencé un deuxième champ de bataille d'évasion, à savoir les titres adossés à des loyers.

Le 31 juillet 2013, le Wall Street Journal a rapporté que "BlackRock, Deutsche Bank sont en pourparlers pour émettre des obligations RBS (Rental Backed Securities)", et la nouvelle est tombée qui a immédiatement déclenché une discussion animée dans les industries immobilières et financières.

Il s'agirait de la première obligation au monde garantie par des loyers de logements et elle pourrait être décrite comme le dernier jeu de la titrisation des actifs de Wall Street. Wall Street croit en l'idée que tant qu'il y a des flux de trésorerie futurs, il faut les transformer en titres maintenant et les vendre demain.

Théoriquement, les loyers des logements constituent un flux de trésorerie relativement stable, tandis que des milliers de loyers de logements peuvent être regroupés en un ensemble d'actifs qui, grâce à des techniques de séparation complexes, seront raffinés en produits obligataires standardisés, qui sont de nature similaire aux MBS (titres adossés à des créances hypothécaires) et d'origine différente, les MBS reposant sur le flux de trésorerie des remboursements mensuels des prêts, tandis que les RBS sont le flux de trésorerie des loyers.

Dans le sillage de la crise financière, les MBS avaient une réputation nauséabonde, et Wall Street était largement coupé des produits MBS fabriqués par d'autres banques d'investissement, à l'exception de Fannie Mae et Freddie Mac, dont l'émission de MBS était indirectement garantie par le gouvernement. Un proverbe américain dit que la première fois qu'on vous ment, c'est la faute de quelqu'un d'autre et que la deuxième fois, c'est votre propre faute. Peu importe à quel point l'éditeur de MBS a changé d'avis, il est difficile de voir une grande amélioration en une décennie. Les blessures psychologiques infligées par les MBS ne se cicatriseront vraiment que si cette génération d'investisseurs traumatisés quitte la scène historique et qu'une nouvelle génération d'investisseurs complètement intacts entre sur le marché.

Dans l'état actuel du marché, le RBS est au mieux une version miniature du MBS, qui n'a rien à voir avec le MBS d'avant 2007 en termes de taille ou d'importance.

Les MBS sont garantis par la maison, tout comme les RBS. La première émission d'obligations RBS de Black Rock était modeste, de l'ordre de 240 à 275 millions de dollars, avec une valeur nette des maisons hypothéquées de l'ordre de 300 à 350 millions de dollars, correspondant à 1 500 à 1 700 maisons de location, dont chacune devrait générer en moyenne 172 000 dollars de cash-flow, ou environ 10 ans de revenus locatifs bruts si le loyer mensuel moyen de chaque maison était de 1 500 dollars. Cela signifie qu'une fois les obligations vendues, Black Rock vend les maisons de manière déguisée et le risque restant est entièrement transféré aux acheteurs des obligations d'investissement. Si l'obligation fait défaut, la maison saisie est un souvenir que Black Rock a laissé aux investisseurs, et l'argent est de toute façon dans la poche de Black Rock.

Le souscripteur de l'émission d'obligations RBS de Black Rock était la Deutsche Bank, l'acteur le plus Wall Street-esque du continent, qui a organisé un financement de 3,6 milliards de dollars pour Black Rock au cours du seul premier semestre 2013, ce qui en fait le premier fournisseur de financement pour les acquisitions de maisons saisies parmi les grandes banques.

Afin d'assurer le succès des débuts de RBS, BlackRock et Deutsche Bank s'engageront inévitablement dans une "grande ouverture", non seulement la taille de l'émission obligataire est petite, mais aussi la qualité et la quantité d'actifs collatéraux seront assez bonnes et abondantes, dans le même temps, il y aura également une grande concession dans le prix, 10 ans de flux de trésorerie de location, si elle est vendue en 7 ans, les investisseurs ne seront pas fous.

Les obligations RBS sont-elles fiables ?

Au moins, cette fois, les agences de notation ont tiré les leçons du passé, et Moody's se montre très prudente. Kuroshi pense que l'absence de notation n'est pas importante pour la première affaire, cette fois-ci la RBS même sans notation n'affectera pas les ventes, tant que le rendement donné est suffisamment attractif. Après tout, les fonds avides de rendement sur le marché fouillent dans le "tas d'ordures" des actifs, à la recherche de restes de nourriture pour nourrir leur faim. La mentalité dominante est qu'il vaut mieux mourir de poison plus tard que de mourir de faim maintenant. Le premier RBS de Blackrock va certainement faire naître une lumière verte dans leurs yeux.

À première vue, le risque avec RBS est qu'il manque de données historiques et qu'il est difficile d'évaluer le risque de défaut. Mais en toute logique, le RBS n'est même pas aussi bon que les MBS générés par les prêts hypothécaires à risque. Il existe une différence fondamentale dans la psychologie des locataires et des propriétaires, et même si un prêteur subprime d'avant la crise achète une maison, ce qui lui manque est une source de revenu stable, mais pas l'amour et le dévouement que les propriétaires ont pour leur propriété. Les locataires sont différents, la maison ne leur appartient pas, l'entretien de la maison n'est jamais leur priorité, le coût d'entretien de la maison sera donc plus élevé. Les gestionnaires de fonds de capital-investissement et de fonds spéculatifs sont des initiés de l'investissement, faire des tableaux Excel est facile à calculer, mais gérer des dizaines de milliers de propriétés saisies est beaucoup plus compliqué.

Les gestionnaires de fonds ne peuvent certainement pas gérer eux-mêmes une propriété de cette taille, et les questions spécifiques doivent être confiées à une société de gestion locale. Cependant, de nombreux problèmes sont difficiles à résoudre pour les sociétés d'externalisation. Le crédit des locataires varie et leur capacité financière varie. À l'ère de la "nouvelle normalité", où la croissance des revenus est fortement comprimée, trouver et conserver des locataires qualifiés est un projet complexe et délicat que les gestionnaires de fonds ne peuvent pas gérer et les sociétés d'externalisation n'ont rien à voir avec cela.

Les saisies sont densément peuplées, souvent dans des communautés où se concentrent des personnes pauvres, et sont généralement caractérisées par une faible capacité économique. La différence entre le loyer et la mensualité n'est pas si grande que la mensualité soit encore moins stressante que le loyer. Si les locataires sont des familles qui ont été mises à la porte pour ne pas avoir payé leurs mensualités, à quel point seront-ils capables de payer leur loyer à temps ?

Les locataires peuvent signer un contrat de location d'un an, ou ils peuvent préférer perdre une partie de leur caution et déménager plus tôt, et comme le montant et la responsabilité impliqués sont bien moindres que pour l'achat d'une maison, le taux de défaillance sur une location est forcément bien plus élevé que sur un prêt hypothécaire, avec pour conséquence que la maison sera laissée vacante jusqu'à ce que le prochain locataire soit trouvé, combien de temps dure l'intervalle, et quelle est l'importance de la perte de loyer, encore une fois avec un manque de données statistiques.

Comme les locataires n'entretiennent pas leur logement aussi méticuleusement que les propriétaires, il est possible que si les réparations demandées par les locataires ne sont pas immédiatement mises en place en raison de problèmes courants tels que des égouts bouchés, des toits qui fuient, un air conditionné non froid, un chauffage non chauffé, une infestation de cafards et de l'eau dans le sous-sol, ils pourraient cesser de payer le loyer avec colère. Si un locataire subit un licenciement, une maladie grave ou tout accident entraînant une incapacité, personne ne peut l'expulser immédiatement de la maison. Les lois des États protègent les droits et les intérêts des locataires, de quelques mois à plus d'un an, et on ne sait jamais combien coûtent ces accidents.

La première affaire d'obligations RBS de Black Rock donne le coup d'envoi d'une nouvelle série d'aventures immobilières. La taille totale du marché locatif s'élève à 1 500 milliards de dollars et, une fois que l'obligation RBS sera couronnée de succès, un grand nombre de nouvelles obligations RBS seront cotées en vrac et, une fois le principal récupéré, c'est un bénéfice net sans risque pour continuer à rouler. Plus les obligations RBS seront émises, plus les prix de l'immobilier augmenteront rapidement. Toutefois, la hausse rapide des prix de l'immobilier entraînera également une baisse rapide des rendements locatifs et, afin de maintenir des rendements suffisants, les groupes spéculatifs commenceront probablement à unir leurs forces pour faire grimper les niveaux de loyer. Après tout, la hausse des prix de l'immobilier, des taux d'intérêt et des hypothèques plus strictes obligera davantage de personnes à se tourner vers le marché de la location, où les groupes spéculatifs les préparent déjà au festin des loyers élevés. La pression toujours plus forte finira par entraîner des pertes massives de locataires et l'effondrement des obligations RBS.

Dans la mentalité de la "victoire à la sauvette", les obligations de RBS vont inévitablement surestimer leur valeur et sous-estimer leur risque, trompant à nouveau les investisseurs du monde entier, ce qui est le but de Wall Street !

Explication

Le grand rebond des prix des maisons aux États-Unis qui a débuté en mars 2012 n'est pas le signe d'une véritable reprise de l'industrie immobilière, un marché qui est avant tout un marché de spéculateurs et non d'acheteurs. La personne moyenne est vulnérable à un rebond des prix.

Le plus grand gagnant de la hausse des prix de l'immobilier est toujours Wall Street.

Lors de la crise de 2008, la classe moyenne a sauvé Wall Street avec son argent durement gagné, et Wall Street a fait volte-face et a utilisé son argent pour prendre des biens qui lui appartenaient, la forçant à devenir locataire d'un "empire de locataires" qui continue à nourrir Wall Street avec son argent durement gagné, ce qui équivaut à voler la classe moyenne trois fois !

Le gouvernement américain prétend être un gouvernement élu qui est censé représenter les intérêts de ses électeurs, mais ses politiques en matière d'immobilier sont clairement biaisées en faveur de Wall Street, ce qui permet à la richesse de ses électeurs d'être pillée de façon répétée par Wall Street.

N'y a-t-il pas d'autre solution à la crise des saisies immobilières que de laisser les spéculateurs de Wall Street se livrer à leur pillage ?

Bien sûr que non !

La solution logique et juste au renflouement est en fait assez simple : puisque Wall Street a accepté le renflouement du gouvernement et des contribuables, elle devrait légitimement renoncer à la propriété des biens saisis, qui ont été saisis aux frais du contribuable, et ils n'appartiennent plus à Wall Street, mais au contribuable, qui peut confier au gouvernement le séquestre des biens saisis.

Le défaut de paiement est un défaut de paiement, le défaut de paiement ou le défaut de paiement, les propriétaires saisis doivent être punis et leur prix est la perte de la propriété du bien, le gouvernement local doit juste marquer le bien dans le registre des biens comme un actif séquestre.

La collectivité locale peut alors conclure un accord de location avec les propriétaires saisissants pour récupérer la propriété, ce qui peut être très peu coûteux, tant que ces propriétaires ne manquent pas à leur obligation de payer leur loyer pendant plusieurs périodes consécutives. À ce stade, les loyers remplaceront les impôts fonciers initiaux et continueront à fournir des revenus aux collectivités locales pour améliorer le niveau des services publics tels que les écoles, la police et les hôpitaux.

De cette façon, les propriétaires saisis n'ont pas à être balayés du marché, et il n'y aura pas beaucoup de maisons saisies sur le marché à vendre, éliminant ainsi une source majeure de la chute des prix des maisons. Les propriétaires saisis continuent de prendre soin de leur maison, la communauté est libérée des risques de sécurité liés aux mauvaises herbes et aux cambrioleurs, et la valeur globale des propriétés de la communauté est naturellement stabilisée.

Avec des loyers nettement plus bas, la pression financière sur les propriétaires saisis est considérablement réduite et ils travailleront dur pour retrouver leur énergie et se battre pour le rachat rapide de leurs propriétés, ce qui réduira considérablement les nombreuses tragédies familiales et le coût combiné pour la société.

Au fur et à mesure que l'économie s'améliorera, les véritables acheteurs auront l'occasion de participer à la reprise de l'immobilier, et seule leur large participation permettra de sortir progressivement l'immobilier du bourbier de la récession.

Dans le cadre d'une politique raisonnable, il n'est pas nécessaire que les spéculateurs de Wall Street fassent monter artificiellement les prix des logements. Le problème actuel est qu'il y a une résurgence de la spéculation massive dans l'immobilier, et contrairement à la dernière spéculation de détail généralisée dans l'immobilier, cette fois les institutions sont devenues les principaux acteurs, qui entrent rapidement sur le marché et courent encore plus vite si le vent n'est pas dans la bonne direction. Au lieu d'un lissage des prix de l'immobilier, des chocs plus violents sont à l'affût, et l'immobilier ne se dirige pas vers une reprise, mais vers une course accélérée vers le prochain crash.

CHAPITRE VI

Richesses divisées, rêves brisés

Ce que l'on appelle le "rêve américain" est la conviction qu'il est possible d'obtenir une vie meilleure aux États-Unis grâce à un effort personnel et à une lutte sans relâche, sans dépendre d'une classe sociale d'origine particulière, ni de l'aide extraordinaire des parents, des proches, des amis ou d'autres relations sociales, mais plutôt grâce à sa propre diligence, son courage, sa créativité et sa détermination à progresser vers la prospérité.

Le rêve américain est comme un parking avec seulement 1 000 places mais 2 000 voitures. Seuls les travailleurs et les lève-tôt peuvent obtenir une place de parking et réaliser leur rêve américain, tandis que les paresseux ne peuvent se garer que sur le bas-côté de la route.

En 2007, le marché du travail américain comptait 71,8 millions d'emplois bien rémunérés pour 138 millions d'emplois totaux, soit un rapport d'environ 1:2. En 2013, les emplois bien rémunérés étaient tombés à 67,6 millions, avec une perte nette de 2,5 millions d'emplois totaux et une augmentation nette de la population de 15 millions. Il est difficile de trouver un emploi.

En termes de revenus, la grande majorité des Américains, qui représentent 90% de la population active, ont des revenus réels inférieurs de 1% à ceux de 1970, avec un pouvoir d'achat réel en recul de plus de 40 ans, tandis que le groupe des 10% de riches accapare 50% du revenu national, soit 17 points de plus qu'en 1970 !

Pour les Américains, il y a plus de gens qui attendent pour se garer, mais il y a moins de places dans le parking, et une infime minorité de 10% des gens ont des voitures qui occupent la moitié des places. Statistiquement, quels que soient les efforts déployés, un plus grand nombre de personnes sont déjà condamnées à être exclues du parking, et c'est la fin inévitable du rêve américain.

Une société vibrante et rêveuse où les "parkings" pour l'emploi devraient être de plus en plus grands, où de plus en plus de personnes auront une meilleure chance de se "garer" avec succès, est une condition préalable pour que les gens croient qu'ils peuvent obtenir une vie meilleure grâce à leurs efforts.

Quels sont les facteurs qui ont conduit à la désillusion du "rêve américain" ? Quelles leçons la Chine d'aujourd'hui peut-elle en tirer ? C'est le thème qui sera exploré dans ce chapitre.

À Wall Street, le président a mangé à huis clos.

Le 14 septembre 2009, le président américain Barack Obama est venu à Wall Street avec confiance, et son objectif était double : d'abord, frapper les gros bonnets de Wall Street, et ensuite, les inciter à soutenir la réforme financière.

À cette époque, le président se sentait plutôt bien dans sa peau, et son slogan de campagne, "Nous devons changer", était déjà un mot familier et populaire. Les Américains se débattent avec la crise financière, le coup du chômage, le tourment de l'endettement, ne peuvent plus supporter la douleur de perdre leur maison, et le coupable de la crise, Wall Street, a en fait accepté le renflouement des contribuables et a reçu un bonus encore plus exagéré et énorme qu'avant la crise, comment cela peut-il rassurer les Américains ordinaires ? L'humeur de la société américaine envers Wall Street est passée du ressentiment à la colère, voire à la haine. Les Américains ont désespérément besoin d'un président héroïque qui puisse changer ce pays, et Obama pense être celui qu'ils ont en tête.

Obama a une autre raison de s'affirmer davantage, car il est le grand sauveur de Wall Street. Dans le sauvetage de Wall Street, le gouvernement américain, dirigé par lui, a dépensé le prix du sang. Renflouement après renflouement, l'argent des contribuables dans le Trésor public, l'un après l'autre, remplit le trou noir des immenses actifs de Wall Street. L'ampleur du renflouement tangible a été sans précédent, la transfusion sanguine invisible est encore plus étonnante. Au moment de la crise de Wall Street, le sauvetage temporaire des liquidités par la Fed a atteint à lui seul 16 000 milliards de dollars, ce qui est bien plus élevé que le renflouement financier par des ordres de grandeur. Sans parler de la politique d'assouplissement quantitatif massive qui consiste à dévaluer la monnaie et à creuser d'énormes déficits, ce qui revient à imposer le sang aux contribuables pour subventionner la cupidité de Wall Street. Aux yeux d'Obama, Wall Street lui doit plus que le ciel est la limite.

C'est également un jour propice pour que le président vende la réforme financière à Wall Street. Il peut se remémorer le passé, réfléchir au présent, forger un consensus et créer un programme de réforme, tandis que les gros bonnets de Wall Street auront honte, seront humiliés et prêts à repartir à zéro. Fort d'une forte opinion publique et d'une mentalité de sauveur, Obama s'est lancé dans la chaire de Wall Street avec un moral d'acier, et son thème central était de faire "payer le prix" à la cupidité de Wall Street.

À la grande surprise d'Obama, aucun des gros bonnets de Wall Street n'est venu ! D'après le *Wall Street Journal*,

> " Pas un seul PDG d'une grande banque américaine n'était présent (pour le discours du président). " [35]

Qu'est-ce qui se passe ?

Les gros bonnets ne savent-ils pas que le président vient à Wall Street ? Bien sûr que non, l'avis du discours du président était depuis longtemps entre les mains des gros bonnets, et les reportages étaient partout dans les rues de New York. Les gros bonnets ne viennent pas, mais ils envoient une bande de sous-fifres remplir la scène, souriant, applaudissant et faisant clignoter les lumières, mais le public principal est absent, et les gros bonnets de la réforme financière ne viennent pas parler aux sous-fifres.

Le visage d'Obama s'accroche un peu, et c'est là qu'il se rend compte que quelle opinion publique, quelle présidence, quelle réglementation, quelle réforme, aux yeux des gros bonnets de Wall Street, compte pour de la merde ! Le président est venu jusqu'à Wall Street pour apprendre aux grands garçons à quel point ils sont cupides ? Alors ne blâmez pas les gros bonnets de ne pas donner de visage au président !

---

[35] Elizabeth Williamson et Damian Paletta, *Obama Urges Bankers to Back Financial Overhaul*, Wall Street Journal, 2013-09-14.

Maintenant qu'il est là, Obama n'a pas d'autre choix que de commencer son discours, mais les gros bonnets le martèlent à la place.

> " *Écoutez-moi bien : nous ne reviendrons pas à cette époque d'insouciance et de manque de modération, qui sont au cœur de la crise, où trop de gens sont simplement animés par le désir de gagner de l'argent rapidement et de toucher des bonus élevés.* "

Obama sait très bien au fond de lui que de telles paroles semblent plutôt dures pour Wall Street, et que ce sont précisément les gros bonnets qui les détestent qui sont absents. Mais la cupidité de Wall Street a failli enterrer l'économie américaine, et où les marchés financiers se seraient-ils redressés si le gouvernement n'avait pas pris l'argent des contribuables pour subventionner Wall Street ? L'arrogance de Wall Street fait brûler l'estomac d'Obama.

> "*(Les marchés financiers) sont de retour à la normale et ne peuvent se permettre d'être complaisants... Malheureusement, certains membres de l'industrie financière ont mal interprété le statu quo. La faillite de Lehman Brothers et la crise financière dans laquelle nous nous débattons encore ne leur ont pas donné les leçons qu'ils méritent, et ils ont choisi de les ignorer.* "

Les gros bonnets sont très dégoûtés par la mentalité de sauveur du Président, pas de fonds de campagne de Wall Street, Obama n'est qu'un membre anonyme du Congrès, ce sont les gros bonnets qui ont mis Obama à la Maison Blanche, et maintenant ils tiennent le râtelier du sauveur ! C'est scandaleux d'essayer de faire la leçon aux gros bonnets quand on ne sait pas qui est le sauveur.

> "*En bref, nous présenterons le paquet de réformes de la réglementation financière le plus ambitieux depuis l'époque de la Grande Dépression, mais je tiens à souligner que ces réformes reposent sur un principe simple : nous devons avoir des règles claires en matière de transparence et de responsabilité. Ce n'est qu'à cette condition que nous pourrons nous assurer que le marché encouragera un comportement responsable et non téméraire ; et ce n'est qu'à cette condition que nous pourrons nous assurer que nous récompenserons les personnes totalement honnêtes et scrupuleusement*

> *respectueuses de la loi, et non les types qui tentent de forer des échappatoires réglementaires.* " [36]

La poussée vocale d'Obama en faveur de la réforme financière est l'une des deux grandes réalisations politiques qu'il est prêt à laisser dans les annales. Impuissant, Wall Street, apparemment peu intéressé par ses réformes financières, est devenu encore plus antipathique à une réglementation qui limiterait la cupidité des grands.

Obama n'a pas vu les grands de Wall Street, et le grand projet de réforme a finalement besoin de leur participation et de leur soutien. Ainsi, le 14 décembre 2009, le président a de nouveau invité les gros bonnets à la Maison-Blanche pour un entretien. Résultat : plusieurs des grands pontes étaient à nouveau absents, sous prétexte que Washington était dans le brouillard ce jour-là et qu'il y avait un problème avec leur avion en provenance de New York. En fait, ils peuvent aussi se rendre à Washington par un train de 90 minutes, soit seulement 30 minutes de plus que l'avion.

Ou peut-être que le temps des gros bonnets est vraiment précieux, ou peut-être qu'ils ne prennent tout simplement pas la peine d'écouter le président radoter, et de toute façon, ce qui est censé venir ou ne pas venir, et le président continue de jouer le one-man show.

Le président ne peut pas aider Wall Street, alors le Congrès peut-il adopter une législation pour freiner la cupidité de Wall Street ?

La législation en a produit un, et c'est le projet de réforme financière sur lequel le président et le Congrès ont travaillé — la loi Dodd-Frank, dont on dit qu'elle est la plus complète et la plus sévère depuis la Grande Dépression, et qu'elle sera un jalon de la réglementation financière au même titre que la loi Glass-Steagall (la loi bancaire de 1933).

"La règle Volcker"

Parmi les nombreuses dispositions de la loi Dodd-Frank, celle qui se rapproche le plus de l'esprit et de la substance du Glass-Steagall Act est la règle dite "Volcker". Elles adhèrent toutes à un principe

---

[36] Ibid.

extrêmement simple : les banques ne peuvent pas risquer de faire de l'argent et mettre en danger les dépôts des déposants !

L'essence d'une banque est de détenir des actifs en fiducie pour la société et de fournir des services monétaires, et ses bénéfices légitimes devraient provenir des frais de service facturés pour ces services, par exemple, les intérêts sur les prêts sont les frais de service monétaire payés par l'emprunteur à la banque. Historiquement et en réalité, en raison de la nature particulière de l'argent, les banques ont progressivement profité de la position de monopole des services monétaires pour acquérir des intérêts croissants dans d'autres domaines et finalement pour les légitimer.

Avant la Grande Dépression des années 1930, les banques pouvaient participer à la spéculation boursière, et exposer les dépôts des déposants à un haut degré de risque, si la spéculation rapportait de l'argent, c'était le profit de la banque ; si elle perdait de l'argent et faisait faillite, les dépôts des déposants étaient également anéantis, et le comportement risqué de la banque kidnappait en fait leurs dépôts contre leur gré. Le Glass-Steagall Act, qui sépare complètement les banques commerciales des banques d'investissement, est conçu pour mettre fin aux risques auxquels les dépôts des déposants ne devraient pas être exposés. Le système de garantie des dépôts a été créé pour inciter les banques commerciales, qui sont garanties par les contribuables, à abandonner la tentation de la spéculation à haut risque. Les banques d'investissement peuvent continuer à prendre des risques, mais ne vous attendez pas à ce que les contribuables viennent à la rescousse.

À l'époque de l'Empire britannique, la prise de risques par les banques était si coûteuse que si une banque faisait faillite, les biens personnels du banquier étaient soumis à des réclamations illimitées de la part des déposants, et ce n'est que vers le milieu ou la fin du XIXe siècle que les banques à responsabilité limitée sont devenues populaires. Mais sous les contraintes strictes de l'étalon-or, les banques ont généralement peur de prendre des risques excessifs. Par rapport à la tradition conservatrice des anciennes banques britanniques, les banques américaines ressemblent davantage aux cow-boys de l'Ouest.

Depuis le début de la refonte du dollar dans les années 1960, l'argent a augmenté, le désir de faire de l'argent a augmenté et la cupidité a commencé à se précipiter contre tous les obstacles sans se soucier du monde. L'abolition de l'étalon-or dans les années 1970 et la libéralisation financière dans les années 1980 ont finalement abouti à la fin du Glass-Steagall Act à la fin des années 1990.

Le 21ème siècle est une époque folle où l'argent brise toutes sortes de réglementations, frappe toutes les frontières, chasse tous les profits, et le 18ème siècle en Europe, le 19ème siècle en Angleterre, et le 20ème siècle aux Etats-Unis n'ont jamais vu l'argent avoir un pouvoir mondial aussi énorme.

La cupidité débridée a non seulement conduit au tsunami financier qui a balayé le monde en 2008, mais elle a également été à l'origine de la crise suivante, plus importante encore. Comment garder les magiciens de l'argent dans une cage est certainement un problème de classe mondiale.

Le paquet de réformes financières d'Obama, qui ne contenait à l'origine aucune disposition visant à apprivoiser la bête d'argent, la soi-disant protection des consommateurs, la surveillance du risque systémique, la liquidation ordonnée des faillites, la compensation et le commerce des produits dérivés, ne visent qu'à contrôler les pertes que la bête d'argent finit par causer, et non à réduire la source de la cupidité insensée. C'est la "règle Volcker" qui a le réel potentiel de lier les Wraith de l'argent.

Walker est le tout-puissant président à poigne de fer de la Réserve fédérale au début des années 1980, pour faire face à une forte inflation oser utiliser les taux d'intérêt élevés du tueur, préférerait endurer la récession, mais aussi pour défendre le statut du dollar, est une figure assez audacieuse. Il affirme que les banques doivent se couper de tout lien direct avec les fonds spéculatifs ou les fonds de capital-investissement, et que la taille de leurs propres transactions doit être limitée.

En tant que conseiller financier principal d'Obama, Walker a dû s'accommoder de Summers ou Geithner sur d'autres questions, après tout, il a longtemps été une figure marginale, mais sur les questions de principe les plus importantes concernant la réforme financière, Walker est étonnamment "difficile", Obama a finalement accepté d'ajouter la "règle Walker" dans le projet de loi sur la réforme financière.

Les banques sont impliquées dans les fonds spéculatifs ou les fonds de capital-investissement, ce qui, bien sûr, est comme dans les années 1930, lorsque les banques étaient impliquées dans la spéculation boursière, elles ont gagné leur vie, et maintenant, même si elles perdent, il y a des contribuables qui sont les victimes, le risque n'est pas pris pour rien, le bénéfice n'est pas pris pour rien. La question du trading pour compte propre (Proprietary Trading) est plus complexe, et c'est la disposition la plus dominante du bras de fer répété de Wall Street avec la nouvelle loi. La clé pour savoir si la négociation pour compte propre est conforme à la "règle Volcker" est de savoir si elle est effectuée dans un but lucratif ou pour couvrir le risque. Si le but de la négociation pour compte propre est de rechercher le profit, alors les dépôts des déposants sont également mis en danger, s'il y a profit, il y a perte. Les épargnants perdent, les contribuables paient, le gouvernement prend le relais ?

Wall Street soutient que si mes opérations pour compte propre consistent à couvrir le risque des actifs que je détiens, elles ne peuvent être considérées que comme l'achat d'une assurance, et non comme un moyen de gagner de l'argent, n'ai-je même pas le pouvoir de couvrir mon risque ? Alors l'entreprise ne fonctionnera pas !

Il est vraiment difficile de démêler les règles qui séparent l'objet de la négociation pour compte propre. Le Congrès et les régulateurs ont imaginé des schémas si complexes qu'ils donnent mal à la tête quant à la manière exacte d'appliquer cette règle dans la pratique. En fait, l'application de la règle Walker est devenue une question aussi complexe que le réchauffement de la planète, la réduction de la pauvreté, la guérison du cancer ou la résolution des problèmes au Moyen-Orient.

En fait, ce n'est pas le problème en soi qui est compliqué, c'est l'attitude qui permet de le résoudre. Lorsqu'un député a demandé à Walker de définir ce qu'était le self-dealing, il a emprunté une citation de feu le Lord Chancelier Potter Stewart : c'est comme de la "littérature érotique" et "je peux l'identifier quand je la vois".

Ce n'est pas une question de raisonnement, c'est un principe simple, du simple bon sens ! Dans le cas de l'incident de la "baleine de Londres" qui a secoué les marchés financiers en 2012, le bon sens suffirait à déterminer s'il a violé la "règle Walker".

La disparition de la baleine de Londres

"Baleine de Londres" est le surnom de Bruno Iksil, un trader de JP Morgan Chase qui négocie des produits dérivés obligataires au Chief Investment Office (CIO) de la société à Londres, où le mystérieux trader a généré des profits faramineux de centaines de millions de dollars par an pour JP Morgan Chase ces dernières années.

Le CIO de JP Morgan Chase est également un endroit amusant, situé dans la ville de Londres, l'endroit le plus libre financièrement et le plus fou du monde aujourd'hui. On dit de J.P. Morgan Chase qu'elle est la "forteresse du bilan" de la banque et le "Roi Lion" dans la jungle financière de Wall Street. Elle a absorbé 1,1 trillion de dollars de dépôts d'épargne, la taille du prêt est d'environ 700 milliards de dollars, le dépôt est beaucoup plus élevé que le prêt, elle aurait pu continuer à prêter à l'économie réelle des États-Unis, pour promouvoir la reprise économique, mais JP Morgan Chase est réticent à le faire, parce qu'il n'y a pas beaucoup de prêteurs qualifiés, et le prêt de cette vieille entreprise n'est pas très rentable, mais pas de petit risque. JP Morgan Chase a donc pris plus de 300 milliards de dollars de la différence entre l'épargne et les prêts et les a donnés au bureau du CIO à Londres pour qu'il les investisse. Ce CIO est l'équivalent d'un super fonds spéculatif au sein de JP Morgan Chase, gérant un actif massif de 323 milliards de dollars.

JP Morgan a absorbé 1,1 trillion de dollars de dépôts des déposants et près de 700 milliards de dollars de prêts, pour 423 milliards de dollars. Plus de 300 milliards de dollars d'épargne et de prêts vont aux DSI de Londres pour des investissements à haut risque.

Notez que le fonds d'investissement de 323 milliards de dollars provient des dépôts des déposants, qui peuvent créer des emplois s'ils sont utilisés pour des prêts, et sont sûrs et sécurisés s'ils sont investis dans des bons du Trésor et des obligations de qualité, le tout conformément à la "règle Volcker".

Mais les "baleines de Londres" du DSI se sont transformées en requins assoiffés de sang dans la culture de JP Morgan Chase, où le risque, la récompense et les primes sont élevés.

La Baleine de Londres n'a pas honnêtement investi dans des obligations sûres et stables, mais a plutôt investi massivement dans le marché des dérivés obligataires, les Credit Default Swap (CDS), dont le nom était autrefois très célèbre lors de la crise financière de 2008, la faillite d'AIG, Lehman Brothers, Bear Stearns y étant étroitement liée. Les swaps sur défaillance de crédit sont un type d'assurance contre la défaillance de crédit, dont l'essence est que les deux parties parient sur le fait que les obligations d'une entreprise feront défaut ou non, et la partie qui vend l'assurance promet de payer la perte si les obligations d'une entreprise font défaut, tandis que la partie qui achète l'assurance doit payer la prime d'assurance à la partie qui vend l'assurance périodiquement. Comme AIG a vendu trop d'assurances sur le marché, et que la crise a entraîné une augmentation considérable des défauts de paiement des obligations, AIG a perdu son sang, tandis que la valeur des contrats s'est effondrée, entraînant une perte énorme de plus de 200 milliards de dollars, personne d'autre que le gouvernement américain n'a pu sauver AIG de la faillite.

Quelques années avant la période de prospérité, les CDS ont fait leur retour. La cupidité n'est pas une maladie, la cupidité est la nature humaine et il n'y a pas de remède !

Bien sûr, la "baleine de Londres" n'était pas assez bête pour refaire la même erreur qu'AIG, il n'est pas allé seul acheter et vendre une assurance contre le défaut de paiement des obligations d'une entreprise, mais a trouvé un moyen moins cher et plus fiable, qui est d'investir dans l'indice CDS, tant que la tendance est bonne, n'ont pas à s'inquiéter des problèmes d'une entreprise.

La "baleine de Londres" est entrée sur le marché avec l'un des indices de CDS les plus chauds : LE CDX. NA.IG.9 !

IG9 est la cotation de l'indice CDS CDX Series 9 fourni par Markit Group, un fournisseur de services de données financières, qui suit les prix des CDS de 121 sociétés nord-américaines de première qualité, dont McDonald's, American Express, HP, Disney et d'autres grandes marques. Auparavant, la série comptait 125 sociétés, y compris les "anges déchus" tels que Fannie Mae et Freddie Mac, et après la crise financière, quatre sociétés ont été retirées de la série.

Le CDS est déjà un dérivé des obligations, IG9 est un dérivé du CDS, et London Whale joue le carré du dérivé !

Pourquoi investir dans IG9 plutôt que dans d'autres séries d'indices CDS ? Parce que cette série de transactions est la plus active, le volume d'argent entrant et sortant, la bonne liquidité du marché, la valeur nominale des contrats jusqu'à 886 milliards de dollars, la valeur nette réelle de 148 milliards, c'est-à-dire le montant total d'argent impliqué si tous les contrats sont effectivement exécutés.

London Whale a acheté l'indice IG9 à 10 ans en grande quantité, tout en vendant à découvert l'indice à court terme, mais avec des positions longues beaucoup plus élevées que les positions courtes, simplement pour couvrir son risque. En général, la London Whale est l'équivalent d'une partie vendant une assurance, garantissant que les obligations des 121 entreprises ne feront pas défaut, on peut donc dire que la London Whale est confiante dans l'amélioration de l'économie américaine. Sa contrepartie, la partie qui achète l'assurance, est tenue d'effectuer des paiements réguliers à la "baleine de Londres". Si l'indice IG9 est de plus en plus bas, cela signifie que la probabilité de défaut diminue, le contrat d'assurance de la "London Whale" a plus de valeur, car la contrepartie paie des primes plus élevées que le niveau du marché, si le contrat est vendu à ce moment-là, la "London Whale" réalise un bénéfice ; sinon, le bénéfice comptable. Le risque est que si l'IG9 commence à augmenter, la London Whale sera moins rentable ; s'il augmente fortement, la London Whale perdra beaucoup d'argent.

Au moins jusqu'à la fin du mois de mars 2012, London Whale a eu la chance que l'économie américaine semble s'améliorer, que le risque de défaillance des entreprises soit naturellement réduit, que l'indice IG9 ait une tendance à la baisse et que London Whale dispose d'un bon portefeuille de bénéfices.

Les êtres humains sont cupides par nature, et le fait d'être dans une culture de super cupidité de JP Morgan Chase ne fait qu'attiser la cupidité jusqu'à l'extrême ! Avec des profits liés à des bonus énormes, qui peut résister à la tentation ?

Afin de gagner plus d'argent, la "baleine de Londres" a commencé à augmenter sa position, puis à l'augmenter encore, tout comme AIG à l'époque, en vendant des assurances sur le marché comme un fou. Il représente JP Morgan Chase, le CIO du super hedge fund de plus de 300 milliards de dollars qui se cache derrière, et à mesure que l'argent investi grossit, son influence sur les prix du marché augmente également, et plus il vend d'assurances, plus il exerce une pression sur l'indice IG9, de la même manière que les grandes banques qui vendent des assurances sur les swaps de taux d'intérêt peuvent supprimer les niveaux des taux d'intérêt.

Finalement, London Whale est devenu le super joueur le plus influent de tout le marché, et lorsqu'il bougeait, le prix bougeait avec lui, et tous les hedge funds du marché observaient ses mouvements pour juger de la direction que prenait le marché. Il est devenu une grande baleine dans une petite rivière, capable de faire des vagues d'un seul coup, et le surnom de "London Whale" a gagné en notoriété sur le marché des CDS.

Toutefois, un problème est apparu lorsque le comportement des "baleines de Londres" a faussé les prix du marché. Dans un marché normal de CDS, le prix d'achat de l'indice IG9 devrait être comparable au prix combiné d'un CDS qui achète 121 obligations d'entreprise individuelles, sinon il y aurait des possibilités d'arbitrage ; avant août 2011, les deux courbes de prix coïncidaient presque exactement, ce qui indique que le comportement du marché était largement normal. Mais à la fin de 2011, on a constaté un écart de plus en plus prononcé entre le prix de l'indice IG9 et le prix d'achat des CDS seuls, et il était moins cher d'acheter l'indice IG9 !

Début janvier 2012, le coût de l'achat d'IG9 pour assurer une obligation de 10 millions de dollars sur 10 ans contre le défaut de paiement était d'environ 110 000 dollars par an, alors que les 121 entreprises qui ont acheté IG9 seul auraient payé près de 139 000 dollars pour une assurance CDS, ce qui rendait IG9 29 000 dollars moins cher ! [37]

Cette découverte a entraîné un afflux de fonds spéculatifs sur le marché, soit pour réduire le coût de la couverture contre les risques liés aux autres actifs, soit pour faire des paris audacieux contre la "London Whale", tout le monde s'arrachant l'assurance bon marché vendue par cette dernière. En conséquence, la "London Whale" a soudainement découvert qu'elle était "seule" sur le marché, et presque tout le monde est devenu son rival. Bien qu'il ait encore eu un livre rentable au cours des 3 premiers mois de 2012, la situation se dégradait de plus en plus, car il était déjà un acteur dominant sur le marché, ce qui faisait qu'il avait du mal à convertir ses positions. Sa fuite provoquait inévitablement la chute du prix du contrat en cours.

Si le marché s'inverse, les conséquences sont encore pires ! Il sera dévoré vivant par les autres fonds spéculatifs du marché, et bien qu'il soit une grosse baleine, il ne pourra pas résister au déchirement frénétique de milliers de petits requins.

De fin mars à début avril 2012, la crise de la dette européenne a soudainement refait surface, et les données économiques américaines étaient loin d'être idéales, et ces nouvelles défavorables se sont rapidement transformées en un choc violent sur le marché des CDS.

---

[37] Katy Burne, *Making Waves Against "Whale"*, Wall Street Journal, 2012-04-10.

C'est une très mauvaise nouvelle pour les DSI qui ont des positions énormes. Le 10 avril, la "baleine de Londres" a disparu du marché et le retrait des bookmakers a déclenché son propre désastre. Ce jour-là, le rapport interne du CIO a admis que les pertes atteignaient 6 millions de dollars par jour, et avec le plongeon des prix des contrats, après 90 minutes, les pertes sont devenues 400 millions !

En 2012, la division CIO de JP Morgan Chase a terminé l'année avec une énorme perte de 6,2 milliards de dollars. Fin mars et début avril 2012, l'indice IG9 a commencé à trembler si violemment que la disparition de la "baleine de Londres" était inévitable.

Sur le total de près de 150 milliards de dollars d'exposition au risque de défaut de IG9, JP Morgan Chase détient à elle seule des centaines de milliards, avec la pleine capacité de manipuler les prix du marché. C'est juste que plus le pari est grand, plus le risque est élevé, et à moins que JP Morgan ne contrôle toutes les séries d'indices de CDS, et les prix des CDS de chaque obligation d'entreprise, la manipulation a peu de chances de durer.

Il doit être clair que l'implication de JP Morgan Chase sur le marché IG9 avec un tel pourcentage d'exposition n'est plus du tout une couverture contre un soi-disant risque, mais une poursuite ciblée du profit ! Les centaines de milliards de dollars de JP Morgan sont en danger, tant pour elle-même que pour les dépôts des déposants. Plus de 300 milliards de dollars de l'épargne excédentaire de JP Morgan Chase ont été discrètement transférés à la division CIO à Londres.

Les dépôts des déposants de JP Morgan Chase ne sont-ils pas aux États-Unis ? Comment cet argent peut-il "voler" vers Londres ?

L'une des voies possibles est de "déplacer" l'argent par le biais de la mise en pension vers la garantie.

JP Morgan Chase a des centaines de milliards de dollars de réserves excédentaires sur les comptes de la Fed, qui ne sont pas prêtées, elles mangent le maigre taux d'intérêt de 0,25% de la Fed en étant "mises au ralenti" là, ce qui n'est certainement pas conforme à la nature des banques, qui courent après des profits élevés. Un moyen ingénieux d'y parvenir est de "déplacer l'univers" des fonds par le biais du marché des pensions.

J.P. Morgan peut prêter des "fonds oisifs" dans des comptes de réserve excédentaires sur le marché des pensions et récupérer des bons du Trésor comme garantie, une opération dite de "reverse repo". Selon les normes comptables, les "fonds oisifs" restent au bilan de JP Morgan Chase. Étant donné que JP Morgan Chase est l'une des deux principales chambres de compensation sur le marché tripartite des pensions de titres, elle peut "garantir" la garantie des pensions de titres, par exemple en sous-collatéralisant des bons du Trésor au secteur CIO à Londres, où il n'y a pas de limite au nombre de sous-collatéralisations, et le CIO peut utiliser ces bons du Trésor pour recollatéraliser sur le marché des pensions de titres de Londres pour obtenir des liquidités, puis investir sur le marché des CDS IG9 pour obtenir des rendements risqués, ce qui explique pourquoi le CIO est basé à Londres.

Ainsi, les "fonds dormants" de JP Morgan Chase sur le compte de réserve excédentaire de la Fed n'ont pas diminué et, d'un point de vue juridique, ils sont toujours là à manger 0,25% des subventions gouvernementales. Mais il ne s'agit là que de la "coquille" de l'argent, et son "âme" s'est depuis longtemps envolée vers Londres pour faire fortune en rachetant la chaîne des hypothèques.

JP Morgan Chase n'est qu'un exemple de grande banque où les autres géants de Wall Street sont parfaitement capables de suivre la planche à dessin d'une gourde pour déplacer leurs réserves excédentaires.

En raison du manque de compréhension de l'essence du marché repo, de nombreux universitaires croient à tort que le système bancaire américain dans les comptes de la Réserve fédérale ont encore 2 000 milliards de dollars d'épargne "oisive", la situation financière devrait être assez abondante, mais je ne sais pas combien de cet argent a depuis longtemps flotté à travers la mer pour participer à des jeux de hasard à haut risque est allé.

Risquer ces fonds revient, bien entendu, à risquer les dépôts des déposants, à gagner de l'argent qui appartient à JP Morgan Chase, et à le perdre par la faillite, ce que les contribuables méritent.

Après l'incident de la "baleine de Londres", J.P. Morgan a continué à affirmer qu'il ne s'agissait pas d'une transaction pour compte propre, mais d'une gestion des risques, et que l'investissement du DPI dans IG9 visait uniquement à couvrir les autres risques de J.P. Morgan, et non à réaliser un bénéfice.

Il y a un mensonge qui s'appelle regarder et parler à l'aveugle !

Pourtant, comme l'a si bien dit Chancellor Stewart, c'est comme la littérature érotique, je peux l'identifier quand je la vois.

L'illégalité et l'anarchie

Il y a deux sortes de corruption dans le monde : l'anarchie, l'appropriation illégale de biens, et l'anarchie, le pillage légal de la richesse publique. Le ciel, c'est-à-dire la justice, la conscience et la droiture !

La loi elle-même ne protège pas nécessairement la justice ; ce qui compte, c'est de savoir qui fait et applique la loi. Rappelez-vous la célèbre citation des Rothschild ? Peu m'importe qui fait les lois, tant que je peux contrôler la monnaie d'un pays !

La loi Dodd-Frank, conçue pour freiner la cupidité de Wall Street, illustre parfaitement cette affirmation.

La version du projet de loi que M. Obama a signée lors de sa première présentation est passée de 56 pages, comme le proposait le représentant Dodd, et de 77 pages, comme le proposait le représentant Frank, à 848 pages couvrant près de 400 dispositions dans ce qui a été appelé le projet de loi le plus long de l'histoire financière américaine.

Avant cela, la loi financière américaine ne comptait guère plus de 50 pages ; la loi de 1864 établissant le système bancaire américain ne comptait que 29 pages, la loi de 1913 sur la Réserve fédérale ne comptait que 32 pages et la loi Glass-Steagall, le modèle spirituel de la loi Dodd-Frank, ne comptait que 37 pages ; il n'est donc pas étonnant que la jurisprudence américaine ait qualifié la loi Dodd-Frank de "monstre à tête d'hydre".

Au cours des deux années qui se sont écoulées depuis qu'Obama a officiellement signé la loi Dodd-Frank le 21 juillet 2010, le projet de loi n'a pas été simplifié par la controverse, mais il a été aggravé par le remue-ménage constant des intérêts de Wall Street ; ce qui était de 848 pages en juillet 2010 a gonflé à un époustouflant 8 843 pages en juillet 2012 !

Et les détails de la mise en œuvre du projet de loi ne sont qu'à 1/3 !

Les gens finiront par voir un mastodonte de dizaines de milliers de pages, voire de dizaines de milliers de pages.

Il n'est pas étonnant que Jonathan Macey, professeur à la faculté de droit de Yale, se soit emporté,

> " La loi était censée être une règle de conduite pour les gens ordinaires, et il est clair que la loi Dodd-Frank n'était pas

> *censée être pour les gens ordinaires, c'était une plateforme que les bureaucrates pouvaient utiliser pour guider ces gens sur la façon de créer plus de règlements qui créeraient plus de bureaucratie. "* [38]

C'est la tactique utilisée par les avocats sous l'égide de Wall Street, utilisant des détails techniques infiniment complexes pour interférer avec les questions essentielles, créant une mer de documents pour submerger les personnes concernées, et déclenchant une vague sans fin de controverses pour influencer le processus législatif.

Les juristes ont laissé entendre que lorsque tous les détails du projet de loi seront connus, seuls deux ou trois des meilleurs cabinets d'avocats des États-Unis comprendront vraiment de quoi il s'agit. Les régulateurs financiers, les unités d'application à tous les niveaux du gouvernement, les agents de conformité des institutions financières et les praticiens de la finance auront besoin d'une période d'apprentissage et de formation extrêmement longue pour comprendre ce qu'ils peuvent et ne peuvent pas faire, et le projet de loi ne sera pas appliqué sans une décennie ou huit.

La "règle Volcker" l'est encore plus.

Lorsque Walker a déposé la motion seule, les règles comptaient quatre pages. L'intention initiale de Walker était de faire passer une loi simple qui aurait découragé au maximum les grandes institutions financières de s'engager dans des activités à haut risque dans les transactions pour compte propre. Selon la définition de Walker, le self-dealing est facile à définir : " Le self-dealing, c'est quand vous faites de l'argent pour vous, pas pour le client ". "Selon Walker, "on peut le constater en suivant et en calculant les positions de trading des banques."

Ce que Walker pensait être facile s'est heurté à une forte résistance de Wall Street. Les enjeux sont élevés, et Wall Street ne bougera pas d'un pouce. Si elle est strictement appliquée dans le cadre de la règle Volcker, la restriction des opérations pour compte propre réduirait à elle seule les revenus annuels de Goldman Sachs de plus de 3,7 milliards de dollars. Et Goldman Sachs pourrait également subir des pertes

---

[38] The Dodd-Frank act Too big not to fail, Economist, 2012-02-18.

supplémentaires de plusieurs milliards de dollars si les règles pertinentes fixées par les régulateurs sont extraordinairement strictes. Outre Goldman Sachs, la règle Volcker a également frappé de plein fouet les gros bonnets de Wall Street comme JP Morgan Chase, Morgan Stanley, Bank of America et Citigroup. Si la règle Volcker prévue par la nouvelle loi de juillet 2010 est mise en place rapidement et entre en vigueur en 2011, elle coûtera aux gros bonnets de Wall Street 50 milliards de dollars de revenus totaux en 2011.

C'est pour cette raison que s'opposer, faire obstruction et retarder la mise en œuvre de la "règle Walker" est devenu une priorité absolue pour Wall Street.

À cette fin, Goldman Sachs a organisé une force de lobbying "toutes étoiles" dans la politique américaine pour intervenir auprès des régulateurs gouvernementaux, y compris un certain nombre d'anciennes figures gouvernementales très en vue. Goldman Sachs espère persuader ces institutions de modifier les dispositions pertinentes de la règle Volcker afin d'en atténuer la sévérité.

Le "corps de lobbying" de Goldman Sachs, dirigé par Michael Pease, ancien vice-président de la commission des services financiers de la Chambre des représentants, comprend des membres de la commission bancaire du Sénat, de la Maison Blanche et d'anciens membres clés des principales agences de régulation. Grâce à la "porte tournante" entre le gouvernement et Wall Street, ces dignitaires sont transformés en "dîneurs" bien payés chez Goldman Sachs, et ils se déplacent désespérément pour prouver que la "bonne nourriture" qu'ils apprécient chez Goldman n'est pas pour rien. En outre, Goldman Sachs a engagé plusieurs autres membres influents du Congrès à la retraite pour qu'ils soient basés à Washington afin de renforcer ses liens avec le gouvernement. Parmi eux figurent des poids lourds tels que l'ancien leader républicain du Sénat, M. Lott, l'ancien sénateur républicain, M. John Blue, et l'ancien leader démocrate de la Chambre, M. Gephardt.

Wall Street et Washington ont longtemps été honorables et indiscutables l'un de l'autre. Grâce à leur étroite collaboration, la loi a fini par consolider l'"axe Wall Street-Washington" du pouvoir de l'or !

Sous l'énorme pression de Wall Street, Obama a été contraint de faire des compromis et, en conséquence, divers groupes d'intérêt ont fait pression et ont inséré une variété d'"exceptions" et de "règles" dans la "règle Walker". Les règles sont devenues extrêmement complexes avec l'inclusion de domaines d'amnistie tels que le "valet trading", la "couverture", le "stop-loss trading", etc. La "loi Volcker" initiale de quatre pages s'est rapidement transformée en 298 pages, et Volcker lui-même a soupiré en la regardant.

100 exemptions, multipliées par 1000 exceptions, égalent 100 000 inintelligibles !

Parmi les nombreuses "exceptions" et "exemptions", il convient de mentionner que la "règle Walker" a ouvert la voie à la négociation pour compte propre des obligations du Trésor américain et des titres MBS à deux chambres. La raison est simple, les bons du Trésor américain et les MBS à deux chambres sont les garanties les plus importantes sur les marchés repo américains et mondiaux. Si le financement repo qui les entoure est interdit, l'ensemble du système bancaire parallèle s'effondrera et la crise financière éclatera immédiatement.

L'opération de mise en pension est-elle une "opération pour compte propre" de la banque ? Bien sûr, il n'y a aucun doute à ce sujet. De nombreuses transactions de la banque sur ce marché sont clairement à but lucratif, mais il est impossible d'interdire de telles transactions. Un dilemme plus large se poserait, car la "règle Walker", qui n'interdit pas les bons du Trésor des États-Unis, mais interdit strictement aux banques de négocier des obligations souveraines d'autres pays à des fins lucratives, rendrait l'émission et la négociation de bons du Trésor d'autres pays plus difficiles, plus coûteuses et plus risquées, et réduirait la liquidité de leur marché. La partialité du Royaume-Uni, du Japon et des pays de l'UE à l'égard de la "règle Walker" a peu de chances d'être amicale, ce qui affecte inévitablement la cohérence des règles des marchés financiers mondiaux.

Il y a une résistance de l'intérieur et une suspicion de l'extérieur, et la "règle Walker" est déjà une lutte.

Il n'y a pas que Wall Street qui a fait des bêtises, la Réserve fédérale est "biaisée" envers les grandes banques. Alors que la controverse autour des règles de la "règle Walker" s'intensifie, un responsable de la Réserve fédérale a laissé entendre que la définition de la "règle Walker" de l'auto-dénonciation pourrait également être modifiée en fonction des différentes institutions financières. Cette nouvelle est venue s'ajouter à la "règle Volcker" déjà défigurée.

Non seulement cela, les dispositions originales du 21 Juillet 2012 est la "loi Walker" date d'entrée en vigueur, mais la Réserve fédérale a soudainement sauté pour informer les grandes banques, n'ont pas à cesser immédiatement l'auto-distribution, et donner deux ans pour effectuer "l'audit de conformité des affaires pertinentes". Selon les projections les plus optimistes, la "règle Walker" ne sera pas finalisée avant juillet 2014, voire plus tard, et la Réserve fédérale a le pouvoir de continuer à retarder son entrée en vigueur. Même alors, la "règle Walker" contiendra de nombreuses exemptions ou extensions pour les banques, leur permettant de continuer à posséder ce qui est maintenant une activité d'investissement en private equity et en hedge funds depuis plus d'une décennie, tandis que les règles de négociation pour compte propre ne peuvent être qu'une longue liste d'exceptions, d'exemptions à la zone grise.

La théorie de la "pornographie" de Walker devra probablement être appréciée par lui-même. En fait, Walker connaît l'énorme énergie de Wall Street, il a mentionné dans les règles pour prévenir la crise financière en 2024 et au-delà, l'implication est que la faute précédente sera légèrement punie, ce pôle mettra en œuvre le problème 10 ans plus tard.

Obama a fait campagne sur la promesse de faire payer Wall Street pour sa propre cupidité, et cette promesse est devenue une phrase creuse au cours de son premier mandat présidentiel. Au final, Obama ne fait que "parler pour les pauvres et travailler pour les riches".

Si les grandes banques de Wall Street sont "trop grosses pour faire faillite", la loi Dodd-Frank est "trop complexe à appliquer", et la "règle Volcker" draconienne ressemble davantage à un "jeu Volcker" comique !

C'est pourquoi Wall Street ne prête aucune attention au projet de loi ou aux règles, JP Morgan Chase prend un risque de "baleine de Londres" et Goldman Sachs ferme les yeux sur la nouvelle loi. Depuis l'adoption de la loi Dodd-Frank, Goldman Sachs a levé plusieurs nouveaux fonds, dont un fonds énergétique, un fonds en yuan et un fonds mezzanine immobilier. Goldman Sachs pense que ces nouveaux fonds seront en mesure de répondre aux exigences de la règle Volcker, et même si ce n'est pas le cas, Goldman Sachs peut demander une prolongation ou utiliser d'autres moyens pour maintenir ces fonds en existence.

La série de contradictions aiguës qui ont éclaté autour de la loi Dodd-Frank et de la "règle Volcker", ainsi que le résultat final, révèlent des problèmes encore plus profonds.

Le peuple américain abhorre la cupidité de Wall Street, et le président et le Congrès des États-Unis abhorrent la cupidité de Wall Street, alors comment se fait-il que les électeurs, le président et le Congrès se soient unis pour produire un projet de loi qui protégera réellement la richesse publique ?

Comment se fait-il que les responsables de la crise financière de 2008 aient causé des milliards de dollars de pertes, que des dizaines de millions de personnes aient perdu leur emploi, que des millions de maisons familiales aient été dépossédées, et que pas un seul gros bonnet de Wall Street n'ait été condamné et emprisonné pour cela ? Pourquoi sont-ils non seulement bénéficiaires de primes plus élevées, mais aussi plus avides ?

La corruption la plus terrible n'est pas l'anarchie, mais le non-respect des lois ! La cupidité la plus abominable n'est pas celle d'un individu, mais celle du groupe d'intérêt dans son ensemble, celle qui est sous la protection de la loi, celle du système !

L'oppression sous la protection de la loi a conduit à une rupture fondamentale du principe de répartition équitable des richesses et à une division sans précédent de la société entre riches et pauvres.

L'effondrement des classes moyennes et inférieures

Le 29 août 2013, une grève générale des employés de la restauration rapide et du commerce de détail a éclaté dans plus de 60 villes américaines : les employés de McDonald's, KFC, Burger King et d'autres chaînes de restaurants et de centres commerciaux sont descendus dans la rue pour protester contre le niveau trop bas du salaire minimum fédéral et réclamer avec force des rémunérations plus élevées pour l'industrie de la restauration rapide. Ils ont crié : "Sept dollars et vingt-cinq cents, nous ne pouvons pas survivre ! "Ils protestent contre le salaire minimum fédéral de 7,25 dollars, qui les a plongés dans un cercle vicieux de pauvreté permanente, et la grève vise à obtenir un "salaire minimum vital" de 15 dollars par heure.

Traditionnellement, les industries de la restauration rapide, de la vente au détail, de la restauration, du divertissement et autres sont largement inorganisées et il est presque impossible d'organiser une grève nationale, qui est si mobile et temporaire que la grève générale qui a balayé le pays à la fin du mois d'août a été choquante. Le sud des États-Unis, en particulier, n'a jamais été une zone active pour les grèves, et cette fois, les industries de la restauration rapide et du commerce de détail des États du sud ont participé activement à la grève nationale, ce qui reflète un sentiment fort et une détermination qui a rempli toute la classe moyenne inférieure.

Comparés aux salaires des employés qui luttent pour rester près du seuil de pauvreté, les revenus des cadres de la restauration rapide qui déplacent des millions de dollars de primes sont extraordinairement solides, et même l'industrie de la restauration rapide, lâche et inorganisée, peut exploser avec une énergie surprenante lorsque le mécontentement collectif extrême se transforme en colère intense.

Le sentiment général est que les salaires dans le secteur de la restauration rapide ne sont pas élevés, mais les chiffres publiés par le ministère du Travail des États-Unis sont tout de même très surprenants ; en juillet 2013, le salaire horaire le plus bas aux États-Unis était de 7,25 dollars, le salaire moyen dans le secteur de l'emploi non agricole était de 23,98 dollars de l'heure, les travailleurs de l'industrie manufacturière étaient à 20,14 dollars et la restauration rapide à seulement 9 dollars.

Les salaires horaires dans le secteur des services de restauration et de divertissement aux États-Unis sont en baisse depuis 2009 (Département du travail des États-Unis).

Pour ne rien arranger, leur salaire horaire moyen réel a baissé de 6% depuis la fin de la crise. Un revenu aussi maigre ne garantit pas un nombre suffisant d'heures de travail. Dans les emplois non agricoles, on travaille en moyenne 34,4 heures par semaine, tandis que les données de la Federal Reserve Bank of St. Louis montrent que les services de restauration et de divertissement (y compris la restauration rapide) ne travaillent pas plus de 26,4 heures par semaine. Les travailleurs de la restauration rapide ne gagnent que 12 355 dollars par an avant impôts et le seuil de pauvreté américain est de 11 490 dollars par an, ce qui signifie que 3,5 millions de personnes employées dans le secteur de la restauration rapide se situent à peine au-dessus du seuil de pauvreté.

L'industrie de la restauration rapide n'est évidemment pas un emploi tentant, mais la concurrence pour ses emplois est étonnamment proche du feu blanc. Après la crise, les emplois de McDonald's sont devenus la viande et les pommes de terre du marché du travail. En 2011, la chaîne McDonald's aux États-Unis employait 62 000 personnes, tandis que le nombre de demandes d'emploi reçues dépassait étonnamment 1 million, pour un taux d'acceptation de seulement 6,2 % ![39] est comparable au taux d'acceptation de Harvard la même année, et inférieur à toutes les autres écoles de l'Ivy League aux États-Unis ! 1 million de personnes se disputent 62 000 emplois chez McDonald's, dont le salaire moyen n'est que de 9 dollars de l'heure.

L'industrie de la restauration rapide n'est plus l'époque où les étudiants travaillaient pour un peu d'argent de poche, l'âge moyen des employés de la restauration rapide en 2013 était de 28 ans, 30 % d'entre eux ont un diplôme universitaire et 25 % d'entre eux ont au moins un enfant et font vivre leur famille !

À 12 355 dollars par an, même si les deux conjoints travaillent, le revenu total d'une famille de quatre personnes n'est que de 24 700 dollars, et le revenu mensuel n'est que de 2 000 dollars, avant impôts. Pensez à la pierre noire "empire des locataires" loyer de 1500 $ par mois, même le loyer le moins cher est de 1000 $, le coût du transport pour aller et revenir du travail est au moins 200 $ à 300 $, la conduite est encore plus cher, si toute la famille de quatre personnes mangent du fast-food tous les jours, cette vie ne sera pas vivre, les gens qui travaillent dans les restaurants fast-food ne peuvent même pas se permettre de manger du fast-food. Peu importe à quel point il est frugal, une famille de quatre personnes est plus de 500 $ par mois pour la nourriture et au moins 300 $ pour les dépenses de base comme les services publics et le téléphone, le salaire est déjà à découvert. Les enfants ne peuvent pas acheter de vêtements, aller sur Internet, utiliser des téléphones portables, regarder des films, voyager ou aller au restaurant… Est-ce là le "rêve américain" ?

Les salaires dans le secteur de la restauration rapide ne sont certainement pas un "salaire de subsistance", ni même un "salaire de survie", et je crains que la vie d'une nounou à Pékin ne soit meilleure. Aux États-Unis, même de tels emplois ne sont accessibles qu'à 6,2 % des concurrents.

Ce que l'industrie de la restauration rapide représente, ce sont les conditions de vie d'un grand nombre d'Américains de la classe

---

[39] McDonald's embauche 62 000 personnes aux États-Unis, Bloomberg, 2011-04-28.

moyenne inférieure, dont la situation s'est aggravée, et non progressivement, à la suite de la crise financière.

Le 28 juillet 2013, CBS News a fait un gros titre choquant : "Enquête : 80% des adultes américains sont confrontés à la quasi-pauvreté et au chômage, selon une enquête. "L'article souligne que l'accélération de la mondialisation de l'économie américaine, le fossé croissant entre les riches et les pauvres, et l'exode des emplois manufacturiers bien rémunérés ont fait que quatre adultes sur cinq dans la société américaine d'aujourd'hui luttent contre le chômage, la quasi-pauvreté, ou la dépendance au moins partielle des prestations gouvernementales.46,2 millions de personnes sont sous le seuil de pauvreté, atteignant 15% de la population totale des États-Unis, [40]un nombre sans précédent de personnes pauvres dans l'histoire des États-Unis.

Fin 2012, le nombre de personnes bénéficiant d'une aide gouvernementale sous forme de coupons alimentaires aux États-Unis avait atteint 47,8 millions, dépassant la population nationale de l'Espagne et faisant un bond de 70% par rapport à 2008 pour atteindre un niveau record. Le gouvernement donne environ 133 dollars par personne et par mois en aide sous forme de coupons alimentaires, ce qui permet d'acheter de la nourriture, de la viande, des fruits, du lait, etc. En 1975, le pourcentage d'Américains demandant une aide sous forme de bons d'alimentation n'était que de 8%, et 37 ans plus tard, ce pourcentage a presque doublé. La forte augmentation du nombre et de la proportion de personnes vivant dans la pauvreté contraste fortement avec la croissance du PIB américain, la baisse du chômage, la forte hausse des prix de l'immobilier et le niveau record des actions.

Quelle est l'image réelle de l'économie américaine lorsque l'économie s'améliore et que la pauvreté augmente ?

Les causes profondes de l'augmentation significative du nombre de personnes en situation de pauvreté et d'assistance alimentaire sont la situation extrêmement médiocre de l'emploi, qui les empêche de trouver des emplois au-dessus du seuil de pauvreté.

---

[40] 80% des adultes américains sont confrontés à la quasi-pauvreté et au chômage, selon une enquête, CBS News, 2013-07-28.

En octobre 2009, le taux de chômage aux États-Unis atteignait 10%, et en août 2013, le taux de chômage était tombé à 7,3%. Si le taux de chômage diminue, le marché du travail devrait naturellement s'améliorer progressivement, alors comment le nombre de pauvres pourrait-il augmenter de manière significative ? Le taux de chômage passe de 10% en 2009 à 7,3% en août 2013.

La vérité sur le marché du travail

En décembre 2007, lorsque l'économie américaine a atteint son pic d'avant la crise, il y avait au total 138 millions d'emplois sur le marché du travail américain, qui peuvent être grossièrement divisés en trois grandes catégories selon la nature du travail et le niveau de revenu : les emplois à haut salaire, les emplois à salaire moyen et les emplois à bas salaire.

Les emplois bien rémunérés sont l'épine dorsale de l'économie américaine, formant le noyau de la vitalité économique et de la compétitivité internationale des États-Unis, et sont les emplois principaux de la classe moyenne américaine, ainsi que la base du pouvoir d'achat des Américains, avec un total de 71,8 millions d'emplois, représentant 52% de tous les emplois, 65% de tous les revenus, et un salaire annuel moyen de 50 000 $, qui se trouve être le niveau de revenu médian des familles américaines, peut permettre les dépenses de vie d'une famille de quatre personnes, bien que la pression économique ne soit pas petite. Les emplois bien rémunérés sont généralement des emplois à temps plein avec une semaine de travail de 40 heures, le tout assorti d'une bonne assurance maladie, d'une pension ou de plans 401 K. Ces emplois de qualité comprennent ceux de la finance, des professionnels en col blanc, des technologies de l'information, de la gestion d'entreprise, de la fabrication, de l'exploitation minière, de la construction, de l'immobilier, des employés du gouvernement, du transport et de l'entreposage, etc.

Les emplois à salaire moyen comprennent les soins de santé, l'éducation et la formation, les services sociaux et d'autres industries, avec un salaire annuel moyen de 35 000 dollars et un total de 28,9 millions d'emplois, soit moins de la moitié des emplois à salaire élevé et 21% de l'emploi total. Les possibilités d'emploi pour les emplois à salaire moyen ont augmenté, bien que ces emplois dépendent presque entièrement des dépenses gouvernementales et des subventions fiscales.

Le salaire annuel moyen des emplois à bas salaire n'est que de 19 000 dollars et comprend des emplois à bas salaire dans les secteurs de la restauration et du divertissement, des barmen, des motels, des professeurs de yoga, des jardiniers, de la vente au détail, des emplois intérimaires et bien d'autres encore. Le nombre total d'emplois à bas salaire était de 37,2 millions, soit 27% de l'ensemble des emplois. Ces emplois ne fournissent généralement pas d'assurance maladie ni d'autres avantages, et si l'on traîne encore une famille avec des enfants, on est essentiellement pauvre.

Tel est le schéma général du marché du travail américain avant la crise financière. Le mystère de la baisse du chômage aux États-Unis après 2009 se cache dans la croissance des emplois à bas salaire. Soixante pour cent de la reprise de 5,8 millions d'emplois vantée par les chefs de file des médias de Wall Street relève de cette catégorie.

En juillet 2013, la taille totale de ces emplois à bas salaire a atteint 37,5 millions, soit 2,8 millions de "nouveaux" emplois, contre 34,7 millions à la fin de la récession. En fait, cette taille est presque comparable à celle de 2007, soit 37,2 millions. En d'autres termes, les 2,8 millions d'emplois à bas salaire ne sont pas "créés" mais "régénérés".

Après 2009, les emplois à bas salaire sont revenus à leur niveau d'avant la crise, et les 2,8 millions de nouveaux emplois sont en fait "régénérés". Avec un salaire annuel de 19 000 dollars, juste au-dessus du seuil de pauvreté, le secteur de la restauration rapide est un emploi à bas salaire, et le revenu de ces emplois ne peut que permettre de survivre. Si vous retirez l'inflation de l'équation, le revenu des emplois à bas salaire est en fait en baisse de 6%, et compter sur eux pour stimuler la reprise de l'économie américaine est une idée très peu fiable.

Les emplois bien rémunérés sont au cœur de la classe moyenne et le pilier de la consommation marchande, et la situation de l'emploi dans ce secteur est beaucoup plus désastreuse.

La crise financière a entraîné la perte de 5,8 millions d'emplois bien rémunérés, et au cours des quatre années suivantes, seuls 1,4 million ont été récupérés. Avec une croissance annuelle moyenne d'un peu plus de 310 000, même la croissance naturelle de la population des États-Unis est plus de 10 fois supérieure !

En 2013, le nombre total d'emplois bien rémunérés était de 67,6 millions, ce qui est étonnamment loin des 71,9 millions de l'an 2000 ! Si la "reprise" se produit à ce rythme, il faudra attendre un quart de siècle avant que les emplois bien rémunérés aux États-Unis ne reviennent au niveau de 2000 d'ici 2025 !

Et derrière la croissance de plus de 300 000 emplois bien rémunérés par an se cache un énorme déficit fiscal (dépenses publiques) de 1 000 milliards de dollars, et 800 milliards de dollars par an d'impression monétaire par la Fed. Si vous répartissez les 800 milliards de dollars d'impression de manière égale sur chaque emploi, cela signifie que la Fed a dépensé 2,5 millions de dollars juste pour créer un emploi qui paie 50 000 dollars par an ! Son efficacité est inégalée !

Cela ne montre qu'une chose, l'impression monétaire de la Fed n'a pas du tout pour but de résoudre le problème de l'emploi ! Un QE de 800 milliards de dollars par an, s'il est distribué directement aux particuliers, équivaut à la création de 16 millions d'emplois bien rémunérés de 50 000 dollars par an ! Que Bernanke pilote un hélicoptère pour disperser l'argent, qu'il divise l'argent ou qu'il rembourse simplement la dette des maisons saisies, l'effet économique est bien meilleur que de donner l'argent à la banque ! La nature de la Fed est claire au vu des résultats de ses actions ; elle ne sert pas le gouvernement, et encore moins le peuple, mais Wall Street !

Depuis le début de l'année 2000, le nombre d'emplois bien rémunérés aux États-Unis a augmenté de 4,3 millions, alors que le coût combiné pour subvenir aux besoins d'une famille a considérablement augmenté : le prix de l'essence est trois fois plus élevé qu'auparavant, les frais d'inscription à l'université sont généralement plus que doublés, l'habillement, la nourriture, le logement et le transport ont tous augmenté de manière significative, et le coût de l'assurance maladie et des soins médicaux est beaucoup plus élevé qu'en 2000. À cette époque, les emplois à temps plein offraient une assurance maladie extrêmement bon marché, les employés ne payant que quelques dizaines de dollars par mois pour assurer une famille de jeunes et de moins jeunes, et le coût des traitements médicaux et des médicaments était généralement de 1 ou 20 dollars de leur poche.

Le nombre d'emplois bien rémunérés en 2000 était de 71,9 millions avant la crise de 2007, ce qui montre que la croissance des emplois bien rémunérés a été pratiquement nulle tout au long de la "bulle Greenspan" ! Le soi-disant "effet de richesse", marqué par la bulle immobilière, n'a pas du tout créé de croissance économique réelle, mais a plutôt engendré un désastre financier qui n'existait pas depuis

80 ans. Et la "bulle Bernanke" qui a suivi, et qui a tenté de ramener la prospérité économique avec la bulle immobilière, s'est avérée pire que la "bulle Greenspan".

La reprise des emplois à haut salaire aux États-Unis a été extrêmement lente, bien en deçà des sommets atteints en 2000 et 2007. Enfin, regardez la croissance des emplois moyennement rémunérés. Au cours des plus de quatre années qui se sont écoulées depuis la crise, les emplois dans les secteurs de la santé, de l'éducation et des services sociaux ont augmenté de 1,1 million au total, soit une moyenne d'environ 250 000 par an. Si l'on compte à partir de 2000, l'emploi dans les soins de santé, l'éducation et les services sociaux aux États-Unis n'a cessé de croître, et même la crise financière n'a pas modifié les gains d'emplois dans ce domaine. La "garde UNESCO" est considérée par Obama comme un "rempart" pour défendre la croissance de l'emploi américain.

De janvier 2000 à juillet 2013, 6,6 millions d'emplois à salaire intermédiaire ont été ajoutés, portant le total à 30,8 millions en 2013. Parmi ceux-ci, la composante des soins de santé mobiles représente à elle seule 6,4 millions, et ce qu'on appelle les soins de santé mobiles sont le système de soins de santé en dehors des hôpitaux, comme les cabinets médicaux, les soins extra-hospitaliers pour les patients, les agences de santé à domicile, etc. Les emplois dans le secteur des soins de santé mobiles ont étonnamment dépassé les 5,5 millions d'emplois dans le secteur de la construction aux États-Unis et ont largement dépassé les 4,5 millions d'emplois dans le secteur des biens de consommation. Le système hospitalier emploie 8 millions d'infirmières, de professionnels et d'administrateurs.

Globalement, le système de santé américain emploie 14,6 millions de personnes ; dans le système éducatif, de la maternelle à l'université, 14 millions de personnes ; et dans les services sociaux, 2,2 millions de personnes.

Pourquoi l'emploi dans le système de soins de santé continue-t-il d'augmenter ? Parce que les dépenses publiques en matière de soins de santé ont explosé ! En 2000, les dépenses du gouvernement américain pour Medicare et Medicaid s'élevaient à 300 milliards de dollars, et en 2012, elles avaient atteint 800 milliards de dollars, soit près du double du taux de croissance du PIB.

À la fin de la présidence Clinton en 2000, les finances du gouvernement américain étaient excédentaires, et depuis l'administration Obama en 2009, le déficit a dépassé 1 000 milliards de dollars pendant quatre années consécutives, ce qui équivaut à un transfert massif de paiements du gouvernement vers le secteur des soins de santé. Les dépenses de santé sont beaucoup plus élevées que la croissance du PIB, ce qui signifie que les bénéfices de l'économie réelle américaine sont érodés par des secteurs tels que les soins de santé et les produits pharmaceutiques, que la base manufacturière est constamment affaiblie et qu'il y a une raison pour laquelle l'industrie manufacturière américaine ne veut pas retourner sur le continent.

L'augmentation anormale de l'emploi dans le secteur de la santé conduit inévitablement à une plus grande éviction des ressources économiques, supprimant ainsi la croissance des emplois bien rémunérés. La situation dans le domaine des services sociaux est similaire à celle des soins de santé, où le gouvernement transfère des emplois de l'économie réelle vers les services sociaux par le biais de paiements de transfert.

La croissance de l'emploi dans le secteur de l'éducation est due en grande partie à l'expansion rapide du système scolaire privé, l'emploi dans les écoles non publiques aux États-Unis ayant augmenté de 45% depuis 2000, tandis que le solde des prêts étudiants est passé de 150 milliards de dollars à 1 000 milliards de dollars et fait l'objet de défaillances massives. L'éducation est censée renforcer l'avenir du pays, mais les frais de scolarité élevés, les dettes énormes, drainent l'avenir des étudiants et détruisent les espoirs du pays.

Les emplois à salaire moyen ne cessent d'augmenter, les paiements de transfert du gouvernement en étant la principale cause. L'augmentation des emplois à salaire moyen, en particulier dans le secteur des soins de santé et des services sociaux, dépend fortement du déficit budgétaire du gouvernement, et le coût du financement de la dette nationale augmentera considérablement après l'entrée en vigueur du volcan de taux d'intérêt à l'avenir, la capacité du gouvernement à assurer le service de sa dette sera gravement compromise, et la croissance des emplois dans le secteur des soins de santé sera bloquée. La croissance de l'emploi dans l'éducation, en particulier dans le système scolaire privé, s'est fortement appuyée sur les prêts étudiants, qui ont atteint 1 000 milliards de dollars, soit plus que les prêts automobiles et les prêts sur cartes de crédit réunis, pour payer les frais de scolarité élevés afin de soutenir l'expansion. Dans la récession actuelle du marché de l'emploi, il y a déjà une grave crise de délinquance, et si les taux d'intérêt augmentent à nouveau fortement, une implosion des prêts étudiants est imminente, et la croissance de l'emploi dans l'éducation est déjà confrontée à un renversement.

L'augmentation des emplois à bas salaire n'entraîne pas une hausse de la consommation ; ils ne font que survivre. Non seulement les emplois à salaire moyen seront confrontés à des goulots d'étranglement dans la croissance future, mais le pouvoir d'achat restera limité. Les emplois hautement rémunérés, qui représentent la moitié de l'emploi, ont été durement touchés et sont loin de se rétablir.

Par rapport au total des ventes au détail en 2007, cinq ans après la reprise économique, 2013 est encore inférieur de 2 pour cent à 2007 si l'on exclut l'inflation. Cinq ans après les trois crises des années 1980, 1990 et 2000, le total des ventes au détail était respectivement de 20 pour cent, 17 pour cent et 13 pour cent plus élevé qu'avant la crise. Si l'on examine de plus près les catégories d'articles ménagers et de produits alimentaires du secteur du commerce de détail, le niveau de la consommation réelle a baissé de 6 pour cent par rapport à 2007, ce qui ne s'est jamais produit dans le processus de reprise après les crises économiques successives de l'après-guerre.[41] L'ampleur des dégâts internes sur le marché du travail est évidente.

L'atonie de la consommation trouve son origine dans l'atonie du marché de l'emploi, qui est l'une des principales raisons pour lesquelles l'économie américaine a du mal à se redresser.

Dans l'ensemble, la perte d'emplois faiblement rémunérés due à la crise financière s'est largement résorbée, avec seulement 1,4 million des 5,8 millions d'emplois à salaire élevé perdus, et même avec l'ajout de 1,9 million d'emplois à salaire moyen, il y a toujours une perte nette de 2,5 millions d'emplois par rapport à la période d'avant la crise. Au cours de la même période, la population américaine a augmenté de plus de 15 millions de personnes, alors que le nombre d'emplois a diminué de 2,5 millions, et la pression exercée sur les jeunes pour qu'ils aient un emploi est compréhensible.

En termes de taux de participation à l'emploi, le marché du travail américain est lamentable, puisque seulement 63,2% de la population américaine âgée de 16 ans et plus avait un emploi en août 2013, soit une

---

[41] David Stockman, *La grande déformation*, Affaire publique, 2013, chapitre 32.

régression significative de 35 ans par rapport au niveau d'août 1978. Le revenu médian des ménages américains, après inflation, est inférieur de 7% à ce qu'il était en 2000 !

En août 2013, le taux de participation à l'emploi aux États-Unis est revenu 35 ans en arrière, à son niveau d'août 1978, et en 2013, le revenu réel médian des ménages américains (net d'inflation) était inférieur de 7% à ce qu'il était en 2000 !

Les pom-pom girls des médias de Wall Street se vantent que le chômage est en baisse, que la confiance des consommateurs est revenue et que les fondamentaux économiques sont en grande forme, déformant complètement le tableau lugubre du marché du travail et créant fictivement un mirage de reprise économique. Avec des conditions d'emploi et de revenus aussi médiocres, la montée en flèche du marché boursier, les faux feux de l'immobilier et les projections optimistes de croissance économique finissent tous par se heurter au mur de pierre froid de l'emploi !

La maison sur le rocher, ou le rêve sur le sable ? Le retour de l'industrie manufacturière américaine n'est qu'un vœu pieux. En avril 2009, peu après son entrée en fonction, Barack Obama, dans une volonté exubérante de "changer" la société américaine, a prononcé un long discours de 45 minutes à l'université de Georgetown. Dans son discours, Obama a décrit l'économie américaine comme une maison en péril, citant une parabole biblique qui dit qu'une maison construite sur le sable est susceptible de s'effondrer, tandis qu'une maison construite sur le roc tient debout, " donc nous ne pouvons pas reconstruire notre économie sur le sable, nous devons reconstruire nos maisons sur le roc."

Le roc dans le cœur d'Obama est l'économie réelle solide comme le roc, en particulier la perspective du retour de l'industrie manufacturière et la revitalisation des nouvelles sources d'énergie, qui ont le plus impressionné Obama.

Plus de quatre ans se sont écoulés depuis qu'Obama a appelé l'industrie manufacturière américaine à l'étranger à revenir au pays et à se développer, et l'industrie manufacturière est devenue une douleur indicible dans le cœur d'Obama depuis sa première prise de fonction en 2013.

En février 2011, lors d'un dîner avec le défunt PDG d'Apple, Steve Jobs, Obama avait persuadé le groupe Apple de rapatrier la fabrication de ses iPhone aux États-Unis, ce à quoi Jobs avait répondu sans ambages à l'époque : " Ces emplois ne reviendront pas. "

En fait, la vérité est très simple, si même l'industrie manufacturière qui reste aux États-Unis, dans la marée monétaire inondée par l'assouplissement quantitatif, n'est pas disposée à dépenser de l'argent pour des dépenses d'investissement, les PDG sont occupés à émettre des financements par emprunt, puis à racheter les actions de leur propre société pour faire de l'argent rapidement, même si la fabrication à l'étranger revient aux États-Unis, elle sera exemptée ?

La politique de l'argent bon marché ne favorise pas la formation de capital industriel, bien au contraire, elle détruit le capital réel !

Le 13 février 2013, Obama, s'attardant sur le retour en force de la fabrication, a placé la fabrication au centre de son premier discours sur l'état de l'Union depuis sa réélection au Congrès, déclarant que la priorité absolue était de faire de l'Amérique une plaque tournante pour les nouveaux emplois et la fabrication. En ce qui concerne la promotion de la tendance au retour de l'industrie manufacturière, M. Obama a cité en exemple l'impression 3D, l'institut d'innovation manufacturière établi à Youngstown, et a annoncé la création de trois grappes manufacturières similaires dont les partenaires commerciaux sont le ministère américain de la défense et l'agence de l'énergie, et a demandé au Congrès de contribuer à l'établissement de 15 centres manufacturiers pour assurer une nouvelle génération de révolution dans l'industrie manufacturière américaine.

Il n'est pas vrai que la planification n'est pas ambitieuse et que l'ambition ne l'est pas, mais son efficacité donne l'impression que le président est un peu "ambitieux et sans talent". Sur le bulletin de la croissance de l'emploi en 2013, Obama a peur d'avoir le nez en compote. Pour la première moitié de l'année, les barmen sont plus compétitifs, plus 247 000, et que dire du secteur manufacturier, qui est un emploi bien rémunéré ? Au total, seulement 24 000 personnes ont été ajoutées, même pas 1/10 du nombre de barmans, qu'ils soient de retour ou regroupés.

Le gouvernement américain est pratiquement inexécuté dans la sphère économique et, sous l'influence d'une pensée économique de marché libre de longue date, Obama veut aller à l'encontre de la nature de l'argent pour l'argent, sans avoir ni les cerveaux ni les mains pour mettre en œuvre une politique.

C'est ce que le président a dit, et tout le monde l'a écouté.

L'exode des industries manufacturières à salaires élevés n'est pas déterminé par la volonté de la politique nationale, mais par l'instinct du capital pour le profit. Obama ne peut pas influencer la politique monétaire, ni la direction des flux de capitaux, et encore moins le grand projet d'un cluster industriel.

Le président des États-Unis, le dirigeant le plus célèbre du monde et l'un des chefs d'État les moins puissants, n'est qu'un symbole du pouvoir, et non le pouvoir lui-même.

En 2013, les emplois manufacturiers n'ont augmenté que de 24 000, soit moins de 1/10des barmen. Un autre pilier important de la "Maison sur le Rocher" d'Obama est la nouvelle énergie, dont la "révolution du schiste" est particulièrement chaude.

Selon les perspectives énergétiques mondiales 2012 de l'Agence internationale de l'énergie (AIE), les États-Unis dépasseront l'Arabie saoudite en tant que premier producteur mondial de pétrole d'ici 2017 sous l'influence de la révolution du schiste et seront presque "autosuffisants" en termes de "valeur nette" de la production énergétique. Le rapport 2013 d'ExxonMobil sur les perspectives énergétiques indique que la demande de gaz naturel augmentera de 65% d'ici 2040 et que 20% de la production mondiale proviendra de l'Amérique du Nord, principalement de sources non conventionnelles, notamment le gaz de schiste. Le rapport conclut que la révolution du schiste fera des États-Unis un exportateur net d'énergie d'ici 2025. Le National Intelligence Council américain prévoit également que les États-Unis atteindront l'indépendance énergétique d'ici 2030.

Quant à la révolution du schiste, Obama en est manifestement convaincu, et en 2012, il a affirmé qu'en raison de la révolution du schiste, "notre approvisionnement en gaz garantira la demande de l'Amérique pendant 100 ans". "Les experts en énergie prévoient que la révolution du schiste créera au moins 1,7 million d'emplois, qui sont sans aucun doute des emplois bien rémunérés, avec une estimation optimiste de 3 millions d'emplois à créer d'ici 2020.

La chute des prix du gaz naturel américain au cours des dernières années semble également confirmer qu'une révolution du schiste est en cours. Les pom-pom girls des médias de Wall Street relèvent également la barre, affirmant que les États-Unis sont en train de devenir un "nouveau Saoudien". Non seulement cela, mais si le gaz et le pétrole de schiste peuvent enfin prendre la place du pétrole, une baisse spectaculaire des coûts de l'énergie entraînera directement le retour de l'industrie manufacturière, la création d'un plus grand nombre d'emplois bien rémunérés et une plus grande croissance de la consommation, et un boom économique est à portée de main.

Le terme "révolution du schiste" est soudainement apparu en 2011. Quand exactement la révolution du schiste s'est-elle soudainement enflammée ? À l'ère du big data, on parle encore de big data.

Si vous utilisez l'outil de tendance de Google, les rapports sur le gaz de schiste ont commencé à chauffer en 2005, suivis d'un "boom" médiatique après 2011, et le terme explosif "révolution du schiste" a commencé à proliférer. Que s'est-il réellement passé en 2005 ? S'agissait-il d'une percée majeure dans la technologie du gaz de schiste, ou d'autre chose ?

Le cœur de la technologie du schiste est une combinaison de forage horizontal et de fracturation hydraulique, dans laquelle les "fluides de fracturation", des substances chimiques piégées dans de grandes quantités d'eau et de sédiments, sont injectés dans un puits souterrain à haute pression, ce qui fracture les formations rocheuses adjacentes et élargit les fractures de sorte que le gaz naturel libre ou adsorbé du schiste puisse s'écouler dans le puits et être collecté. Les produits chimiques contenus dans les fluides de fracturation sont souvent toxiques et peuvent compromettre gravement la sécurité de l'eau potable s'ils pénètrent dans les eaux souterraines.

La technologie du schiste existe en fait depuis longtemps, puisqu'elle a fait l'objet d'une tentative dans les années 1980 et ne représentait qu'un maigre 3% de la production américaine de gaz naturel en 2005, le principal problème étant le coût élevé de l'extraction. Le principal problème est le coût élevé de l'extraction, qui comprend des coûts économiques, environnementaux et juridiques.

En 2005, l'ancien président de Halliburton, à l'origine de la technologie du schiste, et l'ancien vice-président américain Dick Cheney, ainsi que ses alliés dans les milieux politiques et pétroliers, ont uni leurs forces pour

> *"libérer" la fracturation hydraulique de la réglementation de l'EPA. Dans le passé, l'EPA a strictement réglementé la pollution et les dangers de la fracturation hydraulique en vertu de la loi américaine sur l'eau potable, ce qui explique en grande partie le coût élevé du gaz de schiste. Sous le fort lobbying des*

> *intérêts pétroliers, la production de schiste a brisé l'Agence de protection de l'environnement des États-Unis a strictement interdit l'injection directe de produits chimiques toxiques dans le sol, devenant une haute priorité de la protection de l'environnement des eaux souterraines de la loi des États-Unis, "la seule exception".* [42]

En 2005, la loi américaine sur la sécurité de l'eau potable a fait la lumière sur les filets de fracturation hydraulique, devenant ainsi la célèbre "faille Halliburton" dans la communauté juridique. On peut dire que sans la "faille Halliburton", il n'y aurait pas de révolution dite du schiste.

Il semble que l'appréciation des actifs ne soit pas difficile tant que la vie humaine est dévaluée ! En six ans seulement, le gaz de schiste est passé de 3% à 40% de la production totale de gaz naturel aux États-Unis, faisant de 2005 la "première année" de la révolution du schiste.

Cependant, outre les effets secondaires de l'empoisonnement des ressources en eau, la technologie du schiste présente un autre défaut fatal, à savoir que les puits de schiste se renouvellent trop rapidement, chutant souvent de 75 à 80% au cours de la deuxième année de production et s'éteignant essentiellement au bout de cinq ans. Les producteurs ont dû continuer à investir massivement dans de nouveaux puits de gaz de schiste afin de maintenir la croissance de la production et le cours des actions, et avec beaucoup d'argent chaud pour suivre le mouvement, le marché a connu une forte augmentation de l'offre et un plongeon des prix.

Les puits de gaz de schiste tombent en panne à un rythme alarmant, la production chutant de 75 à 80% la deuxième année. Lorsque Cheney a obtenu son laissez-passer pour l'EPA en 2005, le prix du gaz naturel était de 14 dollars par millier de pieds cubes ; en février 2011, le prix avait chuté à 3,88 dollars ; et début 2013, il a encore chuté à 3,50 dollars. Et le coût moyen du gaz de schiste est d'environ 8 à 9 dollars, ce qui signifie que la grande majorité des puits de gaz de schiste sont fortement déficitaires.

---

[42] William Engdahl, *The Fracked-up USA Shale Gas Bubble*, Global Research 13 mars 2013.

Le cycle financier négatif de l'industrie du gaz de schiste a entraîné des difficultés de financement. En 2013, les producteurs de gaz de schiste devront continuer à forer 7 000 nouveaux puits par an, pour un coût de 42 milliards de dollars, afin de maintenir la production actuelle, contre 32,5 milliards de dollars en 2012. Si les prix n'augmentent pas, l'ensemble de l'industrie perd près de 10 milliards de dollars américains par an. [43]

Pourquoi les producteurs de gaz de schiste ne réduisent-ils pas leur production et n'augmentent-ils pas les prix ?

Cela concerne les droits de propriété sur le gaz de schiste. La plupart des puits de gaz de schiste aux États-Unis sont extraits sur des terres privées, et les propriétaires fonciers ont des contrats de trois à cinq ans avec les négociants en schiste ; s'ils ne commencent pas les travaux dans ce délai, le droit d'extraire le gaz sera récupéré et les gisements et autres intrants seront perdus. Et les producteurs empruntent de l'argent à Wall Street, et plus vite ils exploitent le gisement, plus vite ils voient apparaître des flux de trésorerie, seul moyen d'alléger la pression pour rembourser la dette et aussi de faire grimper le cours des actions. Dans ce cercle vicieux, plus la production de gaz de schiste est importante, plus le prix chute et plus les entreprises perdent.

De nombreuses entreprises ont déjà du mal à supporter les pressions sur les flux de trésorerie, et elles doivent se rattraper en vendant des terrains contenant du gaz de schiste, tandis qu'un nombre croissant d'entre elles sont contraintes de déprécier des actifs à grande échelle pour refléter leur situation financière réelle. Les entreprises sous-capitalisées seront les premières à être éliminées de ce grand pari, et même les grands acteurs disposant de capitaux importants se sentiront dépassés.

Le 6 octobre 2013, Shell, le poids lourd mondial du pétrole, a dû annoncer qu'il avait concédé un pari sur la révolution du schiste. Dans son discours de pré-signature, le PDG de Shell regrettait d'avoir mal évalué la " révolution du schiste " aux États-Unis, en dépensant pas moins de 24 milliards de dollars pour des acquisitions et des extractions de schiste en Amérique du Nord, et a été contraint de procéder à une

---

[43] Ibid.

énorme dépréciation d'actifs de 2,1 milliards de dollars en août. L'aventure de Shell dans le domaine du schiste en Amérique du Nord est sans espoir, le PDG avouant que "vous devez donc reconnaître la dévaluation de jusqu'à 3 milliards de dollars d'actifs qui n'ont aucun revenu". [44]

Si Shell, avec sa position et ses capitaux dans l'industrie pétrolière mondiale, n'est pas encore rentable dans la révolution du schiste, les 1,7 à 3 millions d'emplois bien rémunérés dans l'industrie du schiste sur lesquels Obama compte sont un autre rêve de printemps, j'en ai peur.

En fait, toutes les révolutions technologiques et sociales ont une chose en commun, à savoir que dans les premiers stades des véritables révolutions, personne ne se rend compte qu'il s'agit de révolutions, et les choses que l'on appelle révolutions au début sont souvent des bulles à la fin.

Le but de l'exagération est, bien sûr, que la minorité vole la richesse de la majorité. Wall Street est avant tout un marchand d'argent, et le complexe industriel pétrolier et militaire n'est pas seulement un marchand d'argent, c'est aussi un marchand de vie. Lorsque les groupes d'intérêt s'emparent sans raison des politiques et des lois, la cupidité du groupe se transforme en cupidité institutionnelle.

La division des richesses a brisé les ailes du rêve américain.

Il n'y a pas de meilleur indicateur de la cupidité systémique que la répartition du revenu national, c'est-à-dire la proportion du revenu d'un pays qui est partagée par la minorité riche et la majorité pauvre respectivement.

Si l'on qualifiait de super riches les 1% des personnes qui gagnent le plus aux États-Unis, alors ce sont eux et eux seuls qui seraient considérés comme le véritable groupe dirigeant aux États-Unis. Parmi eux, le revenu annuel (y compris les plus-values) est également d'au moins 443 000 dollars, tandis que les 0,1% des super-riches gagnent au moins 5,6 millions de dollars. La population totale du groupe des super-

---

[44] Guy Chazan, Peter Voser dit qu'il regrette le pari énorme de Shell sur le schiste américain, Financial Times, 2013-10-06.

riches est d'environ 1,52 million de personnes, et si l'on compte une famille de quatre personnes, la population totale des super-riches est d'environ 6,1 millions de personnes, soit seulement 2% des 310 millions d'habitants des États-Unis.

Le bloc dirigeant aux États-Unis occupe non seulement une position de premier plan dans toutes les sphères de la société, mais jouit également d'un grand pouvoir d'expression et de décision, et la richesse du pays est distribuée entre les mains de ce bloc. Si l'on se demande qui a le plus profité de la société américaine après la crise financière, c'est bien lui qui s'est partagé la part du lion des dividendes de l'assouplissement monétaire, de l'appréciation des actifs, de la relance budgétaire, des paiements de transfert, des taxes sur la frappe du dollar, etc., avec un énorme 95% de la valeur ajoutée totale du revenu national pour sa seule part !

Il convient de noter que le bloc dirigeant de 1% qui a accaparé 95% de l'augmentation des revenus de l'ensemble de la société aurait été une faveur spéciale de Dieu s'il n'y avait pas eu une conception délibérée des politiques et des lois. En d'autres termes, il n'y a aucune logique économique rationnelle qui puisse expliquer cette extrême inégalité.

Comme l'a dit un universitaire britannique : les gens devraient avoir compris que les puissants et les riches font les choses en fonction de leurs propres intérêts, et que cela s'appelle le capitalisme.

En plus de ceux qui mangent de la viande, il y a ceux qui boivent de la soupe.

La classe des hauts revenus aux États-Unis se situe en dessous de 1% et au-dessus de 10%. Elle constitue en quelque sorte l'élite ou les riches, mais pas le groupe dirigeant ; elle a une certaine voix et une influence sur la distribution des richesses dans la société, mais pas le pouvoir de décision. Bien que l'utilisation de l'argent comme base pour diviser les différents segments de la société américaine soit quelque peu arbitraire, quelques erreurs n'affectent pas les conclusions. Le revenu annuel des groupes riches qui suivent le groupe dirigeant se situe approximativement entre 127 000 et 443 000 dollars, et ils sont 13,6 millions. Pour être précis, la qualité de vie des groupes riches est le "rêve américain" auquel les gens aspirent.

À l'exception du groupe dirigeant de 1% et de 9% des riches, les 90% restants constituent la classe moyenne inférieure en Amérique. Ils sont 137 millions, dont beaucoup ont une double carrière et, en comptant les membres de la famille, une population totale d'au moins 250 millions. Le revenu annuel moyen de la classe moyenne inférieure n'est que de 31 000 dollars, avec un revenu total par ménage d'environ 62 000 dollars pour une personne à deux revenus et d'environ 50 000 dollars pour un ménage médian. Le revenu médian est le revenu médian, et non le revenu moyen, des ménages de la classe moyenne inférieure et est donc plus représentatif.

Une famille typique de classe moyenne inférieure de quatre personnes avec un revenu de 50 000 $, après avoir payé les impôts et déduit les dépenses obligatoires telles que la sécurité sociale et l'assurance médicale, le revenu mensuel réel est inférieur à 3 000 $, l'hypothèque ou le loyer est inférieur à 1 200 $, le coût du carburant pour deux voitures plus l'entretien est d'au moins 500 $, la nourriture et les boissons pour une famille de quatre personnes sont inférieures à 1 000 $, l'Internet, les téléphones portables, la télévision par câble, les services publics, l'entretien de la maison et d'autres frais de subsistance nécessaires sont d'au moins 300 $, qui sont tous des frais de subsistance obligatoires, il n'y a pratiquement pas de place pour l'épargne. Un revenu de 50 000 dollars ne peut garantir que les frais de subsistance les plus basiques pour une famille de quatre personnes, et il n'y a pratiquement pas de surplus.

De nombreuses familles ont des prêts automobiles, des prêts étudiants et des dettes de cartes de crédit, et si l'on tient compte des dépenses liées aux sorties au cinéma, aux sorties au restaurant, à l'achat de vêtements, à l'achat d'appareils électriques, aux voyages et aux vacances, et à la célébration du Nouvel An, la famille a non seulement peu de chances d'avoir des économies, mais elle sera très probablement endettée. C'est pourquoi la grande majorité des ménages américains ont peu d'épargne bancaire et dépendent fortement de leur salaire.

Au lieu d'augmenter, le revenu réel des classes inférieures et moyennes des États-Unis, qui représentent 90% de la population, a diminué de 1% au cours des 40 années écoulées depuis 1970. C'est quelque chose qui n'a jamais été le cas au cours des plus de 200 ans qui ont suivi la fondation des États-Unis.

Un pour cent mange de la viande, neuf pour cent boivent de la soupe et 90 pour cent sont mangés, une tendance à long terme depuis la crise financière et même après l'abolition de l'étalon-or aux États-Unis en 1971. En 2013, les 400 personnes les plus riches des États-Unis possédaient plus de richesses que les 150 millions de la classe moyenne inférieure réunis, soit la moitié de la population américaine !

Que voulez-vous dire par "le rêve américain" ? L'emploi est le fondement du rêve, la croissance des revenus est l'aile du rêve, et pour 90% des Américains, le fondement du rêve américain a été sérieusement ébranlé, l'aile est brisée depuis longtemps, et la division des richesses a transformé le rêve américain en cauchemar au cours des 40 dernières années.

En septembre 2011, les États-Unis ont été témoins du pire conflit de classe en un demi-siècle depuis le mouvement des droits civiques des années 1960, le mouvement "Occupy Wall Street", qui a duré longtemps, a atteint tant de villes et a impliqué un nombre alarmant de personnes. Il est extrêmement rare dans l'histoire américaine que le public américain lance un slogan politique clair selon lequel les 99% des pauvres défieront les 1% des riches ! Les actions de protestation des Américains ont eu une forte résonance dans tous les pays développés du monde, de Londres à Paris, de Francfort à Rome, de Hong Kong, Chine à Sydney, il n'y a pratiquement aucune grande ville dans un pays développé ou une région du monde qui n'ait pas été secouée. Le fort sentiment de polarisation des riches et des pauvres et de rivalité de classe, qui est unique dans le monde de l'après-guerre froide, n'est plus un problème pour les États-Unis, mais un problème universel dans tous les pays du monde.

Cupidité et vol de rêves

Historiquement, la fracture de la richesse aux États-Unis a atteint son premier sommet en 1927, lorsqu'un groupe de 10% de riches s'est emparé de 50% du revenu national. La crise de 1929 a été suivie de la pire dépression économique de l'histoire américaine, et les raisons de la crise de 1929 ne sont pas fondamentalement différentes de celles de 2008. La logique de la crise de 1929 n'est pas fondamentalement différente de celle de 2008. Un assouplissement monétaire excessif a provoqué une flambée des prix des actifs et un grand brassage de la richesse sociale s'en est suivi, les riches en profitant le plus et les pauvres étant marginalisés.

En 1914, la Première Guerre mondiale éclate et l'Europe est plongée dans une guerre de quatre ans, tandis que les États-Unis deviennent le premier fournisseur d'armes à l'Europe. La cruauté et l'intensité de la guerre ont largement dépassé les attentes des Européens, et l'argent a été consommé au point de mettre en faillite les finances des nations. Seize puissances alliées, dont la Grande-Bretagne, la France et la Russie, ont été contraintes de s'endetter auprès des États-Unis pour soutenir la guerre, ce qui a permis à ces derniers de produire à crédit et à leur capacité industrielle de monter en flèche. En 1918, les puissances alliées militairement victorieuses sont devenues des "sous-prêteurs" financièrement défaits.

Le prêt d'argent dû s'enchevêtre, le surendettement, le litige sur les réparations se prolonge, l'économie européenne est difficile à redresser, les États-Unis ne peuvent pas développer les exportations, la situation est bloquée jusqu'en 1922, les Britanniques ont mis au point une méthode "d'assouplissement monétaire" à la livre sterling et les billets de banque en dollars américains pour les banques centrales des réserves monétaires, les devises étrangères pour remplacer l'or pour la création de monnaie, qui est l'origine du système de l'étalon de change or. Le dollar, la livre sterling et l'or ont été mis sur un pied d'égalité, la base de la création de crédit a été considérablement élargie et la prolifération des monnaies, en particulier le dollar, a donné lieu à une "vingtaine tapageuse".

Les classes inférieures et moyennes des États-Unis, qui représentent 90% de la population totale, n'ont pas participé aux dividendes de la prospérité dans les années 1920, lorsque leur part du revenu national est passée de 60% en 1917 à 50% en 1927, et que les 10% de riches sont passés de 40% en 1917 à 50% en 1927.[45]énorme capacité de production industrielle des États-Unis est gravement perturbée par une "demande intérieure léthargique" et doit s'appuyer sur une "orientation vers l'exportation" vers les marchés européens.

Non seulement les États-Unis ont commercialisé des biens industriels excédentaires en Europe, mais ils ont également fourni des crédits en dollars bon marché en grandes quantités, encourageant les Européens à acheter des biens américains afin de poursuivre l'expansion de la capacité de production intérieure américaine. Les États-Unis, en revanche, protègent les intérêts des capitalistes

---

[45] Anthony Atkinson, Thomas Piketty et Emmanuel Saez, *Top Incomes in the Long Run of History*, Journal of Economic Literature 2011.

industriels nationaux par des droits de douane élevés et bloquent la concurrence des produits européens, ce qui fait que l'Europe est de plus en plus endettée envers le dollar sans avoir accès à suffisamment de dollars pour rembourser le principal et les intérêts de la dette. Dans le même temps, au lieu de favoriser une renaissance économique en Europe, le dollar bon marché a supprimé la production industrielle et stimulé les bulles d'actifs. Les prêts en dollars obtenus en Allemagne dans les années 1920 ont été largement utilisés pour des projets immobiliers tels que la construction de piscines, de cinémas, de stades et même d'opéras partout, pour la simple raison que les actifs s'appréciaient plus rapidement et qu'il était plus facile de gagner de l'argent.

En 1928, la Réserve fédérale a augmenté les taux d'intérêt de 1,5 point de pourcentage, les taux d'intérêt se sont inversés brusquement, le défaut de paiement de la dette était imminent, le marché boursier a explosé et la crise financière de 1929 n'était pas un accident.

Au début des années 1930, la dette en dollars a fait défaut, l'étalon-or britannique s'est effondré et les marchés européens se sont effondrés. Le grave excédent de capacité de production industrielle aux États-Unis, qui ne bénéficie ni de la demande extérieure ni du soutien intérieur, ne peut qu'imploser à grande échelle. Des milliers de capitalistes ont fait faillite, des milliers de banques ont fait faillite et 13 millions de personnes ont perdu leur emploi.

Une économie qui prive 90% de sa population de son pouvoir d'achat finira par s'effondrer elle-même. La cupidité mène à la division de la richesse, et la division de la richesse finira par enterrer la cupidité !

Les États-Unis ont également commencé à pratiquer l'assouplissement monétaire en réponse à la crise économique des années 1930. De novembre 1929 à juin 1930, la Federal Reserve Bank of New York a mené sa première série d'assouplissements monétaires, faisant passer les taux d'intérêt de 6% à 2,5%, injectant 500 millions de dollars dans le système bancaire pour renflouer l'effondrement, et le marché boursier a connu un fort rebond de 50% au cours du premier semestre de 1930.

En février 1932, la Réserve fédérale a fait pression sur le Congrès pour qu'il autorise l'obligation du Trésor américain comme réserve monétaire, en l'associant pour la première fois au dollar. Historiquement, le Congrès américain s'est profondément méfié des pouvoirs monétaires de la Réserve fédérale, craignant que la Fed puisse un jour monétiser la dette nationale, financer le déficit, rechercher des rentes avec le pouvoir monétaire, corrompre et kidnapper le gouvernement, et subvertir la valeur du dollar. La loi américaine a donc des règles strictes pour l'émission de dollars, derrière un billet de 100 dollars, il doit y avoir une garantie en or de 40 dollars, et les 60 dollars restants en actifs garantis sont principalement des papiers commerciaux à court terme. La dette nationale est légalement interdite comme actif collatéral pour le dollar, donc avant 1932, la dette nationale n'était même pas plus importante dans l'émission du dollar que le papier commercial.

La Fed a utilisé la crise pour forcer le Congrès à se décentraliser, la porte de la monétisation des Treasuries s'est ouverte, la Fed a enfin pu légalement mener des opérations d'open market pour manger les Treasuries à grande échelle, faisant l'impasse sur le dollar et les Treasuries. Depuis lors, la Réserve fédérale et les forces du capital financier qu'elle représente, l'utilisation du pouvoir monétaire pour louer le pouvoir politique, est devenue une tendance irréversible. En 1932, la Réserve fédérale a lancé QE2, en achetant 1 milliard de dollars de bons du Trésor, en injectant des liquidités dans le système bancaire, par rapport au PIB total de 58,7 milliards de dollars en 1932, l'échelle est équivalente à l'échelle QE d'aujourd'hui de 270 milliards de dollars, dans les années 1930 peut être appelé un coup de maître sans précédent, le marché boursier des États-Unis a grimpé de 101%.

En 1933, le président Roosevelt est arrivé au pouvoir, puis a commencé le QE3, la teneur légale en or du dollar, de 20,67 $ à 1 once d'or, une dépréciation substantielle à 35 $, l'équivalent de la monnaie de base a augmenté en une nuit de près de 70%, et le QE3 de Bernanke au bilan de la Réserve fédérale pour atteindre "multiplier" l'échelle de similaire.

L'assouplissement monétaire n'a pas réussi à sauver l'économie américaine, pas plus que la politique de déficit de Keynes, et en 1937, les États-Unis sont retombés dans une grave récession ; 13 millions de personnes étaient au chômage lorsque Roosevelt est arrivé au pouvoir en 1933, et en 1941, lorsque les États-Unis sont entrés dans la Seconde Guerre mondiale, ce nombre atteignait encore 10 millions ; et l'incapacité à résoudre le dilemme de l'emploi après huit ans dans les années 1930 était similaire à la difficulté de la reprise de l'emploi cinq ans après la crise actuelle.

Ce qui a réellement sorti l'économie américaine du bois une fois pour toutes, c'est le déclenchement de la Seconde Guerre mondiale. Grâce à la puissance de la guerre, des dizaines de millions de la main-d'œuvre américaine ont été tournées vers la machine de guerre et le problème du chômage a été radicalement résolu.

La guerre est toujours un mécanisme de redistribution obligatoire des richesses, obligeant les gouvernements à effectuer des paiements de transfert massifs, lissant les revenus des groupes riches vers les fils et filles pauvres de ceux qui participent à la guerre. Tant les salaires des militaires en temps de guerre que les frais de scolarité et les prestations médicales militaires d'après-guerre pour les soldats démobilisés qui fréquentent l'université fournissent des subventions de richesse et des possibilités de développement plus égales pour 90% des enfants des pauvres.

En 1917, 10% du groupe des riches représentaient 40% du revenu national, et en 1927 50%.

À partir du début des années 1940, le groupe des 10% des riches a chuté de façon spectaculaire, passant de 50% du revenu national en 1927 à 35% en 1942. Au cours des 40 années entre 1942 et 1982, les 90% de la classe moyenne inférieure américaine se sont partagé environ 67% du revenu national, tandis que les 10% des riches ont été supprimés à environ 33%. Ce furent les 40 années dorées de prospérité économique et de stabilité de l'après-guerre aux États-Unis !

Cependant, les groupes riches ne sont pas satisfaits de ce modèle de répartition des richesses, en particulier des griefs croissants des 0,1% des super-riches, qui n'ont reçu que 2,6% du revenu national en 1975, par rapport aux 10% stupéfiants dont ils avaient bénéficié seuls en 1927. Les riches se plaignent, et les super-riches sont furieux.

Dans les années 1970, le groupe dirigeant, avec les Rockefeller en son sein, a décidé de changer radicalement les règles de la répartition de la richesse sociale, s'apprêtant à bouleverser le système d'État-providence qui s'était progressivement mis en place depuis la Grande Dépression, à supprimer les restrictions imposées par l'État à l'expansion de la richesse des riches et à réorienter les échelles de répartition de la richesse en leur faveur.

En 1973, John Rockefeller a publié *The Second American Revolution*, sonnant le clairon de la marche vers la grande révolution de la répartition des richesses. Rockefeller affirme clairement qu'une réforme radicale du gouvernement est nécessaire pour réduire ses pouvoirs et "transférer les fonctions et les responsabilités du gouvernement, dans la mesure du possible, au secteur privé". "Dans son livre, il choisit délibérément des cas économiques qui mettent en évidence le fait que la réglementation gouvernementale de la finance et des affaires n'est pas nécessaire, que le soutien à la protection sociale est un gaspillage d'argent, et que seule la recherche illimitée du profit, et le système financier qui l'accompagne, peut être le moteur du développement américain.

Le bruit de la "deuxième révolution" de Rockefeller a enflammé le désir longtemps réprimé des riches de redistribuer la richesse de la société et a déclenché une vague de néolibéralisme aux États-Unis. Les riches ont montré la voie, les écrivains ont bombardé, et les communautés idéologiques, universitaires et journalistiques ont lancé une campagne massive de critique du gouvernement, avec des chapeaux d'inefficacité, d'incompétence, de gaspillage, de déficit et d'inflation partout, et les 10% du groupe des riches ont profité du mécontentement de 90% de la classe pauvre face à l'hyperinflation des années 1970 pour se préparer à briser les chaînes de la réglementation gouvernementale des sociétés financières et multinationales.

Pour dire les choses crûment, la redistribution de la richesse sociale par le gouvernement et le soutien au bien-être public entravent la libre saisie des richesses par les riches, qui veulent une forêt vierge de faibles et de forts, dans un monde où le gouvernement ne peut empêcher les riches de presser la richesse des pauvres, mais a l'obligation d'empêcher les pauvres de se soulever contre lui.

En 1976, la "deuxième révolution" des riches a commencé, lorsque la Commission trilatérale, une organisation d'élite financée par Rockefeller, a choisi l'humble gouverneur de Géorgie, Jimmy Carter, comme candidat à la présidence, et a installé 26 cadres de la Commission trilatérale, que Carter n'avait même pas rencontrés pour la plupart. C'est pendant le mandat de Carter que la réglementation financière a commencé à être déréglementée, et plus tard, le président Reagan a fait de la déréglementation et de la privatisation le point central de son administration, Bush père suivant les traces de Reagan et la loi de modernisation financière de Clinton donnant un coup de pied dans la fourmilière et chassant la réglementation gouvernementale du cœur de l'industrie financière. Plus tard, Bush Jr. a été plus bleu que bleu et a déclaré vouloir mettre le gouvernement en cage. Obama n'a pas non plus manqué de répondre aux attentes élevées des groupes de riches, et la division entre les riches et les pauvres n'a jamais été aussi importante depuis la fondation des États-Unis !

La cupidité institutionnelle a commencé à briser toutes les contraintes et a chassé le gouvernement de tous les domaines de l'économie, privatisant le secteur public, libéralisant la réglementation financière, monopolisant les sociétés transnationales, les méga-banques et la "déréglementation" dans tous les secteurs de l'économie, avec des appels s'élevant au-dessus des vagues.

La vie de qui les riches ont-ils saccagé ? De toute évidence, c'est le gouvernement et les pauvres. En 40 ans, de 1978 à 2008, la part des riches dans le revenu national a progressivement augmenté pour atteindre à nouveau le niveau de 1927, 10% des riches s'emparant de 50% du revenu national et les 0,1% de super riches bénéficiant à nouveau d'une part stupéfiante de 10,4% à eux seuls ! Dans le même temps, le déficit budgétaire du pays se creuse, la taille de la dette nationale monte en flèche, les gouvernements locaux sont au bord de la faillite et les revenus réels de 90% des pauvres retombent au niveau de 1970.

En 2008, 0,1% des super-riches représentaient à nouveau 10,4% du revenu national, ce qui est comparable à 1927. L'histoire est étonnamment similaire, puisque le point de bascule de la répartition des richesses a été franchi lorsque les 10% des riches représentaient 50% du revenu national, et une crise économique de la même ampleur que la Grande Dépression des années 1930 est réapparue ! La reprise de l'emploi peine également, l'assouplissement monétaire est tout aussi inefficace, et 2013 est encore plus polarisée que 2007, la part du revenu national accaparée par les riches augmentant au lieu de diminuer !

Les attaques féroces de la campagne d'Obama contre les injustices des riches et des pauvres ont touché le cœur d'innombrables électeurs américains, et sa détermination à combattre le fossé entre les riches et les pauvres a été si ferme et audacieuse, et son vœu si fort et clair, que tous ont été touchés par le fait que

> *"le fossé entre les riches et les pauvres fausse également notre démocratie, il donne une voix extraordinaire à une infime minorité de riches par le biais d'un lobbying coûteux et de contributions politiques illimitées, il vend notre démocratie au plus offrant, il fait soupçonner à la grande majorité des Américains que la machine politique de Washington est*

> *manipulée contre les pauvres et que les politiciens que nous élisons ne représentent pas les intérêts du peuple américain".* [46]

Quel genre de système est-ce là ? Ce qui a été dit sur scène était la vérité, et c'était la vérité du cœur, et ce qui a été fait était tellement contre-intuitif ! Comme le dit le dicton, "les paroles ne paient pas", et Obama a vraiment donné un exemple frappant.

Les anciens disaient, écoutez leurs paroles et observez leurs actions. C'est bien cela !

Le critère ultime selon lequel un gouvernement, quelle que soit son étiquette institutionnelle et les mesures de réforme qu'il adopte, jugera en fin de compte de la nature du fossé entre les riches et les pauvres est de savoir s'il s'améliore ou s'aggrave progressivement !

La fragmentation des actifs est bien plus grave que celle des revenus.

La polarisation des riches et des pauvres se reflète non seulement dans l'inégalité flagrante de la répartition des revenus, mais aussi dans la grande fracture en matière de propriété des actifs.

Un homme de la classe moyenne vivant à Pékin après les années 80 et disposant d'un revenu annuel de 100 000 dollars aurait pu devenir propriétaire s'il avait acheté une maison avant 2008 ; s'il n'avait pas acheté de maison en 2013, il aurait perdu la possibilité de s'en offrir une malgré l'augmentation de ses revenus. L'immobilier est comme un seuil de classe de richesse ; franchissez-le et vous verrez un autre monde, et si vous ne le faites pas, vous serez à jamais empêtré.

En Chine, l'immobilier est un indicateur important de l'écart de richesse ; aux États-Unis, les actifs financiers constituent un obstacle de classe à la richesse.

Lorsque les riches ont lancé leur révolution de la répartition des richesses en 1976, la première direction surprise a été la politique monétaire. L'université de Chicago, berceau du monétarisme, était à l'origine le foyer idéologique du syndicat Rockefeller armé d'argent, et

---

[46] Discours d'Obama sur l'inégalité des revenus, 2011-12-06.

la montée du monétarisme a contribué à la saisie de la richesse sociale par les riches. Friedman, le gourou du monétarisme, a été envoyé par le groupe dirigeant pour donner personnellement des cours particuliers au président Reagan, et aussi pour "ouvrir un petit trou de renard" pour le premier ministre britannique Margaret Thatcher, et la magie monétaire a été déifiée comme une panacée pour tous les maux économiques.

Les super riches ont admiré l'ironie monétaire de Greenspan en 1987 en réponse au krach boursier, et la Fed a toujours été la première à intervenir et à imprimer de l'argent pour adoucir les choses chaque fois qu'il y avait un désastre à Wall Street. Le renflouement des liquidités et la réduction des taux d'intérêt sont devenus le chef-d'œuvre de Greenspan, le krach boursier de 1987 n'était qu'une épreuve de force, la crise de l'épargne et du crédit de la fin des années 1980, la Réserve fédérale a commencé un sauvetage massif du système bancaire ; la crise de la société de gestion des capitaux à long terme (LTCM) des années 1990, la banque centrale a même renfloué les fonds spéculatifs, la crise des prêts hypothécaires à risque après que le système financier est tous les risques.

Bernanke est allé plus loin que Greenspan, atteignant des sommets sans précédent dans l'ampleur de l'impression d'argent pour sauver les banques. Il a débuté en étudiant la Grande Dépression, et il a surtout déploré que la Réserve fédérale n'ait pas imprimé suffisamment d'argent pour renflouer les banques de 1929 à 1933, si réfléchies que les super riches ne hochent pas la tête en signe d'approbation.

Les rendements du Trésor américain à 10 ans sont en baisse depuis plus de 30 ans, depuis le début des années 1980. Sous les soins attentifs de la Réserve fédérale, les gros bonnets de Wall Street sont tous sans risque, le profit est le leur, la perte est celle du pays. Pendant ce temps, l'inflation a été supprimée par la main-d'œuvre bon marché de la Chine pendant 30 ans, les faibles taux d'intérêt à long terme sont devenus le consensus mondial, et la flambée des prix des actifs a été considérée comme acquise.

Dans les années 1980, les banques d'investissement de Wall Street, qui ne disposaient que de dizaines de milliards de dollars d'actifs, ont commencé à jouer le jeu des opérations de pension à très court terme et du financement par papier commercial, puis ont élargi à plusieurs reprises l'échelle des actifs à long terme de l'activité "titres", avant la crise financière de 2008, les banques d'investissement se sont assises sur des milliers de milliards de dollars d'actifs énormes, la taille de l'expansion de centaines de fois. Les fonds spéculatifs, les fonds monétaires et les compagnies d'assurance participent également à la plus riche manne d'actifs depuis 30 ans.

Pour manger un gros repas, il faut un gros repas, ce qui est l'ampleur de la dette qui a gonflé l'Amérique comme un ballon gonflé. La dette des autres est un atout pour le système financier, la dette nationale, la dette locale, la dette des entreprises, la dette des consommateurs, la dette hypothécaire, la dette des étudiants, la dette des voitures, la dette des cartes de crédit, tout cela devient un mets délicat pour les riches, les taux d'intérêt continuent de baisser, les obligations continuent de monter et le grand plat devient plus appétissant. Il y a la Fed qui garde des taux d'intérêt nuls, plus l'effet des achats de dette QE est équivalent à des taux d'intérêt négatifs, l'appréciation des actifs fait sourire les riches.

Au tournant de la répartition des richesses en 1976, les États-Unis n'avaient que 5 000 milliards de dollars de dette, soit la dette totale accumulée au cours des 350 années écoulées depuis la période coloniale du 17e siècle jusqu'en 1976. Et seulement 35 ans après 1976, la dette totale des États-Unis a été multipliée par plus de 10 ! En 1/10 du temps, avec 10 fois la dette, c'est cent fois plus rapide !

Au cours des 350 années précédant 1976, les États-Unis avaient accumulé une dette totale de 5 000 milliards de dollars, contre 5 000 milliards en 2008-2009. La dette a augmenté de 5 000 milliards de dollars en seulement deux ans.

Après la crise financière, la dette n'augmente pas, elle monte en flèche ! En seulement deux ans, entre 2008 et 2009, les États-Unis ont ajouté 5 000 milliards de dollars de dette totale, rattrapant ainsi toute la dette accumulée en 350 ans !

L'endettement est une répression du flux monétaire, et l'hyperendettement de l'État et de la population est une énorme répression du revenu national, qui modifie le flux de la richesse dans la société. Sous la forte protection de la Réserve fédérale, les riches ont pillé la richesse des pauvres avec un abandon insouciant.

Dans un contexte d'expansion rapide de la dette, le marché boursier a été fortement capitalisé, les entreprises ont été libérées des contraintes gouvernementales et syndicales, les avantages sociaux des employés ont été réduits de manière drastique, les coûts de la main-d'œuvre ont encore été comprimés par la vague de mondialisation, tandis que d'énormes dividendes fiscaux étaient versés, que les bénéfices des entreprises augmentaient de manière spectaculaire et que le boom boursier de 30 ans et la distribution constante de dividendes gonflaient les portefeuilles des riches.

Il existe une vérité immuable dans l'histoire : les riches et les puissants paient rarement des impôts, et le monde actuel ne fait pas exception. Non seulement les riches disposent d'actifs et de revenus largement supérieurs, mais surtout, ces actifs et ces revenus ne supportent qu'une charge fiscale très faible, ce qui fait que la richesse des riches s'accroît plus rapidement et que leur pouvoir de fixer les règles de distribution est plus dominant.

Le droit de taxer est l'un des pouvoirs les plus importants de tous les gouvernements et un moyen essentiel pour une société de s'équilibrer. Lorsque la charge fiscale est injuste, la répartition des richesses est déséquilibrée et le fossé entre riches et pauvres en est le corollaire. Un signe important de l'émergence de la cupidité institutionnelle dans une société est la rupture de l'équilibre du système fiscal, entraînant une polarisation irréversible, qui est le point tournant dans la montée et la chute de tous les empires et dynasties de l'Antiquité à nos jours.

Ce n'est pas une question de volonté ou non, mais de rapidité ou de lenteur dans la corruption du groupe dirigeant. Le système social est comme un bâtiment, soumis aux intempéries du vent, de la pluie, de la neige et du gel, et il vieillira inévitablement. Les bâtiments bien établis et constamment entretenus dureront plus longtemps, tandis que les bâtiments délabrés, voire auto-excavés, s'effondreront plus rapidement.

Lorsque les groupes dirigeants et les riches se laissent aller à leur cupidité et piétinent les intérêts de la grande majorité, le système fiscal national est forcément le premier à être détruit. Dans le monde d'aujourd'hui, les riches détiennent le pouvoir de façonner le système fiscal et les mystères de l'évasion fiscale. Par exemple, l'impôt sur les plus-values est remarquablement bas, passant de 35% en 1978 avant la "deuxième révolution" des super-riches, à 20% en 1981[47] sous l'ère Reagan, pour ne plus être que de 15% en 2012. En outre, l'impôt sur les

---

[47] Robert Lenzner, The Top 0.1% Of The Nation Earn Half Of All Capital Gains, *Forbes*, 2011-11-20.

successions est un leurre pour les super-riches, et il existe divers avantages fiscaux pour les biens immobiliers, même les intérêts hypothécaires sont inclus dans le crédit d'impôt. En plus de cela, il existe divers paradis fiscaux, et bien sûr, seuls les riches ont le droit d'entrer au "paradis".

Dans une variété de méthodes d'évitement fiscal, les personnes super-riches largement utilisées est le modèle "paradis" de la fondation, ils ont fréquemment "don nu" tout ou la plupart des actifs, de réduire le revenu imposable. En incluant simplement les descendants de la famille comme une voix clé avec un veto dans la constitution de la fondation, il est possible d'éviter presque toutes les charges fiscales, telles que les impôts sur les successions, les dons et les gains en capital, en toute tranquillité d'esprit. Bien sûr, les fondations sont tenues de donner une partie de leur argent chaque année à des causes caritatives telles que la recherche scientifique, les soins médicaux et la lutte contre la pauvreté, mais ces dons ne sont rien comparés à l'impôt progressif sur le revenu, et ils permettent de donner la parole aux super riches. Il n'est pas étonnant que les Américains disent souvent que l'essence de ce que l'on appelle les organisations à but non lucratif est la non-imposition.

Les premiers pionniers du livre de jeu des fondations ont été la famille Rockefeller. Le Washington Post a déjà révélé qu'après deux générations de gestion de la famille Rothschild, la grande majorité des actifs familiaux ont été transférés à des fondations à différents niveaux et échelons, ainsi qu'aux sociétés subordonnées, ramifiées, contrôlées directement ou indirectement qui en résultent, ce qui a donné lieu à un réseau de fondations à grande échelle. Les rapports financiers de chaque fondation, qui ne sont ni audités ni publiés, ont complètement disparu du radar de l'opinion publique et de la réglementation gouvernementale.

Lorsque Nelson Rockefeller s'est présenté aux élections présidentielles dans les années 1960 et 1970 et qu'il a dû divulguer ses finances, il a déclaré personnellement 33 millions de dollars, ce que le public n'a bien sûr pas cru, et a admis plus tard qu'il valait 218 millions de dollars, soit six fois plus qu'à l'origine. Ce sont 218 millions de dollars de l'époque de l'étalon-or, soit beaucoup trop de fois plus que ce que vaut le dollar du 21e siècle. Ce chiffre est déjà stupéfiant, mais il ne s'agit que d'"argent de poche" après que la famille Rothschild a "donné nue" la plupart de ses actifs. Avec une richesse aussi stupéfiante, le Sénat a constaté que, tout au long des années 1970, Nelson n'a étonnamment pas payé un centime d'impôt sur le revenu des particuliers.

On ne voit certainement pas une grande famille comme Rockefeller sur la liste des riches du monde. Mais au moment où la famille Rothschild a lancé sa révolution patrimoniale en 1975, l'équipe de professionnels du consortium familial Rothschild chargée de gérer le patrimoine de sa propre fondation comptait 154 employés à plein temps, 15 experts financiers de haut niveau et 70 milliards de dollars d'actifs sous gestion — notez qu'il s'agissait de 70 milliards de dollars dans les années 1970 ! Le rapport Rockefeller révèle que dans les années 1970, il y avait plus de 200 fondations au nom de la famille Rothschild, et que, indirectement ou par dérivation, pas moins d'un millier, la famille Rothschild contrôlait en fait la Chase Manhattan Bank (JP Morgan Chase), la National City Bank of New York (Citibank) et la Hanover Bank, sans parler de l'ancienne Standard Oil Company. En outre, elle contrôle 37 des 100 plus grandes sociétés industrielles des États-Unis, 9 des 20 plus grandes sociétés de transport, toutes les plus grandes compagnies d'eau, d'électricité et de gaz, 3 des 4 plus grandes compagnies d'assurance, 25% des actifs des 50 plus grandes banques commerciales des États-Unis et 30% des actifs des 50 plus grandes compagnies d'assurance.[48]

Tout cela avant que les super riches ne lancent la révolution de la richesse !

Aujourd'hui, ils accaparent cinq fois plus du revenu national que cette année-là, et l'écart de richesse est encore plus marqué en raison de l'appréciation des actifs, le marché des obligations ayant été multiplié par 10 et celui des actions par 20, tandis que le marché des produits financiers dérivés, qui n'existait pas à l'époque, est désormais un mastodonte de centaines de milliards. Les privilèges des super-riches ont atteint le point où ils se jouent de la loi et où les politiciens sont aux commandes.

Les riches et les puissants, qui sont plus riches que le reste du monde, paient peu d'impôts, tandis que l'empire américain doit maintenir d'énormes dépenses, avec des déficits vertigineux, des montagnes de dettes nationales, une protection sociale en baisse, une

---

[48] Gary Allen, *The Rockefeller File*, Buccaneer Books.

sécurité sociale et des soins de santé insoutenables, drainant 90% de la richesse des générations futures des classes moyennes et inférieures, qui subissent une pression extrême et déraisonnable pour payer des impôts, tout en faisant face à des opportunités de développement en baisse. Alors que le "rêve américain" s'éloigne, l'espoir se perd, le mécontentement se développe et la douleur économique s'insinue dans la crise sociale.

Le problème de la division de la richesse qui est apparu aux États-Unis, un problème commun aux principaux pays du monde, est à la fois la cause profonde du dernier tsunami financier et le déclencheur du prochain cycle de crise économique, et au lieu de s'améliorer, il s'aggrave. On ne sait pas quand la prochaine série de crises éclatera, mais on peut être sûr qu'il s'agira non seulement d'une crise financière à plus grande échelle, mais aussi d'une crise monétaire et d'une crise sociale.

Utiliser l'histoire comme un miroir pour voir la difformité du présent. L'économie mondiale est-elle en voie de guérison ? L'œil voit un mirage ; les marchés financiers sont-ils plus sûrs ? Ce que l'on ressentait à l'intérieur, c'était le silence avant la grande rupture. L'air tremblait, comme si le ciel brûlait, et oui, une tempête s'annonçait !

Explications

En ce qui concerne le pouvoir, le président Bush Jr. a fait un merveilleux discours dans lequel il a dit :

> *"Ce qui est le plus précieux dans les 10 millions d'années d'histoire de l'humanité, ce n'est pas la technologie éblouissante, les vastes classiques des maîtres, les discours de variole des politiciens, mais la réalisation de l'apprivoisement des dirigeants et le rêve de les maintenir dans une cage par des moyens démocratiques. C'est dans ma cage que je me tiens en ce moment pour m'adresser à vous."*

Le président Bush Jr. a raison de dire que l'Amérique met le pouvoir en cage, mais ce n'est pas une cage qui représente les intérêts des électeurs, c'est une cage d'argent et de capital !

La bonne question devrait être de savoir si c'est l'État qui contrôle le capital, ou le capital qui contrôle l'État. La forme de la démocratie est importante, mais l'essence de la démocratie est plus importante, et l'intérêt des personnes aux commandes est d'obtenir une distribution équitable des richesses ! Sans le résultat final, le sens du processus est perdu.

Clinton et Barack Obama sont tous deux considérés comme des fils de l'homme du peuple qui, grâce à leurs efforts personnels, ont finalement réalisé le rêve du président, considéré par beaucoup comme un symbole du "rêve américain". Leur histoire est effectivement inspirante, mais un président issu du milieu civil peut-il changer le sort de 90% des civils ? L'abrogation par Clinton de la loi Glass-Steele, qui avait maintenu la stabilité financière pendant 60 ans, a entraîné un énorme désastre financier qui a fait le plus grand mal à la classe dont il était issu. Obama a juré de freiner la cupidité de Wall Street, mais sa proposition de loi Dodd-Frank a été altérée par Wall Street. Il était déterminé à lutter jusqu'au bout contre l'injustice en matière de richesse, avec pour résultat que le fossé entre riches et pauvres s'est creusé comme jamais auparavant au cours de ses deux mandats.

Les présidents civils doivent servir les intérêts du groupe dirigeant, ce qui est en contradiction avec leurs origines et leurs idéaux personnels, et ils ne peuvent en fin de compte que se soumettre à la volonté des super-riches. Clinton a nui aux intérêts de l'homme du peuple et Obama n'a pas changé la situation des Noirs. Serait-il plus amical envers la Chine si un futur Américain élisait un président chinois ? Je crains que cela ne puisse qu'empirer car il doit rester politiquement correct, et les super riches définissent ce que signifie être politiquement correct. Mettre le gouvernement dans la cage de l'argent et du capital, c'est le politiquement correct des États-Unis, et le politiquement correct des États-Unis à vendre au monde, et quiconque soutient cette idée sera applaudi au niveau international.

La lutte idéologique dans le monde d'aujourd'hui n'est plus une lutte pour la doctrine, mais une lutte pour la répartition des richesses, et les super-riches du monde s'unissent dans leur détermination à dominer collectivement le destin de 99% de l'humanité, alors que la cupidité des 1% s'accroît et que la résistance des 99% s'intensifie inévitablement, et le mouvement Occupy Wall Street, qui s'est répandu à travers le monde en 2011, n'est qu'un prélude.

Historiquement, la cupidité institutionnelle, une fois ancrée, a spontanément généré des tendances irréversibles de consolidation des richesses et l'aggravation concomitante des déséquilibres fiscaux, qui ont à leur tour entraîné des déficits structurels des recettes fiscales et contraint les gouvernements à augmenter considérablement les impôts, ce qui a stimulé le mécontentement populaire. Si les augmentations d'impôts atteignent les limites de la stabilité sociale et ne répondent toujours pas aux exigences des dépenses budgétaires, les problèmes de surenchère monétaire seront inévitables. Les feux inflationnistes allumés par la dévaluation de la monnaie, à leur tour, exacerbent l'impulsion des riches à annexer la richesse, aggravent la charge fiscale et le déficit fiscal, et induisent un nouveau cycle de dévaluation jusqu'à ce que la population, incapable de tolérer l'inflation vicieuse et la fiscalité sévère, résiste jusqu'à la formation d'une nouvelle dynastie.

Au sens figuré, la cupidité institutionnelle est comme une cellule cancéreuse qui, lorsqu'elle atteint un point de basculement, brise toutes les restrictions et contraintes et s'étend à l'infini, pillant frénétiquement les ressources des autres cellules jusqu'à ce que les organes vitaux s'effondrent et que la vie s'arrête.

Certains affirment que la dévaluation de la monnaie est le résultat du déficit fiscal, alors qu'en fait, la cause sous-jacente du déficit fiscal est que les riches possèdent la moitié de la richesse et paient rarement des impôts. Ainsi, la dévaluation de la monnaie est enracinée dans l'institutionnalisation de la cupidité des riches et l'irréversibilité de la tendance à la consolidation des richesses.

Ce qui se passe aujourd'hui aux États-Unis s'est répété tout au long de l'histoire et n'est pas nouveau sous le soleil. Les empires fleurissent et déclinent, les dynasties fluctuent, qu'elles soient anciennes ou modernes, il n'y a pas d'issue.

L'avenir, en fait, est dans l'histoire !

CHAPITRE VII

L'ascension et la chute de Rome, la voie sanguinaire de la cupidité

Les six premiers chapitres sont un aperçu microscopique de l'état actuel de l'Amérique, un regard sur l'argent à partir du marché de l'or, une analyse de l'économie à partir du marché des actions, une compréhension du capital à partir du marché des obligations, une exploration de la finance à partir du marché des pensions, un aperçu de la crise à partir du marché des taux d'intérêt, un aperçu de la bulle à partir du marché de l'immobilier, un examen de la reprise à partir du marché de l'emploi et, enfin, la cupidité à partir de la distribution des richesses.

Pourquoi disséquer l'Amérique en profondeur ? Car elle est le maître du monde actuel, et le fossile vivant des empires dans la force de l'âge. Si l'Amérique du 18ème siècle était juvénile, l'Amérique du 19ème siècle était jeune, l'Amérique du 20ème siècle était robuste, alors l'Amérique du 21ème siècle est vieille.

Le vieillissement du corps humain commence par le ralentissement du métabolisme, et le déclin des empires réside dans la solidification de la mobilité des classes. L'opportunité, la richesse de l'avenir, est le rêve de s'élever dans l'échelle sociale ; le tarissement de l'opportunité signifie que la richesse ne se répand plus dans les classes inférieures et moyennes et que l'empire a atteint le point d'inflexion de son épanouissement et de son déclin. Au-delà de ce point d'inflexion, les chances deviendront négatives, ce qu'on appelle le *doom*, avec une diminution de la création de richesse et une intensification de la distribution de la richesse, et l'avidité de quelques-uns piétinant le bien-être du plus grand nombre, exacerbant ainsi la résistance, la violence, le bain de sang et la guerre du plus grand nombre jusqu'à l'effondrement de l'empire.

Les États-Unis sont proches du point d'inflexion de la prospérité et du déclin de l'empire, leur sort futur, peut être vu à partir de cas similaires dans le passé, mais aussi fournira un système de référence historique pour le "rêve chinois" d'aujourd'hui.

Dans ce chapitre, nous choisirons la Rome antique pendant la première explosion économique monétaire de l'humanité comme échantillon témoin, nous utiliserons la ligne principale de la distribution des richesses comme scalpel, et nous disséquerons l'extrême cupidité du groupe dirigeant romain, qui a conduit à l'annexion de terres, au déséquilibre fiscal, à l'épuisement fiscal, à la dévaluation de la monnaie, à la dépression économique, à l'inflation des actifs, aux conflits de classes, à la dégénérescence militaire, aux troubles civils et aux problèmes extérieurs, à la chute de l'empire, puis nous en ferons un spécimen de civilisation, rappelant aux gens d'aujourd'hui la voie que nous choisirons.

Mort du protecteur civil Gracchus

La confrontation acharnée de Tibère Gracchus avec le Sénat en 133 av. J.-C., l'année où il fut élu tribun romain, était bien connue à Rome et ses revendications étaient accueillies avec enthousiasme par le peuple romain. Pendant ce temps, la haine des nobles du Sénat à l'égard de Gracchus ne faiblissait pas, et les attaques et même les menaces physiques à son encontre s'intensifiaient progressivement.

L'atmosphère à Rome est de plus en plus tendue, Gracchus a été intimidé plus d'une fois, l'un de ses amis proches vient d'être assassiné, pourrait-il être le prochain ?

Un fort sentiment de pressentiment planait sur le cœur de Gracchus. Afin d'assurer la sécurité de Gracchus, les masses romaines s'organisèrent spontanément pour monter la garde autour de sa maison jour et nuit. Ce jour-là, le Sénat se réunit pour discuter à nouveau du projet de réforme de Gracchus, et des centaines de partisans escortèrent Gracchus jusqu'au lieu de réunion.

Les nobles du Sénat avaient également rassemblé un grand nombre d'esclaves, réclamant avec des bâtons et bloquant l'accès de Gracchus au lieu de réunion. La scène devenait de plus en plus chaotique, Gracchus criait à l'aide, mais les malédictions et les discussions enflammées étouffaient sa voix. Comprenant que le danger était imminent, il a immédiatement pointé sa tête et envoyé un signal de détresse.

Immédiatement, quelqu'un sur place a crié méchamment : " Gracchus portera la couronne, c'est un dictateur ! "

Quelqu'un se précipite immédiatement dans la réunion pour rapporter au Sénat : " Gracchus exige une couronne pour lui-même, c'est un dictateur ! ". "Les patriarches ont immédiatement fait exploser le nid, et des jurons de colère ont résonné dans la salle. Un grand nombre de patriarches, armés de leurs esclaves qui attendaient leur tour depuis longtemps, se précipitent hors de la salle de réunion avec des bâtons et frappent de plein fouet Gracchus et ses partisans. À l'extérieur du lieu de réunion, les esclaves des patriarches les ont immédiatement encerclés de tous les côtés et ont donné des coups de bâton pour les tuer. Gracchus est mort sur le coup !

Finalement, la foule a traîné le corps de Gracchus dans les rues et le corps du célèbre homme politique romain a été jeté directement dans le Tibre sans funérailles.[49]

Ce jour-là, Gracchus et plus de 300 de ses partisans sont battus à mort à coups de bâtons imprudents, le premier bain de sang de masse depuis que Rome a abandonné sa monarchie il y a 400 ans, et son horreur et son caractère macabre choquent tout Rome.

Gracchus n'était pas un roturier romain ordinaire ; il était un noble romain aussi éminent que l'homme qui l'a assassiné au Sénat. Son grand-père était le célèbre général romain, Hercipus le Grand, qui a vaincu l'incomparable commandant carthaginois Hannibal lors de la deuxième bataille de Buena Vista et a été appelé "le conquérant de l'Afrique" par les Romains ; la famille de sa grand-mère a produit un autre célèbre général romain, Paulus, le héros de la guerre d'Illyrie et le "conquérant de la Macédoine" que les Romains admiraient ; et son père était le consul de la République romaine, l'équivalent du président actuel. Après la mort de son père, sa mère a même rejeté une proposition de mariage du roi égyptien Ptolémée, élevant les trois frères et sœurs jusqu'à l'âge adulte, et l'histoire de cette histoire d'amour sans faille

---

[49] Daron Acemoglu, James Robinson, *Why Nations Fail*, Crown Business, 2012, chapitre 6.

entre les parents Gracchus est bien connue dans toute l'histoire romaine. Plus tard, son frère sera lui aussi un éminent politicien romain, et sa sœur épousera le petit Zéphyre, qui finira par conquérir Carthage.

Comment un aristocrate aussi important, issu d'une famille prestigieuse, aimé du peuple et occupant une position élevée dans la République romaine, a-t-il pu se retrouver dans une situation tragique, en étant massacré publiquement par un groupe de nobles romains appartenant au même camp, et en mourant sans endroit où mourir ?

Plus incroyable encore est le fait que le patriarche qui a dirigé le massacre de Gracchus était son cousin, l'ancien consul romain et actuel grand prêtre, Scipion Nasica.

Ce qui est arrivé à Gracchus est très similaire à ce qui est arrivé au président Kennedy des États-Unis, qui appartenaient à l'élite dirigeante, étaient issus d'une famille prestigieuse et étaient déterminés à faire des choses pratiques pour le peuple, mais à la fin ils ont tous mal fini parce qu'ils ont remis en cause le fonds de commerce des puissants et des riches !

L'éducation des Gracques

Dans la tradition de sa famille, Gracchus est né avec la grande ambition de s'élever dans l'arène politique de Rome, comme ses ancêtres et prédécesseurs l'avaient fait, étape par étape, avec ses réalisations militaires et politiques. La tradition romaine vénérait les arts martiaux, et le chemin de Gracchus vers la politique a commencé par une carrière militaire. Pendant la troisième guerre punique, il suit son beau-frère Petit Zéphyr en Afrique pour une ultime confrontation avec les Carthaginois, l'ennemi séculaire de Rome.

Carthage (qui régnait sur le territoire de l'actuelle Tunisie) était autrefois le principal rival de la Grèce en Méditerranée, célèbre pour sa puissante marine et sa domination de la Méditerranée occidentale. L'agriculture carthaginoise était bien développée, la navigation était hautement qualifiée et le commerce était très prospère. La monnaie carthaginoise était autrefois une monnaie forte en Méditerranée.

Avec la montée de la puissance romaine, la rivalité entre les deux camps en Méditerranée devient de plus en plus brûlante. Après 23 ans de combats, la première guerre punique (264 av. J.-C. — 241 av. J.-C.), Rome s'empare enfin de la Sicile, mais les pertes des deux côtés sont sans précédent, et les pertes de la guerre dépassent même le total des pertes de la traversée de l'Eurasie par Alexandre le Grand. La deuxième guerre punique (218 av. J.-C. -201 av. J.-C.) a duré 17 ans. Hannibal, le commandant carthaginois, était à la tête d'une armée qui a balayé la péninsule italienne, frappant continuellement l'armée romaine et menaçant même directement la sécurité de la ville. Lors de la célèbre bataille de Caney, Hannibal a anéanti plus de 70 000 légions romaines, ce qui en fait l'une des plus grandes pertes en un seul jour de l'histoire de la guerre humaine. L'ensemble de la guerre a coûté à Rome 1/5 de ses citoyens masculins adultes et, bien que Rome ait finalement gagné, les pertes ont été extrêmement lourdes.

La menace de Carthage laissait les Romains inquiets, et profitant de la faiblesse de l'État carthaginois, Rome lança la troisième bataille de Buensis (149 av. J.-C. -146 av. J.-C.) afin de détruire définitivement Carthage. L'armée romaine assiégea la ville de Carthage pendant trois ans sans interruption, et Gracchus prit part à la dernière bataille du siège, suivant l'armée romaine sous le commandement de Zéphyrsia Minor. Dans la bataille, il chargea et combattit vaillamment, étant le premier à escalader les murs de Carthage, ce qui lui valut l'amour de l'armée romaine.

Pour y mettre fin, le petit Zéphyr rasa la ville de Carthage, 200 000 Carthaginois furent tués et les 50 000 restants furent réduits en esclavage, et Carthage fut finalement exterminée. Témoin de la fin tragique de la guerre, le petit Zéphyr ne peut s'empêcher de verser des larmes, craignant que la ville de Rome ne subisse un jour le même sort. L'histoire se ressemble étonnamment, après tout, et c'est à partir de ces ruines que les Vandales, qui ont fondé l'État de Carthage en 455, ont mis à sac et saccagé la ville de Rome.

C'est au cours de la bataille contre Carthage que Gracchus est devenu célèbre et a été nommé plus tard devin de l'ordre des prêtres. Il s'agissait d'un très grand honneur, et c'est à partir de ce poste que les futurs César et Octave ont commencé dans leur jeunesse et sont finalement devenus les souverains suprêmes de Rome. L'ancien consul et médiateur, le patriarche en chef du Sénat romain, Apis Claudius, assista à l'inauguration de Gracchus et se prit immédiatement d'affection pour le jeune et prometteur Gracchus. Le patriarche en chef fut ravi de lui offrir sa fille sur le champ, ce que Gracchus accepta avec joie, et les fiançailles furent finalisées sur le champ.

Avec l'aide de son beau-père, Gracchus est si heureux qu'il est nommé trésorier à un jeune âge et suit le consul romain dans son expédition en Espagne. C'est ce long voyage qui a ouvert les yeux de Gracchus sur la grande crise latente dans la République romaine.

En traversant l'Étrurie, dans le centre de l'Italie, Gracchus vit de vastes étendues de terres stériles et de fermes délabrées, des agriculteurs faisant faillite sous le double coup d'une lourde dette et de prix alimentaires étrangement bas. Les aristocrates et les marchands de Rome ont saisi l'occasion d'annexer des terres, laissant un grand nombre de paysans sans terre errer sans soutien.

Gracchus est choqué par le déclin des campagnes. Il savait que les soldats de l'armée romaine devaient être des citoyens romains possédant des biens familiaux, principalement des paysans qui avaient des biens. Ils s'occupent généralement de leurs propres terres, et lorsque le pays est en difficulté, ils apportent leurs propres armes pour se battre. Ils avaient un pays à aimer, des biens à protéger, une tradition de partage des droits accordés par la loi, la défense de leurs propres intérêts et le respect de leur honneur, et ensemble, ils ont inspiré la forte force de combat de l'armée romaine, une arme magique qui a permis à Rome de vaincre ses ennemis à plusieurs reprises. Si les marchands ont fondé Carthage et ont finalement perdu face à la République romaine, à prédominance paysanne, c'est en raison de la force mentale de l'armée, qui était un facteur clé. À compétences militaires comparables, les marchands étaient bien moins capables de supporter des pertes que les paysans.

Pour les paysans romains, la perte des terres signifiait la perte de la dignité de citoyen romain libre ; pour l'État, cela signifiait une réduction du nombre de soldats qualifiés et une diminution de la puissance de combat. Quelques années seulement après la destruction de Carthage, les invincibles légions romaines subissent des défaites répétées en Espagne.

La défaite de l'armée découle directement du manque de moral. Lorsque les soldats entendent la nouvelle que leurs femmes et leurs enfants, restés au pays, sont obligés de vendre leurs terres pour cause de dettes, lorsqu'ils voient les riches de Rome s'emparer de leurs maisons à leurs risques et périls, lorsqu'ils pensent à leurs propres neuf morts revenus de la bataille sans foyer, quel soldat aurait encore la volonté de se battre jusqu'à la mort ?

Dans la République de Rome, le fossé entre riches et pauvres se creuse rapidement, les annexions de terres se multiplient et le mécontentement populaire grandit. Dans le même temps, alors que les guerres de conquête de Rome à l'étranger s'étendent, de plus en plus de prisonniers de guerre et d'êtres humains pillés sont vendus comme esclaves, et ils inondent tous les coins de la société romaine, et la dureté de l'oppression et des châtiments suscite de forts sentiments de révolte parmi les esclaves. Les vétérans qui avaient été renvoyés de l'armée et qui étaient sans abri en raison de la perte de leurs terres devaient errer dans les rues et les ruelles de la ville romaine. Le mécontentement, le ressentiment et la haine se répandent rapidement et une grave crise sociale se profile à l'horizon.

De retour à Rome, Gracchus est témoin de la grave crise que traverse la République et décide de se présenter au poste de Protecteur, de mener à bien la réforme agraire, de freiner les annexions, de revitaliser l'agriculture et de consolider la nation.

La loi sur les mutations foncières des frères Gracchus

Gracchus a le don de l'orateur. Son apparence douce et sereine, son assurance et ses discours, qui touchent la corde sensible des maux du pays, font vibrer la corde sensible de chaque auditeur. Pendant sa campagne pour le poste de Protecteur, les discours enflammés de Gracchus font frémir le peuple ; après son élection réussie, son discours sur le changement de loi est encore plus passionnant :

> *"Les bêtes des montagnes et les oiseaux des bois ont leurs nids, mais les citoyens romains qui ont combattu et sont morts pour leur pays n'ont rien d'autre que l'air et le soleil : pas de maison, pas de terre, et ils errent avec leurs femmes et leurs enfants". Lorsque les commandants appelaient les soldats sur le champ de bataille à défendre le temple de Dieu et les tombes de leurs ancêtres contre l'ennemi, ils trompaient les soldats. Il est important de savoir que de nombreux Romains n'avaient pas d'autel paternel ou de tombes ancestrales, mais qu'ils se battaient plutôt jusqu'à la mort pour que les autres vivent une vie de luxe et s'enrichissent. Les gens les appellent les*

souverains du monde, mais ils ne possèdent même pas un petit bout de terre. " [50]

Sous les acclamations enthousiastes du public, il présente un projet de réforme agraire : fixer une limite de 500 acres romains (environ 1 890 acres) pour la possession individuelle de terres publiques par les citoyens romains, et une limite de 1 000 acres romains (environ 3 780 acres) pour les terres familiales, limitées à deux fils ; reprendre possession de toutes les terres au-delà de cette limite, qui seront subdivisées en 30 acres romains (environ 113 acres) chacune, à distribuer aux paysans sans terre ; établir une commission de trois membres pour faire des lois, et lui donner le pouvoir de restaurer les terres paysannes.

La nouvelle est tombée et le Sénat romain a immédiatement fait sauter son nid. Les aristocrates et les magnats de la classe supérieure ont sauté sur leurs pieds : selon la nouvelle loi, leurs vastes domaines seraient confisqués et leur richesse serait sévèrement réduite.

C'est grave ?

Rien qu'après la deuxième guerre de Buenos Aires, Rome a pillé jusqu'à 4 millions d'acres romains (environ 15,12 millions d'acres), qui s'ajoutent à la quantité stupéfiante de terres confisquées par les expansions successives. Ces titres fonciers appartiennent aux "terres de l'État", mais sont depuis longtemps occupés par des aristocrates et des magnats.

Il existait dans l'histoire romaine des lois foncières limitant la possession individuelle de terres publiques à un maximum de 500 acres romains, et la nouvelle loi de Gracchus n'était qu'une réitération de l'ancienne loi. Mais les aristocrates et les magnats avaient l'habitude d'ignorer totalement les lois de restriction foncière. L'historien romain Apian a enregistré,

> *"Les grands et les puissants occupent la plupart des terres non attribuées, et au fil du temps, ils s'enhardissent à supposer que leurs terres ne leur seront jamais enlevées. Ils annexent les lots contigus et la part de terre de leurs voisins pauvres, en partie par la persuasion et en partie par l'appropriation violente. En*

---

[50] Plutarque, *Vie de Tibère Gracque*, édition Loeb Classical Library, 1921.

> *conséquence, ils ont commencé à cultiver de vastes étendues de terre, plutôt qu'un seul champ, en utilisant des esclaves principalement pour l'agriculture et le pâturage."*[51]

À l'époque de Gracchus, la possession aristocratique de terres était déjà stupéfiante ; Crassus Mucianus possédait à lui seul 100 000 acres romains (environ 378 000 acres), l'allié de Pompéi, Domiticus, possédait au moins 60 000 acres romains (environ 227 000 acres), et César, Crassus, Cicéron et d'autres aristocrates, dont aucun n'était un super-propriétaire, tiraient une grande partie de leurs terres de l'encerclement des terres publiques.

La nouvelle loi de Gracchus osait remuer la terre sur la tête du Taiyan, mettant directement en cause les nerfs les plus sensibles des aristocrates et des puissants intérêts commerciaux, pas étonnant que les aristocrates aient été prompts à tuer. Gracchus, étant un noble, a trahi les intérêts collectifs de l'aristocratie, le Sénat a donc pris des mesures violentes et extrêmes pour purger la classe des dissidents.

Le petit Gracchus continue de faire pression pour un changement de territoire.

Cependant, cette tactique a provoqué la colère du public romain, ainsi que celle du frère de Gracchus, Tiberius Gracchus. Un chagrin extrême et un sens aigu de la justice le poussèrent à hériter de l'ambition de son frère de changer la loi. Élu au poste de Protecteur en 122 avant J.-C. avec le soutien écrasant des masses romaines, et réélu avec succès au cours des 121 premières années, le petit Gracchus continua à faire pression pour les conversions de terres, et dans une plus grande mesure que son frère.

En conséquence, le petit Gracchus et un grand nombre de ses partisans ont été réprimés dans le sang par les nobles du Sénat, le petit Gracchus a été décapité, plus de 3 000 citoyens romains qui soutenaient le changement de territoire ont été massacrés, et le sang a souillé tout le Tibre.

Après l'échec des réformes des frères Gracchus, la cupidité institutionnelle s'est accentuée dans la République romaine et le processus de privatisation des terres publiques s'est considérablement

---

[51] Appien, Histoire romaine : Les guerres civiles Livre I-I p. 7-13.

accéléré. "Les riches annexent à nouveau la part de terre des pauvres, ou trouvent des prétextes pour s'en emparer de manière injustifiée, de sorte que la situation des paysans devient pire qu'auparavant". Lorsque la cupidité de la nature humaine converge vers la cupidité de masse des groupes d'intérêt, ce n'est jamais quelque chose que quelques réformateurs et des populations vaguement organisées peuvent gérer.

Stavrianos, auteur de *The Globe*, se désole :

> *"Tiberius Gracchus et son frère, Tiberius Gracchus, ont courageusement fait campagne pour une réforme qui visait à utiliser leur position élue de tribuns pour mettre en œuvre un plan modéré de distribution des terres, mais les dirigeants de l'oligarchie s'y sont résolument opposés et n'ont pas épargné la violence pour parvenir à leurs fins... Le sort des frères Gracchus montre qu'une réforme modérée et ordonnée n'a aucune chance de réussir."*

La République romaine a manqué l'occasion de préserver enfin la démocratie. L'échec des réformes des frères Gracchus a sonné le glas de la République romaine, donnant le coup d'envoi à près d'un siècle de violence sanglante, de révolutions brutales et de guerres civiles massives, et conduisant à sa marche finale vers l'empire.

L'avidité du groupe dirigeant a été un catalyseur important de la désintégration de la République romaine.

Le travail acharné a construit Rome, la cupidité a détruit la république

Depuis la fondation de Rome, fondée sur le clan, avec les unions claniques comme sociétés civiles, les membres des sociétés civiles comme citoyens, et la terre de chaque société civile comme territoire, la souveraineté romaine appartient naturellement à la société civile romaine et aux citoyens romains. Le roi est le chef de la société civile romaine, le Sénat est issu des anciens du clan, le Sénat est le régent du trône vacant, les citoyens peuvent se présenter comme roi, et le droit de l'assemblée des citoyens s'exerce sur le roi depuis l'Antiquité. La principale obligation des citoyens est d'effectuer le service militaire, puisque le droit de rejoindre l'armée n'appartient qu'aux citoyens.

La Rome primitive avait un système d'agriculture communale, où les terres arables étaient de propriété publique et où la propriété privée était limitée aux "esclaves et au bétail". Le droit romain ne reconnaissait pas les droits de propriété privée sur les terres, de sorte que Rome a formé un noyau fort de la Trinité basé sur les citoyens, les terres publiques et les armées de citoyens. L'armée romaine était forte parce que chaque soldat savait qu'il se battait pour défendre ses propres intérêts. Caton, qui fut consul de Rome, dans son ouvrage biographique, La Chronique agraire, évoque la nature de l'armée romaine de cette façon :

> *"Les hommes les plus courageux et les soldats les plus forts sont d'origine paysanne, ils recherchent un revenu honnête et régulier, et encourent rarement la jalousie, tandis que ceux qui s'engagent dans cette profession ont rarement de mauvaises idées."*

Il n'est pas exagéré de dire que la Rome antique était un État paysan. Les Romains considéraient la terre comme la vie. Il y avait peu d'esclaves à Rome à cette époque, et les propriétaires fonciers prenaient si bien soin de la terre qu'ils étaient appelés "bons agriculteurs" par les autres peuples. Ce qu'ils apportent après leur dur labeur quotidien est un repos joyeux et épanouissant. Les fermiers se rendaient en ville quatre fois par mois pour faire du commerce et d'autres activités. Le véritable repos était confiné aux jours de fête, lorsque les charrues étaient arrêtées selon l'ordre divin, et que non seulement les agriculteurs se reposaient, mais aussi les esclaves et le bétail profitaient de leurs loisirs. La société romaine tournait autour des terres agricoles, et même la littérature romaine a commencé par la théorie de l'agriculture.

Tout au long de l'histoire, de nombreux peuples ont vaincu leurs ennemis et pillé de vastes étendues de terre, mais aucun n'a préservé les terres gagnées par les Gracques avec une charrue et du sang et de la sueur comme l'ont fait les Romains. Les Romains ont livré de nombreuses batailles perdues, mais ils n'ont jamais cédé de terres pour la paix. La persévérance des Romains était enracinée dans l'amour de la terre, qui était la racine spirituelle de la capacité de Rome à triompher finalement des marchands de Carthage qui ont fondé la nation.

Le territoire de Rome s'étendait au fil des guerres, mais le nombre de citoyens diminuait, et le nombre croissant de civils non-citoyens, qui étaient libres de partager les terres communales sans les restrictions du droit romain et sans service militaire, amena les citoyens à vouloir que l'obligation d'effectuer le service militaire soit partagée entre tous les habitants terriens. Avec cette réforme, Rome rétablit un recensement des terres, et le cadastre devint un registre de conscription, dans lequel des paysans possédant différentes quantités de terres, et avec différents équipements, participaient au combat. Les citoyens n'étaient pas amicaux envers les non-citoyens, mais il y avait une égalité totale des droits entre les citoyens, deux principes de base que les Romains appliquaient strictement, la distinction entre les leurs et les étrangers étant extrêmement claire.

L'économie se développait régulièrement, la richesse romaine augmentait de jour en jour, et la cupidité humaine commençait à germer. Les premiers à commencer à enfreindre les règles étaient les rois et les aristocrates héréditaires qui avaient pris leur vie en main, qui non seulement utilisaient les terres publiques à des fins privées, mais aussi obligeaient les citoyens à travailler sans être payés pour obtenir plus de profit, et la distribution inéquitable de la richesse sociale commença à se produire. L'expansion des biens communs ne pouvait pas suivre la croissance de la population, il y avait une pénurie de terres à diviser, et Rome a commencé à diviser les biens communs entre les particuliers, tandis que la noblesse en profitait largement. Après avoir gagné ses ailes, l'aristocratie a profité de la colère des citoyens face à la répartition injuste des terres pour abolir la monarchie en 509 avant J.-C., et passer à la République à la place.

Les deux consuls élus chaque année constituent le plus grand atout du système républicain, tandis que le Sénat a pu élargir le nombre de civils et que les autres pays ont connu peu de changements institutionnels. Lorsqu'on évalue un système politique, ce n'est pas en fonction de l'étiquette qu'on lui colle, mais en fonction de son fonctionnement et de qui est le mieux servi par le résultat final de ce travail. L'essence du système politique est de veiller à la manière dont la richesse du pays est distribuée. L'abolition de la monarchie était due à l'iniquité flagrante de la répartition des richesses, et si on la considère sous cet angle, la république n'a pas changé la situation sociale le moins du monde.

Les consuls représentaient les intérêts du groupe aristocratique, et la république a établi une politique aristocratique typique dans laquelle le pouvoir de l'État ne reposait plus sur le roi individuellement, mais était administré par l'ensemble de l'aristocratie. C'est plus solide que la royauté, mais si la cupidité du groupe noble dans son ensemble dépasse même la royauté, alors le problème de la répartition inéquitable des richesses de la nation s'aggravera encore.

La réforme du système politique a entraîné un changement radical dans les finances et l'économie de Rome, où le pouvoir du capital a progressivement pris le pas sur l'État. Dans le passé, les rois de Rome ne voulaient pas que le pouvoir capitaliste devienne trop gonflé et essayaient même d'augmenter le nombre de fermes autant que possible pour équilibrer le pouvoir des intérêts capitalistes, mais les nouveaux aristocrates de la république étaient plus avides et leurs politiques, du début à la fin, avaient pour but de détruire la classe moyenne paysanne, et le pouvoir aristocratique, avec les grands propriétaires terriens et les magnats en son sein, essayait désespérément d'opprimer la classe paysanne, qui était au bord de la faillite.

Le gouvernement a commencé à acheter et à vendre des céréales, le sel a été monopolisé, et l'État a transféré tous les paiements et transactions d'impôts indirects à des "entrepreneurs", exigeant d'eux des ressources financières garanties en nature, ce qui a sans aucun doute profité à l'aristocratie des magnats. Ainsi, une large classe d'affréteurs et d'entrepreneurs s'est rapidement développée.

La loi fiscale, selon laquelle l'État contracte des recettes fiscales à un magnat pour un montant déterminé, et après que le magnat ait payé ce montant, le reste des recettes va au magnat. Quant au montant désigné, il s'agit d'une question de "matchmaking" entre les riches marchands et les aristocrates eux-mêmes, l'eau est profonde. En quelques années, la classe des affréteurs est devenue si riche à Rome, et l'affaire si lucrative, que "tout homme riche de Rome prenait part à l'entreprise d'affrètement des taxes, soit comme actionnaire signé, soit comme actionnaire anonyme".[52] Il est clair que leurs énormes profits proviennent de l'exploitation des impôts de toute la population, et que les dommages causés aux finances de l'État par le système fiscal sont considérables et extrêmement nuisibles.

La classe des collecteurs d'impôts romains, la première génération de prédateurs financiers de la République romaine, en train d'éroder les recettes fiscales du pays, ils se sont liés à l'aristocratie et leur influence politique s'est accrue de façon spectaculaire, devenant rapidement un groupe de pouvoir capable d'influencer la politique nationale. Ayant gagné le "premier seau d'or", ils étaient prêts à s'emparer des terres publiques.

---

[52] Theodor Mommsen, *The History of Rome*, Vol 3, JM Dent and Sons Ltd, 1920, chapitre 12.

Sous le régime Wang, le néfaste "système d'occupation des terres" a été introduit, selon lequel les terres étaient cédées aux ménages les plus puissants et pouvaient être héritées de génération en génération, sans droits de propriété formels mais avec des droits d'usage spéciaux, exigeant de l'occupant des terres qu'il paie 10% de la récolte de céréales ou 5% de la production d'huile d'olive et de vin, mais dans la pratique, les taxes ne pouvaient être perçues du tout, ce qui équivalait à ce que les ménages les plus puissants occupent les terres publiques pour rien.

Depuis la République, la politique de privatisation des terres avait transformé le "droit d'occupation" de ces champs en "freehold", un énorme avantage que les citoyens romains ordinaires, à l'exception de la noblesse et des puissants, ne pouvaient partager, et ces "champs" permanents ne pouvaient être expropriés. Compte tenu de la réduction massive des terres publiques, de la grave pénurie de sources d'imposition et de l'impossibilité de taxer les terres publiques occupées par les puissants et les grandes familles, la charge fiscale nationale ne peut reposer que sur les petits agriculteurs. De plus en plus d'agriculteurs sont contraints de s'endetter sous la pression de l'impôt, et les prêteurs à usure sont la même catégorie d'empaqueteurs d'impôts qui exploitent l'argent des impôts des petits agriculteurs.

Le droit romain était connu pour son application impitoyable, autorisant les emprunts privés malgré l'interdiction par la loi des hypothèques foncières. Les dettes privées sont en effet garanties par la personne, et si elles ne peuvent être remboursées, le créancier a même le droit de mettre à mort le débiteur et de le découper, ou de le vendre à l'étranger avec ses enfants comme esclaves, sans aucune enquête gouvernementale.[53] Plus tard, la classe des usuriers, qui a évolué à partir des souscripteurs, a simplement utilisé l'armée pour arrêter directement les débiteurs en défaut.

La classe usurière, en tant que créanciers, avait un grand effet dissuasif sur les paysans endettés, et, contraints par le désespoir et la peur, les petits paysans n'avaient d'autre choix que de céder leurs terres à leurs créanciers, et le chagrin et le désespoir se répandaient dans toute la classe paysanne romaine. Un vieux dicton chinois dit que tuer pour

---

[53] Theodor Mommsen, *The History of Rome*, Vol 3, JM Dent and Sons Ltd, 1920, chapitre 11.

payer sa vie et emprunter pour payer son argent. L'importance de rembourser une dette est étonnamment comparable à celle de payer une vie.

En un peu plus d'une décennie de républicanisme, la division des richesses dans la société romaine était déjà si grave qu'elle provoquait des troubles civils. En 495 avant J.-C., alors que la guerre approchait de Rome, le gouvernement appliqua strictement les lois sur la dette, suscitant la colère de la paysannerie dans son ensemble, et les citoyens de Rome refusèrent d'être enrôlés pour combattre, un refus flagrant de remplir leurs obligations sans précédent dans l'histoire de Rome.

Le consul fut contraint de suspendre l'application de la loi sur les dettes, de libérer les paysans emprisonnés pour dettes et d'interdire toute nouvelle arrestation. Ce n'est qu'alors que les citoyens de Rome ont pris part à la bataille et ont vaincu l'ennemi puissant. Cependant, lorsque la guerre prit fin et que les lois sur la dette devinrent strictes, un grand nombre de paysans furent à nouveau jetés en prison. Le gouvernement avait rompu la confiance avec le peuple et les paysans romains étaient furieux jusqu'à la moelle. L'année suivante, la guerre éclata à nouveau, les mensonges des consuls avaient été démystifiés, et plus personne ne voulait travailler pour un tel gouvernement.

Finalement, c'est le vieux chef de clan, en qui le peuple avait confiance, qui devint dictateur et fit le serment de réformer les lois sur la dette afin que les citoyens romains puissent retourner sur le champ de bataille et gagner à nouveau. En conséquence, la motion visant à modifier la loi fut rejetée par le Sénat, et les citoyens romains enragés, menés par les tribuns, marchèrent dans Rome et se préparèrent à une insurrection armée, la guerre civile étant sur le point d'éclater.

Les nobles du Sénat ont été conduits au pied du mur de la guerre, ce qui leur a fait prendre conscience de la gravité du problème. Sans aucun compromis, l'énorme ponction de la guerre civile conduira à elle seule à la faillite financière. Si l'on ajoute à cela la situation grave d'une population divisée et une chute possible de l'armée, le Sénat s'est finalement compromis avec le fait que la république sera en faillite seulement une décennie après son ouverture, avec tous les intérêts en jeu qui risquent d'être liquidés.

Cette victoire majeure a galvanisé les citoyens de Rome pendant cent ans, et le Protecteur civil est le principal résultat de cette lutte.

L'abrogation des lois cruelles sur la dette n'a fait qu'atténuer la fin des pires craintes des agriculteurs, mais n'a pas éliminé la cause de cette fin. L'annexion des terres et l'injustice fiscale sont à l'origine de tous les malheurs des agriculteurs. La lutte autour de la répartition des richesses est toujours âprement disputée.

Spurius Vecellinus, trois fois consul et deux fois noble triomphaliste, aucun des patriarches de la dynastie n'est plus âgé que lui. Il est le rédacteur de la première loi agricole romaine, dont la contribution à la République romaine est profonde. Sa perspicacité sur les racines de la division des richesses, le monopole de la fiscalité par les souscripteurs, est au cœur des malheurs de la nation.

Le système de paiement des impôts a entraîné une grave perte de recettes fiscales nationales, tandis que dans le même temps, la charge fiscale injuste a été pressée sur les paysans, qui se sont ainsi lourdement endettés et ont perdu leurs terres, tandis que la classe des payeurs d'impôts a à la fois détourné les recettes fiscales et annexé des terres, faisant fortune par les deux bouts, comment ne pas être riche ?

Il s'attaque ensuite à la racine des maux du monopole fiscal en présentant un projet de réforme en 486 avant J.-C. visant à inventorier les terres communales du pays et à en louer une partie à des paysans moyennant des loyers qui augmenteraient les recettes du trésor public ; l'autre partie des terres communales serait distribuée directement aux paysans sans terre. La clé de cette réforme est que l'État augmente ses recettes, que le peuple réduise ses impôts et que les bénéfices des empaqueteurs d'impôts soient comprimés des deux côtés. Une bonne loi qui profite au pays et au peuple sera inévitablement préjudiciable aux groupes d'intérêt qui font des ravages sur le pays et le peuple. En conséquence, Veselinas, qui était un grand père de la nation, a été reconnu coupable de convoitise du pouvoir royal et de trahison, décapité publiquement, et sa résidence a été rasée.

Même les personnes les plus importantes du pays qui ont violé la cupidité des groupes d'intérêts mourront sans être enterrées ! La cruauté de la lutte des classes dans la République romaine est évidente à cet égard.

La richesse rend les gens fous, la cupidité rend les gens brutaux !

Après plus de 50 ans de républicanisme, la division des richesses s'était intensifiée jusqu'au bord de la guerre civile, et finalement, en 451 avant J.-C., un compromis fut trouvé avec la loi des douze tables d'airain. Le problème de l'annexion des terres n'était pas réglé et constituait un compromis civil ; les lois draconiennes sur la dette étaient assouplies dans une moindre mesure et les concessions étaient faites par les puissants.

En vertu de la nouvelle loi, un délai de 30 jours est accordé après qu'une dette a été jugée ou reconnue ; si la dette est en souffrance, le débiteur sera envoyé chez le magistrat. À moins que la dette ne soit remise, le créancier peut détenir et emprisonner le débiteur, mais il doit lui fournir nourriture et boisson ; plusieurs créanciers peuvent posséder et partager conjointement les biens d'un débiteur. Si le créancier exige un intérêt sur le prêt supérieur à la limite légale de 8,333 pour cent, une amende de quatre fois plus élevée est imposée, et la peine pour l'exploitation de l'usure est plus importante que pour le vol. [54]

Du compromis de la répartition des richesses entre les puissants et les citoyens de Rome, réalisé par les Douze Tables d'airain, au déclenchement de la guerre de Buenos Aires, les deux maux de l'annexion des terres et de la lourde dette, causés par la division des riches et des pauvres, ont été soulagés dans une mesure considérable et la république romaine s'est progressivement stabilisée. Rome commença à libérer ses mains pour consolider l'État, et l'unification progressive de l'Italie fut réalisée, et la stabilité de Rome dura près de 200 ans.

En 264 avant J.-C., le déclenchement de la première guerre punique a une nouvelle fois bouleversé l'équilibre de la répartition des richesses à Rome. Cette guerre, qui a duré 23 ans, a été suivie d'une autre tout aussi longue, au cours de laquelle les paysans romains ont dû se battre pendant de longues périodes loin de chez eux, sans pouvoir s'occuper de leurs terres agricoles et en comptant uniquement sur les femmes et les personnes âgées pour les entretenir. Avec jusqu'à un cinquième des citoyens masculins tués ou blessés lors de la deuxième guerre, l'épuisement agricole est devenu une nécessité irréversible. En 146 avant J.-C., à la fin de la troisième guerre punique, l'agriculture romaine est au bord de la faillite.

---

[54] Sydney Homer et Richard Sylla, *A History of Interest Rate*, John Wiley & Sons, 2005, chapitre 4.

La faillite massive des campagnes romaines et la prolifération de l'accaparement des terres ont fortement stimulé la cupidité longtemps réprimée des puissants de Rome, avec une annexion des terres qui bat son plein, une injustice fiscale croissante et un endettement de plus en plus lourd. Le deuxième grand partage des richesses de l'histoire de la République romaine a été beaucoup plus violent que le premier.

Mais de la fin de la guerre punique (146 av. J.-C.) au début de la réforme des frères Gracques (133 av. J.-C.), en l'espace de treize ans seulement, la République romaine a été plongée dans une frénésie extrêmement vicieuse de partage des richesses, la cupidité des puissants s'est totalement assouvie, la colère et la haine des paysans sont devenues irrépressibles, et la république accélère sa chute vers l'abîme.

En 121 avant J.-C., les réformes agraires des frères Gracchus avaient totalement échoué et Rome était plongée dans un siècle de soulèvements, d'émeutes, de bains de sang, de chaos et de guerre civile. Les trois premiers géants se sont disputés le pouvoir et ont attaqué pendant des années ; les trois derniers se sont battus pour la suprématie et le sang a coulé à flot.

La République romaine est morte en 27 avant J.-C. au milieu de l'épée.

Le grand écart : de l'exploitation intérieure à l'expansion extérieure

Rome a finalement émergé non pas d'un équilibre interne dans la distribution des richesses, mais d'un changement de direction de la cupidité institutionnelle, d'une exploitation tournée vers l'intérieur à une expansion tournée vers l'extérieur.

Après l'unification de l'Italie, Rome a finalement vaincu sa rivale Carthage au cours de trois batailles acharnées qui se sont déroulées sur une centaine d'années et s'est emparée de l'Afrique ; elle a conquis la Macédoine et balayé les cités-États grecques en direction de l'est ; elle a ensuite conquis l'Asie mineure et annexé la Syrie ; elle a finalement écrasé la Gaule, envahi l'Angleterre, conquis l'Espagne, capturé l'Égypte et établi un super empire s'étendant sur l'Europe, l'Asie et l'Afrique.

À l'époque de la grande expansion romaine (150 av. J.-C. — 50 av. J.-C.), c'est l'aristocratie romaine qui en a profité en premier, avec de grandes quantités de butin, de pièces de monnaie, de tributs, d'esclaves, de bétail, de céréales, de bijoux en or et en argent, qui affluaient à Rome de toutes parts, principalement dans les bourses des nobles. La conquête a également transformé l'aristocratie romaine en propriétaires terriens internationaux, et de grandes étendues de terres conquises ont été incorporées au paysage romain, laissant à leur domination d'innombrables vallées, pâturages, forêts, lacs, pêcheries, mines et carrières.

Une autre personne qui en tire de grands bénéfices est la puissante classe des marchands, qui engrange d'énormes profits grâce à l'exploitation, l'appropriation et l'utilisation des biens de l'État romain. Pendant la guerre, ils approvisionnent l'armée en nourriture, en vêtements et en armes à des prix élevés, puis achètent à bas prix le butin de guerre au gouvernement, aux généraux et aux soldats pour faire fortune. L'expansion et la conquête ont permis aux grands marchands de Rome de regarder le monde pour la première fois, et ils ont trouvé la tarte super grasse des provinces nouvellement établies. Les gouverneurs des provinces nommés par le Sénat étaient à l'origine les anciennes relations des magnats, et les gouverneurs avaient un pouvoir presque illimité sur les provinces.

Marcus Tullius Cicero, le célèbre homme d'État romain, avait chargé le gouverneur romain de Sicile :

> *"Par une nouvelle administration sans principes, d'innombrables sommes d'argent ont été extraites des poches des paysans ; traitant nos plus fidèles alliés comme s'ils étaient les ennemis mortels de la nation... De célèbres artefacts anciens, dont certains étaient également des cadeaux de riches rois, ont tous été pillés par ce gouverneur. Non seulement il a fait cela aux statues et aux œuvres d'art de la ville, mais il a aussi pillé les sanctuaires les plus saints et les plus vénérés ; et si une idole était faite avec plus que la moyenne de l'antiquité et avait une certaine valeur artistique, alors il ne l'aurait jamais laissée au peuple de Sicile. "*

L'anarchie des gouverneurs se mêle à l'avidité vicieuse des magnats, comme du bois sec au feu. Les géants et les gouverneurs se partagent un commerce super lucratif d'enveloppes fiscales provinciales, d'hypothèques foncières aux fermiers qui exploitent leurs champs, et de prêts à fort taux d'intérêt aux cités-états et aux particuliers en retard dans le paiement de leurs impôts. Marcus Junius Brutus, par exemple, prêtait à la cité-état jusqu'à 48% d'intérêts, et Cicéron était choqué de l'apprendre.

Ils ont également monopolisé toute la sous-traitance gouvernementale, en confiant à l'extérieur des méga-projets de construction tels que des bâtiments publics, des ponts routiers, des canalisations d'égouts, des diligences, des pépinières de jardins et des grandes places à Rome et dans les provinces. Comme pour le système des tranches d'imposition, tant que la relation est en place et que le montant est bon, le gouvernement romain n'est pas mauvais pour l'argent. Des profits énormes ont afflué, faisant rire les magnats dans leurs rêves. Les géants ont fini par former la classe des chevaliers de l'Empire romain.

L'aristocratie et la classe chevaleresque étant en possession d'une richesse sans précédent, elles avaient dans l'idée que le bien le plus sûr était la terre et les champs, et les grandes annexions de terres battaient leur plein. Avec la privatisation des terres publiques, l'appel à la protection des droits fonciers privés s'est accru, et Cicéron était l'un des principaux représentants de la protection des droits de propriété privée, déclarant que "le premier souci des fonctionnaires administratifs doit être que le propriétaire soit propriétaire de son bien et que les droits de propriété privée des citoyens ne soient pas violés par les actions de l'État". "Il faut savoir que l'objectif principal de l'établissement d'un État de droit et d'un gouvernement autonome est de garantir le droit à la propriété privée. " "Les fonctionnaires chargés de veiller aux intérêts de la nation devraient mettre fin aux formes de pillage des uns et d'enrichissement des autres… Ils devraient tout faire pour que l'envie ne fasse pas obstacle aux riches. "

Contrairement au début de l'ère républicaine, Rome disposait désormais d'un nombre considérable d'esclaves provenant de divers pays, qui devinrent la principale force de travail sur les terres de l'Empire romain. Au fur et à mesure de l'expansion de l'empire, des centaines de milliers de personnes sans terre du pays ont été colonisées dans les provinces nouvellement conquises d'Asie et d'Afrique, et les agriculteurs restants ont été réduits à des métayers. Rien qu'au cours des 30 dernières années avant Jésus-Christ, les colonies romaines à l'étranger étaient au nombre de 100, avec une émigration collective de 250 000 hommes adultes, soit près d'un cinquième de la population masculine adulte romaine. La poésie et la littérature de l'époque impériale contiennent souvent un sentiment sur l'extinction de la classe paysanne romaine, le fondement de la république romaine ayant disparu.

Dans toute l'Italie, la ville est habitée par des familles plutôt riches et puissantes, dont beaucoup sont de grands propriétaires terriens, qui possèdent des milliers d'hectares de bonnes terres dans les provinces d'Italie et de Rome, avec des pâturages sans fin, des milliers d'esclaves travaillant pour eux et des intendants professionnels d'origine esclave qui surveillent pour eux d'immenses domaines. D'autres sont les grands et puissants propriétaires de la ville, qui mènent une vie fastueuse en louant des maisons, des magasins, des entrepôts, etc.

Les classes de contribuables et d'entrepreneurs s'étaient transformées en financiers romains, qui faisaient la navette entre Rome et les provinces de l'Empire, constituant un vaste réseau de personnes, de l'empereur, du sénat aux gouverneurs des provinces, gérant des entreprises de paiement d'impôts, d'usure, de banque, d'investissement et autres entreprises financières, et l'énorme flux d'argent de l'Empire circulait constamment dans leur réseau financier, jour et nuit, et même dans leur sommeil, l'argent travaillait pour eux en permanence.

La place publique près du temple de Castor dans la ville romaine était quotidiennement remplie de spéculateurs de toutes sortes, qui achetaient et vendaient des actions et des obligations de sociétés soumises à des taxes, échangeaient des marchandises de toutes sortes contre de l'argent ou des crédits, et faisaient des offres pour les fermes, les domaines, les magasins, les navires et les entrepôts de l'empire, ainsi que pour les esclaves et le bétail de divers pays à vendre aux enchères.

Les rues autour de la place étaient bordées de boutiques de toutes sortes, où se pressaient des milliers d'artisans, de commerçants, d'esclaves des riches et d'agents venus de toutes les régions du pays, qui rivalisaient pour vendre à leurs clients une variété de produits artisanaux et agricoles.

Juste derrière la prospérité, il y avait aussi des coins d'ombre où une petite classe de chevaliers, composée de super-riches, a émergé à Rome, et où un grand groupe de personnes itinérantes est né.

Dans les grands ghettos des rues reculées de Rome vivaient des hordes de paysans ayant perdu leurs domaines, de prolétaires au chômage, de soldats retraités sans un seul toit, vivant dans un état de mécontentement, de frustration et de ressentiment, prêts à vendre leurs votes et leurs poings si quelqu'un voulait bien payer. Selon les mots de

Cicéron, ils étaient "une pauvre populace affamée, un exploiteur du trésor public".

C'est cette populace qui, par la suite, a rejoint les légions romaines en grand nombre et a changé la nature de l'armée, passant de groupes itinérants à des groupes d'émeutiers et devenant la force subversive la plus dangereuse de l'Empire romain.

L'âge impérial de l'économie monétaire

La grande expansion militaire de Rome a également stimulé une grande explosion de l'économie monétaire.

L'époque républicaine romaine, avec son état agricole, avait traditionnellement une nette tendance à valoriser l'agriculture par rapport au commerce, et l'économie monétaire n'était pas très développée, comme l'illustre l'évolution monétaire romaine.

Au cours des 300 premières années de Rome, à l'exception de la cité coloniale grecque en Italie, il n'y avait pas de frappe de monnaie à Rome, et le premier moyen d'échange de marchandises était le bétail et les moutons, dix moutons ayant la valeur d'une vache. Au fur et à mesure que le métal était extrait, le cuivre remplaçait le bétail et les moutons comme référence pour toutes les valeurs romaines, et le cuivre était mesuré en livres romaines, également appelées As, pesant environ 328,9 grammes par livre. Par rapport à la Grèce, où la civilisation commerciale était hautement valorisée, la monnaie romaine primitive semblait grossière et était frappée par les régions elles-mêmes. Comme l'échelle des échanges et des transactions commerciales est bien moindre que celle de la Grèce, la société n'exige pas autant de précision et de sophistication de la monnaie que la Grèce.

La monnaie la plus courante au début de Rome était les lingots d'as en bronze, qui pesaient souvent jusqu'à 5 as (environ 1,6 kg), et le caractère peu pratique de cette monnaie reflétait le fait que le commerce romain était bien moins prospère qu'à l'époque grecque. Avec le développement progressif du commerce, l'utilisation de la monnaie devint plus fréquente, et la monnaie lourde commença à devenir plus petite, plus légère et plus précise pour s'adapter aux petites transactions de la vie quotidienne, et les As lourds en bronze devinrent la monnaie courante, pesant entre 272 et 341 grammes environ chacun. Jusqu'à la première guerre punique (264 av. J.-C. — 241 av. J.-C.), la pièce asiatique lourde était la monnaie la plus populaire dans la République romaine.

Le déclenchement de la guerre punique (264 av. J.-C. -146 av. J.-C.) a complètement changé le paysage économique de Rome, avec des guerres prolongées et massives qui ont obligé la paysannerie romaine à se désengager de la production de la terre pendant de longues périodes, ce qui a imposé la mise en place d'un système de paiement militaire formel et coûteux. Le paiement de la solde militaire accélère la frappe de la monnaie d'une part, et favorise l'unification de la monnaie nationale d'autre part. En fait, la guerre a été un moteur encore plus important pour l'économie monétaire que pour le commerce, et en même temps la guerre a créé un énorme marché domestique unifié, avec une monnaie unifiée circulant dans un marché unifié, et Rome a commencé sa transition d'une économie physique à une économie monétaire.

Le changement le plus important dans le système monétaire fut le remplacement de l'étalon argent par l'étalon cuivre, et le dinar d'argent (Denarius) élimina progressivement l'encombrant as de cuivre. Les pièces d'argent existaient également à Rome à une certaine époque, mais elles étaient frappées et mises en circulation principalement par des Grecs dans les colonies du sud de l'Italie et de la Sicile, qui, bien que géographiquement proches de Rome, étaient psychologiquement plus grecques, notamment du fait que leur frappe suivait également la délicate pièce d'argent grecque Drachma, qui ne ressemblait pas du tout à l'encombrant as de cuivre romain.

Les premiers Romains frappaient des as en cuivre plutôt qu'en argent, non pas parce qu'ils n'aimaient pas l'argent, mais en raison de l'absence de mines d'argent dans le centre-nord de l'Italie. Mais lorsque les légions romaines ont vaincu Carthage et pris progressivement le contrôle des colonies carthaginoises en Espagne, les grandes mines d'argent d'Espagne ont enrichi les Romains.

En raison du besoin urgent de payer les salaires des militaires, les Romains révisèrent la monnaie en 211 avant J.-C. et commencèrent à émettre des dinars d'argent uniformément dans tout le pays. Le dinar contenait 4,5 grammes d'argent (soit l'équivalent de 1/72d'une livre romaine). Sa valeur était fixée à 1 dinar d'argent équivalent à 10 livres romaines de monnaie de bronze, à partir de quoi le dinar devint la plus importante monnaie en circulation à Rome. [55]

À l'époque de Jules César (49 av. J.-C. — 44 av. J.-C.), Rome a commencé à émettre la pièce d'or Aureus, contenant environ 8 grammes d'or et valant l'équivalent de 25 dinars d'argent, mais l'Aureus d'or était si précieux qu'il était moins utilisé comme monnaie en circulation et davantage pour les échanges et les récompenses de grande ampleur.

Les légions de Rome se sont affrontées au dinar d'argent de Rome, balayant la Méditerranée. Chaque fois que l'armée romaine occupait une région, la première chose qu'elle faisait était de fermer la Monnaie locale, ou simplement d'autoriser la frappe de petites pièces. L'hôtel des monnaies romain devint le plus grand hôtel des monnaies de toute la région méditerranéenne, et d'autres hôtels des monnaies furent autorisés par Rome à produire des pièces d'argent, qui devaient être frappées conformément à la frappe romaine. [56]

De 150 avant J.-C. à 50 avant J.-C., pendant les 100 ans de la grande expansion de Rome, la quantité d'argent en circulation à Rome a été multipliée par dix, en grande partie des dinars d'argent. Poussés par un torrent d'argent, les flux de marchandises et le modèle économique de Rome ont profondément changé.

Le blé, le lin et le papier de roseau d'Égypte, les céréales de Carthage et de Sicile, la laine, le bois et les tapis d'Asie Mineure, les céréales, la viande et la laine de Gaule, divers minéraux d'Espagne et de Grande-Bretagne, l'ambre, les fourrures et les esclaves de la région baltique, l'ivoire, l'or et les esclaves d'Afrique subsaharienne, les épices, les pierres précieuses, les épices et les soies chinoises d'Asie affluent à Rome de toutes parts. Stimulé par le grand échange de marchandises, le modèle économique de Rome subit une profonde transformation, passant d'une société productive basée sur l'agriculture à un passage de plus en plus prononcé à une économie de consommation fondée sur le commerce et l'industrie.

---

[55] *The New Deal in Old Rome*, HJ Haskell, Alfred K. Knoff, New York 1939.

[56] Theodor Mommsen, *The History of Rome*, Vol 3, JM Dentand Sons Ltd, 1920, chapitre 12.

La grande efficacité et le faible coût des approvisionnements alimentaires d'outre-mer ont maintenu les prix à un niveau alarmant à Rome, où la population de la ville atteignait autrefois un million de personnes, ainsi que des centaines de milliers d'armées permanentes et une énorme bureaucratie, et où des prix alimentaires délibérément bas sont devenus une nécessité pour la stabilité de l'Empire romain. Pour la production agricole italienne, ces prix alimentaires extrêmement bas équivalent à la destruction fondamentale de la production alimentaire dans le pays. Les petits exploitants agricoles ont pratiquement perdu leur compétitivité sur le marché, et avec des prix des céréales au plus bas, la faillite massive des agriculteurs a constitué une aubaine pour l'annexion des terres par les magnats. Les grands propriétaires terriens ont adopté des améliorations à grande échelle dans la production d'esclaves et les techniques agricoles qui ont réduit le coût de la production alimentaire et, malgré cela, ils n'ont pas pu rivaliser avec les bas prix des aliments à l'étranger.

Ainsi, dans de nombreuses régions de Rome, les céréales étaient cultivées uniquement pour répondre aux besoins des ouvriers des grands domaines, et les grands propriétaires terriens ignoraient les céréales non rentables au profit des cultures commerciales et du bétail très rentables. Le vin italien, l'huile d'olive et la production de laine sont devenus les produits les plus compétitifs du système de prix monstrueux de l'Empire romain. En général, dans l'économie agricole romaine, le bétail était plus rentable que les plantations, tandis que les vignobles étaient plus rentables que les potagers et les oliviers, et les champs de céréales étaient les moins rentables. On estime que la valeur de la production de blé par acre romain dans les grands domaines n'est que de 38 dinars (environ 10 dinars par acre). [57]

Si le prix de l'argent est calculé à 4 yuans par gramme, un dinar au début de l'empire équivaut à environ 15 yuans aujourd'hui, et la valeur d'un acre de grain n'est que de 150 yuans.

L'agriculture étant submergée par la concurrence alimentaire de l'étranger, Rome n'utilise que le vin, l'huile d'olive et les produits lainiers compétitifs pour équilibrer les échanges, ainsi que l'artisanat, qui devient progressivement dominant.

---

[57] Ibid.

La poterie italienne à vernis rouge monopolise tous les marchés ; la fabrication émergente de la verrerie, en particulier les pièces magnifiquement colorées et sculptées, a presque vaincu la Syrie, le pays d'origine du verre ; la partie nord-ouest de l'Italie devient le centre de la métallurgie, les produits en bronze et en argent sont très compétitifs, et la production d'outils agricoles et d'armes en fer est commercialisée dans tout l'Empire. En outre, la quincaillerie, les lampes à huile, les bijoux, le baume, etc. fabriqués en Italie sont également très appréciés sur le marché.

Bien que les biens industriels italiens présentent un certain avantage, ils sont encore loin de suffire à couvrir l'afflux de marchandises en provenance des provinces et de l'étranger. Rome ressemble de plus en plus à une métropole de méga-consommation, et l'Italie est sa banlieue. La consommation aberrante de Rome ne découle pas de sa forte capacité de production et de ses transactions rationnelles sur le marché, mais plutôt de sa dépendance à l'égard de la compression et de l'exploitation des provinces.

Le boom de la consommation à Rome a également stimulé de nombreuses industries émergentes à forte marge. Les riches de Rome étaient très demandeurs de bêtes exotiques. On raconte qu'un propriétaire élevait un grand troupeau de poulets, de canards, d'oies, de paons, de sangliers, etc., et réalisait un bénéfice annuel de 1 250 dinars, ce qui dépassait de loin les revenus d'une exploitation agricole. Dans son ouvrage Sur l'agriculture, Varro mentionne qu'un éleveur d'oiseaux professionnel élevait 5 000 oiseaux au prix de 3 dinars chacun, réalisant un bénéfice annuel de 1 500 dinars sur les seuls oiseaux, soit deux fois le bénéfice d'une plus grande ferme exploitant 200 acres romains (environ 756 acres). Les bénéfices de l'élevage d'oiseaux rares sont encore plus importants, un paon se vendant 50 dinars, un œuf de paon à couver jusqu'à 5 dinars, et le revenu annuel de l'élevage des seuls petits paons, sur un total de 100 paons, s'élevant à 15 000 dinars.

Les énormes profits tirés de l'impôt, du tribut, de l'usure, de la construction et des monopoles commerciaux, concentrés des provinces vers Rome, puis vers les terres, ont créé un grand nombre de super-riches à Rome. Comme Crassus, l'ancien Trois Grand, il possédait des propriétés d'une valeur de 400 millions de dinars, ce qui faisait de lui l'homme le plus riche de Rome. Il avait l'habitude de dire qu'un homme qui n'avait pas les moyens d'entretenir une légion avec ses propres biens n'était pas considéré comme un homme riche, et le coût de l'entretien d'une légion romaine pendant un an était de 1,5 million de dinars. César était également un grand propriétaire terrien, et avant de partir en expédition en Afrique, il a promis aux soldats,

> " Quand toutes les guerres seront terminées, je distribuerai sûrement les terres à tous les soldats, non pas comme Sulla, en prenant les terres des propriétaires existants et en les distribuant aux soldats... mais en distribuant les terres communales et mes propres terres aux soldats, et en même temps, je leur donnerai sûrement les outils nécessaires pour acheter. "

Que représente un concept de 400 millions de dinars ? Cela représente environ 4 à 5 millions de tonnes de blé ! L'homme le plus riche de Grande-Bretagne au 17e siècle valait environ 21 000 à 42 000 tonnes de blé, et l'homme le plus riche de Rome était des centaines de fois plus riche que l'homme le plus riche de Grande-Bretagne plus de 1 000 ans plus tard !

La division des richesses à Rome était si sévère qu'elle en était effrayante !

L'importance de la production alimentaire à l'ère agricole était comparable à celle de la fabrication à l'ère industrielle, et le recul de l'agriculture signifiait que la base économique du pays se désintégrait. Pour soutenir l'empire, Rome devait devenir plus dépendante des provinces d'Asie et d'Afrique pour la nourriture et les autres produits de subsistance, tout en ne compensant pas par des produits équivalents, ce qui ne pouvait que créer du ressentiment parmi les habitants des provinces. Les conquêtes violentes et brutales ont intensifié la résistance farouche des barbares des frontières, et les conflits militaires à grande échelle sont devenus monnaie courante. L'annexion extrême de terres a rempli les grandes villes de traînards mécontents et en colère. La cruauté de l'esclavage a rempli l'empire tout entier des sombres courants d'émeutes et de répression.

Une économie dysfonctionnelle et une politique instable ont fait d'une Rome superficiellement prospère un cratère, qui a dû compter sur une armée permanente surdimensionnée pour apporter un certain sentiment de sécurité. Toutefois, une dépendance excessive à l'égard de l'armée ne peut qu'entraîner une paralysie financière et une crise du régime.

Des cycles monétaires fragiles

Dans les premières années de l'Empire romain, le soldat romain moyen était payé environ 225 dinars par an, la configuration standard d'une légion romaine était de plus de 6 800 personnes, et il fallait 1,5 million de dinars par an pour nourrir une légion, et la taille totale de l'armée permanente dans les premières années de l'Empire était d'environ 200 000 personnes. Pour nourrir une armée aussi importante, le gouvernement dépense au moins un demi-milliard de dinars par an pour l'armée. Le coût de la réinstallation des anciens combattants est tout aussi vertigineux, les trois derniers géants devant mener une politique de dépossession à l'encontre des propriétaires fonciers d'origine afin de réinstaller les anciens combattants, ce qui entraîne des troubles politiques et un mécontentement dans toute l'Italie. Afin d'éviter de répéter les mêmes erreurs, en 30 av. J.-C., Octave a utilisé l'argent de l'État pour acheter des terres pour les anciens combattants, ce qui a coûté au trésor public 150 millions de dinars en seulement deux ans, un coût scandaleusement élevé.

Nourrir la bureaucratie du gouvernement impérial est une dépense énorme, la ville romaine de l'empereur a un ensemble complet d'équipe gouvernementale, des dizaines de provinces du gouverneur auront besoin de dizaines d'ensembles de fonctionnaires provinciaux pour correspondre, et l'empire des milliers de villes ont également besoin de fonctionnaires pour gouverner.

La pression financière sur l'armée et les bureaucrates du gouvernement était déjà si importante que pour maintenir la stabilité de la ville de Rome, le gouvernement a dû fournir de la nourriture gratuite à 200 000 citoyens romains, et 150 000 tonnes de céréales ont dû être importées d'Égypte chaque année pour répondre à cette demande. Ce "divertissement" coûte à lui seul des dizaines de millions de dinars, et le "coût du maintien de la stabilité" constitue une autre lourde charge financière pour le gouvernement. Et si l'approvisionnement en nourriture gratuite s'arrêtait ? La ville de Rome verrait alors des centaines de milliers de chômeurs improductifs se lever et se révolter le lendemain matin. Aucun empereur n'a osé prendre un tel risque, et le système de nourriture gratuite a perduré jusqu'à la disparition de l'empire.

Au sens figuré, l'Empire romain était comme une machine géante qui s'emparait de l'or et de l'argent des zones côtières de la

Méditerranée grâce à son expansion militaire et les transformait en monnaie, alimentant ainsi une énorme armée permanente et une Rome hypertrophiée. La monnaie est concentrée dans la capitale et dans les zones frontalières où l'armée est stationnée, et les dépenses gouvernementales et la consommation des salaires des militaires injectent de l'argent dans les cycles économiques de l'empire. La loi impériale, à son tour, encourage et même force le peuple gouverné à utiliser de l'argent dans sa vie quotidienne, puis taxe l'argent des provinces impériales vers la capitale et l'armée, et avec lui, bien sûr, la richesse roulante.

Le plus grand défaut de ce système de circulation monétaire est qu'il ne peut naturellement pas tourner à l'infini. En raison du déséquilibre économique endogène de l'empire, qui consommait plus qu'il ne produisait et pressait plus qu'il ne créait, l'argent s'est concentré à Rome et sa richesse quotidienne a été siphonnée, entraînant ainsi un piège de productivité croissant. À une époque d'expansion militaire, où l'argent pouvait être pillé de l'extérieur et complété de l'intérieur, la fonction économique de l'empire restait largement en équilibre. Mais à mesure que la frontière s'enfonçait dans les terres barbares, l'intensité de la révolte barbare augmentait de façon spectaculaire, entraînant une forte hausse du coût de l'expansion impériale tandis que les bénéfices du pillage diminuaient de jour en jour. Finalement, les frontières de l'empire se stabilisent, ce qui constitue le seuil de rentabilité auquel les finances de l'Empire romain peuvent être soutenues.

Cependant, dès que l'expansion s'arrête, le cycle de l'argent est voué à se dérégler.

Les grandes guerres d'expansion étrangère de Rome étaient en grande partie terminées à l'époque républicaine, lorsque le premier empereur de l'empire, Auguste (Octave) (27 av. J.-C. — 14 ap. J.-C.), avait abandonné son ambition de dominer le monde. Auguste, qui avait longtemps été au combat, a longuement réfléchi au fait qu'une petite concession aux barbares invincibles pouvait encore préserver la dignité et la sécurité de Rome.

À cette époque, les généraux de l'empire se préparaient encore fébrilement à combattre les Parthes pour la suprématie de l'Asie, jusqu'au Yémen, à l'extrémité sud de la péninsule arabique, et vers le sud pour annexer l'Éthiopie. Ils ont marché des milliers de kilomètres dans la région désertique et, par conséquent, la chaleur a vaincu les imbattables légions romaines. Dans les forêts denses du nord de l'Europe vivaient des barbares germaniques qui, bien que difficiles à affronter de front avec l'armée romaine, épuisaient les légions romaines par leur indomptable esprit de résistance. Dans le froid extrême du nord du "mur d'Antoine" de la Grande-Bretagne se trouvaient les indigènes sauvages et indisciplinés, qui ne pouvaient être vaincus, dont les alliés étaient le froid et le blizzard, dont la barrière était les montagnes escarpées et les forêts denses vierges, et dont les vétérans des divisions de légionnaires romains étaient trop fatigués pour faire un pouce.

L'Empire romain s'était étendu jusqu'aux limites de sa puissance nationale. En fin de compte, Auguste a laissé un héritage : les frontières de l'Empire romain s'étendent à l'ouest jusqu'à l'océan Atlantique, au nord jusqu'au Danube et au Rhin, à l'est jusqu'à l'Euphrate et au sud jusqu'aux déserts d'Arabie et d'Afrique, les limites géographiques de la nature étant les frontières permanentes de l'empire. [58]

Le testament d'Auguste au Sénat contenait des données détaillées sur les impôts et les dépenses de l'État, qui ont malheureusement été perdues. Dans son Histoire du déclin de l'Empire romain, Gibbon indique que les revenus annuels récurrents des provinces romaines n'étaient pas inférieurs à 15-20 millions de livres (livres à l'étalon-or), soit environ 343-458 millions de dinars, qui comprenaient un impôt foncier de 1%, un impôt personnel et l'expropriation du grain, du vin, de l'huile et de la viande. Les dépenses militaires de l'ensemble de l'Empire romain, sans compter les différents niveaux de gouvernement, ainsi que les infrastructures et les dépenses quotidiennes de toutes les villes, ne sont pas encore suffisantes pour être supportées par les seuls revenus des provinces. [59]

Depuis qu'Auguste est empereur, il est soumis à une forte pression financière, et il laisse constamment entendre que les tributs des courtisans sont insuffisants et qu'il est nécessaire d'augmenter la charge fiscale de Rome et des Italiens. Face au mécontentement des citoyens romains, l'empereur choisit prudemment de commencer par l'introduction d'un tarif, suivie de l'établissement d'une taxe d'accise,

---

[58] Edward Gibbon, The History of the Decline and Fall of the Roman Empire, Northpointe Classics, 2009, chapitre 1.

[59] Ibid.

puis d'un inventaire des biens privés des citoyens romains et de l'achèvement de la préparation des biens à l'impôt. À cette époque, les groupes puissants et riches de Rome n'avaient pas payé leurs différents impôts depuis plus de 150 ans.

Augustus a insisté pour faire avancer la réforme du code fiscal malgré la forte opposition des puissants. La TPS est d'environ 2,5 à 12,5% et quoi que dise la loi, ce ne sont jamais les magnats qui finissent par acheter, mais les consommateurs finaux.

Un autre poste fiscal important est la taxe de consommation qui, bien que prélevée intégralement, reste relativement modeste, dépassant rarement 1%. Les taxes sont prélevées sur tout, depuis les transactions sur le marché et les ventes aux enchères publiques, depuis les gros achats et les ventes de terrains et de biens immobiliers, jusqu'aux articles de la vie quotidienne, même s'ils ont une valeur négligeable. La taxe d'accise permet de répartir l'essentiel des dépenses militaires.

Néanmoins, Auguste constate que les finances sont toujours hors de portée et, afin de couvrir le déficit, il décide de profiter enfin du groupe de riches de Rome en imposant un impôt sur les successions de 5%.

Les groupes de riches de Rome, qui accordent plus de valeur à l'argent qu'à la liberté, ont immédiatement fait sauter leur nid à la nouvelle de l'impôt sur les successions, et l'opposition a été généralisée dans les rues. Bien que l'empereur Auguste, avec sa puissance militaire en mains et son expérience de cent guerres, et la puissance de son empire, soit loin de la force des frères Gracchus, il doit faire très attention à défier la cupidité institutionnelle des groupes riches.

Auguste a fait preuve d'une grande stratégie en soumettant la proposition d'impôt sur les successions au Sénat pour une discussion collective, et il était clair que les nobles du Sénat n'y adhéraient nullement. Auguste ne peut que suggérer fortement que les patriarches, s'ils restent obstinés, seront contraints de proposer un impôt sur les terres et un impôt sur les hommes, ce qui constituerait clairement une menace mortelle pour les nobles, qui possèdent de vastes biens fonciers et de nombreux serviteurs esclaves.

Les nobles du Sénat, en tant que représentants du groupe des riches, détestaient l'impôt sur les successions, mais ils ne pouvaient rien faire contre l'empereur Auguste, qui était aimé de l'armée et détenait un grand pouvoir, après tout, l'impôt sur les successions n'était pas élevé, il était beaucoup plus doux que le méchant impôt sur les terres et les personnes. Après tout, l'impôt sur les successions n'est pas élevé, il est beaucoup plus doux que le méchant impôt sur les terres et les personnes. Le moindre des deux maux, les aristocrates doivent accepter la nouvelle loi fiscale.

Outre la réforme du code fiscal, Auguste a également commencé à dévaluer la monnaie en abaissant la teneur en argent du dinar de 4,5 grammes à 3,9 grammes à l'époque républicaine. En augmentant les impôts et en dévaluant la monnaie, les recettes et les dépenses initiales de l'Empire étaient à peu près égales.

La crise économique en sommeil

L'apogée de Rome se situe entre 50 avant J.-C. et 50 après J.-C., lorsque les dividendes de l'expansion militaire perdurent et que la paix entraîne une reprise économique naturelle. Cependant, les coffres de l'Empire romain avaient de plus en plus de mal à faire face à des dépenses toujours plus élevées. Sous le règne de Néron (54-68), la teneur en argent du dinar était réduite à 90 % ; à l'époque de Trajan (98-117), elle était de 85 % ; tandis que Marc-Aurèle (161-180) continuait à la dévaluer à 75 % ; à la fin du IIe siècle, le dinar n'était plus composé que de 50 % d'argent.

De toute évidence, il y a un gros problème avec le cycle monétaire de l'empire. Les racines du problème monétaire sont dans l'économie, et les racines de l'économie sont dans l'agriculture.

Le dynamisme initial de l'empire a été alimenté par l'expansion, qui a été stoppée par la reprise et, une fois achevée, par l'augmentation de la productivité, mais l'agriculture italienne était au bord de la faillite, au lieu de pouvoir augmenter la productivité. Dans une époque où l'économie est basée sur l'agriculture, si celle-ci est affaiblie, toute la civilisation urbaine et la prospérité commerciale qui s'appuie sur elle sera une source inépuisable.

La principale raison de la désintégration de la base agricole est le prix trop bas des denrées alimentaires, ce qui, selon le vieil adage chinois, signifie que les céréales basses nuisent aux agriculteurs. La principale raison de la suppression délibérée des prix des denrées alimentaires dans l'Empire romain était de nourrir l'importante population urbaine, en particulier le grand nombre de paysans qui affluaient dans les villes après la faillite.

Sous la grande impulsion de l'empereur Auguste et de ses successeurs, un nombre stupéfiant de groupements de villes a émergé au sein de l'Empire romain : 1 197 en Italie, environ 1 200 en Gaule, 700 en Espagne, 650 dans les quatre provinces d'Afrique et environ 900 en Orient, y compris en Grèce. L'Empire romain a connu un taux d'urbanisation élevé, sans équivalent dans l'histoire de l'humanité avant la révolution industrielle.

Entre la capitale et les grandes villes se trouve le réseau routier mondialement connu de la "route de Rome", qui part de la Piazza della Roma et traverse l'Italie en passant par toutes les provinces pour aboutir aux frontières de l'empire. Du mur des Antonins à Rome et retour à Jérusalem, ce grand système de transport s'étendait sur 4 080 miles romains, de l'angle nord-ouest de l'empire à la frontière sud-est. Les montagnes peuvent être percées au ciseau, les rapides construisent des ponts, les routes sont construites assez haut pour surplomber le paysage environnant, les routes sont recouvertes de sable, de ciment et de rochers, et les routes aux alentours de Rome sont toutes en granit. Les routes de Rome sont si solides qu'après plus de 2 000 ans, certaines parties d'entre elles fonctionnent toujours comme moyen de transport.[60]

C'est un miracle qu'un mouvement d'urbanisation de cette ampleur ait eu lieu il y a plus de 2 000 ans, et c'est un fardeau économique inimaginable. Ce mouvement d'urbanisation démesuré a fait peser un lourd fardeau sur l'empire, et l'économie agricole en particulier en a beaucoup souffert.

Pourquoi l'empereur Auguste a-t-il accordé une telle importance au mouvement d'urbanisation qu'il est allé jusqu'à frapper durement l'État ?

Lorsqu'Auguste est arrivé au pouvoir, son plus grand dilemme était très similaire à celui de Qin Shi Huang, à savoir que si l'empire était suffisamment puissant sur le plan militaire pour conquérir de vastes étendues de terres, la capacité organisationnelle du gouvernement n'était pas suffisante pour diriger efficacement un vaste

---

[60] Ibid.

empire dont la taille, la population, la complexité culturelle, les variations économiques et l'inaccessibilité étaient considérables.

Dans les premières années de l'unification, les empires romain et Qin n'étaient pas assez productifs, leur base technologique, leur niveau économique, leur système idéologique, leur structure politique, pour répondre aux exigences d'une domination impériale directe aux quatre coins du territoire. L'introduction hâtive et énergique du système des comtés par Qin Shi Huang, dans le but d'instaurer immédiatement un pouvoir vertical centralisé dans tout le pays, dépassait en fait largement les capacités de Qin lui-même, et plus il allait vite, plus il tombait. Il a fallu près de cent ans de tentatives répétées, de Qin Shi Huang à l'empereur Wu de Han, pour former le grand moule du pouvoir centralisé, tandis que la gestion verticale de la campagne dans l'empire féodal chinois n'a jamais été vraiment réalisée, et le pouvoir centralisé de l'empereur devait s'appuyer sur la vaste classe des écuyers de village pour faire rayonner l'énergie de la règle à la vaste classe paysanne.

Il était tout aussi improbable pour Auguste de parvenir à une gestion verticale de la population par l'empire, et la voie qu'il a choisie était celle de l'urbanisation, l'empire contrôlant de nombreuses fédérations de villes, et les fédérations de villes contrôlant la population sous leur juridiction, entassant autant de population que possible dans les villes, afin de parvenir à une domination indirecte.

Ainsi, l'urbanisation de l'Empire romain n'était nullement le résultat d'un développement économique naturel, mais un choix politique impuissant à gouverner un vaste empire. La politique étatique d'urbanisation établie correspond aussi parfaitement à la demande insatiable d'annexion des terres par l'élite puissante. L'économie agraire de Rome a été la double victime de la politique étatique impériale et de l'avidité des puissants.

Les provinces d'Égypte, de Sicile, d'Afrikaner, d'Espagne, etc., dont les bons sols naturels et les conditions climatiques font que le prix de leurs aliments est bien inférieur au coût de la production céréalière en Italie, auraient dû augmenter les droits de douane pour protéger l'agriculture italienne afin de consolider le capital du pays, mais le gouvernement romain a abandonné par erreur la production alimentaire indigène. Aux yeux des puissants, la terre est l'expression ultime et la plus fiable de la richesse, et les faibles prix des denrées alimentaires ont fait chuter la valeur des terres agricoles italiennes, les rendant insoutenables pour les petits et moyens agriculteurs, qui ne manqueront pas de faire faillite en grand nombre, offrant aux puissants une bonne occasion d'acquérir des terres à grande échelle.

Lorsque les agriculteurs perdent leurs terres, ils affluent en grand nombre vers les villes et deviennent des vagabonds sans emploi, où l'artisanat est encore assez primitif et grossier et où la division du travail est loin d'être assez raffinée pour fournir un emploi adéquat. Rome, avec une population d'un million d'habitants, ne représente pas un boom économique urbain, mais seulement un statu quo de faillite agricole ; 200 000 citoyens adultes de sexe masculin peuvent bénéficier de l'aide alimentaire gratuite du gouvernement, ce qui signifie que 600 000 familles sont au bord de la famine. Plus le nombre de migrants sans emploi est élevé dans les villes, plus le gouvernement doit "stabiliser" les prix des denrées alimentaires en les maintenant à un niveau bas, ce qui aggrave l'insolvabilité de l'agriculture italienne et stimule les annexions de terres, entraînant un afflux plus important d'agriculteurs en faillite vers les villes.

L'économie romaine est prise dans un cercle vicieux dont il est difficile de sortir. La crise agricole qui s'est produite en Italie à l'époque républicaine, et qui s'est reproduite à l'époque impériale, se retrouve dans toutes les provinces. La Gaule (France), à l'origine riche en céréales, se tourne vers la culture extensive de la vigne lors du mouvement d'urbanisation. Les bases du vin français moderne, mondialement connu, ont été posées sous l'Empire romain. L'Espagne, en revanche, a connu une prévalence de la culture de l'olivier, suivie par l'Afrique comme royaume de l'olivier, et la production traditionnelle de céréales s'est progressivement réduite. Dans le même temps, le vent de l'annexion des terres brûle comme un feu ardent dans ces régions, qui ne peut être arrêté. À l'époque de Néron (54-68), six grands propriétaires terriens possèdent la moitié du territoire africain ! Dans tout l'Empire, à mesure que le mouvement d'urbanisation progresse, les terres se concentrent rapidement entre les mains des puissants.

Ces méga-propriétaires opéraient dans un état d'esprit complètement différent de celui des petits et moyens propriétaires terriens, qui vivaient à Rome ou dans les grandes villes de province, venaient rarement sur leurs terres pour vérifier la production agricole, et qui ne se souciaient ni du rendement de la terre, ni même autant que les grands propriétaires terriens de l'époque républicaine qui utilisaient la main-d'œuvre esclave à grande échelle. Depuis l'arrêt de l'expansion de l'Empire, il y a eu une grave pénurie d'esclaves provenant du pillage étranger, le prix des esclaves a augmenté, et l'ère de l'utilisation à grande échelle des esclaves pour le travail agricole est terminée.

Pour les grands propriétaires terriens, le moyen le plus économique de gagner de l'argent est de louer la terre à des locataires et de s'asseoir sur le loyer. Quant à la construction de l'eau, l'amélioration de la qualité du sol, la sélection de bonnes graines et d'autres choses diverses mieux vaut ne pas, investir dans la terre est comme investir dans l'immobilier, la préservation de la valeur est le but principal, sauver le cœur pour le plus grand principe, dépenser de l'argent pour l'agriculture fine n'est pas leur spécialité, et encore moins leur intention. Les locataires ordinaires, quant à eux, ne mettent pas d'argent pour améliorer les terres des autres et n'ont pas la capacité d'investir. Un déclin de la production agricole de l'empire est devenu inévitable.

L'approvisionnement en nourriture devient progressivement un problème majeur pour l'Empire. La Grèce et l'Asie mineure sont approvisionnées par la Russie du Sud, dont la production est en déclin ; l'Italie dépendait de l'Égypte, de la Sicile, de l'Espagne et de l'Afrique pour ses céréales. En conséquence, les vignobles et les oliveraies prennent le dessus sur les champs de céréales, dont la productivité et le rendement diminuent, et l'Italie est confrontée à une crise alimentaire croissante.

Bien que la ville de Rome ait bénéficié de droits spéciaux d'approvisionnement sans pénurie alimentaire, d'autres villes n'ont pas eu cette chance. Presque toutes les villes impériales sont confrontées à une pénurie de nourriture, et celles situées dans les régions les plus fertiles ne font pas exception. Chaque fois qu'une famine frappe, il y a généralement une grave émeute dans la société, le peuple dénonçant le gouvernement et le parlement pour leur manque de considération, et le gouvernement accusant les grands propriétaires terriens et les grands hommes d'affaires de thésauriser. Ainsi, le "collecteur de grains" est devenu le poste le plus dangereux sur la voie officielle de l'Empire romain, qui devait non seulement assurer la disponibilité de la nourriture, mais aussi être responsable du bas prix des aliments.

Lorsque l'Espagne a commencé à cultiver des oliviers à grande échelle, elle est rapidement devenue l'exportateur d'huile d'olive de meilleure qualité, se vendant bien en Gaule, en Grande-Bretagne et ailleurs, et l'huile d'olive italienne s'est fait voler le marché haut de gamme, grignotant même le marché local. L'huile d'olive afrikaner n'était pas aussi bonne que le produit espagnol en termes de qualité, mais elle était très bonne en termes de prix, de sorte qu'elle était largement utilisée dans l'huile de lampe et les cosmétiques, et était commercialisée dans tout l'empire, de sorte que l'huile d'olive italienne a perdu son marché bas de gamme, et même l'huile d'olive d'Asie mineure et de Syrie est venue diviser le marché italien.

La Gaule, la Grèce et l'Asie mineure cultivaient vigoureusement la vigne, et le marché du vin était si concurrentiel et si fortement excédentaire que l'empereur Tecumseh (81-96) décréta que la production de vin et d'huile d'olive devait être limitée, qu'aucun nouveau vignoble ne devait être ouvert, que ce soit en Italie ou dans les provinces, et que la moitié des vignobles existants devaient être détruits.

La dépression délibérée des prix des denrées alimentaires dans l'Empire romain a entraîné une série de graves inadéquations des ressources. La crise agricole s'est manifestée par une diminution de la production céréalière due à l'annexion de terres, un grave excédent de cultures de rente, la stagnation des ventes de biens de consommation à base agricole pour l'artisanat, le déclin de la viabilité commerciale et l'imposition du pays.

Pendant l'ère républicaine, les produits les plus importants de l'Italie, à part le vin et l'huile d'olive, étaient de nombreux produits fabriqués industriellement qui avaient un net avantage sur le marché. Avec l'avènement de l'ère impériale, la Gaule (France) était devenue plus industrielle et commerciale que l'Italie, avec de bons ports au sud, à l'ouest et au nord de la mer et des rivières intérieures facilement accessibles. La Gaule était également exceptionnellement riche en ressources naturelles et, ayant accepté la prolifération de la technologie industrielle italienne, elle est rapidement devenue le centre de la fabrication et du commerce, ses produits couvrant les vastes marchés de la Gaule, de l'Afrique, de la Grande-Bretagne, de l'Espagne et de la Germanie, et les produits industriels italiens étant évincés des marchés d'Europe occidentale.

Dans le même temps, l'Est de l'Empire est également exempt de produits et de marchands romains. Parmi les produits haut de gamme, l'Asie Mineure et les provinces syriennes de lin teint, de tissus de laine fine, de produits en cuir fin, de vaisselle fine, de cosmétiques haut de gamme, de parfums, de condiments et de pigments battent l'empire, tandis que les produits italiens pénètrent difficilement les marchés de l'Est. Non seulement les marchands italiens cessent d'apparaître en Orient, mais ils disparaissent également en Occident.

À cette époque, l'Italie a perdu sa position dominante dans l'agriculture, la fabrication et le commerce, et le monopole du secteur financier est en jeu. Avec l'évidement de l'économie italienne, l'annexion des terres s'intensifie, et après la perte des terres, les paysans sans emploi se déplacent en masse vers les villes. Les villes de l'empire sont remplies de traînards qui ont perdu leurs industries, qui détestent le gouvernement, et détestent encore plus les groupes de riches qui ont pris leurs industries, qui sont insatisfaits de leur vie et désespèrent de l'avenir, avec seulement le feu vicieux de la vengeance qui brûle dans leur cœur.

À l'époque républicaine, l'armée romaine était remplie de paysans purs et productifs ; à l'époque impériale, elle était remplie de prolétaires qui haïssaient les riches et les puissants. La métamorphose de l'armée a déclenché une crise de régime plus sinistre.

La nature économique de la dictature militaire

Gibbon, dans son livre *The History of the Decline of the Roman Empire*, résume succinctement la nature hautement organisée et combative de l'armée romaine. Selon lui, 100 hommes armés ne pouvaient peut-être pas venir à bout de 10 000 paysans émeutiers, mais une légion romaine bien entraînée de 10 000 hommes pouvait terroriser des millions de personnes dans la capitale, tandis qu'une armée permanente de 450 000 hommes pouvait régner fermement sur une population impériale de plus de 50 millions d'habitants.

Le nombre d'empereurs romains qui ont été abolis par leurs armées était si grand et si fréquent qu'on craint qu'il s'agisse d'une rareté dans l'histoire du monde. Cela illustre le simple fait que ce n'est pas l'empereur qui dirige l'armée, mais l'armée qui contrôle l'empereur, ce qui est particulièrement vrai dans les dernières années de l'empire.

En Chine, un dicton dit que "le gouvernement force le peuple à se révolter". Lorsque le conflit sur la répartition injuste des richesses devient si intense qu'il est impossible de le concilier, ce sont souvent les paysans qui se révoltent et renversent l'ensemble du groupe dirigeant, puis changent de dynastie. Les "révoltes paysannes" de l'Empire romain se déroulaient cependant à l'intérieur du système, le changement fréquent d'empereur dans l'armée et le déclenchement de la guerre civile en étant les principales caractéristiques.

Les armées de l'ère républicaine reposaient sur des citoyens terriens qui se battaient vaillamment pour protéger leurs propres intérêts, mais les armées de l'ère impériale provenaient principalement des exilés prolétaires des villes italiennes, qui formaient un groupe d'exilés très organisé, représentant la grande majorité de la sous-classe impériale. Au lieu de partager les bénéfices de la croissance économique pendant l'essor de l'empire, ils ont été privés d'un endroit où s'installer par les groupes puissants et riches. En tant que classe entière, ils sont la sous-classe soumise, tandis que les groupes puissants et riches sont les dirigeants, dont le devoir entier est de soutenir la vie civilisée élevée et sophistiquée de la cité avec des taxes sur la servitude. Aussi industrieux et diligents qu'ils puissent être, ils sont en fin de compte inexorables de l'annexion et du déplacement des terres, et leur colère et leur mécontentement s'enveniment et se répandent dans l'armée impériale.

Lorsque les empereurs romains ont eu des luttes de pouvoir avec les groupes puissants et riches représentés par le Sénat, l'armée est devenue la principale force sur laquelle les empereurs se sont appuyés. La guerre civile de 69-70, qui a éclaté après la mort de l'empereur Néron, a fait prendre conscience à l'armée qu'elle était une force puissante pour la transformation de Rome, et son mécontentement et sa colère de longue date contre les groupes puissants et riches se sont manifestés dans la guerre civile d'une manière extrêmement brutale et vicieuse. Les armées des deux camps de la guerre civile, qu'elles aient gagné ou perdu, se sont déchaînées en Italie et dans les villes de Rome pour massacrer les puissants et les riches, et de nombreuses familles nobles des patriarches de l'ère républicaine ont été exterminées par les soldats fous, ce qui a fait frémir tout l'empire !

Ce n'était qu'un prélude à la déclaration de guerre de l'armée contre les puissants et les riches. L'empereur Vespasien (règne 69-79), qui avait débuté dans l'armée et connaissait mieux l'armée romaine, était profondément préoccupé par ses tendances et ambitions politiques. Après avoir mis fin à la guerre civile, il entreprit d'épurer l'armée, ne recrutant plus de soldats parmi les exilés prolétaires sur le sol italien, mais espérant au contraire construire une nouvelle armée romaine avec le prolétariat provincial comme colonne vertébrale. Cette stratégie avait permis de maintenir la stabilité interne de l'Empire romain pendant près d'un siècle.

Mais c'est également à cette époque que la frénésie d'annexion des terres qui avait eu lieu en Italie commença à se propager dans toutes les provinces et, dans une plus large mesure, l'exode prolétarien qui avait autrefois rempli l'Italie se répandit désormais dans tout l'Empire. L'armée romaine était à nouveau réduite à un groupe violent de haine.

Le pouvoir de l'empereur romain repose sur deux fondements, le pouvoir économique des groupes puissants et riches et le pouvoir armé de l'armée. Mais lorsque ces deux forces sont prises dans un conflit inconciliable et aigu, l'empereur ne peut qu'être enclin à s'appuyer sur la seconde.

Un autre empereur né dans l'armée, Sévère (règne 193-211), l'avait très bien compris. Après s'être emparé du trône par la force pour réprimer les troubles civils, il avait assisté à une deuxième guerre civile bien plus sanglante et longue que celle qui avait suivi la mort de Néron, dont l'essence était une lutte acharnée entre les groupes puissants et riches et la sous-classe, représentée par l'armée, pour le droit de distribuer les richesses de la société. Ce n'est pas sur le Sénat qu'il s'est appuyé pour monter sur le trône, sa base de pouvoir était le soutien des soldats, et ce n'est que sous la pression de l'armée que le Sénat a été contraint de reconnaître le fait accompli de son ascension au trône.

Son testament, qu'il a laissé à ses fils, le dit clairement : "Restez unis, aussi longtemps que cela plaira à l'armée, et les autres n'auront pas à s'en préoccuper". "Il a augmenté de façon spectaculaire la solde de l'armée, accordé divers privilèges aux soldats à la retraite et soudoyé l'armée en extorquant la richesse de groupes riches. Cela provoqua bien sûr une confrontation féroce entre le Sénat et les riches, tandis que Severus s'attaquait aux groupes puissants par une répression militaire plus brutale.

Le fils de Sévère, Caracalla (qui régna de 211 à 217), alla plus loin que son père lorsqu'il monta sur le trône, déclarant même publiquement que le fondement de son pouvoir impérial ne reposait pas sur les classes supérieures de l'empire, mais sur les classes inférieures et leurs représentants, l'armée. Il n'hésita pas à exprimer son mépris et son hostilité envers l'aristocratie, adoptant une approche systématique de l'extraction des richesses des groupes riches, tandis que la taxation des classes inférieures restait inchangée.

Afin de porter un coup spirituel à l'aristocratie, l'empereur Caracalla, en 212, a proclamé un célèbre édit accordant la citoyenneté romaine à tous les habitants de l'Empire, ce qui non seulement privait de facto les classes puissantes de leurs privilèges politiques, mais était largement soutenu par l'armée et la sous-classe. L'essence de ce que l'on appelle la contradiction de classe est la contradiction dans la distribution de la richesse dans la société. Caracalla a utilisé et même provoqué cette contradiction pour consolider le pouvoir impérial, démontrant ainsi que l'Empire romain n'était plus engagé dans la création de richesses précieuses, mais qu'il était au contraire embourbé dans un conflit interne de rivalités de classes nuisibles et inutiles.

Dans l'histoire de Rome écrite par la noblesse, Caracalla était plus détestable que le tyran meurtrier et pourrait être appelé le pire empereur de l'histoire romaine.

Depuis le meurtre de Caracalla, l'armée est devenue plus débauchée. Au cours des 40 années suivantes, au moins 57 empereurs ont été remplacés par la lumière du jour, et tous, sauf quelques-uns, sont morts d'une mort normale. L'armée avait complètement perdu patience, et sa perturbation de l'ordre de la noblesse avait atteint un degré incalculable, et la politique de l'empereur belliqueux, qui consistait à susciter le moindre mécontentement de l'armée, était immédiatement suivie du fléau de la mort.

Les groupes riches qui avaient fait fortune grâce à l'annexion des terres ont finalement été pris entre deux feux et brutalement nettoyés. La tentative de défendre les intérêts des puissants et des riches, qui ne veulent pas perdre leurs privilèges, a conduit à une série de guerres civiles. La dictature militaire de Rome a rendu non seulement le pouvoir impérial fortement dépendant de l'armée, mais aussi la survie de l'empire tout entier.

S'il y a plus que des troubles internes, les troubles externes ne manqueront pas d'arriver. Les barbares autour de l'empire ont d'abord été choqués par la puissance de Rome et n'ont pas osé agir de manière irréfléchie pendant près d'un siècle. Mais à mesure que l'économie de Rome s'affaiblissait, que les guerres civiles se poursuivaient et que le cœur du peuple se déchirait, celui-ci a commencé à harceler les frontières de l'empire de toutes parts, ce qui a conduit à une invasion massive.

L'empereur devait renforcer son armée afin de consolider son pouvoir, et l'empire devait augmenter ses dépenses militaires afin de repousser l'invasion. Au début de l'empire d'Auguste, l'armée romaine permanente comptait un peu plus de 200 000 hommes, avec un salaire de 225 dinars par personne et par an, ce qui engloutissait déjà la plupart des coffres ; plus de cent ans plus tard, sous Caracalla, l'empire devait maintenir une armée permanente de 450 000 hommes, et le salaire montait en flèche jusqu'à 750 dinars par personne, soit une charge financière plus de six fois supérieure, alors que l'économie se contractait fortement. Au moment de l'arrivée au pouvoir de Dioclétien (284-305), après près de 50 ans de troubles civils, l'économie impériale s'était presque effondrée, tandis que l'armée dépassait les 600 000 hommes, que les impôts étaient élevés, que la dévaluation de la monnaie était monnaie courante et que l'hyperinflation se développait.

Dévaluation monétaire et hyperinflation

Les historiens disent que le IIe siècle est l'âge d'or de l'Empire romain, avec les "cinq empereurs sages", la clarté politique, la grande stabilité des prix, la subordination de l'armée à l'État, et les barbares qui n'osent pas provoquer. En fait, les crises politiques, économiques, sociales et militaires de l'empire au IIIe siècle sont toutes issues de cette période dite "faste".

Après l'arrêt de l'expansion militaire de l'Empire, la productivité agricole de l'époque n'était pas suffisante à l'origine pour soutenir une civilisation urbaine vaste et complexe, et le mouvement d'urbanisation forcée de l'Empire a dû s'appuyer sur la pression excessive exercée sur l'agriculture. Le résultat du "faible grain fait mal aux paysans" a inévitablement conduit à la faillite progressive de l'économie agricole impériale ; la politique de laissez-faire de "non suppression de l'annexion" a toléré le pillage des paysans par des groupes riches, forçant les paysans qui avaient perdu leurs terres à affluer vers les villes, augmentant le coût de la "stabilisation" gouvernementale, déprimant encore plus les prix alimentaires et intensifiant l'annexion des terres ; la conscription des exilés prolétaires dans tout l'empire a modifié la composition de l'armée romaine, et les groupes armés de la populace, animés par le ressentiment et le mécontentement, ont fini par mettre en danger la stabilité du régime.

L'urbanisation des provinces, poursuivie avec vigueur par les "cinq empereurs sages", n'était pas fondée sur les lois du développement économique naturel, mais sur les besoins politiques du pouvoir impérial, et était favorisée par les groupes riches. Lorsque ce cycle monétaire à flux de trésorerie négatif est insoutenable, les impôts exorbitants augmentent et la vitalité économique diminue.

L'un des "cinq sages", Trajan (98-117), réussit à annexer la Thrace, l'État tampon du Danube, mais fut pris dans un dilemme stratégique entre les Allemands au nord et les Iraniens à l'est, et la situation à la frontière nord se compliqua soudainement. Ses aventures militaires visant à annexer la Mésopotamie à l'Est n'ont pas rapporté les dividendes de la paix, mais ont au contraire suscité une forte hostilité nationale. Bien que Trajan ait gagné militairement, il a subi une défaite financière, et l'Empire romain a presque perdu sa fortune.

L'agriculture est en déclin, le commerce est en dépression, les riches et les pauvres sont divisés, les sources d'impôts sont épuisées et l'écart entre les dépenses quotidiennes de l'empire se creuse.

En 117, Trajan a dû réduire la teneur en argent du dinar, qui était de 95% à l'époque augustéenne, à 85%, et la monnaie a été dévaluée de 10,5%, ce qui équivalait à un impôt monétaire caché de 10,5% sur la population qui détenait de l'argent liquide dans tout l'empire, pour couvrir l'énorme déficit fiscal.

Le successeur de Trajan, Hadrien (qui régna de 117 à 138), un autre "cinq empereurs sages" reconnu dans le monde entier, dut nettoyer le désordre laissé par Trajan. Les barbares de la frontière nord s'étaient à nouveau déchaînés, de nouvelles guerres avaient éclaté en Grande-Bretagne, les combats en Mauritanie faisaient rage, les Juifs de Mésopotamie, d'Égypte et de Palestine se livraient à des émeutes sanglantes, et une nouvelle série de guerres était imminente. Finalement, Hadrien fut contraint d'abandonner la Mésopotamie, non pas parce qu'il n'était pas assez courageux ou audacieux, mais parce que les ressources financières de l'empire n'étaient plus suffisantes pour soutenir la guerre de conquête.

Lorsque Marc-Aurèle (règne 161-180) arrive au pouvoir, la situation de l'Empire continue de se détériorer. Il est l'un des plus respectés des "cinq empereurs sages" de l'histoire romaine, et a écrit le célèbre livre "Méditations" pendant les années de guerre et de pauvreté des chevaux, qui est encore largement diffusé aujourd'hui. L'ampleur de sa guerre contre les Sabbats n'était pas moindre que celle de Trajan, et lorsque les troupes d'élite romaines furent toutes transférées vers l'est, les barbares de la vallée du Danube rompirent à nouveau les rangs, obligeant l'empereur à faire demi-tour et à marcher vers l'ouest. Plusieurs batailles s'ensuivent et l'Empire romain est une fois de plus au bord de la ruine.

L'empereur avait juré de ne pas ajouter de nouveaux impôts, affirmant qu'il préférait vendre ses biens pour faire fonctionner l'empire. La crise financière a mis l'empereur à genoux, et il a littéralement commencé à vendre aux enchères les biens de sa famille, ce qui a duré plus de deux mois. Mais les trains ne sont pas poussés, les bœufs ne sont pas soufflés, et les empires ne peuvent certainement pas être soutenus par des vendeurs d'empereur. En fin de compte, l'empereur n'a toujours pas tenu sa promesse et a commencé à augmenter les impôts et les taxes.

Lorsque les soldats ont surmonté la demande des barbares d'augmenter la solde de l'armée, Marc-Aurèle a répondu avec aigreur : "Si vous voulez quelque chose de plus que votre solde habituelle, ce n'est que pour extraire le sang et la sueur de vos parents et de vos proches. Quant au trône, seuls les cieux peuvent en décider. "Il est clair que l'empereur a profondément compris l'ampleur de la crise des finances de l'empire, préférant affronter l'exaspération des soldats et la férocité d'une éventuelle mutinerie.

Même si l'empereur est militairement victorieux, les provinces ont atteint les limites de leur pouvoir financier, l'Espagne refuse à plusieurs reprises d'envoyer des soldats, tandis que la Gaule et les autres provinces occidentales sont remplies de desperados, qui se révoltent en nombre croissant et entrent même ouvertement en guerre régulière contre l'armée romaine. En Égypte, un grand nombre de personnes ont fui leurs villages pour éviter le service militaire, la servitude et les impôts, et se sont réfugiées dans les marais du delta du Nil, formant plus tard une armée pour commencer une rébellion.

L'Empire romain sous Marcus Aurelius était déjà en crise et en péril. En 180, l'empereur a dû dévaluer la teneur en argent du dinar à 75%, soit une dévaluation de 11,8% par rapport au dinar de Tulare.

Ce n'est que trente-cinq ans après Marc-Aurèle que les finances de l'Empire sont à nouveau au bord de l'effondrement. La dictature militaire de l'empereur Sévère, qui s'appuyait sur le plagiat familial, les confiscations et les dons forcés, ainsi que sur les richesses qu'il obtenait de la noblesse, fut réduite à ce qui restait par son fils Caracalla. Caracalla, profondément influencé par son père, enracina les fondements du pouvoir impérial dans l'armée, et les dépenses militaires finirent par vider le trésor de ses revenus.

La seule solution à la crise financière urgente était de dévaluer davantage la monnaie, mais au lieu de le faire de manière trop évidente, comme Marc Aurèle l'avait fait, Caracalla a fait une "innovation" majeure et a commencé à émettre de nouvelles pièces d'argent, les "Antinori", en 215.

En 215, Caracalla a émis "Antony", la version romaine de "Fold Two". La pièce d'argent Antinori est légèrement plus grande que le dinar et contient 1,5 fois plus d'argent que le dinar, mais sa valeur faciale équivaut à deux dinars, ce qui équivaut à une dévaluation unique déguisée de 25%, soit plus du double de la dévaluation de Marc-Aurèle !

C'était la première "monnaie de crédit souverain" de l'histoire romaine ! L'essence de l'hymne est de compenser la teneur en argent manquante de la nouvelle monnaie par un crédit national de 25%. Cette approche juridique de la valeur de la monnaie a fondamentalement rompu avec la méthode traditionnelle de dévaluation de l'argent, et n'est pas moins importante que le "saut" du "singe à l'homme".

L'avènement de la "monnaie antinomienne" signifia un changement qualitatif dans la vilenie des finances impériales. Le peuple de Rome n'était pas dupe et commença à faire des réserves de vieux dinars et de lingots d'argent, tandis que les marchands augmentaient le prix de leurs marchandises en fonction de la teneur en argent des nouvelles pièces, et la hausse des prix commença à s'accélérer.

Pour aggraver les choses, la confiance des Romains dans le gouvernement avait été fortement ébranlée, et tout le monde se plaignait de la nouvelle monnaie, et le ressentiment contre le gouvernement envahissait le paysage.

Rome était impuissante à piller l'or et l'argent, les mines d'argent espagnoles originales avaient été épuisées, et l'argent et l'or avaient disparu du marché sans laisser de trace. La panique sur le marché a été comme un spasme, stimulant les prix des marchandises à augmenter à leur tour. En termes modernes, il s'agit d'un changement soudain des attentes du marché en matière de prix.

La teneur en argent des "Antinori" se déprécia rapidement, passant de 40% en 240 ans à 4% en 270 ans. À l'époque de Galien (253-268), les finances de l'Empire n'étaient pas au bord de la faillite, mais en faillite. Sous son règne, Rome subit sa pire crise depuis sa fondation, lorsque des centaines de milliers de barbares germaniques se frayèrent un chemin sous la ville pour la première fois depuis plus de 600 ans. Dans le même temps, l'Empire romain est confronté à une crise majeure de désintégration avec la sécession de la Gaule, l'indépendance de l'Orient, la sécession de l'Égypte et la rébellion des Africains.

L'empereur n'avait plus que le moyen de sur-émettre de l'argent. Les pièces d'argent romaines connurent la pire dévaluation de l'histoire, la teneur en argent de la pièce Antinori passant de 40% en 240 ans à seulement 4% en 270 ans ! [61]

En outre, l'empereur a également émis un grand nombre de pièces de cuivre brutes, ces soi-disant pièces de cuivre ne sont en fait que de fines feuilles de cuivre, pesant seulement 2,48 grammes, même les banques ont refusé d'accepter des pièces aussi pauvres.

Gracchus a dévalué la monnaie jusqu'à sa limite physique !

Finalement, Gracchus est mort aux mains d'une armée rebelle.

Ce n'est pas l'empereur Aurélien (qui a régné de 270 à 275) qui a réellement déclenché la super-inflation de l'Empire romain après Gracchus. Aurélien était un génie militaire qui, durant son court règne de cinq ans, a récupéré les deux tiers du territoire de Rome, écrasé les invasions barbares et les divisions internes en Europe, en Asie et en Afrique, et s'est fait connaître comme le "restaurateur du monde". Cependant, en ce qui concerne la dévaluation de la monnaie, il fut le "pointeur" de l'hyperinflation de l'Empire romain et joua un rôle décisif dans l'effondrement final de sa monnaie.

En 274, la fameuse réforme monétaire de l'histoire romaine commence avec l'introduction de la "monnaie d'Aurélien", une nouvelle pièce avec une teneur en argent de 5% et un poids de 4,04 grammes.

Par souci de crédibilité, le dos de la nouvelle pièce a été frappé avec le chiffre romain "XXI", qui signifie "20:1", c'est-à-dire 20 nouvelles pièces d'Orléans contenant 5% d'argent, équivalant à un dinar de l'époque augustéenne. La teneur en argent des nouvelles pièces semble être la promesse d'un crédit national, et à l'avenir, la pureté des pièces d'argent sera rétablie à l'époque augustéenne. Cependant, tout ceci n'est rien d'autre qu'une volte-face.

---

[61] Glyn Davies, *History of Money*, University of Whales Press, 2002, p. 97–98.

L'évolution de la courbe de la teneur en argent de la monnaie de l'Empire romain, le "thermomètre" de la santé économique, politique et sociale.

En fait, la valeur de la nouvelle pièce est similaire à celle de la pièce "Antinori" à 4% d'argent, qui est abondante sur le marché, mais l'empereur a joué encore plus dur que Caracalla en stipulant par la loi qu'une nouvelle pièce d'Orléans = deux anciennes pièces Antinori, ce qui revient pour le gouvernement à déprécier une nouvelle fois la nouvelle pièce de 100% sur la base des Antinori déjà dépréciés !

Le peuple de Rome était tellement pressé, qui oserait prendre une telle monnaie ? Les gens se sont précipités dans les rues et les ruelles et ont commencé une course folle pour acheter. Pour être précis, ce n'était pas une course folle pour acheter, mais une course folle pour jeter la monnaie ! La modeste hausse des prix de 250 ans, immédiatement comme un cheval sauvage sans laisse, jusqu'à la poussière. Pénuries alimentaires, paralysie commerciale, banditisme et chute de la population ont porté à son paroxysme la crise du IIIe siècle de l'Empire romain !

Le prix du blé en Égypte a augmenté deux à trois fois entre le 1er siècle et le milieu du 3e siècle, reflétant essentiellement la dévaluation de la monnaie. Cependant, à partir de 250 ans, les prix du blé ont commencé à s'accélérer, et vers 280, ils étaient 100 000 fois supérieurs à ce qu'ils étaient 30 ans auparavant !

C'est la première fois que l'humanité voit une hyperinflation !

L'effondrement de la monnaie a sonné le glas de l'empire.

L'empereur Dioclétien (règne 284-305), prend en charge un système monétaire qui s'est effondré et un empire qui est sur le point de s'écrouler.

Afin de sauver un système monétaire qui avait complètement perdu la confiance du peuple, Dioclétien entreprit d'abord d'émettre de nouvelles pièces d'or, d'argent et autres pièces de grande pureté. Il était plein d'espoir que la nouvelle monnaie guérirait l'hyperinflation et soulagerait au moins la pression de la flambée des prix.

Sans argent, il n'y a pas d'économie et, en fin de compte, pas d'empire.

À son grand désarroi, ses nouvelles pièces étaient de qualité comparable à celles de l'époque de Néron, mais avaient des centaines de fois plus de valeur. La raison est en fait très simple, la proportion de nouvelles pièces par rapport à la quantité totale d'argent en circulation dans l'ensemble de l'empire est trop faible, et lorsque de bonnes et de mauvaises pièces sont en circulation en même temps, les bonnes pièces sont toujours collectées, et ce n'est qu'en cas d'absolue nécessité qu'elles seront sorties pour être payées, comme l'impôt d'État doit être payé pour les bonnes pièces ; tandis que les mauvaises pièces sont comme des patates chaudes, tout le monde ne peut s'empêcher de les utiliser immédiatement après les avoir obtenues, de sorte que le flux de mauvaises pièces sera plus rapide, augmentant ainsi le prix des marchandises.

La nouvelle pièce de Dioclétien était comme une vache de boue dans la mer, avalée par la pièce inférieure en un instant et sans un mot.

La cause profonde de la flambée continue des prix est que le système de production, de transport et de commerce de l'Empire romain a été paralysé et que la politique purement monétaire n'a pas été en mesure de remédier à la débâcle économique.

Les efforts déployés pour sauver la monnaie ont finalement échoué et l'inflation continue de s'aggraver.

Dioclétien a dû recourir à des moyens administratifs pour contrôler directement les prix, comme dans le célèbre décret royal sur les prix de 301. Dans ce décret royal, Dioclétien attribue la cause première de l'inflation à la spéculation et à la thésaurisation des hommes d'affaires, plutôt qu'à l'effondrement économique et à la dévaluation de la monnaie. Le décret royal établit des plafonds de prix pour des milliers de biens et de services, sous peine de mort. Cependant, le prix officiellement fixé, bien inférieur au coût pour le producteur, s'il était appliqué, n'existerait plus pour la marchandise sur le marché.

Cela a voué le contrôle des prix à l'échec.

Après l'échec du contrôle des prix, Dioclétien ne s'est appuyé que sur le rationnement, isolant complètement du marché l'approvisionnement de l'armée et du gouvernement, le taxant en nature pour assurer l'approvisionnement de l'armée et du gouvernement, et laissant les gens du peuple se débrouiller seuls dans l'hyperinflation.

La productivité de l'empire s'est effondrée, de plus en plus de terres sont désertées, les projets d'irrigation et de drainage sont abandonnés, l'économie agricole est en faillite, la famine et la peste ont commencé à se répandre, la population a été réduite de manière drastique, le banditisme sévit sur les routes maritimes, le commerce international est virtuellement coupé, le commerce urbain est tombé dans l'abîme, l'ancienne prospérité a disparu, les majestueux bâtiments publics sont irréparables et les routes sont envahies par les mauvaises herbes.

Les groupes riches qui restaient de l'empire ont commencé à quitter les villes en grand nombre, s'installant dans d'immenses domaines à la campagne, tout en emmenant avec eux un grand nombre d'artisans. Les centres d'activité industrielle ne se trouvaient plus dans les villes, et la demande pour leurs produits était limitée aux domaines ou aux localités. Les groupes de villes étoilées de l'Empire sont devenus des ruines économiques sans vie.

L'hyperinflation a entraîné la mort de l'économie monétaire impériale, laissant derrière elle une ceinture fracturée d'économies autosuffisantes, féodales et séculaires.

En 292, Dioclétien divise l'Empire romain en deux, avec quatre empereurs. Après avoir survécu pendant plus de 100 ans, l'Empire romain d'Occident périt.

Explications

On dit souvent que Rome ne s'est pas construite en un jour, ni ne s'est effondrée en un jour, et que la fin de l'Empire romain en 476 n'était que l'aboutissement de deux siècles de désintégration.

La question de savoir pourquoi Rome est tombée a fasciné d'innombrables érudits au cours des millénaires, qui y ont réfléchi avec beaucoup de peine, mais ne sont toujours pas parvenus à une conclusion acceptée. Montesquieu, dans son *Traité sur les causes de l'avènement et de la chute de Rome*, a conclu que la "perte de la liberté" était la clé de la disparition de Rome ; Gibbon, auteur de l'*Histoire de la chute de l'Empire romain*, a soutenu que le système politique centralisé de l'empereur était la principale cause de la chute de l'Empire romain, c'est-à-dire que "les ennemis de Rome étaient en son sein : les tyrans, les princes, les princes, les princes et les princesses, c'est-à-dire que "les ennemis de Rome étaient en son sein : les tyrans et les armées" ; Stavriano, auteur de *The General History of the Globe*, a pointé du doigt les maladies "instrumentales" de l'économie de l'Empire romain comme étant la cause de son déclin, et l'esclavage comme étant la racine. Outre le système politique et les problèmes économiques qui lui sont attribués, il existe des points de vue religieux, barbares, esclavagistes, climatiques, géotechniques, militaires, etc.

L'objectif de ce chapitre n'est pas de tirer des conclusions sur la façon dont l'Empire romain a décliné, mais de soulever la nouvelle question de savoir si la grande division de la richesse sociale causée par la cupidité excessive des groupes puissants et riches de l'Empire était également une cause de l'essor et de la chute de Rome.

L'activité humaine, à travers les âges, a finalement porté sur deux choses : la création et la distribution de richesses, et tout le reste a été dérivé de ces deux activités de base. La création de richesses repose sur l'augmentation de la productivité, et le principe de la répartition des richesses est l'équité. Alors que l'économie a tendance à étudier la première, les sciences politiques se concentrent souvent sur la seconde, et seule l'économie politique peut faire les deux.

Tant que la richesse est en jeu, il est impossible de contourner la convoitise. Pour les riches, la convoitise est une ruse ; pour les pauvres, la cupidité est un vice. Fondamentalement, la convoitise est un désir d'acquérir par tous les moyens une richesse qui n'est pas la sienne.

La cupidité n'est pas une maladie, la cupidité est la nature humaine !

Les bouddhistes définissent la cupidité, la colère et l'engouement dans la nature humaine comme les trois poisons qui sont la source de toute souffrance sur terre. En d'autres termes, que les gens le veuillent ou non, la cupidité sera toujours présente dans la société humaine et ne pourra être guérie. Cela peut également être compris comme la raison ultime du déclin de tous les empires de l'histoire ; le déclin de l'Empire romain n'était rien d'autre qu'une duplication de la nature humaine.

Un bon système n'est jamais celui qui évite la cupidité, mais celui qui la restreint le plus possible. Dans toute société, il doit exister une situation dans laquelle les quelques riches dominent la majorité pauvre, et nous n'avons pas trouvé le contraire dans l'histoire de l'humanité. Au cœur de la lutte contre l'avidité, il y a la forte envie de freiner les actions rusées et désespérées des groupes de riches, qui ont le pouvoir, la force, la motivation et la détermination de changer les règles de la répartition sociale des richesses. Dans le meilleur des cas, il s'agit d'une autolimitation de la part du groupe riche, ce qui, bien sûr, a rarement été une anomalie dans l'histoire, et dans le pire des cas, les forces de la révolte des pauvres peuvent obliger le groupe riche à se restreindre. Un bon système politique est celui qui est capable de contrôler les vibrations sociales du conflit entre les deux camps sans dépasser la limite inférieure de l'effusion de sang et de la révolution.

La loi des douze tables d'airain, compromis du conflit féroce entre les masses pauvres et les groupes riches sous la République romaine, n'a pas brisé le fond du problème, la guerre civile a été évitée et la stabilité de la république romaine a été garantie pour les 200 années suivantes. La République romaine de cette époque, avec sa capacité institutionnelle d'autocorrection, était, en dernière analyse, le système politique et économique de la trinité des citoyens, des terres communales et de l'armée civile de la République romaine était conforme aux intérêts fondamentaux de Rome à l'époque, et avait donc une vitalité vigoureuse.

Après le déclenchement de la guerre de Buenos Aires, les citoyens de Rome se sont rendus sur le champ de bataille, subissant finalement de lourdes pertes et la faillite de leurs richesses, et perdant un levier efficace sur la balance politique contre la cupidité des groupes riches, ce qui a abouti à une situation dans laquelle les groupes riches ont procédé à de folles fusions de richesses sans conséquences graves. La répartition des richesses s'est donc brusquement accélérée, le pouvoir des groupes de riches a augmenté, et l'équilibre social a été complètement inversé. Dans cet état, les réformes des frères Gracques sont vouées à l'échec. Cent ans de sang et de guerre civile s'ensuivent, et la République romaine est impuissante à revenir.

L'Empire romain qui s'ensuivit était en fait une monstruosité engendrée par les grands dividendes de l'expansion militaire de Rome, et bien qu'il fût militairement assez puissant pour conquérir les États du littoral méditerranéen, sa capacité organisationnelle n'était pas suffisante pour diriger efficacement un vaste empire. En conséquence, l'Empire romain a dû pousser fortement le mouvement d'urbanisation, dans le but d'instaurer un régime indirect par le biais d'un contrôle impérial de nombreuses fédérations urbaines, ces dernières contrôlant la population sous leur juridiction et incorporant le plus grand nombre possible de personnes dans les villes. Le mouvement d'urbanisation de l'empire n'était en aucun cas le résultat d'un développement économique naturel, mais un choix politique impuissant à gouverner un vaste empire.

Le processus d'urbanisation très déformé a eu des conséquences économiques extrêmement graves, avec une suppression délibérée des prix des denrées alimentaires, des cultures céréalières non rentables, un développement déformé des cultures commerciales, une mauvaise répartition des ressources agricoles, un faux boom des produits industriels, un faux boom des échanges commerciaux et une bulle d'actifs omniprésente. Une conséquence pire encore est que la cupidité des riches conglomérats, dans le cadre de la politique d'État urbanisée établie, est une fois de plus hors de contrôle, l'annexion des terres a atteint des proportions sans précédent, et les contradictions dans la distribution de la richesse sociale sont d'une acuité sans précédent.

En fin de compte, la division des richesses a conduit à la montée des exilés, à la détérioration de l'armée, à la confrontation des groupes riches avec les groupes populaires, à la guerre civile constante, au bain de sang et au destin irréversible de la disparition de l'empire.

Le phénomène de l'effondrement des empires dû à l'avidité excessive des puissants et des riches n'est pas propre à la société occidentale, et le même problème se retrouve dans le renversement des dynasties successives de l'histoire chinoise.

CHAPITRE VIII

L'essor et la chute de la dynastie des Song du Nord

D'un point de vue militaire, les Song du Nord étaient une dynastie faible et nourricière ; mais d'un point de vue économique, c'était une période de grande richesse et d'extrême prospérité. La dynastie des Song du Nord a été non seulement l'apogée du développement économique monétaire dans l'histoire féodale de la Chine, mais aussi un phare de la civilisation urbaine mondiale au Moyen Âge.

L'économie de la dynastie des Song du Nord était quatre fois plus importante que celle des dynasties Sheng et Tang, avec plus de 1 800 villes, un taux d'urbanisation de près de 12% et un degré de monétisation sans précédent à l'époque féodale. Plus important encore, le haut degré d'urbanisation et de monétisation de la dynastie des Song du Nord n'était pas fondé sur la nécessité d'une domination politique et d'une garnison militaire, comme dans l'Empire romain, mais était le résultat naturel d'une productivité accrue et d'une expansion économique.

L'essor de la civilisation urbaine a entraîné l'épanouissement de la science et de la technologie, de la culture et de l'art. Trois des "Quatre Inventions" de la Chine ancienne, six des "Huit Maîtres des Tang et des Song", sont nés à cette grande époque. La civilisation monétaire de la dynastie des Song du Nord a également créé les premières notes de crédit souveraines du monde, le premier marché d'échange de notes financières. Il y a mille ans, la rue financière de Kaifeng n'est pas moins dominante que la Wall Street d'aujourd'hui aux États-Unis.

Bien que les civilisations de la Chine et de l'Occident soient très différentes, avec des histoires, des politiques, des cultures, des langues et des traditions religieuses très différentes, une chose est commune, et c'est l'humanité.

L'apogée de Rome était éloignée de près de mille ans de l'apogée de la dynastie des Song du Nord, mais la disparité entre riches et pauvres qui a détruit l'Empire romain est également une source fatale de désintégration. L'échec de la réforme des frères Gracchus et le changement avorté de la loi par Wang Anshu illustrent l'incapacité du système politique à se corriger lui-même.

Par conséquent, Rome et les Song du Nord ont connu des problèmes similaires, avec l'annexion de terres, une fiscalité injuste, des déficits fiscaux, la dévaluation de la monnaie, des perturbations internes et externes, et même le déclenchement de crises, exactement dans le même ordre.

L'histoire est étonnamment similaire, en raison de l'humanité étonnamment similaire qui la sous-tend !

La dynastie des Song du Nord, l'apogée de la deuxième civilisation monétaire de l'humanité

Après l'effondrement de l'Empire romain, la civilisation européenne s'est tue pendant un millier d'années, au moment même où l'ère la plus sombre du Moyen Âge occidental faisait apparaître à l'horizon asiatique la deuxième vague d'économies monétaires de l'histoire de l'humanité.

En 960, la dynastie des Song du Nord a été établie, et une grande ère a été lancée.

Si la civilisation de l'Empire romain était fondée sur la force du sang de fer et de la conquête, la prospérité de la dynastie des Song du Nord était le résultat du progrès et du développement pacifique fondé sur la productivité.

Sous la dynastie des Song du Nord, les révolutions de productivité les plus fulgurantes ont d'abord éclaté dans les industries de l'énergie et de la fonte du fer.

Bien que la Chine ait été capable de fabriquer du fer dès les périodes des Printemps et Automnes et des États en guerre (ou même avant), jusqu'à la dynastie des Song du Nord, le coût de la fonte du fer était élevé, la production était faible, la qualité était médiocre, et le prix du fer était si élevé que l'économie agricole de la Chine ne pouvait pas se permettre sa popularité massive. Le principal problème était un goulot d'étranglement énergétique, la fonte du fer nécessitait l'utilisation de charbon de bois, qui était extrêmement cher et limité en chaleur. À l'époque de la dynastie des Song du Nord, le charbon a atteint le stade de l'exploitation minière à grande échelle et a commencé à être utilisé massivement pour l'énergie industrielle. Le charbon a remplacé le charbon de bois et la révolution énergétique a donné lieu à la croissance explosive de l'industrie de la fonte du fer.

En 1078, sous la dynastie Song, la production de fer de la dynastie des Song du Nord avait atteint 75 000 à 150 000 tonnes, soit à peu près la production totale de fer de l'Europe au 18e siècle (y compris la Russie) avant la révolution industrielle ! Si l'on compare avec les dynasties Sheng et Tang, connues pour leur richesse et leur puissance dans l'histoire chinoise, la dynastie des Song du Nord a produit trois à quatre fois plus de fer que les Tang.

L'industrie de la fonte du fer très développée de la dynastie des Song du Nord était non seulement étonnante dans son ensemble, mais aussi de plus en plus raffinée dans sa division du travail. Par exemple, les couteaux en acier de Shinju, les outils agricoles de Yanzhou, les tabourets de Yuanju, la vaisselle de Leizhou, les ciseaux de Taiyuan, les couteaux de ricin de Heshan, les aiguilles de Leiyang, les clous de Hangzhou, etc. Dans le "produit du poing" local, la division plus détaillée du travail a donné naissance à une grande variété de produits en fer, avec une production énorme. Par exemple, Hangzhou possède un magasin de marque spécialisé dans la vente d'épingles en fer et une "charnière à clous" spécialisée dans les clous en fer, et la fourniture annuelle de clous en fer à l'industrie manufacturière atteint à elle seule 600 000 kg.

Les progrès rapides de l'industrie de la fonte du fer ont également entraîné le développement sans précédent de l'industrie sidérurgique, l'irrigation de l'acier, l'acier 100, l'acier au cuivre et d'autres méthodes de fusion de l'acier ont été largement utilisés. La révolution technologique de la production dans l'industrie métallurgique du fer et de l'acier a, à son tour, entraîné de grandes avancées dans les outils de l'agriculture et une large augmentation de la productivité agricole.

La dynastie des Song du Nord a commencé à populariser à grande échelle les outils agricoles à lame d'acier, comme les épées et les couteaux latéraux en acier pour promouvoir la culture des terres incultes, et la charrue régulatrice est devenue la charrue régulatrice pour faciliter le labourage profond et le travail détaillé. En termes de mu de production de céréales, la dynastie Song a atteint 460 kg, soit plus de deux fois plus que pendant les dynasties Sheng et Tang et plus de quatre fois plus que pendant la période des États combattants.

L'augmentation de la production d'acres agricoles et l'expansion de l'échelle totale des terres cultivées se sont directement reflétées dans l'augmentation substantielle de la population de la dynastie des Song du Nord. Par rapport aux générations précédentes, la population des deux dynasties Han a culminé à 50 millions, et à environ 60 millions pendant l'apogée de la dynastie Tang, ces augmentations de population ont créé l'apogée des dynasties Han et Tang. La population de la dynastie des Song du Nord a dépassé celle des deux dynasties Han depuis Song Renzong, et est comparable à celle des dynasties Sheng et Tang, culminant à plus de 100 millions, soit presque le double de celle des dynasties Han et Tang. Sous la dynastie des Song du Nord, le nombre de "dents" était sans précédent.

L'énorme production alimentaire a non seulement entraîné une augmentation considérable de la population, mais a également contribué à la première vague d'urbanisation de l'histoire chinoise.

La proportion de citadins dans la population totale de la dynastie des Song du Nord atteignait 12%, portant le nombre total à plus de 12 millions, dépassant de loin celui des dynasties précédentes dans les générations successives. Le nombre total de villes de la dynastie Song s'élevait à plus de 1 800, et par rapport aux autres pays du monde à cette époque, Nanjing, Yangzhou, Chengdu, Wuchang, Changsha, Fuzhou, Guangzhou et d'autres villes étaient des mégapoles comptant des centaines de milliers d'habitants, et Kaifeng, la capitale de la dynastie des Song du Nord, et Hangzhou, la capitale de la dynastie des Song du Sud, étaient des mégapoles comptant des millions d'habitants.

La population urbaine en pleine expansion devait compter sur un approvisionnement massif en céréales de base, ce qui a entraîné l'essor rapide de l'économie monétaire de la dynastie des Song du Nord. Au Moyen Âge, la plus grande urbanisation du monde a permis à l'économie des Song du Nord de devenir une puissance mondiale.

Le mode de vie de la population urbaine est très différent de celui de la population rurale. Après avoir été libérés de la proximité et de l'étroitesse du travail au lever du soleil et du repos au coucher du soleil, ils ont bénéficié d'une liberté de choix sans précédent, la spécialisation est une condition préalable à leur survie dans les villes, et l'échange sur le marché est une nécessité quotidienne. La division sociale du travail a conduit à une compréhension intellectuelle plus profonde des citadins de la dynastie Song, tandis que les échanges sur le marché ont accéléré la circulation de l'information, et l'effet d'agrégation de la population a stimulé de nouvelles pensées, de nouvelles inventions et de nouveaux besoins.

Au cours de la dynastie Song, Bi Sheng a inventé l'art de l'impression avec des caractères mobiles, ce qui a été appelé la "révolution de l'information" du Moyen Âge, réduisant considérablement le coût de l'information et augmentant indirectement la productivité des diverses activités économiques de toute la société.

Une productivité plus élevée, créant davantage de biens échangeables, stimule un éventail plus large de la demande des consommateurs.

La population urbaine ne se contente plus de manger suffisamment de produits, mais surtout de bien manger. Dans la poursuite de profits plus élevés sous l'impulsion de la dynastie des Song du Nord, le développement rapide de la culture de rente, tels que les agrumes, le litchi a pris la tête en rompant avec l'agriculture traditionnelle, devenant une branche indépendante des cultures de rente, "un mu d'orange qu'un mu de champ de profit plusieurs fois" ; autant que 32 espèces de litchis, seulement Fuzhou, il y a 25 sortes d'un lieu, "si les marchands de vendre un large éventail de prestations, tandis que les citadins genre plus, une année, je ne sais pas des centaines de millions de dollars".

Les légumes sont une nécessité pour les habitants de la ville, et les avantages économiques des jardins potagers sont bien supérieurs à ceux des terres agricoles, connus sous le nom de "un mu de jardin, dix mu de champ". Le poète Song Yang Wanli est passé une fois par Dingjiazhou, l'île de Jiangxin à Tongling, dans la province de l'Anhui, et a constaté que l'île est "large de trois cents milles, et que seuls les radis sont cultivés et vendus à Jinling", il a donc écrit : "L'île n'est pas un endroit pour sourire sur trois cents milles, et les légumes vivront pour dix millions de personnes. "On voit que la culture des légumes sous la dynastie Song était très intensive et souvent approvisionnée à distance.

En plus de bien manger, les citadins attachaient de l'importance à bien s'habiller. Le coton est devenu populaire à partir de la dynastie Song, et les produits en coton sont devenus populaires parmi les citadins ; le lin a continué à développer le marché parmi les groupes à revenus faibles et moyens ; et la soie était une nécessité pour les hauts et les riches. Du point de vue du gouvernement, la soie est le pilier des recettes fiscales, dans le gouvernement prélève des taxes sur 10 sortes de tissus, les produits en soie représentent 8 sortes.

En 1086, le revenu de la dynastie des Song du Nord s'élevait à 24,45 millions de chevaux, soit plus de trois fois celui de la dynastie des Sheng Tang. La production de produits en soie, en coton et en lin à cette échelle nécessite une division du travail plus fine. La dynastie des Song du Nord a émergé pour se spécialiser dans l'industrie textile en tant que principale "machine", avant la division professionnelle du travail, un tisserand à la fois pour filer, et pour tisser le tissu, la production annuelle d'environ 20 chevaux. Lorsque les locomotives sont apparues, ils ont commencé à embaucher des travailleurs pour diviser le travail entre le filage et le tissage, et la production du tissage a atteint 40 chevaux et la productivité a été doublée. Il y avait trois ou cinq métiers à tisser par famille, et jusqu'à six ou sept cents, et le nombre total de familles atteignait 100 000.

L'augmentation de la productivité se traduit non seulement par l'augmentation du nombre de produits, mais aussi par l'amélioration de la qualité. La qualité du tissage de la soie dans les dynasties Tang, Song et Yuan a été comparée et il a été conclu que "la soie Tang était épaisse et épaisse, la soie Song était fine et fine, et la soie Yuan était similaire à la soie Song mais légèrement inégale". Les citadins de la dynastie des Song du Nord portaient les meilleurs tissus du monde à l'époque.

Après avoir été nourris et réchauffés, les citadins de la dynastie des Song du Nord étaient plus attentifs à leurs goûts dans la vie.

La porcelaine n'est pas seulement un article de cuisine indispensable à la vie quotidienne, mais aussi un élément d'appréciation décoratif pour l'ameublement de la maison. L'aspect pratique et la beauté de la porcelaine Song ont atteint en même temps un haut niveau de réalisation. En ce qui concerne la productivité, la dynastie des Song du Nord a connu une avancée rapide, en améliorant non seulement le processus de production de la porcelaine, mais aussi une division du travail plus détaillée et spécialisée. Le géotechnicien, le boulanger, le vitrier, l'ouvrier de la boîte, l'ouvrier du four sont devenus indépendants, le processus de fabrication de la porcelaine est constamment optimisé. Dans le passé, la porcelaine cuite en utilisant la "méthode sagger", une porcelaine dans une boîte sagger brûlé à faire, tandis que le peuple Song du Nord a inventé la "méthode de brûlage de couverture", variera dans la taille, les différents modèles de la cuvette et les composants de la plaque, en contraste avec la combinaison de la sagger placé par la boîte de joint a tiré une fois, la production de porcelaine était une croissance explosive.

Outre la porcelaine, qui est un produit de consommation destiné à la fois aux masses et aux groupes aisés, des produits artisanaux spéciaux tels que la laque sculptée, la sculpture de racines, l'os de dent de jade, le canon, l'or, le canon et l'argent, et l'incrustation de conque sont spécifiquement conçus pour répondre aux besoins du marché du luxe.

Une série de percées dans la production de biens de consommation au cours de la dynastie des Song du Nord a entraîné un essor sans précédent du nombre et de la variété des marchandises, qui s'est accompagné d'une spécialisation sans précédent de la division sociale du travail. Sous les dynasties Sui et Tang, la société était grossièrement divisée en 112 rangs, et sous la dynastie Song, elle avait atteint 414 rangs, soit une multiplication par près de trois ! Il existe un proverbe chinois intitulé "Trois cent soixante rangées, et un érudit sort de chaque rangée", qui date probablement de la dynastie Song.

La prospérité des matières premières et l'essor de l'économie monétaire ont donné lieu à la formation de quatre marchés régionaux dans le pays, à savoir le marché du nord centré sur Beijing (Kaifeng), le marché du sud-est centré sur Suhang et Guangzhou, le marché du Sichuan-Shu centré sur Chengdu et le marché du Guanlong centré sur Shaanxi. Ces marchés régionaux, à leur tour, sont constitués d'une série de villes et de marchés qui forment une toile d'araignée croisée, descendante, gauche-droite, de flux de marchandises et de devises.

En termes de flux de marchandises nationales, les produits agricoles et secondaires sont dans un mouvement "centripète", se concentrant des marchés et des bourgs vers les villes, tandis que les biens de consommation artisanaux sont dans un mouvement "rayonnant", s'étendant des villes aux zones rurales. Les taxes et les marchandises de la nation convergent à Pékin du sud au nord et de l'ouest à l'est, tandis que la monnaie reflue de la capitale vers les autres marchés.

La circulation à grande échelle des marchandises dans tout le pays, centrée sur le marché de Pékin, dépend fortement du système de navigation fluviale, et il existe donc une forte demande pour la fabrication de navires de cours d'eau. Dans les premières années de la dynastie des Song du Nord, la taille totale des navires de chenaux atteignait 3 337, et le commerce d'outre-mer et le transport maritime se sont également développés rapidement en raison de la prospérité économique. Le tonnage des navires de haute mer peut dépasser 500 tonnes et transporter cinq ou six cents personnes. Dans le même temps, la productivité de l'industrie de la construction navale des Song du Nord est très étonnante, seul Wenzhou, un chantier naval géré par le gouvernement, avec un nombre fixe de 252 personnes, la production annuelle est en fait aussi élevée que 340 navires, presque 1 navire par jour !

La prospérité de l'industrie de la construction navale a donné naissance à de nombreuses générations de magnats de la construction navale, et le gouvernement des Song du Nord a libéralisé la pleine concurrence du marché dans l'industrie de la construction navale, et la production de navires géants de haute mer privés a largement dépassé celle des chantiers navals gouvernementaux.

Le thé, la soie et le fil de soie, l'or, l'argent, les bijoux, les trésors de porcelaine et de laque, les pavillons et les pavillons, la poésie et les peintures de vin.

La ville de la dynastie des Song du Nord regorgeait de biens, les fournitures matérielles étaient abondantes et les activités spirituelles étaient à leur apogée. L'économie des Song du Nord, tirée par la locomotive de la productivité galopante de l'industrie du fer et de l'acier, a également fait une percée majeure dans le domaine des outils agricoles, et la productivité agricole a doublé, déclenchant la concentration de la population agricole dans les villes. La convergence des trois courants de l'urbanisation, de la marchandisation et de la monétisation a stimulé une division sociale du travail plus fine, une augmentation plus large de la productivité et une plus grande demande de consommation, ce qui a entraîné le développement général de diverses industries telles que les cultures de rente, l'impression et la teinture des textiles, la transformation des aliments, la construction et la construction navale, l'exploitation minière et la fonte, la laque de porcelaine, l'impression du papier, ainsi que le sel, le thé et le vin, créant ainsi davantage d'emplois urbains et accélérant le transfert de la population agricole vers les villes.

L'économie monétaire n'a pas seulement enrichi le peuple Song, elle l'a aussi rendu plus indépendant dans sa façon de penser. Six des huit dynasties Tang et Song, trois des quatre inventions anciennes de la Chine, sont toutes apparues sous la dynastie des Song du Nord. La période d'activité intellectuelle sans précédent dans l'histoire de la Chine, la période des Printemps et Automnes et la période des États combattants, a également été la période du premier grand développement de l'économie monétaire ; dans la Grèce antique, elle a donné naissance à la grande époque de Socrate, Platon et Aristote, et c'est aussi l'époque de l'explosion de la civilisation monétaire de la Lydie en mer Égée.

L'économie monétaire est inséparable de la monnaie, et la force motrice qui fait tourner l'énorme machine économique de la dynastie des Song du Nord est le flux constant de monnaie de cuivre.

Dépassement de la monnaie et inflation

Bien que la dynastie des Song du Nord ne disposait pas d'un système statistique de PIB, si l'on compare les principaux indicateurs économiques de la dynastie des Song du Nord et de la dynastie des Sheng Tang, il est clair que la dynastie des Song du Nord avait près de deux fois la population et deux fois la productivité de la dynastie des Tang, et que son économie totale était à peu près quatre fois plus importante que celle de la dynastie des Sheng Tang. Si l'on considère que la dynastie des Song du Nord était plus urbanisée et commercialisée que celle des Tang, la masse monétaire de la dynastie des Song du Nord aurait dû être au moins quatre fois supérieure à celle de la dynastie des Tang.

Pourtant, la vérité est encore plus choquante.

La quantité d'argent frais ajoutée chaque année au cours de la dynastie des Song du Nord a progressivement augmenté, passant de 800 000 Guan en 995 à 1,25 million de Guan vers 1000, 1,83 million de Guan en 1007, 3 millions de Guan en 1045, pour culminer à 5,06 millions de Guan la troisième année (1080) de Yuanfeng, le Godzong des Song !

Il ne s'agit que de monnaie en cuivre, la dynastie des Song du Nord comptait à l'époque plus d'un million de guan de monnaie en fer frappés chaque année, ainsi que de la monnaie en papier dans la région du Sichuan (la circulation totale au début était de 1,25 million de guan).

La frappe annuelle de pièces sous le règne de Tang Xuanzong Tianbao (742-756) était d'environ 320 000 Guan, et sous le règne de Tang Xianzong Yuanhe (806-820) de 135 000 Guan. Si les années Yuanfeng de Song Shenzong ont marqué le passage de la dynastie des Song du Nord de la prospérité au déclin, alors les années Tianbao de

Tang Xuanzong ont été dans la même position que la dynastie Tang, ce qui signifie que la quantité de nouvelle monnaie ajoutée pendant l'extrême prospérité de la dynastie des Song du Nord était au moins 19 fois supérieure à la quantité de monnaie ajoutée pendant la même période.

En 1085, la quantité totale de pièces frappées en cent ans par la dynastie des Song du Nord était d'environ 140 à 150 millions de Guan, et le stock total de monnaie, avec les pièces privées frappées et la monnaie de cuivre encore en circulation sous la dynastie précédente, était d'environ 250 à 260 millions de Guan. Si l'on compte le nombre de pièces de cuivre (770 dans la dynastie Song), on arrive à environ 200 milliards.

Dans la dynastie des Han de l'Ouest, il n'y avait qu'une poignée de personnes riches possédant des dizaines de millions de dollars de biens familiaux, alors que la capitale de la dynastie des Song du Nord était pleine de "dix millionnaires". Le raisonnement est simple, le pouvoir d'achat de l'argent en cuivre des Song du Nord a connu une importante dévaluation par rapport aux dynasties Han et Tang.

À son apogée, la dynastie des Song du Nord avait une économie quatre fois plus importante que celle de la dynastie des Tang, mais elle a émis 19 fois plus de monnaie.

Le premier effet d'une refonte de la monnaie est naturellement l'inflation.

> *"Entre le début de la dynastie Song et Song Renzong, les prix sont passés de bas en haut, et l'indice des prix est passé de 100 au début de la dynastie Song à 1150, soit à 11,5 fois. Sous le règne de Song Shenzong (pendant la période de changement de loi de Wang Anshi), les prix avaient baissé, mais ils ont ensuite augmenté de bas en haut par Song Huizong, les indices du blé et du riz passant à 1 200 et 1 500, soit 12 et 15 fois respectivement."*

Ye Shi, un célèbre écrivain de la dynastie des Song du Sud, s'est lamenté en comparant l'évolution des prix dans les deux dynasties Song, notamment la flambée des prix dans le Jiangsu et le Zhejiang :

> *"La terre de Wu et Yue, la moitié de la population du monde, mais moins de la moitié de la terre, et le prix du riz, du tissu et de la soie a été trois fois le précédent (fin de la dynastie des Song du Nord), le poulet, le porc, les légumes, le bois, le coke a augmenté de cinq fois, la terre des champs et des maisons a*

grimpé de 10 fois, et le lot d'or des maisons et des champs fertiles, il est très difficile d'obtenir des gens à la concurrence, leurs prix sont des centaines de fois le passé."

Un détail important dans la description que fait Ye Sui des prix dans le Jiangnan à la fin de la dynastie des Song du Nord et au début de la dynastie des Song du Sud est que les prix de l'immobilier ont augmenté le plus rapidement, les prix des maisons dans les emplacements de premier choix ayant étonnamment augmenté des dizaines et des centaines de fois ! Cela illustre la deuxième conséquence grave du dépassement de la monnaie, où l'inflation des actifs est bien plus violente que la hausse de l'IPC !

Les excédents monétaires de la dynastie des Song du Nord n'ont pas été distribués de manière égale à tout le monde, mais se sont rapidement concentrés sur quelques-uns grâce à l'expansion des actifs. Outre les terres et les biens, les actifs financiers étaient également des éléments extrêmement importants.

Le "Tokyo Yumehwa Rok" relate le luxe et la grandeur de la rue Nantong, la célèbre "rue financière" de Bianliang. Dans la "rue financière", il y avait de nombreuses institutions financières, le nom à la mode à l'époque était le "Jiao-yin Shop", où l'on échangeait de manière inédite divers titres tels que diverses devises, de la "monnaie de sel", de la "monnaie de sel" et de la "monnaie de thé". " Nantong une ruelle, et est un lieu de commerce de l'or, de l'argent et de la soie, la maison est majestueuse, la façade est large, regardez-la, chaque transaction, le mouvement est de dix millions, horrifiant. "

Si chaque transaction est de dix millions de bronzes, c'est-à-dire une transaction au niveau de 10 000 Guan, ce qui équivaut à 5 de la masse monétaire des Song du Nord (200 milliards de bronzes), et si la masse monétaire M2 de la Chine en 2013 est de 106 000 milliards, 5 est 53 milliards, ce qui signifie que la taille de la transaction unique des banquiers des Song du Nord a atteint 53 milliards, ce qui est en effet assez effroyable ! Avec un tel niveau d'échelle de transaction de capitaux, le prix de la "rue financière" de Pékin ne peut être que très élevé.

À l'époque, les rues financières de Pékin étaient aussi grandes et influentes que Wall Street aux États-Unis aujourd'hui.

Apparemment, les banquiers de la dynastie des Song du Nord n'étaient pas des gens riches ordinaires, mais des super riches.

Comment la banque de la dynastie des Song du Nord pouvait-elle être si incroyablement rentable ? En fait, ils gagnaient de l'argent avec un état d'esprit très similaire à celui des banquiers de Wall Street aujourd'hui, le modèle de profit le plus rentable étant les transactions financières, l'activité de prêt traditionnelle (usure) venant juste après.

Les banquiers des Song du Nord ne négociaient pas des marchandises ordinaires, mais des billets financiers typiques, c'est-à-dire le monopole gouvernemental sur les produits financiers dérivés du sel et du thé — des billets croisés (sel, thé) et des billets de sel.

La montée en puissance du banquier

Les banquiers de la dynastie des Song du Nord ont progressivement étendu leurs activités à l'échange de pièces de monnaie, qui, à l'origine, était également appelé "boutique de change". La dynastie des Song du Nord est à la fois une période de fort développement économique monétaire et le système monétaire le plus complexe de Chine. La circulation monétaire dans le pays est fragmentée et morcelée, avec différentes monnaies en circulation dans différentes régions.

Dans la monnaie principale, tout d'abord, il y a la différence entre la monnaie métallique et la monnaie papier, la monnaie métallique et la monnaie de cuivre, la monnaie de fer, et la monnaie de cuivre et la monnaie de fer elle-même a la différence entre la grande monnaie et la petite monnaie, plus l'or et l'argent dans la circulation du statut croissant, en particulier l'importance de l'argent dans la dynastie des Song du Nord a largement dépassé la dynastie Tang. Lorsque les marchandises du pays circulent sur les quatre principaux marchés à grande échelle, les monnaies régionales doivent être converties, et les modèles d'inflation tels que l'or, l'argent, le cuivre, le fer et le papier doivent être convertis, ce qui constitue l'activité bancaire la plus fondamentale de la boutique de change.

Les propriétaires de boutiques d'échange sont engagés dans le quotidien est l'achat et la vente faible de la monnaie entre, pour gagner l'écart, dans les mots d'aujourd'hui est à court terme d'arbitrage. Avec la montée en flèche de la circulation de l'argent dans la dynastie des Song du Nord, ils sont rapidement devenus les plus importants teneurs de marché sur le marché financier des Song du Nord, fournissant des liquidités pour l'échange de devises. Ils sont super-sensibles aux fluctuations du marché, et même les écarts de chaque heure ne peuvent échapper à leurs yeux, et ils font un maigre écart. À l'instar des teneurs de marché sur le marché obligataire américain, ils ont progressivement développé leur propre clientèle et établi de solides canaux de vente, et les bénéfices du commerce des devises proviennent de l'écart entre les prix de gros et de détail. Les propriétaires des boutiques de change étaient devenus les plus sensibles aux transactions du marché pendant la dynastie des Song du Nord, se transformant progressivement en la première génération de banquiers.

Au cours de la deuxième année de la dynastie Yongxi (985), les banquiers de la dynastie des Song du Nord ont soudainement découvert une nouvelle opportunité d'arbitrage, bien plus rentable que l'échange de devises, à savoir l'arbitrage "cross-in".

En 985, le Taizong Song Zhao Kuangyi a commencé à planifier secrètement une armée à trois au nord de Liao, en essayant de reconquérir les seize états de Yan Yun d'un seul coup, et a lancé l'année suivante la bataille du col de Qigou, qui s'est terminée par un fiasco. Yang Ye, le célèbre général de la famille Yang, a été tué dans la vallée de la famille Chen après la défaite de cette bataille.

Comme le dit le dicton, avant de déplacer les troupes et les chevaux, il faut d'abord transporter de la nourriture et de l'herbe. Afin de transporter les céréales vers le nord, le gouvernement a mobilisé des marchands pour participer à la logistique militaire, un modèle d'externalisation des opérations gouvernementales sans précédent dans l'histoire de la Chine féodale, et uniquement possible dans l'économie monétaire hautement développée de la dynastie des Song du Nord. La commercialisation et la privatisation des fonctions gouvernementales sont tout à fait conformes à l'idée du néolibéralisme américain, et plus précisément, les Song du Nord sont à l'origine du néolibéralisme.

Les marchands doivent acheter eux-mêmes de grandes quantités de céréales, et sont également responsables de l'embauche de personnes pour transporter les céréales et l'herbe sur des milliers de kilomètres vers les zones frontalières, bien sûr, le gouvernement est un soulagement, mais les marchands n'ont pas le bénéfice du début, sans la tentation de profits généreux, qui travaillera pour le gouvernement. Lorsque la frontière reçoit le grain, il est évalué en fonction du prix du marché local et de la proximité de la route de transport du marchand, sur la base de laquelle il y a une certaine préférence, à savoir le profit du marchand. Après avoir évalué l'argent, les fonctionnaires de la zone frontalière donnaient aux marchands un reçu pour l'argent, appelé "guide de livraison", et les marchands retournaient à la capitale avec le guide pour récupérer l'argent auprès des fonctionnaires. Le gouvernement n'avait pas assez d'argent liquide et a remplacé certains des paiements en espèces par des billets de thé salé, que les marchands étaient venus chercher.

Le sel est une nécessité de la vie, et le thé a commencé dans la dynastie Tang et a augmenté dans la dynastie Song, la classe moyenne urbaine riche de la dynastie Song demande du thé était énorme, donc le gouvernement a monopolisé la fourniture de sel thé, devenant une source importante de recettes fiscales nationales. Le sel et le thé font partie des marchandises monopolistiques du gouvernement, le prix de chaque cargaison de sel n'est que de 2,5 yuans, soit deux pièces de cuivre et demi, lorsque le gouvernement l'achète et le vend sur le marché au prix élevé de 26 yuans, "le gouvernement a neuf fois le bénéfice net" ! Et les ventes de thé ont une super marge bénéficiaire de 100% à 300%. Les commerçants peuvent acheter et vendre légalement des marchandises franchisées tant qu'ils ont les factures officielles du sel et du thé, le "guide du sel" et le "guide du thé", ce qui signifie d'énormes profits à portée de main.

Le gouvernement officiel de Pékin n'ayant pas de thé salé en stock, les hommes d'affaires doivent apporter la facture du thé salé au département compétent pour obtenir une "approbation", autrement dit, le sceau officiel. Les autorités compétentes indiquent le lieu de réception du sel ou du thé, et la zone désignée pour la vente. Le sel est généralement collecté à Xiechi, dans la province du Shanxi, tandis que le thé se trouve surtout dans la province du Jiangnan. Après avoir reçu le sel et le thé, les marchands doivent être transportés vers une zone désignée par le gouvernement pour la vente, et ne doivent pas traverser la frontière pour le vendre, sous peine d'être sévèrement punis. La politique gouvernementale de limitation des ventes de terres est, bien entendu, conçue pour assurer un monopole sur les profits élevés du thé salé.

Pour l'homme d'affaires avisé, il y a plus d'huile et d'eau dans l'activité d'externalisation par le gouvernement du transport de céréales et d'herbe. Ils ont pu surestimer le coût de la livraison des rations en "prenant soin" des fonctionnaires locaux dans les zones frontalières. Dans quelle mesure ce coût est-il surestimé ? Par exemple, un seau d'orge ne coûte que 30 yuans sur le continent, et les agents frontaliers ont additionné le prix, le fret et les concessions, et l'évaluation a atteint

1 Guan 254 yuans, soit pas moins de 30 fois la différence de prix ! Les fonctionnaires des frontières ont donné de nombreuses explications "raisonnables" à ce phénomène, comme la distance, le mauvais état des routes, le banditisme, les inondations, l'effondrement de ponts, les coulées de boue, les tremblements de terre, les incendies, tout ce qui est logique. Après tout, la frontière avait fait de grands sacrifices pour la guerre, alors qui voudrait travailler pour la cour sans donner un peu d'huile et d'eau ?

De cette façon, la note de thé salé a beaucoup plus de valeur.

Ainsi, les marchands, en entendant le vent, se sont précipités en masse vers la frontière pour livrer de la nourriture et de l'herbe, répondant à l'appel du gouvernement pour contribuer à la cour impériale et faire de l'argent pour eux-mêmes.

Lorsque les banquiers de la capitale ont vu la grande valeur des billets de thé salé, ils ont commencé à faire pression sur les départements concernés de la cour impériale, en disant que ces hommes d'affaires étrangers étaient de sources inconnues et que leur crédit était très problématique, au cas où ils achèteraient et vendraient les billets de thé salé à l'envers, ou les vendraient à travers la frontière illégalement, cela ne perturberait-il pas le marché et ne saperait-il pas la politique générale du pays ?

Les hommes d'affaires doivent avoir la garantie d'un banquier dans la capitale, sinon les autorités compétentes refusent de les "agréer". Les marchands de partout, qui transportaient des céréales, devaient courir à la capitale pour tisser des liens avec les banquiers.

Le banquier a saisi cette occasion pour instruire l'homme d'affaires d'une manière amère : vous gagnez trop d'argent, vous prenez le billet du thé salé et vous courez à travers les montagnes jusqu'au Shanxi pour obtenir du sel, ou vous parcourez mille kilomètres jusqu'au sud du fleuve Yangtze pour aller chercher du thé, puis vous consacrez du temps et des efforts pour transporter le thé salé jusqu'à d'autres régions pour le vendre, et vous rencontrez des bandits en chemin ? Qu'en est-il du thé salé de mauvaise qualité ? Qu'en est-il du thé salé lorsqu'il est mouillé par une tempête de pluie ? Cela ne vaut pas la peine de courir pendant une demi-année, de faire le tour de la Chine, de gagner un argent durement gagné et d'avoir peur. Au lieu de gagner de l'argent si difficilement, vendez-nous, banquiers, les billets de thé salé à un prix réduit, vous gagnez de l'argent rapidement, c'est facile et sans tracas, le profit est bon, et ensuite vous pouvez retourner transporter du grain et de l'herbe et nous vendre les billets à nouveau, accélérant l'argent, ce qui est bon pour nous deux.

Les marchands, en entendant cela, ont estimé que c'était logique, et ont péniblement vendu les billets de thé salé qu'ils avaient en main à un prix réduit aux banquiers. Ainsi, les banquiers de la capitale ont commencé à acheter et à vendre des billets, et la boutique d'échange est devenue la "boutique d'échange d'or et d'argent", le banquier d'échange est devenu le "banquier d'échange", il est devenu la deuxième génération de banquiers de la dynastie des Song du Nord.

Et si certains hommes d'affaires ne veulent pas changer d'avis, ou s'ils trouvent que c'est une trop grande perte d'encaisser un billet de thé salé à prix réduit ? Alors les banquiers de la capitale s'unissent pour refuser de donner des garanties à de tels marchands. De cette façon, ils ne pouvaient pas obtenir l'"approbation" du gouvernement, et le billet de thé salé ne pouvait que pourrir dans ses propres mains. Même le plus puissant des hommes d'affaires doit courber la tête devant la porte d'un banquier de la capitale. Quant à quelques rabais, il s'agit d'une négociation interne entre les patrons de banque, qu'il s'agisse de deux ou trois rabais, cela dépend de la cupidité des patrons.

Bien sûr, il y aura aussi des hommes d'affaires mécontents pour se plaindre au gouvernement, les gros bonnets ont des liens profonds avec le gouvernement, et le maintien de l'ordre du marché financier est justifié, un tel procès ne peut pas gagner. À partir de ce moment-là, les gros bonnets de la banque se sont regroupés pour bloquer ce type d'action, et l'homme d'affaires n'allait plus jamais refaire du thé salé.

Plus les banquiers ont de "jetons" entre les mains, plus ils ont de contrôle sur les prix du marché. Ils sont aussi généralement présents dans le secteur du financement, comme les usuriers et les prêteurs sur gage, et ont une influence directe sur l'offre de capital de la capitale. Lorsqu'ils sont prêts à acheter des billets, ils peuvent resserrer la racine d'argent en augmentant le coût du financement dans la capitale, puis vendre les billets en grande quantité sur le terrain pour déclencher une avalanche de prix, d'une part pour dissuader le gouvernement, et d'autre part pour absorber à bas prix. S'ils ont besoin d'une forte vente, ils tireront le prix du billet vers le haut, attirant ainsi les spéculateurs à la recherche de profits pour une bouchée de pain. Cette approche n'est pas différente de l'approche moderne de JP Morgan Chase et Goldman Sachs.

La cour impériale voulait utiliser les marchands pour transporter le grain et l'herbe pour les terres frontalières afin d'économiser les dépenses financières, ils ont donc été tentés par les énormes profits du thé salé, mais ne voulaient pas que les marchands soient rusés, ont pris soin des fonctionnaires des terres frontalières, ont vendu le grain et l'herbe aux terres frontalières à un prix moyen de 6 fois le prix du marché, et ont balayé le sud-est de la cour impériale 3,6 millions de taxes sur les profits du thé Guan.

Mais les marchands avisés rencontrent les banquiers plus intelligents et impitoyables du capital, et les grands banquiers s'en sortent à moitié, volant à nouveau les marchands de leurs gains mal acquis.

À l'ère de l'économie monétaire, seuls ceux qui jouent avec l'argent peuvent jouer avec le marché. Les fonctionnaires de la dynastie des Song du Nord, sous l'impact féroce de la monnaie, ne peuvent s'empêcher de se lamenter : "acheter (acheter des céréales) seulement 500 000, et 3,6 millions de thé dans le sud-est aux marchands. En d'autres termes, les hommes d'affaires et les banquiers ont volé au pays 3,6 millions de kyats de taxes pour un coût de 500 000 kyats ! En fait, cette situation est tout à fait conforme à la nature de la classe républicaine romaine des contribuables qui, par l'externalisation des opérations financières du gouvernement, détournaient les impôts de l'État et exploitaient les citoyens romains à grande échelle. Le gouvernement des literati de la dynastie des Song du Nord et le régime aristocratique de la République romaine n'étaient en rien des rivaux des classes de marchands et de banquiers en termes de "richesse", et ils s'associaient même à eux pour diviser la richesse publique.

La lutte entre l'or et le pouvoir

Comme les banquiers contrôlent l'énorme stock de billets de thé salé, ils peuvent devenir à la fois de grands marchands de sel et de grands marchands de thé, faisant ainsi à nouveau fortune dans la circulation commerciale du thé salé. Ayant amassé de vastes richesses, les gros bonnets de la finance sont encore plus puissants. Ils sont capables de dépenser d'énormes sommes d'argent pour obtenir davantage de fonctionnaires afin d'influencer les politiques de la cour. Nombre d'entre eux ont même gravi les échelons et atteint les rangs de la bureaucratie.

Une histoire célèbre a circulé dans la dynastie des Song du Nord. Après que Song Renzong ait aboli l'impératrice Guo, un grand marchand de thé de la capitale a payé très cher pour corrompre des personnes puissantes du harem, a envoyé sa fille au palais, a voulu devenir l'impératrice de Song Renzong, et a obtenu le soutien de l'impératrice douairière, Song Renzong a accepté confusément de descendre. Plus tard, un vieil eunuque a rappelé à l'empereur que le marchand n'était que l'esclave d'un ministre. Ce n'est qu'à ce moment-là que Song Renzong a repris ses esprits et a renvoyé en toute hâte la femme hors du palais. Un marchand de thé a étonnamment l'énergie d'acheter le soutien de l'impératrice douairière qui vit dans le palais profond depuis longtemps, on peut voir à quel point l'influence de l'argent était étonnante dans la dynastie des Song du Nord.

En 1023, la cour impériale s'est finalement résolue à rectifier le service du thé, a accepté l'avis du ministre Li de la consultation, a freiné le gaspillage des bénéfices du thé, a aboli le système de la facture de thé salée "pour guider", la mise en œuvre de la "loi de l'argent de la vue".

Fondamentalement, la "loi sur l'argent vu" remplace l'auto-évaluation des coûts de transport par les régions frontalières sous la forme de subventions financières centrales. Au cours de la première année de mise en œuvre de la nouvelle loi, l'augmentation totale des recettes et la diminution des dépenses du Trésor public se sont élevées à 6,5 millions de kyats ! Les économies fiscales réalisées grâce à l'abolition du billet de thé salé ont dépassé le pic du montant total de la monnaie émise en un an sous la dynastie Song (5,06 millions de guan). Si l'on compare ce chiffre à l'augmentation monétaire de la Chine en 2013, cela équivaut à une augmentation fiscale de plus de 13 000 milliards de yuans !

L'accaparement de l'argent de la facture du thé salé a choqué la cour impériale.

La nouvelle loi a clairement porté un coup sérieux aux intérêts particuliers des hommes d'affaires et aux intérêts financiers, qui ont maintenant remué un nid de frelons, avec pour résultat "des hommes d'affaires perdants et des calomnies qui pullulent". Après seulement trois ans de mise en œuvre, la nouvelle loi au service de la nation et du peuple a fait l'objet d'attaques frénétiques de la part d'intérêts particuliers à l'intérieur et à l'extérieur du pays. Le ministre de la réforme, Li Cun, a été rétrogradé, et ses hommes ont même été assassinés et exilés, et le système a été rétabli à nouveau.

Apparemment, le pouvoir du groupe des super-riches des Song du Nord a réussi à faire vaciller la dynastie.

En 1036, Song Renzong se résolut une fois de plus à réformer la loi sur le thé, et réhabilita la consultation de Li. Depuis la dernière fois qu'il a été relégué au rang de fonctionnaire, Li a eu quelques palpitations, et cette fois, il a mis les vilains mots devant les premiers. Il a déclaré à l'empereur que s'il abrogeait la citation à nouveau, "la crainte d'inconvénients pour les marchands riches et puissants, compter sur les puissants et nobles, afin de déplacer la cour impériale", Li Tuan a demandé à l'empereur doit avoir une attitude ferme de soutien. Avec le soutien direct de l'empereur, Li Tuan a de nouveau aboli l'ancienne méthode du thé. Mais le bon temps n'a pas duré longtemps, et bientôt il y a eu des attaques plus féroces de la part des magnats, et la nouvelle loi n'a pas tenu.

La loi sur le thé des Song du Nord a changé à plusieurs reprises jusqu'à la fin de la dynastie Song, le point central de son litige est le pouvoir d'or et le régime de rivaliser pour d'énormes quantités de l'attribution des bénéfices du thé. Dans une dynastie féodale fortement centralisée, le pouvoir de la finance était déjà assez fort pour concurrencer le régime pour les recettes fiscales de l'État, ce qui était impensable avant la dynastie Song.

Non seulement les modifications de la loi sur le thé ont rencontré la résistance des grands pontes de la finance, mais les réformes de la loi sur le sel ne font pas exception.

Fan Xiang, le ministre chargé de la réforme de la législation sur le sel, a suggéré de remplacer la loi sur l'"argent du sel" par une loi sur les "bottes de sel", dans laquelle les marchands paient en espèces pour obtenir de l'"argent du sel", éliminant ainsi les inconvénients de la surestimation du coût du transport des denrées alimentaires vers les zones frontalières. En outre, l'Institut du sel, une institution spécialisée dans le nivellement des prix du sel dans la capitale, se consacre à la manipulation des prix du sel par les gros bonnets de la finance, afin de contrôler la fluctuation des prix du sel entre 35 et 40 yens par catty.

Les gros bonnets doivent certainement se défendre. Le résultat a été la rétrogradation de Fan Xiang. Après son retour, Fanxiang a de nouveau repris la méthode des billets de sel. Plus tard, pendant la crise financière de la fin de la dynastie des Song du Nord, les billets de sel ont dû être sévèrement sur-émis, ce qui a entraîné une importante dépréciation de leur valeur.

Les gros bonnets de la finance ont mené une bataille de sel et de thé avec la cour impériale jusqu'à l'arrivée au pouvoir de Cai Jing. Les gros bonnets de la finance ont tous fait défection au groupe Caijing, Caijing a une fois de plus changé la méthode du sel et du thé, et les gros bonnets de la finance ont suivi le mouvement pour faire fortune. Les Wei Bo Rou, sur lesquels Caijing s'appuie, sont tous de mèche avec les gros bonnets de la finance de la capitale. Sous les auspices de Wei Bojou, les marchands devaient traiter avec les banquiers et payer une "taxe" de 40% pour échanger les anciens billets contre les nouveaux. Et lorsque l'ancien et le nouveau sont échangés, il faut aussi "clipper le nouveau avec le vieux", sinon vous n'aurez pas de thé salé. Le remplacement fréquent des anciens et des nouveaux billets de banque à Caijing a obligé les hommes d'affaires à payer à plusieurs reprises des "frais" faramineux aux banquiers.

La laine sort des moutons, et les "frais" des marchands sont naturellement répercutés sur les producteurs de sel et de thé, ainsi que sur les consommateurs du marché, ce qui se traduit en fin de compte par une perte de recettes pour l'État.

Après des batailles répétées, le pouvoir Jin et le régime deviennent progressivement une communauté d'intérêts, les gros bonnets de la finance se mêlent à la classe bureaucratique et ne font plus qu'un avec les grands marchands de thé et de sel. Dans la marée de l'économie monétaire, le capital financier consolide les intérêts des bureaucrates, des grands hommes d'affaires et des grands propriétaires terriens en un seul, se solidifiant progressivement en une classe de gens riches et puissants, évoluant vers une sorte de cupidité institutionnelle qui baleine la richesse de la société.

Après avoir balayé la fiscalité du pays, ils ont commencé à transférer d'énormes quantités de richesses vers la terre, devenant la principale force d'annexion des terres à grande échelle et devenant les grands propriétaires terriens de la dynastie des Song du Nord.

6-7% des riches ont annexé 60-70% des terres.

Les annexions de terres des Song du Nord ressemblent étonnamment à celles de la période romaine, les deux empires connaissent l'aboutissement de deux annexions, et la seconde à une échelle bien plus grande que la première. La première annexion de terres frappera durement les caisses du pays, entraînant une grave polarisation sociale et une injustice fiscale, et sans réforme, le régime tombera progressivement en crise. La deuxième annexion des terres sera encore plus folle que la première, et la division extrême des richesses détruira tout espoir que les pauvres ont d'un gouvernement, conduisant à une haine vicieuse des riches et des aristocrates. Si les derniers efforts de réforme échouent, cela conduira rapidement à une violence sanglante, à une guerre civile continue, ou à une invasion par des ennemis étrangers, et finalement à l'effondrement de l'empire et au renversement de la dynastie.

L'annexion des terres romaines a commencé par l'émergence d'une classe de collecteurs d'impôts, qui ont saisi l'impôt universel, le "premier baril d'or" de l'annexion des terres romaines ; la dynastie des Song du Nord a été une époque où les banquiers ont, par coïncidence, pris les bénéfices du gouvernement sur le sel et le thé par le biais du commerce des factures de sel et de thé, qui était également l'impôt universel et le capital de départ pour leur annexion des terres.

La première grande vague d'annexion de terres dans l'histoire de la dynastie des Song du Nord s'est produite sous le règne du véritable empereur Song et de Song Inzong.

Le conflit militaire entre les Song du Nord et les Liao a duré jusqu'à la neuvième expédition de Liao dans le Sud en 1004, qui s'est terminée par l'"alliance toujours abyssale" des Song et des Liao. C'est en raison de la grande demande de nourriture et d'herbe dans la guerre au nord que le système de transport a prospéré, permettant ainsi aux groupes de pouvoir financier de la capitale d'engranger d'énormes bénéfices et de faire fortune grâce au désastre national.

Le billet de thé salé est apparu à partir de 985, avec une brève interruption entre les deux, et a duré jusqu'à la fin de la guerre d'été de l'Ouest, vers 1050. Pendant plus de 60 ans, les marchands et les banquiers ont balayé la franchise gouvernementale d'un nombre incalculable de thé, de sel et de sherry, accédant ainsi à des fonds substantiels pour procéder à des annexions massives de terres.

"Les riches ont le capital pour acheter des terres et les puissants pour les occuper", tandis que la cour impériale a laissé toute liberté à l'annexion des terres, la politique d'État dite de "non-répression de l'annexion". Ou plutôt, il n'y a jamais eu de politique économique dans le Song du Nord. Du point de vue de l'intervention du gouvernement dans l'économie, la dynastie des Song du Nord peut être décrite comme une pionnière dans l'adoption du modèle économique néolibéral.

Au début de la dynastie des Song du Nord, en raison de l'effondrement du système de péréquation des terres, l'original appartient à la réglementation de l'État des terres incultes, des terres non cultivées, n'importe qui peut occuper les terres incultes, tant que l'enregistrement officiel pour le dossier, puis la fiscalité selon le chapitre peut être. Quant à savoir qui est propriétaire de la terre et combien est en possession, la Couronne ne se soucie pas et n'intervient pas. Tant que l'acheteur et le vendeur concluent volontairement une transaction, il leur suffit d'envoyer l'acte au gouvernement pour qu'il soit enregistré, d'y apposer le sceau du gouvernement (appelé "acte rouge") et de payer la taxe sur l'acte, la transaction est terminée et le nouveau propriétaire est responsable de la remise de la terre.

Si le transfert de terre ne passe pas par le gouvernement, l'acte n'est pas estampillé du sceau du gouvernement, c'est ce qu'on appelle le "white deed", le gouvernement ne reconnaît pas sa légalité. Dans le cas des pactes blancs, la Couronne a simplement insisté pour que la transaction soit déclarée, sans intervenir dans la transaction elle-même. Dans le cas des terres appartenant à l'État, ceux qui louaient la terre n'avaient pas la propriété foncière, mais avaient des "droits de champ", la version du chant du Nord des "petits droits de propriété", et la terre pouvait également être achetée et vendue et circuler.

Dans les dynasties féodales qui considéraient la terre comme la vie, la politique des Song du Nord de laisser-faire complet sur l'achat et la vente de terres, peut être appelée une histoire féodale de l'"énergumène". Même sous la dynastie Tang, connue pour son ouverture, la vente d'un mu de "champ divisé par la bouche" est soumise à 20 fouets, la vente des champs ancestraux des Shiye sera strictement limitée par le gouvernement.

En 966, le Song Taizu vient de gagner le monde, sur un appel élevé : "le long fonctionnaire, le peuple Oracle, il y a un large éventail de plantation de dates de mûre, la récupération des champs stériles, et seulement l'ancienne taxe, jamais vérifier. "Dans les premières années de la dynastie des Song du Nord, la croissance économique en plein essor, la reproduction rapide de la population et l'énorme récupération des terres ont montré que la politique des terres libres était efficace. Mais lorsque la récupération des terres incultes est progressivement achevée, la contradiction entre plus de gens et moins de terres devient de plus en plus proéminente, ne plus ajuster la politique, l'annexion des terres est inévitable, la contradiction entre riches et pauvres ne peut que s'intensifier.

Les premiers à déclencher une marée d'annexion de terres sont bien sûr les puissants fonctionnaires et les parents nobles, qui appartiennent à la "puissante occupation du champ", les champs des gens du peuple sont saisis par la ruse, "sélectionner l'engrais et le dévorer", même les terres appartenant à l'État, comme les pâturages appartenant à l'État, les champs des écoles publiques, les montagnes et les forêts publiques sont également devenues leurs cibles d'occupation forcée, même les "champs bénis" des monastères ne sont pas épargnés. L'année de la famine, le peuple s'est trouvé dans une situation difficile et a dû hypothéquer ou vendre ses terres, tandis que les parents puissants et nobles sont tombés sur les bras et ont profité de la situation pour annexer. Un petit nombre de familles puissantes et nobles ont même saboté des barrages et créé des inondations pour tenter de s'emparer des terres des gens à bon compte. La première annexion de terres de la dynastie des Song du Nord, l'élan des moyens féroces, fous, inédits pour toutes les dynasties.

Sous l'impulsion et la stimulation de la classe bureaucratique, les gros bonnets de la finance, les grands hommes d'affaires et les grands propriétaires terriens disposant d'énormes sommes d'argent ne voulaient pas rester à la traîne, ils appartenaient à la génération "les riches ont le capital pour acheter la terre", et dans la marée de l'annexion des terres, ils ont fini par dominer. Les descendants des fonctionnaires nobles et riches ont également hypothéqué ou transféré les milliers d'hectares de leurs terres ancestrales en raison de leurs dépenses excessives. Sous les dynasties Han et Tang, les "annexionnistes", qui avaient été appelés les "hao-min" et sévèrement réprimés par le gouvernement, ont fait l'envie du monde sous la dynastie des Song du Nord, mais sont devenus le "seigneur de Daitian".

Les groupes puissants et riches de bureaucrates, de banquiers, de grands hommes d'affaires et de propriétaires terriens représentent 6 à 7% de la population, mais ils couvrent 60 à 70% des terres du pays et la moitié de ses richesses.

Le gouvernement doit mener des guerres et faire fonctionner le pays, et la consommation financière n'est pas suffisante pour vider le trésor national. Le groupe riche doit payer moins d'impôts, la classe pauvre doit en payer plus. Par conséquent, la qualité de vie de la classe moyenne de la dynastie Song se détériore en raison de la multiplication des taxes exorbitantes et de l'exploitation déguisée.

La destruction du rêve de la dynastie Song

En 1067, lorsque Song Shenzong est monté dans la salle du trône, il s'est retrouvé assis moins comme un fauteuil de dragon que comme un tas de bois sec pouvant être enflammé par une seule étincelle. Il savait que sans réforme, les fondations de la dynastie Song s'effondreraient. Il avait l'œil sur un ministre audacieux pour mettre en œuvre la nouvelle donne, à savoir Wang Anshu.

Wang Anshi a depuis longtemps constaté la grave situation difficile dans laquelle se trouve l'économie du pays, à savoir l'accumulation de la pauvreté, l'épuisement financier, la dépression économique et la charge fiscale inégale. Alors, quelle est la gravité du problème ?

Tout d'abord, la qualité de vie des gens du peuple est bien moindre qu'auparavant. Un fermier terrien typique avec une famille de cinq personnes, dont deux ouvriers et trois enfants, une famille avec du bétail d'élevage et des moyens de production complets, a besoin de 28,8 pierres de nourriture pour une ration annuelle, 1,2 pierre pour le sel, 3-4 pierres pour les vêtements et 3-4 pierres pour le fourrage. En outre, il y a aussi une demande de réparation d'outils agricoles et d'engrais de temps en temps. En fin de compte, une famille d'agriculteurs a besoin d'au moins 36 à 38 pierres de nourriture par an pour assurer sa subsistance la plus élémentaire et se reproduire.

En raison de l'augmentation de la population, la terre d'une famille de paysans typique a chuté d'une moyenne de 95 mu au début de la dynastie des Song du Nord à 50 mu dans la dynastie des Song. Dans la dynastie des Song du Nord, le rendement moyen des céréales était d'environ 2 pierres par mu de terre agricole. Si l'on tient compte du fait que Ping, Feng et l'année de retard représentent chacun 1/3, le rendement moyen des céréales était d'environ 1 pierre. Ainsi, la famille récolte environ 50 pierres de céréales par an, et après avoir mis de côté 5 pierres pour les semences, il reste environ 45 pierres de céréales (environ 92 kg par pierre). Une fois le repas familial consommé, il reste 7 à 9 pierres (644 à 828 catties), d'une valeur monétaire d'environ 2 100 à 2 700 yens.

Cela représente 1 000 pièces qui, à l'époque, valaient à peu près 276 kg de céréales ou 33 kg de sel.

Les deux taxes (taxes d'été et d'automne) que la famille devait payer au gouvernement étaient d'environ 500 yuans, ce qui permettait à la famille de vivre relativement bien lorsque les taxes n'étaient pas lourdes. Cependant, à l'époque de la dynastie Song, l'annexion des terres a entraîné une forte augmentation de la part du peuple dans la charge fiscale.

Le gouvernement utilise de plus en plus de moyens déguisés pour augmenter secrètement les impôts lors de la perception de l'impôt positif sur les concessions foncières. Par exemple, la méthode dite "d'escompte" consiste à échanger arbitrairement tel type d'escompte contre tel type d'escompte, ou à escompter tel type d'escompte contre de l'argent liquide à un prix hautement déraisonnable. À Chenzhou, le gouvernement local stipule que l'impôt d'été ne perçoit que de l'argent et non des céréales, le gros blé bénéficie d'une remise de 100, plus divers frais, le prix officiel est fixé à 140 yuans par seau, alors que le prix du marché n'est que de 50 yuans, ce qui oblige les agriculteurs sur le marché à vendre près de 3 seaux de blé pour payer un seau d'impôt ; dans le même temps, le gouvernement officiel, afin d'assurer les bénéfices de la franchise de sel, a distribué de force à la population d'acheter du sel, le prix du marché de 30 yuans par catty de sel, le fonctionnaire dur à vendre 100 yuans, un chantage déguisé 3. Les choses ne sont pas finies, le fonctionnaire convertit à nouveau le blé en argent liquide, la dernière cargaison de sel est vendue à 350 yuans, alors que le prix du marché n'est que de 30 yuans. Après des "pliages" répétés, les impôts des agriculteurs ont été multipliés par plus de dix ! Bien que les autres États n'aient pas été aussi gourmands que Chenzhou, le "changement de loi" a entraîné une augmentation considérable de la pression fiscale sur les agriculteurs, et au lieu des 500 yuans de l'État, les agriculteurs ont dépensé plusieurs fois plus pour leurs champs.

En plus de l'impôt positif national de l'impôt foncier, les impôts déguisés apparaissent également de diverses manières. Afin de stocker des céréales militaires dans le nord, la cour des Song du Nord a distribué obligatoirement l'achat de céréales dans divers endroits, le prix d'achat de seulement 300 yuans par pierre du gouvernement, les agriculteurs ont subi beaucoup de pertes. Non seulement cela, le gouvernement a payé seulement 1/4 de l'argent pour une pierre de grain, c'est-à-dire 75 kyats, les 3/4 restants ont été convertis en thé, alors que la valeur marchande du thé rationné n'était que de 37 kyats, une pierre de grain a été convertie en 112 kyats. Ce qui est encore plus ridicule, c'est que même le thé de 37 semaines n'est pas présent, mais constitue un "guide de thé" que les agriculteurs doivent aller chercher dans des zones de production de thé éloignées. En désespoir de cause, les agriculteurs ont dû vendre leur "thé" à des marchands. Au final, le fermier a vendu une pierre de grain pour seulement 100 kyats. Si deux ou trois pierres sont distribuées, l'agriculteur perd 400 à 600 yuans de revenus.

En plus de ces taxes cachées, d'autres générations successives de taxes exorbitantes ont également été collectées par le gouvernement local de manière éclectique. À l'origine, dans la région de Jiangnan, sous le règne des Tang du Sud, il y avait jusqu'à 17 taxes : la vente de bétail et de moutons, de céréales, de champs et de maisons était soumise à une taxe, la construction de votre propre maison était soumise à une "taxe sur le bois", le bétail vivant était soumis à une taxe, les morts devaient également payer des taxes (la "taxe sur la peau de vache"), la population devait supporter diverses servitudes, la séparation de la vie familiale était soumise à une "amende" ; quant à la taxe sur les armoises, les chaussures et les pieds, elle était perçue de diverses manières. Comme l'a dit Zhu Xi, "l'ancienne méthode de découpage et de dépouillement existe dans cette dynastie".

La cause première de l'augmentation des taxes exorbitantes est l'annexion des terres !

L'annexion de terres à grande échelle par les grands et les puissants est extrêmement préjudiciable aux agriculteurs ordinaires, et les terres occupées par les grands et les puissants sont rarement taxées. Le "Ziping Accounting Record" avait calculé : " Comptez son loyer pour connaître le nombre d'hectares et de mu, alors que l'impôt n'ajoute pas dix de ses sept ". "Cela signifie que jusqu'à 70% des terres ne sont pas du tout taxées ! La grande majorité d'entre elles sont naturellement occupées par les puissants et les puissants. Dans les premières années de Song Renzong, l'annexion des terres a commencé à chauffer, les puissants et les puissants ont acheté beaucoup de terres mais ont essayé très dur de cacher, souvent 15 mu ~ 20 mu de terres seulement pour payer 1 mu de taxe. Dans les dernières années de la dynastie Song, "le nom de famille officiel Fu occupe des champs illimités, l'annexion et la contrefaçon, et habituel, la grâce lourde ne peut être interdite". L'ampleur de l'évasion fiscale dans les champs cachés des grandes et puissantes familles a atteint un niveau alarmant, les champs enregistrés auprès du gouvernement ayant chuté de 5,24 millions d'hectares sous le règne du Vrai Empereur de la dynastie Song à 2,28 millions d'hectares sous le règne de Renzong, et près de la moitié des terres de la dynastie Song ayant "disparu" !

La forte diminution des terres agricoles obligeait le gouvernement à les compenser par d'autres moyens, et les terres agricoles qui auraient dû être supportées par les puissants étaient transmises aux agriculteurs ordinaires de diverses manières.

La vie des gens ordinaires est censée calculer le thé, le riz, l'huile et le sel pour ces ménages, et ainsi de suite, où la vie agricole peut encore se poursuivre. Dans une bonne année, c'est à peine suffisant pour maintenir la subsistance, et en cas de catastrophe naturelle, vous ne pouvez qu'hypothéquer la terre et êtes obligés d'emprunter à des taux d'intérêt pouvant atteindre 100% à 300%, et une fois que vous devez aux usuriers, les agriculteurs perdront définitivement leurs terres.

50 acres de terre par habitant, comment peut-on considérer la classe moyenne des Song du Nord, sous la lourde oppression des dons et des taxes exorbitantes, de plus en plus de gens ont été contraints de vendre leurs terres et d'agir comme métayers pour les puissants et les puissants. Les impôts fonciers payés par les grands et puissants locataires provenaient du loyer des métayers, qui pensaient que la vente de leurs terres aux grands et puissants locataires était une issue, mais ont finalement découvert que c'était une voie désespérée encore plus tragique.

Pour les agriculteurs, posséder des terres était le plus grand rêve de leur vie, et maintenant le "rêve de la dynastie Song" a été complètement brisé.

La prospérité économique de la dynastie des Song du Nord reposait sur le travail et la création de milliers de familles ordinaires, qui étaient à l'origine enthousiastes, inventant et créant, consommant de plus en plus, menant une vie prospère et pleines d'espoir pour l'avenir. Mais au fur et à mesure que l'annexion des terres s'intensifiait, elles ont constaté que, quels que soient leurs efforts, la vie devenait de plus en plus difficile. Ils ont déprimé, ils ont perdu tout espoir en l'avenir.

Le jour où les rêves du peuple sont brisés, c'est le jour où le pays part à la dérive !

Sous les trois montagnes que sont l'annexion des terres, l'injustice fiscale et la dévaluation de la monnaie, l'économie des Song du Nord commence à perdre sa vitalité, passant de la prospérité au déclin. Le pouvoir civil est au bord de l'épuisement, tandis que les dépenses gouvernementales montent en flèche.

Le nombre de fonctionnaires à la cour impériale a fortement augmenté, passant de 3 000 à 5 000 pendant la dynastie Song à plus de 20 000 sous le règne de l'empereur Song Renzong, ce qui a provoqué un grave problème de "redondance". Au début de la dynastie Song, il n'y avait que 220 000 soldats, et à l'époque de la dynastie Qing de l'empereur Song Renzong, il y en avait 1,25 million ! Les dépenses militaires s'élevaient à elles seules à 48 millions de kwangs, ce qui représentait 70 à 80% des recettes de la cour, qui se trouvait prise dans un énorme dilemme : "troupes superflues" et "dépenses superflues". La plus grande armée permanente du monde à cette époque a créé le "mythe" de l'absence de victoire dans les guerres étrangères.

Depuis la dynastie Song, le déficit fiscal national a atteint 3 millions de Guan par an. En l'an de Huang You (1049-1054), le principal impôt des dynasties successives — Tianfu, est loin de pouvoir faire face aux dépenses financières, le revenu monétaire de Tianfu n'est que de 5 millions de Guan, soit un déficit de 22 millions de Guan ; le revenu de la soie de 3,8 millions, soit un déficit de 5 millions ; le revenu des céréales de 18 millions de pierres, soit un déficit de 887 millions de pierres.

La cour impériale a précipité l'impôt comme une ruée, les fonctionnaires locaux ont été contraints à la précipitation, seulement pour jouer à "plier", le champ a tranquillement doublé plusieurs fois, toutes sortes de contributions et de taxes exorbitantes, le travail et le service lourd fardeau sérieusement frustré l'enthousiasme du travail du peuple Song, secouer les ressources financières du pays. Dans le même temps, la cour impériale a également fait de gros efforts pour étendre la collecte des taxes commerciales, la dynastie Song était en effet plus développée que les dynasties Han et Tang, l'économie atteignait quatre fois la taille des dynasties Sheng et Tang, mais la taxe commerciale était plus de 10 fois supérieure à celle de la dynastie Tang. Pendant la dynastie des Song, le revenu total de la dynastie des Song du Nord a atteint 100 millions de guan, et la taxe commerciale représentait à elle seule 56% du revenu total, ce qui dépassait la taxe sur le Tianfu pour la première fois dans l'histoire chinoise.

La terre était également surchargée par les paysans, ce qui entraînait une perte d'enthousiasme pour le travail, et le "cœur" de la création de richesse était sur le point de s'effondrer ; les taxes commerciales étaient anormalement élevées, ce qui entravait la circulation des marchandises, rendait difficile la fluidité de la lignée économique, et la condition physique de la dynastie s'affaiblissait ; la dévaluation de la monnaie et l'inflation des actifs ont créé un "excès de graisse dans le sang", un "excès de sucre dans le sang" et une "pression artérielle élevée" dans l'économie, et les "trois excès" ont aggravé la situation économique de la dynastie des Song du Nord.

La "pénurie d'argent" est aggravée par la neige.

La dévaluation de la monnaie dans la dynastie des Song du Nord est devenue de plus en plus grave, et les actifs des grands et puissants ménages devaient être préservés et augmenter en valeur, et la conversion de la monnaie en circulation en actifs physiques est devenue le choix inévitable des grands et puissants, ce qui a donné lieu au problème de la "pénurie d'argent", qui était encore plus destructeur pour les agriculteurs ordinaires.

La première fois que le terme "pénurie d'argent" est apparu dans la dynastie des Song du Nord et a attiré l'attention de la cour pendant la dynastie Qing (1041-1048), la cause profonde était également la guerre avec les Xia occidentaux. 1040-1042 Songxia trois grandes guerres ont pris fin avec la défaite de la dynastie des Song du Nord, l'énorme guerre d'épuisement a forcé la cour à commencer à dévaluer la monnaie, non seulement le Sichuan Jiaotzu papier-monnaie 600 000 Guan augmenté émission, mais a également commencé à déprécier la valeur de la monnaie de cuivre et de fer, qui est la dynastie Qing pour huit années consécutives seulement émis "un pour dix" cuivre et de fer grande monnaie.

La monnaie standard en cuivre de la dynastie des Song du Nord était appelée "petite monnaie plate", "quand dix monnaie" est plus grand que "petite monnaie plate" un, mais loin de petite monnaie plate contient 10 fois la quantité de cuivre, mais par la cour impériale avec 10 petite monnaie plate égale à la valeur de la loi, ce comportement et l'Empire romain "Antony coin" "Orleans coin" est tout simplement un maître formé. Pour dire les choses crûment, le gage de dix est une dévaluation flagrante de la monnaie, ce qui provoque bien sûr une panique sur le marché. Les marchands astucieux ont commencé à thésauriser davantage de cuivre dans la petite monnaie plate, tandis que les marchands cupides ont fait d'énormes profits en volant et en frappant des pièces de dix dang, l'effet des mauvaises pièces expulsant les bonnes pièces s'est produit automatiquement, et il y a eu une pénurie croissante de petite monnaie plate en circulation.

La cour fut choquée, les bénéfices ne furent pas récoltés, mais les maux s'accumulèrent, et la loi draconienne du bourrage de crâne et de l'exil ne put arrêter la cupidité de l'humanité. Afin d'endiguer la piraterie, la cour impériale dut annoncer que les "dix livres" avaient été changées en "cinq livres". La spéculation frénétique ne pouvait toujours pas être réprimée, plus tard changé en "gage trois", toujours difficile à travailler, le vol de moulages a toujours d'énormes profits. En fin de compte, la cour impériale a dû "escompter deux", c'est-à-dire un gros montant pour deux petits montants, ce qui a mis fin à l'envie de spéculer. Il n'est pas facile de lutter contre la cupidité humaine, mais il n'est pas facile d'obtenir une peine sévère. Heureusement, la guerre des Song et des Été a pris fin pour le moment, et cet argent "dang dix" n'a pas continué à être distribué sans discernement, l'argent Xiao Ping est revenu en circulation, et le problème de pénurie d'argent s'est atténué.

Plus tard, avec la détérioration continue de la fiscalité, la cour impériale a de nouveau émis de la monnaie "gage dix", en raison de la réaction féroce du marché, la piraterie coulée grave, l'inflation a empiré, puis de nouveau "gage trois", enfin "pli deux". Cependant, la monnaie de cuivre "plier deux" est progressivement devenue la pratique de la frappe de monnaie, la perte de poids à grande échelle et la grave sur-émission de monnaie de cuivre sont devenues un cauchemar monétaire à long terme de la dynastie des Song du Nord, le problème de la pénurie de monnaie a commencé à s'aggraver.

À l'époque du déluge d'argent dix, cinq, trois et deux fois supérieur, l'argent Xiao Ping est devenu une marchandise recherchée. Les marchands thésaurisaient de petites quantités de monnaie plate en grandes quantités, puis refondaient le bronze coulé et changeaient de mains pour une manne de 5 fois. Dans le processus de dévaluation sévère de la monnaie, les bronzes des Song du Nord, tout comme le jade et la jadéite d'aujourd'hui, sont devenus une marchandise très prisée pour la spéculation financière. Face à la fonte lucrative et rentable de l'argent fondu, même les fonctionnaires ont été impliqués au milieu, rejoignant les rangs des "traîtres", la cour impériale ne pouvait s'empêcher de s'exclamer que "le fonctionnaire ne doit pas couler le bronze".

Il y a une condition implicite au principe d'expulsion de la bonne monnaie par la mauvaise monnaie, c'est que la loi prévoit que la mauvaise monnaie et la bonne monnaie sont égales en valeur, sinon qui dans le marché libre serait prêt à accepter la mauvaise monnaie ? C'est par le pouvoir de l'État que la mauvaise monnaie est expulsée. Après avoir été retirées de la circulation, les bonnes pièces convergent toujours vers les endroits qui les valorisent. Le cuivre contenu dans la bonne pièce a reçu la reconnaissance de sa valeur marchande et parfois, sous l'effet de l'attente psychologique de l'inflation des actifs, le vent de la spéculation alimente le prix du cuivre, qui est l'essence même du monnayeur en fusion.

Un autre moyen de gagner de l'argent est de sortir du pays.

Les Xiao occidentaux, les Liao et les pays d'outre-mer respectaient tous davantage la véritable valeur du cuivre, si bien que la monnaie Xiao Ping de la dynastie des Song du Nord s'est effondrée comme un torrent. La dynastie des Song du Nord a adopté ce que l'on appelle "l'interdiction de l'argent" pour faire face à la pénurie d'argent, en interdisant strictement la coulée privée d'argent, la destruction de l'argent en cuivre, la sortie de l'argent en cuivre et le surstockage de l'argent en cuivre, l'objectif étant d'empêcher la sortie et la destruction de l'argent en cuivre. Même a toujours été "bienveillant" connu comme Song Renzong sur l'interdiction de l'argent sont exceptionnellement sévères, "l'argent de cuivre hors du monde extérieur, toujours au-dessus, la tête de l'exécution", et Song Renzong avant la norme de la peine de mort est de porter l'argent de cuivre 5 Guan hors du pays. Le résultat final est que ni Liao ni Xia occidental n'ont eu à frapper leurs propres pièces, et la monnaie des Song du Nord y circulait librement en si grande quantité que même le Japon et le Vietnam en étaient désespérés. "Pan Yi a récupéré l'argent chinois, l'a divisé en trésors et l'a stocké comme un trésor pour l'État. Par conséquent, dans le Fan, pas l'argent de cuivre ne va pas, et les marchandises Fan sont également pas l'argent de cuivre ne vend pas. "

Face à l'avidité humaine, même la menace de la mort est insignifiante.

Il n'est pas étonnant que Su Zhe, le grand écrivain, se soit lamenté sur l'exode de l'argent en cuivre : "Là où il y a du profit, il n'y a pas de fin."

Diverses sortes de grosses monnaies, qui contenaient une grave pénurie de cuivre, étaient en vogue, mais la petite monnaie plate était de plus en plus rare, plus l'émission de grosses monnaies était importante, plus la petite monnaie disparaissait rapidement, la grave inflation a fini par transformer la production de petite monnaie plate en une entreprise déficitaire, l'offre de monnaie en cuivre dans les Song du Nord a commencé à décliner rapidement. Parce que la cour était à court d'argent, de grosses sommes d'argent ont été émises ; à cause de l'émission de grosses sommes d'argent, les petites sommes d'argent ont disparu ; à cause de l'émission de grosses sommes d'argent, les choses sont devenues plus chères, et la production de petites sommes d'argent a perdu de l'argent ; et l'offre d'encore moins de petites sommes d'argent a exacerbé l'émission de plus de grosses sommes d'argent, de sorte que la masse monétaire des Song du Nord était prise dans un terrible cercle vicieux.

La pénurie d'argent, pour être précis, est le retrait rapide de la petite monnaie de la circulation sous l'interaction de la dévaluation de la monnaie et de l'inflation des actifs. Plus le Jiangsu et le Zhejiang sont économiquement développés, plus la pénurie d'argent est importante, non seulement parce que la circulation de la petite monnaie plate est plus importante dans les zones économiquement développées, mais aussi parce que les grands et puissants ménages de ces zones sont davantage incités à faire fondre les monnaies.

Les agriculteurs du Jiangsu et du Zhejiang sont beaucoup plus dépendants de l'économie monétaire que les habitants d'autres régions sous-développées, et sont tributaires des taxes exorbitantes du gouvernement et du "pliage" de toutes sortes de subventions foncières pour obtenir des paiements en espèces provenant de la vente de produits agricoles. La pénurie d'argent, qui se traduit par un manque étrange de liquidités sur le marché, oblige les agriculteurs à vendre leurs produits agricoles à un prix réduit, ce qui, pour les agriculteurs ordinaires qui sont déjà en grande difficulté, n'est rien d'autre que d'ajouter au gel.

L'annexion des terres a conduit à une augmentation de la charge fiscale des agriculteurs ordinaires, à l'écoulement des subventions foncières et à l'expansion des dépenses publiques, ce qui a entraîné un dépassement des revenus fiscaux, de graves déficits ont forcé le gouvernement à dévaluer la monnaie, la dévaluation de la monnaie a stimulé l'inflation des actifs, l'inflation des actifs a accéléré l'annexion des terres, et en même temps a induit une pénurie d'argent, tandis que l'annexion des terres et la pénurie d'argent ont exacerbé la situation critique des agriculteurs, un tel cercle vicieux, le peuple n'est pas en mesure de vivre.

C'est la grande crise économique et sociale à laquelle les Song du Nord ont dû faire face avant que Wang Anshu ne change de voie.

Pourquoi Wang Anshi a-t-il changé de voie et pourquoi a-t-il échoué ?

En 1069, avec le fort soutien de Song Shenzong, Wang Anshi a lancé le célèbre mouvement pour un changement de loi.

La vision de Wang Anshi sur les causes profondes des maux économiques est également très perspicace, et sa réflexion fait mouche : "Ceux qui n'ont encore rien fait de nos jours devraient utiliser leur argent de toute urgence". "L'épuisement des ressources financières est un impératif pour changer la loi, et la solution consiste à réduire les coûts.

L'open source est ce que Wang Anshi appelle la "gestion des richesses", qui repose sur le développement de la production et la création de richesses. Wang Anshi a un jour exprimé son point de vue dans ses conseils à Song Renzong : "Par conséquent, je pense que la gestion des richesses est la première priorité pour aujourd'hui", et "la gestion des richesses est une urgence pour l'agriculture". Wang Anshi prenait avec justesse le pouls de la situation du pays. L'agriculture était le fondement de l'économie des Song du Nord, et un manque d'agriculture conduirait à la dépression. Et comment stimuler la production agricole ? Wang Anshi a même dit : " L'agriculture est une question d'urgence lorsqu'il s'agit de supprimer les maladies et les souffrances et de supprimer l'annexion. "

La pensée économique de Wang Anshi visant à "supprimer l'annexion" est celle qui brille le plus. Les difficultés des agriculteurs, le peu d'enthousiasme pour le travail et les inconvénients des conditions de production sont les causes profondes de l'annexion des terres ! Un ordre plus raisonnable devrait être de "prévenir les fusions et acquisitions" d'abord, avant de "supprimer les maladies et les difficultés" et de "soigner l'agriculture".

Du point de vue des mesures clés pour changer la loi, Wang Anshi est de "supprimer les maux et les souffrances" comme une percée, résolvant indirectement la "suppression de la fusion" de la patate chaude. Par exemple, la "loi sur les semis verts" stipule que tous les États et comtés, avant la récolte annuelle d'été et d'automne, peuvent s'adresser au gouvernement local pour emprunter de l'argent ou des céréales afin de subventionner l'agriculture. À l'époque, le prêt était remboursé avec les taxes de printemps et d'automne, et le taux d'intérêt était de 20 à 30%. Au moment du déclin, le crédit agricole du gouvernement pour soulager la détresse des agriculteurs, sans les prêts "à faible taux d'intérêt" du gouvernement, les agriculteurs devraient emprunter aux gros bonnets de la finance, le taux d'intérêt de 30% du gouvernement semble élevé, mais l'usure des gros bonnets de la finance a atteint 100% à 300%. Emprunter à usure signifiait hypothéquer la terre de l'agriculteur, et une fois que l'argent n'était pas payé, la terre était annexée par les grands garçons. L'objectif de la "loi sur les pousses vertes" est de contrecarrer l'exploitation de l'usure par des prêts de l'État, afin que les agriculteurs puissent "toujours préserver leurs terres pendant les "mauvaises années" et ne pas être annexés par les grandes familles".

La loi d'exemption de service est basée sur le niveau de richesse de chaque famille, le nombre d'acres, le nombre de petits et forts pour déterminer la valeur monétaire du service, les riches plus de part, les pauvres moins de part, les gens peuvent choisir de payer "l'argent d'exemption" au lieu du service du service. Depuis les temps anciens, le service du travail est un lourd fardeau économique des agriculteurs, la garnison, la réparation des palais, construire des mausolées, creuser des drains, pour le gouvernement officiel quand un emploi, un mois ou plus, non seulement de retarder la production agricole de la famille, mais aussi affaibli l'artisanat et l'offre de main-d'œuvre commerciale, plus injuste est le gouvernement des fonctionnaires ne prennent pas de céréales, de ne pas être un emploi est la pratique courante, le fardeau du service national tout est tombé sur les agriculteurs ordinaires.

La loi d'exemption a brisé ce mécanisme déraisonnable de répartition des travaux forcés, les puissants et les grands ménages ont dû supporter la charge économique principale des travaux forcés, tandis que les "difficultés" des agriculteurs ont été soulagées dans une certaine mesure. Plus important encore, "l'argent gratuit" et le nombre d'acres de terre sont liés, plus il y a d'acres de terre, plus "l'argent gratuit" est lourd, ce qui est tout à fait comme la taxe foncière moderne sur "la sœur de la maison" "l'oncle de la maison" aura un effet inhibiteur énorme. Par conséquent, si la loi d'exemption allège directement les "difficultés" des agriculteurs ordinaires, elle inhibe aussi indirectement l'annexion des terres. Lorsque la nouvelle qu'une famille puissante du Zhejiang a été contrainte de sortir 600 Guan "d'argent gratuit" est parvenue à la capitale, la cour impériale a été choquée. Wang Anshi a dit à Song Shenzong : "Donnez six cents Guan ou sans le vouloir, et ensuite détruisez l'annexion, comme tel !"

La loi sur l'impôt de péréquation de Fangtian est un outil puissant pour inhiber l'annexion des terres, "Fangtian" est de remesurer la terre nationale, "l'impôt de péréquation" sur la base de la mesure de "Fangtian", selon la taille de l'acre de terre et de l'engrais pauvre pour le reclassement de l'évaluation du champ. La taxe de péréquation Fangtian a fait l'objet d'une résistance résolue de la part des familles puissantes et des autorités locales dans tout le pays et n'a finalement été introduite que dans certaines parties du nord. Les cinq provinces septentrionales ne représentent que 20% de la superficie totale du pays, alors que les champs identifiés représentaient 54% des terres fiscales du pays, on peut donc constater la gravité de la situation des grands et puissants foyers cachant des fuites d'impôts fonciers. Si la politique d'imposition égale des champs carrés est étendue à tout le pays, elle ne manquera pas de porter un coup fatal à l'élan frénétique d'annexion des terres.

La mise en œuvre de la loi sur la péréquation et de la loi sur l'échange vise à limiter les "fusions" dans la circulation commerciale et à briser le monopole des prix formé par les gros bonnets de la finance et les magnats, en laissant la place à la libre concurrence des petits commerçants, tout en augmentant les recettes du Trésor et en allégeant le fardeau de la population.

Outre l'open source, la nouvelle loi met également l'accent sur les économies de coûts. En réponse à la "redondance", les réformateurs ont fusionné et réduit le nombre d'États et de comtés à l'échelle nationale, supprimant 38 organes d'État, militaires et de surveillance et 127 comtés. Au cours des cinq années qui ont suivi le changement de loi de Wang Anshi, les finances des Song du Nord ont été largement excédentaires, le vent de l'annexion des terres a été frappé de plein fouet et la pression fiscale sur les agriculteurs ordinaires a été allégée.

Bien que Wang Anshi n'ait pas directement introduit de politiques visant à freiner l'annexion des terres, il s'agit peut-être là de sa stratégie politique, de peur que l'ennemi ne soit trop grand et ne déclenche une forte réaction des groupes d'intérêts, ce qui rendrait difficile la mise en œuvre du changement de loi. Mais ses mesures ont fait mouche sur l'annexion des terres, et le groupe des riches l'a vu dans ses yeux, l'a détesté dans son cœur, et en a souffert.

La plupart des fonctionnaires de la cour des Song du Nord "parlaient pour les pauvres et travaillaient pour les riches". Wang Anshi si ému de "parler pour les pauvres, mais aussi de faire des choses pour les pauvres", a non seulement brisé les règles de l'officialité, mais a également touché directement les bureaucrates et les messieurs et les puissants et les grands ménages des intérêts vitaux, ils ont longtemps formé une communauté d'intérêts indestructible, une perte, une gloire et la gloire, le changement de loi est sûr de provoquer la folie de la cupidité institutionnelle contrecoup.

Et le seul soutien de Wang Anshi était le mal intentionné et inflexible Song Shenzong. Le fait que l'attaque à cinq contre Xia ait été vaincue montre que le talent de l'empereur était médiocre, sans ambition de régner et sans détermination à tuer ou à attaquer. Face aux critiques accablantes des lettrés dirigés par Sima Guang, à la résistance ouverte et aux sombres luttes des puissances bureaucratiques de la cour impériale, et même à l'énorme pression des proches de l'empereur, y compris de l'impératrice douairière et de l'impératrice héritière, Song Shenzong, qui commençait à s'inquiéter de la stabilité du trône, a finalement battu en retraite.

Moins de cinq ans après le changement de loi, Wang Anshi a démissionné en disgrâce. Bien que la dynastie Song ait maintenu les dispositions de la modification de la loi, mais a perdu un grand nombre de ministres de la modification de la loi de la supervision stricte, du central aux fonctionnaires locaux pour voir la perte de la modification de la faction de la loi, où est l'esprit de mettre en œuvre sérieusement les détails de la modification de la loi. Après le départ de Wang Anshi, la loi n'a été modifiée que de nom.

La dernière réforme de la dynastie des Song du Nord visant à contrôler et à équilibrer les puissants a finalement échoué, et lorsque Sima Guang est arrivé au pouvoir en 1085 et a abrogé la nouvelle loi, la dynastie des Song du Nord a commencé une plus grande expansion de la cupidité.

Dans l'histoire de la Chine, il y a eu peu de cas où les réformes ont finalement réussi parce qu'elles n'étaient pas assez puissantes pour briser la cupidité institutionnelle qui s'était installée. La cause profonde de l'échec de Wang Anshi était qu'il voulait défier non seulement les quelques puissants qui avaient annexé des terres, mais aussi les désirs cupides de divers groupes d'intérêts à l'intérieur et à l'extérieur du pays.

Sans la volonté de fer et d'acier de Qin Xiaogong, il serait difficile de changer la loi.

La réforme et le changement sont, en fait, une seconde révolution, et une révolution qui déplace le couteau sur lui-même.

La folie finale de la cupidité

Cai Jing a été appelé le chef des "six voleurs de la dynastie des Song du Nord", ce qui est un commentaire approprié. Cai Jing a commencé sa carrière comme un général puissant qui a changé la loi avec Wang Anshi, et qui savait voir le vent et le gouvernail. Sima Guang, dans le "Guide général de la règle du Qi", avait très profondément défini le gentilhomme et le méchant, il croyait que la vertu est plus grande que le talent est le gentilhomme, et le talent est plus grand que la vertu est le méchant. Cependant, même des gens comme Sima Guang, qui voit à travers l'histoire, doivent compter sur les petites gens pour faire les choses.

L'antipathie de Sima Guang pour le changement de loi de Wang Anshi était connue de tous, et une fois arrivé au pouvoir, il a naturellement procédé à une restauration complète. Les cadres réformateurs de Wang Anshi ont tous été purgés, et Cai Jing n'a pas fait exception. Lorsque Sima Guang abrogea la nouvelle loi, la première chose qu'il entreprit fut la "loi d'exemption de service", ce qui rendit les groupes d'intérêt très mécontents. En urgence, il a ordonné le rétablissement de l'ancienne "loi sur le service militaire" dans les cinq jours, ce qui signifiait que toutes les règles d'application devaient être complètement modifiées, avec un large éventail d'implications, un large éventail de personnel impliqué, et une charge de travail apparemment irréalisable pour convaincre et même réprimer la population, les fonctionnaires à tous les niveaux exprimant des difficultés à les achever à temps. Cependant, Choi Kyung, un ancien général de la faction qui enfreignait la loi, a achevé la restauration de toute la "loi des Magistrats" dans les délais impartis. En un instant, Cai Jing est passé du statut de cadre général du nouveau parti à celui de fonctionnaire compétent de l'ancien parti. Sima Guang a été impressionné par le talent de Cai Jing et l'a félicité : Si tout le monde agissait selon la loi comme toi, comment pourrait-il y avoir une loi dans le monde qui ne fonctionne pas ?

Sima Kuang est très perspicace lorsqu'il s'agit de revoir l'histoire, mais on ne peut pas vraiment diriger une entreprise sans un homme compétent comme Cai Jing. Cependant, le Qingliu de la cour impériale détestait les deux côtés de la tête et le rat, Sima Guang était impressionné par Cai Jing, mais ne pouvait que temporairement le mettre de côté.

La plus grande différence entre Wang Anshi et Cai Jing ne réside pas dans l'action elle-même, mais dans le but de cette action. Wang Anshi a modifié la loi pour aider les gens à travers le monde et servir le pays ; tandis que Cai Jing, sous la bannière de la modification de la loi, même en modifiant la loi, cherche à maximiser ses propres intérêts. Pour le méchant, peu importe que ce soit bien ou mal, il n'y a pas non plus de justice ou d'injustice ; ce qui est mal est bien et ce qui n'est pas bien est également juste tant que c'est bon pour soi. Aucun des méchants de l'histoire n'est talentueux, mais au final, plus ils le sont, plus ils sont nuisibles au pays.

Ce qui ressort le plus du méchant, c'est sa super-sensibilité aux opportunités, et souvent sa capacité à saisir l'occasion de changer son destin. La culture artistique de Cai Jing était extrêmement élevée. Lorsqu'il a appris que le nouvel empereur, Song Huizong, était un maître de la calligraphie et de la peinture, il a rassemblé des invitations à peindre rares ainsi que des pierres et des trésors exotiques à Hangzhou, et a saisi l'occasion de Tong Guan, un proche ministre de Song Huizong, pour aller dans le sud chercher des trésors pour l'empereur. Cai Jing s'est donné beaucoup de mal pour l'accompagner 24 heures sur 24, et il s'est lié d'amitié avec lui en lui offrant des perles et des trésors, permettant finalement à Tong Guan d'apporter ses peintures et ses calligraphies à la capitale. L'impression de l'empereur sur Cai Jing a été grandement améliorée par les belles paroles de Tong Guan. Plus tard, l'empereur Huizong de la dynastie Song a appelé Cai Jing à la capitale et est devenu un confident de la peinture et de la calligraphie.

Grâce à la reconnaissance de l'empereur et à ses propres capacités, Cai Jing devint rapidement une figure puissante de la cour. Des bureaucrates, des fonctionnaires, des magnats de la finance et des puissants lui viennent en aide, formant le "groupe de Caijing" représenté par Caijing, Wang (broderie), Tong Guan, Liang Shi Cheng, Zhu et Li Yan, avec Song Huizong comme général en coulisse.

Afin de bien servir Song Huizong et de s'assurer les faveurs de l'empereur, le groupe Caijing n'a épargné aucune dépense pour satisfaire les préférences de Song Huizong. Il a fait construire des palais et des jardins, a répandu le taoïsme partout, a mis en place le bureau de Yingbong et le bureau de la construction, a grandement favorisé la bataille de Huashizhizang, a construit le palais de Yanfu et le bourg, ce qui a coûté d'énormes sommes d'argent. Afin d'accroître ses propres réalisations politiques, il a déclenché la guerre dans le nord-ouest et utilisé des troupes ; dans le nord, il s'est associé à l'État d'or pour attaquer les Liao, ce qui a finalement entraîné l'entrée du loup. Ce que Caijing envisage n'est pas du tout la stratégie du pays, mais la maximisation de ses propres intérêts au détriment du pays.

Pour faire tout cela, le groupe Caijing aurait besoin d'amasser une grande quantité d'argent. En tant que successeur de Wang Anshi, il a poussé le changement de loi à l'extrême. Il a grandement changé la loi du thé salé, les bénéfices locaux du thé salé de tous au gouvernement central, le gouvernement local pauvre et épuisé afin de faire face à la dureté de Cai Jing "gestion financière" des indicateurs d'évaluation, que l'oppression cruelle des gens ordinaires, finalement forcé Fang La rébellion, l'armée Fang La est la principale force dans la faillite des producteurs de thé.

Dans le même temps, le groupe Caijing, dont le noyau est le "Xichengzhao", a lancé la deuxième et la plus folle opération d'annexion de terres de l'histoire de la Chine féodale.

Après que Caijing ait nommé Li Yan, un ami proche de Caijing, à la tête de l'Institut Xicheng, l'expansion des terres officielles est devenue un outil permettant au groupe de Caijing de "s'enrichir". Ils prévoyaient d'annexer toutes les vastes terres civiles, de Xiangsheng au sud à Mianchi à l'ouest et au fleuve Jaune au nord, pour en faire des "terres publiques".

Ils ont adopté des lois pour obliger les propriétaires à produire les actes de propriété de leurs terres et à poursuivre leurs revendications les unes après les autres jusqu'à ce qu'il y a cent ans, lorsqu'ils n'ont pas pu récupérer les actes originaux d'il y a plusieurs générations, les terres ont été confisquées et les acres ont été remesurés, et les propriétaires originaux ont été contraints de signer un contrat de location avec Xicheng et de payer le loyer par la suite.

Au cours du processus d'annexion, chaque fois que le groupe Caijing s'intéressait à une bonne terre, il demandait secrètement aux gens de le signaler au gouvernement, prétendant faussement que le champ était à l'origine une friche et que tous les actes étaient faux, de sorte que toute la terre du comté était "confisquée", suscitant le mécontentement de la population. Le gouvernement local a reçu l'ordre d'arrêter les fauteurs de troubles, de tuer des milliers de bonnes personnes et d'annexer 34 000 hectares de terres dans la seule région de Chushan, dans le Henan.

Dans le processus de la folle annexion de terres par le groupe Caijing, Liang Shanbo se trouvait également dans les terres encerclées, ce qui n'a fait que forcer la rébellion contre les 108 Liang Shan good Han dirigée par Song Jiang.

La deuxième annexion de terres à grande échelle a eu pour conséquence que "la partie sud-est du pays a été épuisée par Zhu, la partie nord-ouest par Li Yan, et la richesse fondamentale du monde a été épuisée par Cai Jing et Wang (broderie)".

Avec l'expédition d'été au nord-ouest, l'expédition Liao au nord, la rébellion de Fang La au sud et la rébellion de Song Jiang à l'est, la cour impériale était dans un état de désarroi et le trésor était épuisé. Le groupe Caijing a alors commencé à dévaluer la monnaie de manière frénétique, enrichissant le monde. En conséquence, le concombre de thé a proliféré et le billet de sel s'est effondré. Dans le même temps, le Caijing Group a également procédé à une dévaluation à grande échelle des pièces de cuivre et de fer, de la petite monnaie plate, pliée deux, quand trois, quand cinq à la suite, l'argent est encore loin d'être suffisant pour dépenser, alors quand la monnaie dix à nouveau, le marché a paniqué, les hommes d'affaires ont fermé leurs comptes. Lorsque la monnaie de dix a fait faillite, le groupe Caijing a de nouveau poussé la super mauvaise pièce de monnaie en étain, et par conséquent, le mécontentement du public a explosé et le tribunal a été choqué. À la fin, même l'empereur Huizong de la dynastie Song n'en pouvait plus et a dû admettre que "le mal de la monnaie d'étain était encore plus grand que celui des dix".

Le sort de la monnaie, et finalement de la nation. Au point d'inflexion critique entre l'essor et la chute des empires et des dynasties, la dévaluation de la monnaie est l'indicateur d'observation le plus sensible, qui reflète directement l'état de détérioration fiscale, montrant indirectement l'acuité de la polarisation des riches et des pauvres, la consolidation des richesses, l'injustice fiscale et les conflits sociaux.

La dévaluation spectaculaire de la monnaie de cuivre et de fer a entraîné un effondrement total du système monétaire de la dynastie des Song du Nord. Premier pays au monde à inventer un système monétaire en papier, la dynastie des Song du Nord pourrait-elle changer le destin de la monnaie en remplaçant la monnaie métallique par du papier ?

Cela remonte aux origines du papier-monnaie des Songs du Nord.

La première monnaie papier du monde

En 965, la région de Chengdu, connue sous le nom de pays de Tianfu, est passée sous le territoire de la dynastie des Song du Nord après plus d'un demi-siècle de cinq générations et de dix États. Après plus de 30 ans de paix et de stabilité, la région de Chengdu, autrefois prolifique, est redevenue le centre commercial de l'ouest de la Chine, juste derrière les deux régions les plus prospères du monde, le Zhejiang et la Chine.

Cependant, le développement économique rapide du Sichuan à l'époque était confronté à un goulet d'étranglement commercial de plus en plus difficile, un dilemme monétaire.

Il y a une grave pénurie de monnaie de cuivre dans le Sichuan, et les transactions du marché reposent principalement sur la monnaie de fer, extrêmement peu pratique. Une pièce de soie se vendait 2 000 dollars de fer au prix du marché, pour un poids de 130 livres, et pour acheter quelques pièces de soie, il fallait tirer un chariot pour transporter l'argent. À l'époque, le gouvernement stipulait qu'une pièce de cuivre pour 10 pièces de fer et qu'une dalle de pièce de cuivre pesant environ 5 catties avait le pouvoir d'achat de 65 catties de pièce de fer. Les habitants du Jiangsu et du Zhejiang portent 5 livres de monnaie de cuivre pour se promener tranquillement dans les rues, tandis que les habitants de Chengdu doivent porter 65 livres de monnaie de fer pour "marcher lourdement".

Les habitants de Chengdu n'ont rien pu faire et ont mis au point une innovation financière de classe mondiale, la première monnaie papier du monde, le Jiaotzu, qui est apparue il y a environ 1000 ans.

La première monnaie papier du monde, le Jiaotzu (qui deviendra plus tard le gouvernement, et à la fin de la dynastie des Song du Nord, son nom sera Qian Yin).

À ce moment-là, 16 riches hommes d'affaires de la région de Chengdu se sont réunis pour discuter : pourquoi sommes-nous si stupides, pour courir partout en portant de lourdes sommes d'argent en fer pour faire des affaires, nous pourrions tout aussi bien mettre l'argent en fer dans l'entrepôt, utiliser des "reçus" pour les transactions n'est pas simple ? Tout le monde a crié à l'unisson. Seize riches marchands se sont alors mis d'accord pour imprimer des reçus en papier de taille et de matière égales, avec des sceaux au recto et au verso des figures de la maison et de l'arbre, chacun étant tamponné. Afin d'éviter toute falsification, un "mot de passe", qui ne peut être identifié que par les uns et les autres, a été ajouté, à savoir : "Zhu Mo s'est trompé et a cru qu'il s'agissait d'un document privé". La livraison imprimée est comme un reçu, avec le montant laissé vacant, temporairement rechargé.

Ces 16 riches hommes d'affaires ont été appelés "ménages Jiaotzi" et sont devenus les "banquiers Jiaotzi" du Sichuan.

De cette façon, 16 riches marchands de grands et petits clients, juste dans les différentes branches du ménage de la livraison de l'argent de fer lourd, le personnel de la boutique pour vérifier le montant de l'argent de fer dans la livraison du montant de l'argent de fer, et puis les marchands peuvent obtenir un reçu de l'argent de fer léger, faire du shopping pour l'acheter. Quelle que soit la distance à laquelle vous vous trouvez dans les zones couvertes par les 16 principales succursales de Kotoko, le million-kwan-classe Kotoko peut voyager sans aucun obstacle. Une personne qui détient un reçu peut se rendre à tout moment dans une maison de remise et demander que l'argent soit échangé contre de la monnaie de fer en nature, et la maison de remise l'encaisse immédiatement sans même froncer les sourcils, si ce n'est que des "frais d'impression" de 30 yens, soit environ 3% des frais de gestion, sont facturés.

À cette époque, le commerce dans la région de Chengdu était déjà très développé, le crédit commercial était répandu, et les 16 ménages commerçants avaient des relations d'affaires entre eux, le commerce à crédit était également un phénomène courant, lorsque leurs clients effectuaient des transactions importantes, souvent complétées par des transferts de fonds, et finalement par les ménages commerçants pour compenser la différence sur une base quotidienne, seul le solde de l'argent du fer devait être transporté entre les ménages commerçants, les coûts de transaction étaient grandement réduits.

L'entrepôt d'argent en fer des 16 grands ménages Jiaotzu constitue l'entrepôt de réserve d'argent en fer de Chengdu, et c'est un entrepôt de réserve de 100% de l'argent en fer pour un Jiaotzu. Les PTI étaient aussi optimistes que JP Morgan Chase et HSBC aujourd'hui, et leurs entrepôts de monnaie de fer étaient comme les chambres fortes du COMEX américain aujourd'hui, constituées de plusieurs entrepôts ensemble. Chaque jour, chaque famille devait rendre compte au chef de famille de la quantité de monnaie de fer en stock et de la quantité de monnaie émise par la famille, et le chef devait même rendre compte au gouvernement.

Un système aussi complet d'émission de monnaie a constitué une révolution historique dans l'histoire financière du monde, et le premier papier-monnaie du monde est né, qui a précédé le papier-monnaie occidental de six ou sept cents ans !

L'émergence du Jiaotongzi, réduisant à presque zéro le coût du transport de la monnaie de fer dans les transactions du marché ; le mécanisme d'assurance conjointe de 16 marchands riches et réputés, qui à son tour rend le risque de crédit du Jiaotongzi presque négligeable ; la baisse significative des coûts de transaction, apportant une prospérité économique et commerciale sans précédent dans la région du Sichuan. Chaque année, dans la région du Sichuan, le thé, le riz et le blé sont mûrs, les marchands transportant des marchandises légères se tournent vers la campagne, s'éloignent, voyagent plus légèrement, le réseau commercial est plus ouvert, la circulation des matériaux est plus importante, les prix sont moins élevés.

Tout est si parfait !

Après un peu plus de 20 ans, Koshiko a commencé à changer de saveur. La cupidité humaine, en particulier celle des banquiers de Kotoko en tant que groupe, a commencé à ronger discrètement le crédit de Kotoko.

Si vous y réfléchissez d'une autre manière, si vous avez le droit de distribuer les fils, et qu'il n'y a pas de contrôle extérieur, et que vous imprimez tranquillement plus de fils, ou remplissez quelques chiffres supplémentaires, qui le saura ? Après tout, seul un tiers environ des personnes handicapées viendront échanger de l'argent en fer, premièrement, les gens ont peur des problèmes, deuxièmement, ils croient au crédit du ménage handicapé, et troisièmement, ils utilisent de l'argent en papier depuis longtemps et se sont habitués à cette commodité.

Tous les soirs, quand les familles regardent les piles d'argent en fer inutilisées dans l'entrepôt, c'est comme un chat qui gratte la démangeaison, si vous déplacez le stylo, demain vous pouvez acheter le manoir du voisin à votre propre nom, et après-demain vous pouvez acheter des centaines d'hectares de bonnes terres dans votre ancienne maison, ainsi que l'or, l'argent et les bijoux, l'agate de jade, peut facilement obtenir leur propre maison. Peut-être que le Kotoko-chan lutté pour une demi-journée ce soir, ou l'oublier, la crédibilité est plus important. Mais si vous y pensez pendant une demi-journée, pendant plus de 20 ans, c'est une condamnation à vie à la torture mentale.

La cupidité finit par l'emporter.

Lorsqu'une famille commence à récolter d'énormes bénéfices en augmentant discrètement le nombre d'enfants, comment les autres familles ne peuvent-elles pas apprendre ? Elles aussi ont été torturées par la même tentation pendant plus de 20 ans. Lorsque des groupes d'interlocuteurs forment des groupes d'intérêt, ils peuvent se couvrir les uns les autres tout en se liant d'amitié avec des fonctionnaires pour empêcher le gouvernement de s'immiscer dans les problèmes des interlocuteurs. Tant qu'il n'y a pas de désordre, le gouvernement est heureux d'être libre.

Finalement, les sous-banquiers ont découvert qu'imprimer de l'argent était bien plus rentable que de risquer leur vie le matin, et que l'on ne pouvait résister à la grande tentation d'aller en prison pour rien.

Tout comme les banquiers Junzi de la dynastie des Song du Nord il y a 1000 ans, les banquiers orfèvres de l'Occident il y a 300 ans et les banquiers de Wall Street aujourd'hui.

Après plus de 20 ans d'exploitation fructueuse dans la région du Sichuan, le problème de l'inondation par les coupes transversales devient de plus en plus évident. Les personnes qui détiennent les coupes transversales ne sont pas stupides, elles sont juste un peu plus lentes à réagir en raison de l'asymétrie d'information. Lorsque le doute et la peur ont commencé à envahir le marché, le coût du crédit de la transaction est monté en flèche. Par conséquent, les choses ont fini par prendre de l'ampleur, et un grand nombre de clients ont pris l'argent pour le verser sur le compte, les banquiers ont fermé la porte, certains ont même emporté de l'or et de l'argent et de la douceur loin de chez eux. "Ou les gens sont venus demander de l'argent, se sont rassemblés pour obtenir le sceau de la tête, ont fermé la porte sans sortir, ou même se sont rassemblés dans une foule de querelles", bien qu'après la médiation du gouvernement, les ménages "ne pouvaient pas payer le fardeau et plusieurs procès". Enfin, le gouvernement de Chengdu s'inquiète de l'effondrement de l'ordre financier, et a exigé que les sous-traitants ferment leurs entreprises et vendent leurs actifs pour rembourser leurs dettes.

Après plus de 20 ans d'indifférence, le gouvernement a finalement vu que l'"innovation financière" de la monnaie papier pouvait apporter de si grands avantages. Le gouvernement de Chengdu s'est donc rendu à la cour impériale et a déclaré que c'était une bonne chose que le peuple ait sa propre monnaie, et que c'était une bonne chose qu'il ait sa propre monnaie.

En novembre 1023, date du 64e anniversaire de la fondation de la dynastie des Song du Nord, Song Renzong a approuvé la création du "Yizhou Jiaozuo", lançant officiellement la première monnaie de crédit souverain de l'histoire de l'humanité.

Le crédit souverain, la cupidité comme d'habitude

À proprement parler, le jiaozi géré par le gouvernement des Song du Nord n'était pas une monnaie de crédit purement souveraine, car le jiaozi géré par le gouvernement pouvait échanger de la monnaie de fer à tout moment, ce qui peut être considéré comme une version précoce de la Banque d'Angleterre en 1694, mais pas l'étalon-or, mais l'"étalon de fer".

Le bureau du gouvernement du Jiaotongzi a fait un geste souverain de roi monétaire, en commençant par les cinq chapitres de la loi entre le gouvernement et le peuple du Sichuan.

1. L'impression des maquettes de billets de banque par le gouvernement doit être strictement contrôlée. Le "Service Jiaozi de Yizhou", responsable de l'impression des billets, et la Mission d'observation de Yizhou, responsable de la supervision, exercent des contrôles mutuels pour garantir la justice, l'équité et l'ouverture.

2. Les comptes de la délivrance des fils et des filles doivent être tenus de manière stricte et chaque fils et fille délivré, du 1er au 10 Guan, doit être enregistré dans son intégralité et scellé par le Médiateur pour inspection.

3. Les fils récupérés sont achetés et vendus sur les livres d'émission, puis immédiatement détruits.

4. L'émission de fils et de filles doit faire l'objet d'une réserve d'échange.

5. Tous les deux ans, un nouveau remplacement sera effectué.

Le premier Jiaozi du gouvernement a été lancé en grande pompe en novembre 1023, et un total de 125 630 340 billets Guan ont été émis, avec une réserve de 360 000 Guan en monnaie de fer et un taux de réserve de 28,7%. La principale zone de circulation est limitée à la région du Sichuan, tandis que le reste du pays, reste dominé par la circulation de la monnaie de cuivre.

De toute évidence, le niveau de gestion et la crédibilité sociale du consortium géré par le gouvernement dépassent de loin ceux du consortium privé. Afin d'améliorer encore la commodité des Jiaozi, le gouvernement a abaissé la valeur des Jiaozi de 5 et 10 Guan à 500 et 1 Guan en petites coupures en 1069, avec respectivement 40% et 60%. En plus de cela, le gouvernement permet également au peuple de payer diverses taxes, comme le changement de loi de Wang Anshi pendant l'argent Qingmiao, l'argent des services gratuits peut être utilisé pour payer le Jiaotzi. Dans le même temps, le Jiaotzu peut également être utilisé pour payer au gouvernement officiel les droits de franchise sur le sel, le thé et le vin, les droits de dédouanement des marchands, les droits de passage sur les ponts, les taxes commerciales et autres liens de circulation des taxes, le gouvernement officiel accepte également le Jiaotzu pour payer. Par conséquent, toutes les strates du Sichuan ne sont pas heureuses d'utiliser le Jiaotzu.

Bien sûr, la raison la plus fondamentale de la popularité de Kotoko est que le gouvernement maintient une réserve suffisante. Si la valeur de l'esclave est trop élevée, le gouvernement émet immédiatement plus d'esclaves pour en supprimer le prix. C'est exactement le même principe qui régissait le contrôle de la Banque d'Angleterre sur la valeur de la livre par l'achat et la vente d'or à l'époque de l'étalon-or. En fait, le "Ishu Jokko Misa" était l'équivalent de la banque centrale de la zone de circulation de la monnaie de fer de la dynastie des Song du Nord.

Pendant 54 ans, de 1023 à 1077, la valeur de la monnaie fiduciaire du gouvernement était très stable, et à certains moments, il y avait même une concurrence de tous les secteurs de la société pour détenir de la monnaie papier plutôt que de porter de la monnaie de fer. Afin d'obtenir 1 Guan en papier-monnaie, les habitants de Chengdu étaient même prêts à payer 1 Guan et 100 en fer-monnaie, le papier-monnaie apparaissant en fait comme un prix supérieur. La livre britannique pendant l'apogée de l'Empire britannique et le dollar de l'Empire américain après la Seconde Guerre mondiale, il fut également un temps où les billets en livres et en dollars étaient plus recherchés que l'or.

La confiance est plus importante que l'or, et la clé pour maintenir la confiance dans la monnaie papier est que l'émetteur de la monnaie papier doit valoriser la crédibilité au-dessus de la vie. Malheureusement, le secteur privé ne peut pas le faire, ni le gouvernement.

La première violation discrète du contrat par le bureau officiel de Jiaozi a eu lieu en 1044, suivie d'une autre violation en 1047 et 1051, en raison de la guerre avec Xixia.

En 1040-1042, l'empereur Yuan Hao de Xia occidental a personnellement mené une grande armée contre la dynastie des Song du Nord et a lancé trois batailles : Sanchuankou, Haoshuichuan et Dingchuan, et anéantit la principale force de la dynastie Song avec plus de 40 000 hommes. Afin de renforcer la force de l'armée dans le nord-ouest, la cour impériale des Song du Nord mobilise d'urgence l'armée, déploie plus de 200 000 soldats sur le front du nord-ouest, un grand nombre de fournitures militaires vers le nord-ouest sont continuellement rassemblées.

Après que les marchands aient transporté le grain vers le nord-ouest, le gouvernement local n'a pas pu obtenir suffisamment d'argent liquide ou de monnaie de sel pour le payer. La cour impériale a donc demandé au "Yizhou Jiaotzu Service" de Chengdu d'imprimer 600 000 guangs de papier-monnaie et de les transporter d'urgence à Shaanxi pour payer les marchands. Toutefois, ce lot n'a pas été retiré au moment de l'émission de remplacement.

C'est la première fois que le nombre d'exemplaires émis et la diffusion d'un accouchement dépassent la limite légale !

De 1023 à 1044, mais plus de 20 ans plus tard, tant le gouvernement que le secteur privé ont commencé à faire défaut discrètement. Toutefois, au début du défaut, l'ampleur de la livraison supplémentaire n'était pas évidente, le marché ne l'a pas remarqué, de sorte que les prix n'ont pas changé de manière significative. Mais une fois qu'un défaut s'est produit, la morale de l'émetteur s'est désintégrée et il ne reste plus que le désir croissant de cupidité.

En 1069, Wang Anshi a changé la loi, afin d'augmenter les revenus, dans le système de papier-monnaie, a adopté l'approche "deux parallèles", qui aurait dû être deux ans hors de la circulation du Jiaotzi et le nouveau Jiaotzi parallèle au marché, ce qui équivaut à la circulation du papier-monnaie sur-émis une fois.

À partir de 1077, la valeur du kokozuna s'est considérablement dépréciée, le marché ne pouvant échanger le kokozuna que contre 940 à 960 yens, soit une dépréciation de 4 à 6%. Bien qu'il ne soit en circulation que dans le Sichuan, la tendance à la dévaluation du Jiaotongzi reflète dans une certaine mesure la tendance générale à la dévaluation de la monnaie dans le pays.

Après l'échec de la modification de la loi par Wang Anshi, les conflits intérieurs deviennent de plus en plus aigus. Song Shenzong a mal évalué la situation interne et externe de la dynastie et a lancé une offensive massive à cinq contre Xia occidental en 1081-1082, qui s'est soldée par deux défaites sans précédent à Lingzhou et Yongle, avec des pertes de plus de 600 000 personnes et des dépenses militaires incalculables. Song Shenzong a entendu dire que la dynastie pleurait et perdait sa voix, les ministres "n'osant pas lever les yeux". Trois ans plus tard, Song Shenzong est épuisé et meurt.

La guerre avait échoué, le pays était délabré, ses finances étaient en grande difficulté, l'économie était en déclin et l'écart entre les riches et les pauvres était important. En 1086, la valeur du crossover s'était dépréciée de plus de 10%. À cette époque, le gouvernement avait progressivement perdu confiance dans le maintien de la stabilité de la valeur de la monnaie du passage, et il y avait une pénurie d'argent partout, et seule l'impression d'argent était la plus rapide. L'avidité du gouvernement a franchi le point de basculement, et Jiaotzu commence à entrer dans la voie rapide de la dévaluation de la monnaie.

Cai Jing est arrivé au pouvoir en 1100, lorsque l'empereur Huizong de la dynastie Song est monté sur le trône. En 1105, la campagne de Cai Jing visant à intensifier la guerre du Nord-Ouest afin de démontrer ses réalisations politiques était proche de l'effondrement financier de la dynastie Song du Nord.

L'expansion de la guerre a nécessité d'énormes dépenses militaires, et le groupe de pouvoir Caijing a commencé à utiliser l'idée d'une émission excessive de papier-monnaie afin de couvrir le déficit financier. Cependant, comme la circulation des fils était limitée à la région du Sichuan, cela a fortement entravé l'effet d'enrichissement. C'est pourquoi le groupe Tsai Kyung s'est engagé à promouvoir le Jiaotzu à l'échelle nationale, " rendant plus coûteuse l'introduction de nouveaux types d'impression ". Après cela, le nom a été changé en "Qian Yin", et les dépenses des soldats du Nord-Ouest ont toutes été couvertes par l'impression de billets, et le volume de papier-monnaie émis a commencé à augmenter fortement. Bien que le groupe Caijing ait épuisé tous les moyens, la "monnaie" ne pouvait circuler que dans le Sichuan et la région du Nord-Ouest, et le reste du pays s'y refusait résolument.

En 1105, la circulation de l'argent cité aussi élevé que 265 600 000 Guan, cette année-là un supplément de 5,4 millions de Guan, à 1107, encore augmenté 554 000 Guan, et "deux parallèles" ensemble avec la circulation, la circulation totale de l'argent papier est 40 fois plus élevé que dans 1023 lorsque la remise officielle a commencé officiellement ! Lorsque les prêteurs d'argent ont changé, les nouveaux prêteurs d'argent ont reçu les anciens prêteurs d'argent à 1:4, ce qui signifie une dévaluation unique de 75% ! Dans le même temps, le gouvernement a également éliminé la réserve pour l'émission de papier-monnaie.

La confiance du public dans le papier-monnaie a commencé à s'effriter, suivie par le "crédit souverain" du gouvernement.

Après 1110 ans, 1 monnaie papier Guan ne vaut même pas 100 monnaie de fer aux yeux des habitants de Chengdu, et le système de monnaie papier est au bord de la faillite.

En 1127, la dynastie des Song du Nord a péri.

Explications

L'eau peut porter un bateau et le renverser, tout comme la nature humaine. Une avidité modérée peut stimuler l'économie, tandis qu'une avidité excessive peut la détruire.

La raison pour laquelle une personne en bonne santé peut aussi avoir des cellules cancéreuses dans son corps qui ne se développent pas en cancer est que le système immunitaire de l'organisme est efficace pour supprimer la croissance des cellules cancéreuses. Une fois que les cellules cancéreuses ont franchi les défenses du système immunitaire et qu'elles commencent à se diviser et à se multiplier en grand nombre, elles privent frénétiquement les autres cellules normales de leurs nutriments, ce qui entraîne la défaillance des organes et, en fin de compte, met la vie en danger.

Lorsque quelques-uns dans la société continuent à étendre leur carte de richesse au point d'influencer les politiques et de changer les lois, cela les incitera à développer un plus grand désir de s'emparer d'une plus grande partie de la richesse de la société. Cette anomalie dans la distribution de la richesse mine inévitablement la capacité de la majorité de la société à accéder aux ressources économiques pour se développer, ce qui combat la créativité de la société en matière de richesse. Lorsque la richesse de quelques-uns atteindra une proportion très élevée, la majorité perdra la base de la création de richesse, l'économie perdra progressivement sa vitalité, la politique commencera à s'assombrir et les gens perdront leurs rêves. Finalement, la révolution et l'insurrection viendront rapidement lorsque quelques-uns, sous la protection de la loi et de l'appareil d'État, piétineront sans raison les intérêts de la majorité et se partageront sauvagement la richesse de la société.

La raison pour laquelle la cupidité est appelée nature humaine est qu'il est impossible de la changer. Les connaissances humaines peuvent s'accumuler, la production peut progresser, la technologie peut être inventée, la matière peut être améliorée, la vie peut être améliorée, mais la cupidité humaine n'évolue jamais.

Non seulement en Occident, mais aussi en Chine ; non seulement dans le passé, mais aussi aujourd'hui. Combien le chemin, le processus et le résultat de la capitulation de la dynastie des Song du Nord sont similaires à l'effondrement de l'Empire romain ! L'histoire est étonnamment similaire, en raison de l'humanité étonnamment similaire qui la sous-tend !

Le régime de la dynastie des Song du Nord est mort non pas à cause de l'armée mais du sentiment populaire ; le pouvoir d'État de la dynastie des Song du Nord s'est effondré non pas à cause de la finance mais de la cupidité.

Lorsque la cupidité s'épanouira, il y aura des annexions ; lorsque les terres seront concentrées, il y aura des impôts ; lorsque le trésor national sera vide, il y aura une dépréciation de la monnaie ; lorsque la force du peuple sera épuisée, il y aura des conflits internes et des troubles externes !

L'observation de l'argent révèle la cupidité, et l'observation des fusions révèle la tristesse.

Ceux qui font de la politique ne doivent pas être frileux dans leur réflexion.

CHAPITRE IX

Qu'est-ce qui n'est pas le rêve chinois ?

Les huit premiers chapitres du livre se concentrent sur un échantillon typique de civilisations de trois périodes historiques, le rêve romain, le rêve de la dynastie des Song et le rêve américain, qui étaient tous autrefois glorieux et désirables, à environ 1 000 ans d'intervalle, couvrant géographiquement l'Europe, l'Asie et les Amériques, et qui représentent les trois points culminants économiques monétaires de la civilisation humaine.

Le "rêve romain" et le "rêve de la dynastie Song" ont disparu depuis longtemps, et maintenant le "rêve américain" s'est brisé les ailes. Il n'y a pas d'empires ou de dynasties durables dans l'histoire, et le métabolisme de la civilisation alterne toujours et ne s'arrête jamais.

Une nouvelle civilisation ne peut qu'éveiller de nouveaux rêves, de nouveaux rêves destinés à créer de nouvelles gloires.

Le "rêve chinois" est un domaine fascinant, qui a été élaboré, interprété et envisagé à partir de diverses perspectives, et qui s'enrichira à l'avenir grâce à la pratique.

Cependant, la route qui mène du beau rêve au succès ultime n'est pas le chemin des fleurs et des danses, mais les rapides sont denses et dangereux. L'histoire est le meilleur professeur pour éviter de s'égarer ou de se mettre en danger.

Ce chapitre tentera de définir les options à éviter pour le rêve chinois à la lumière des leçons de la fragmentation du rêve romain, du rêve de la dynastie Song et du rêve américain.

Si la Chine parvient à éviter les leçons de l'histoire, le "rêve chinois" ne sera plus un simple rêve.

"Le rêve romain", "le rêve song", "le rêve américain" ont tous été brisés

Il ne fait aucun doute que Rome, les Song du Nord et les États-Unis ont tous apporté des contributions remarquables à la civilisation humaine : 50 ans de civilisation romaine à son apogée, 1050 ans de prospérité des Song du Nord à son apogée et 1950 ans de force nationale américaine à leurs époques respectives, et leurs peuples ont tous eu des rêves merveilleux.

Cependant, quand les choses vont mal, elles vont mal, et les moments les plus brillants engendrent souvent l'ombre du déclin. L'annexion des terres et le partage des richesses dû à une cupidité effrénée seront toujours un facteur majeur de la ruine du pays.

Dans l'histoire de Rome, des Song du Nord et des États-Unis, il y a eu deux graves annexions de terres ou de richesses.

La première grande annexion de terres de l'histoire romaine a commencé avec le déclenchement de la première guerre punique (264 av. J.-C.) et a culminé avec la fin de la troisième guerre punique (146 av. J.-C.). Les paysans romains ont été contraints de quitter leurs terres pendant de longues périodes de guerre, leur économie a fait faillite en raison des lourdes pertes subies, et les groupes puissants et riches ont profité de la situation pour piller les terres des paysans, créant ainsi une grave division entre riches et pauvres à Rome.

Si les légions romaines étaient invincibles, pillant des milliers de kilomètres de terres et détruisant d'innombrables pays, c'est parce que les paysans italiens en constituaient la force essentielle. Ils défendaient leurs terres, protégeaient leurs biens, partageaient les droits de la loi, aimaient leur pays et leur honneur, et ils formaient une communauté d'intérêts imprenable avec l'État romain.

Cependant, la cupidité excessive des groupes puissants et riches a détruit les fondements mêmes de la république romaine. L'échec de la Réforme des Frères Gracques (133 av. J.-C. — 121 av. J.-C.) signifiait que le "système immunitaire" de la république romaine était paralysé et que les "cellules cancéreuses" de la cupidité des puissants et des riches se répandaient en force. En fin de compte, ce qui s'est passé à Rome, c'est un siècle de guerre civile sanglante et l'effondrement total du système républicain.

La première vague d'annexion de terres de la dynastie des Song du Nord a commencé à la fin du règne de l'empereur Zhenzong des Song (997-1022) et a atteint son apogée à la fin du règne de l'empereur Renzong des Song (1023-1063). La politique foncière de l'État, qui consistait à "ne pas supprimer l'annexion", a incité les groupes puissants et riches à "occuper la terre avec leur force" ou à "acheter la terre avec leur argent", ce qui a finalement conduit les 6% de foyers puissants et puissants de la dynastie des Song du Nord à monopoliser 60 à 70% du pays.

La prospérité économique de la dynastie des Song du Nord est due aux grands progrès de la productivité, à l'augmentation spectaculaire de la production de fer, au bond en avant de la qualité des outils agricoles, à la grande augmentation de l'efficacité agricole et de la production alimentaire, qui ont déclenché la convergence des trois courants de l'urbanisation, de la marchandisation et de la monétisation, créant une classe moyenne urbaine d'une richesse sans précédent. Ils sont libres de choisir, ils ont une division du travail plus professionnelle, ils sont fortement incités à innover, ils reçoivent des informations sociales plus riches, ils jouissent d'un esprit et d'une culture plus indépendants, et ils ont de meilleurs rêves.

Cependant, l'annexion incontrôlée des terres a entraîné une inégalité flagrante dans la charge fiscale, et l'énorme fardeau financier du pays pèse de plus en plus lourd sur la tête des gens ordinaires. Les déficits budgétaires entraînent une dévaluation de la monnaie, ce qui exacerbe l'annexion des terres, et l'annexion des terres entraîne des déficits budgétaires plus importants. La vitalité économique est étouffée, les rêves populaires sont déçus, et l'échec du changement de loi de Wang Anshu (1069-1076) signifie que le déclin de l'État des Song du Nord est irréversible.

La première grande annexion de richesse de l'histoire américaine a commencé avec la première guerre mondiale (1914) et a atteint son apogée en 1927. Les dividendes de guerre et les dividendes en dollars ont enrichi les 10% de riches aux États-Unis, avec l'expansion rapide de la capacité de production industrielle américaine et une forte dépendance à l'égard du marché européen, tandis que les pays européens comptent généralement sur le crédit en dollars pour rembourser les prêts de guerre américains et soutenir la reprise économique nationale. Mais les intérêts du capital américain, afin de réaliser des profits élevés, ont empêché les marchandises européennes d'être exportées vers le marché américain par le biais de droits de douane élevés, ce qui a conduit les pays européens endettés en dollars à gonfler excessivement leur dette et à tomber inévitablement en défaut de paiement.

Les États-Unis ont adopté de la même manière une politique de "contrôle sans fusion" de la répartition des richesses, les 10% du groupe des riches s'emparant de la moitié du revenu national et les 90% de la population générale étant privés de la capacité de développer durablement la consommation et le marché intérieur étant atone. Lorsque l'Europe a fait défaut sur sa dette en dollars, le marché extérieur des États-Unis s'est effondré tandis que le marché intérieur ne pouvait pas digérer l'énorme excès de productivité, et avec lui, le retour sur investissement dans l'industrie américaine s'est détérioré, les prêts bancaires ont fait défaut, les marchés financiers se sont effondrés, les usines ont fermé, les banques ont fait faillite et les travailleurs ont perdu leur emploi. En fin de compte, la Grande Dépression des années 1930 a donné le coup d'envoi de la sanglante Seconde Guerre mondiale.

Les premières grandes fusions des groupes puissants et riches de Rome, des Song du Nord et des États-Unis se sont toujours faites au prix d'un bain de sang, d'une guerre ou d'une grande dépression économique.

Le point culminant de la deuxième mégafusion, et souvent la dernière folie de l'empire, détruira non seulement l'économie, mais aussi la société et les cœurs et les esprits des gens, et conduira aux conséquences désastreuses de l'effondrement de l'empire, du renversement de la dynastie et du déclin de la civilisation.

La politique d'urbanisation qui a débuté sous l'Empire romain n'était pas le résultat d'un développement économique naturel, mais d'une nécessité politique et militaire de domination. Les prix extrêmement faussés et ultra-bas des denrées alimentaires ont non seulement permis de piller brutalement les fruits agricoles de l'Égypte, de l'Afrique, de la Sicile et de l'Espagne, mais ont aussi simultanément détruit l'économie céréalière de l'Italie et déclenché une deuxième vague d'annexion de méga-terres.

Dans cette annexion, l'aristocratie impériale et les groupes riches ne se contentent pas d'enrichir les terres en Italie, mais, de manière encore moins scrupuleuse, ils s'emparent de grandes étendues de terres dans les provinces impériales, comme dans le cas des six méga-propriétaires d'Afrique, qui annexent 50% du territoire, avec une concentration de terres bien plus importante qu'à l'époque républicaine.

Les hordes de paysans ruinés de l'empire furent chassées vers les villes, où elles devinrent de dangereux vagabonds, se mêlant à des esclaves plus rancuniers, et les villes de l'Empire romain furent remplies de bois sec pour la vengeance et les flammes du ressentiment. Afin de stabiliser les vagabonds urbains, le Reich devait leur fournir gratuitement de la nourriture, ce qui entraînait des céréales moins chères, une économie agricole en faillite et de grandes souffrances pour les habitants des provinces. L'annexion des terres bat son plein dans tout l'Empire, et des conflits sociaux explosifs sont sur le point d'éclater.

Là où il y a oppression, il y a résistance, et plus l'oppression est profonde, plus la résistance est forte. Au fur et à mesure que les barbares des frontières se révoltaient et que les traînards internes se soulevaient, l'Empire devait maintenir une grande armée permanente, prête à conquérir et à réprimer. Non seulement la guerre pesait sur les finances, mais elle manquait aussi cruellement de troupes à une époque où l'empire n'avait pas de classe de paysans libres, et les légions romaines devaient recruter en grand nombre des vagabonds urbains, remplis de haine pour les groupes de riches, et la nature des légions romaines s'est progressivement transformée en groupes d'émeutiers.

Dans les luttes répétées entre l'empereur et le groupe de riches représenté par le Sénat, l'empereur s'appuyait de plus en plus sur le soutien de l'armée, tandis que le groupe de riches voyait son pouvoir s'éveiller. Lorsque l'empereur et le Sénat ont dû recourir à la force pour régler leur différend, la sauvagerie de l'armée s'est manifestée. Peu importe qui a gagné ou perdu la guerre civile, les armées des deux camps ont entamé une frénésie de massacre contre les cliques riches de la ville, les patriarches, les nobles, les clans éminents et les magnats de l'empire ayant presque été massacrés. Les groupes riches ont payé un lourd tribut à leur extrême cupidité, et l'élite de l'empire a depuis été si gravement blessée qu'elle ne peut plus retrouver ses forces.

L'empereur romain n'était plus le commandant en chef de l'armée, mais l'otage d'une bande de voyous. Depuis lors, l'histoire de Rome est faite de régicides et d'usurpations du trône, de guerres étrangères et civiles, de privations et d'épuisement économiques, jusqu'à l'effondrement final de l'Empire.

La deuxième annexion de terres de la dynastie des Song du Nord a également été un prélude à la destruction de la dynastie. Lorsque l'empereur Huizong de la dynastie des Song est arrivé au pouvoir en

1100 et a réutilisé le groupe Caijing, l'annexion de terres est entrée dans une phase frénétique. Le résultat de cette deuxième méga annexion de terres fut que "la richesse du sud-est fut épuisée par Zhu Zhou, la richesse du nord-ouest fut piégée par Li Yan, et la richesse fondamentale du monde fut épuisée par Cai Jing et Wang (broderie)".

Avec l'épuisement des finances des Song du Nord, le groupe Caijing a même sacrifié la dévaluation monétaire d'instruments juridiques serieux, à la suite de l'annexion des terres, des lourdes taxes et de la dévaluation monétaire des trois grandes montagnes de l'oppression, a provoqué le soulèvement Fangla, la rébellion Liang Shanbo des troubles civils, qui a conduit à l'Ouest Xia, Liao et Jin troubles étrangers, les Song du Nord a finalement été détruit par le peuple Jin.

La deuxième annexion de terres a pris un peu plus de 20 ans pour enterrer le "rêve de la dynastie Song" de 150 ans de prospérité et de richesse.

La deuxième fusion des patrimoines aux États-Unis

Le contrecoup de la première annexion de richesse de l'Amérique a été la Grande Dépression et la guerre. Le déclenchement de la Seconde Guerre mondiale a fait basculer plus de 10 millions de travailleurs américains dans le système de guerre, ce qui a non seulement résolu le problème du chômage qui durait depuis une décennie, mais a également forcé le gouvernement à réorienter massivement ses finances vers la population générale. Des millions d'enfants pauvres sont partis à la guerre en Eurasie, et après la guerre, ils ont bénéficié d'énormes avantages sociaux tels que des frais d'inscription à l'université, une formation professionnelle, un emploi prioritaire, des soins de santé pour les anciens combattants et une chance plus équitable de concourir. En un mot, la "Seconde Guerre mondiale" a atténué le fossé entre les riches et les pauvres aux États-Unis.

Du début des années 1940 au début des années 1980, la répartition des richesses aux États-Unis était largement rationnelle, les 10% de riches s'appropriant environ 33% du revenu national et les 90% de la classe moyenne se partageant les 67% restants. De plus, la charge fiscale du pays est à peu près équilibrée, la santé budgétaire est toujours saine, le dollar est toujours à la merci de l'étalon-or, la bulle des actifs est presque éteinte, l'harmonie des classes sociales est généralisée et les États-Unis ont connu l'âge d'or de 40 ans de prospérité économique d'après-guerre.

Cependant, les groupes puissants et riches des États-Unis n'étaient pas satisfaits d'une telle répartition proportionnelle des richesses, et ils ont fortement exigé une plus grande part de celles-ci, ce qui a constitué la vague de "néolibéralisme" qui a émergé aux États-Unis au milieu et à la fin des années 1970, lorsque les groupes riches ont fortement exigé une "deuxième révolution américaine".

En moins de 30 ans, la deuxième fusion des richesses aux États-Unis s'est aggravée pour atteindre le niveau de 1927, et la crise financière de 2008 a mis en évidence l'effondrement économique inévitable de 50% du revenu national par 10% des groupes riches, exactement comme en 1927. Le mouvement "Occupy Wall Street" aux États-Unis d'Amérique a montré un fort antagonisme entre les classes sociales.

Le gouvernement américain s'est lui aussi efforcé de corriger le système, le président Obama a dit plus d'une fois qu'il fallait "déclarer la guerre" à la division entre les riches et les pauvres, et le Congrès a travaillé d'arrache-pied à l'élaboration d'une législation pour créer la "loi Dodd-Frank", qui vise à freiner le rythme de la consolidation des richesses par les magnats de Wall Street. Le résultat est que le projet de loi a été altéré par les riches et les puissants, avec un contenu énorme et complexe, avec de nombreux obstacles aux dispositions principales, avec des "exceptions" aux règles clés, sans calendrier de mise en œuvre, et avec une aggravation du fossé entre les riches et les pauvres.

Les réformes financières d'Obama ont largement échoué, et une autre initiative majeure, la réforme des soins de santé, n'a pas atteint son but.

Le projet de loi sur les soins de santé, dont Obama est fier, ne fait rien de plus que de forcer 50 millions de pauvres sans assurance maladie à cotiser aux compagnies d'assurance, et ne fait rien du tout pour toucher à la racine du coût absurde des soins de santé. Le trio des compagnies d'assurance, des entreprises pharmaceutiques et du système de santé n'est pas moins super avide que les gros bonnets de Wall Street, aux yeux desquels le corps humain est un actif, un super distributeur automatique de billets qui génère des flux de trésorerie en continu.

Les entreprises pharmaceutiques et l'industrie alimentaire ont uni leurs forces pour faire fortune ensemble. L'industrie alimentaire fournit de la malbouffe riche en calories et en graisses comme McDonald's et KFC, ce qui entraîne une détérioration de la santé publique ; Coca-Cola et Pepsi, des boissons gazeuses qui font mal à l'estomac et abîment les dents, sont très répandues ; et les aliments génétiquement modifiés, qui sont omniprésents, sont également dangereux. Lorsque le corps est malade, les affaires de l'entreprise pharmaceutique arrivent, en particulier l'hyperlipidémie, l'hypertension artérielle, l'hyperglycémie, ces maladies chroniques sont les meilleures, la vie ne s'arrête pas, il faut plus que des médicaments, des flux de trésorerie en permanence, chaque patient est devenu un "excellent actif" à long terme de l'entreprise pharmaceutique.

Le prix global des médicaments sur ordonnance aux États-Unis est supérieur de plus de 50% à celui des médicaments similaires en Europe et au Japon, en raison de la politique de laissez-faire du gouvernement américain en matière de prix des médicaments, alors que la grande majorité des pays développés réglementent les prix des sociétés pharmaceutiques et limitent leurs marges bénéficiaires à un certain niveau.

Non seulement les médicaments sont chers aux États-Unis, mais il est encore plus coûteux de consulter un médecin.

Tout le monde sait que les coûts des soins de santé aux États-Unis sont ridiculement élevés et outrageusement chers, mais l'article du magazine Time de février 2013 intitulé "Bitter Pills : Why Medical Bills Are Hurting Us" a été une révélation à lire : une chute, une visite de 15 minutes chez le médecin, et une facture de 9 400 dollars à la fin ; une visite ambulatoire à l'hôpital pour un mal de dos et une facture de 87 000 dollars ; s'il s'agissait d'un cas grave comme un cancer, la facture serait de 900 000 dollars !

Le système de tarification des hôpitaux américains est presque entièrement une boîte noire, ce qui contribue directement à l'échec de la découverte des prix du marché. Les médecins, bien qu'ils ne participent pas à la fixation des prix, manifestent une préférence marquée pour les médicaments et les dispositifs médicaux, et les pots-de-vin que ces entreprises versent aux médecins sont tout aussi flagrants. "Nous avons découvert qu'entre 2002 et 2006, les quatre sociétés pharmaceutiques qui contrôlaient 75% du marché des hanches et des genoux artificiels ont versé plus de 800 millions de dollars à des médecins consultants dans le cadre de quelque 6 500 contrats de consultation", révèle le Times. Les hôpitaux facturent aux patients toute une série de médicaments, d'équipements médicaux, de tests sanguins, de tomodensitogrammes, de blouses chirurgicales et d'autres frais, en général plus de dix fois le prix transparent du marché. Aux États-Unis, les hôpitaux dits "à but non lucratif" sont devenus les plus grandes institutions à but lucratif. Les dirigeants des hôpitaux gagnent des millions de dollars par an, rattrapant ainsi Wall Street et dépassant de loin la classe des PDG.

Bien que les médecins puissent gagner jusqu'à 200 000 dollars ou plus, ils travaillent pour des compagnies d'assurance car ils doivent souscrire une assurance contre les fautes professionnelles médicales, qui coûte entre 80 000 et 140 000 dollars par an, soit 40 à 70% du salaire annuel des médecins. La première préoccupation des médecins américains n'est pas de guérir leurs patients, mais de les empêcher d'être poursuivis en justice par leurs patients, et un seul procès peut entraîner la faillite du médecin. Il est courant de voir des avocats errer dans l'hôpital à la recherche d'une occasion de faire fortune grâce à un procès pour erreur médicale. Par conséquent, les médecins, connaissant la cause de la maladie du patient, demandent quand même à ce dernier de subir toutes sortes d'examens inutiles, de prendre les médicaments les plus chers et de suivre un plan inefficace mais correct, afin d'éviter de futurs problèmes. Si le médecin ne traite pas selon le processus standard, les prescriptions standard et les doses standard de la compagnie d'assurance, il en subit toutes les conséquences.

Dans l'ensemble de la chaîne de l'industrie médicale, les produits pharmaceutiques, les dispositifs et autres entreprises ne peuvent être soumis à aucune contrainte pour augmenter le coût de base des soins médicaux, le système hospitalier tâtonne pour profiter de l'occasion pour augmenter le coût des soins médicaux, les compagnies d'assurance s'assoient sur le terrain pour augmenter les frais d'assurance. Dans un tel cercle vicieux, le secteur des soins de santé des États-Unis consomme 60% des recettes fédérales, bien plus que 25% des dépenses militaires, et moins de 12% des dépenses liées à l'environnement, à l'agriculture, à l'énergie, à l'éducation, aux transports, au logement, etc., les coûts des soins de santé étant le facteur le plus important de l'énorme déficit des États-Unis.

Le système de santé américain consomme 18% du PIB, soit plus du double de celui des autres pays développés, et le résultat final est le plus faible de tous les pays développés en termes d'espérance de vie.

Désespérément, les coûts des soins de santé aux États-Unis en pourcentage du PIB n'ont jamais diminué en 40 ans, mais ont continué à grimper de plus en plus haut. Parmi les 10 000 milliards de dollars de passif caché aux États-Unis, la "contribution" des dépenses de santé est la plus importante et continuera de l'être.

Le système de soins de santé américain, qui ressemble de plus en plus au système d'affréteurs et d'entrepreneurs de l'époque romaine, est devenu le premier trou dans les poches de l'impôt pour tous. Sans réforme des soins de santé, les finances américaines seront certainement tirées vers le bas.

Obama voit le danger d'une baisse des coûts gonflés des soins de santé, tout comme il voit la cupidité de Wall Street. Il ne peut pas faire bouger Wall Street, pas plus qu'il ne peut faire bouger le système de santé.

La politique de laissez-faire du gouvernement américain, qui interdit toute fusion dans le système de santé, est à l'origine de l'inflation constante et vicieuse des coûts des soins de santé aux États-Unis. Le Times commente : "Non seulement les lois américaines empêchent le gouvernement de limiter les prix des médicaments, mais elles rendent le plus gros acheteur (c'est-à-dire Medicare) non négociable, un cadeau permanent du Congrès aux sociétés pharmaceutiques (le Congrès a également accepté leur raisonnement selon lequel les prix et les profits illimités des médicaments sont une protection nécessaire contre les risques liés à la R&D). Le Congrès a interdit à plusieurs reprises aux Centers for Medicare and Medicaid, qui dépendent du ministère américain de la santé et des services sociaux, de négocier les prix des médicaments avec les fabricants de médicaments. Medicare détermine simplement le prix de vente moyen, auquel s'ajoute une subvention de 6%. "Il s'agit d'une version américaine moderne de la pratique des marchands des Songs du Nord consistant à transporter des céréales vers la frontière, les responsables de la frontière surestimant les coûts, ainsi que les profits des marchands.

Une politique aussi absurde ne peut que signifier que le système juridique a échoué face à la cupidité, et que la fiscalité universelle a été détournée par quelques puissantes et grandes entreprises.

Obama a peur de toucher aux intérêts des entreprises pharmaceutiques, et encore plus de toucher au gâteau des compagnies d'assurance. Il a essayé d'annoncer la création d'une compagnie d'assurance publique pour concurrencer les compagnies d'assurance privées, mais il s'est heurté à l'opposition des libéraux et des conservateurs, et les médias ont déclenché un tollé, accusant Obama de socialisme et le qualifiant même de nazi. Certains ont ouvertement annoncé leur intention d'assassiner Obama, allant même jusqu'à apporter des armes à feu aux rassemblements de campagne d'Obama, l'effrayant ainsi pour qu'il se retire précipitamment de la proposition et élude la mesure clé la plus importante pour réduire les coûts des soins de santé, ne laissant la réforme des soins de santé que de nom.

En termes simples, vivre aux États-Unis sans assurance maladie n'est rien de moins qu'une super-aventure, non pas en retournant à la pauvreté pour cause de maladie, mais en faisant faillite avec une seule maladie. C'est parce que l'assurance est si chère que 50 millions de personnes aux États-Unis ne peuvent pas se la permettre, et que la réforme des soins de santé d'Obama ne fera pas baisser les coûts des soins de santé et ne peut que continuer à subventionner les grands et les puissants avec un impôt universel.

La réforme des soins de santé d'Obama oblige ces 50 millions de personnes à souscrire une assurance, ce qui revient à rendre une fois de plus hommage aux grands et aux puissants, et les compagnies d'assurance peuvent se réveiller en riant dans leur sommeil.

Pour un travailleur indépendant gagnant 50 000 dollars par an sans assurance maladie, souscrire à "Obamacare" coûterait jusqu'à 7 200 dollars par an, soit quatre fois le prix d'une assurance ordinaire, avec 14 000 dollars à débourser pour de vraies visites, et plus de 20 000 dollars pour l'assurance plus les visites, soit 60% du revenu après impôt !

C'est une assurance ? C'est du vol ! Au lieu de servir le peuple, elle profite aux compagnies d'assurance, aux sociétés pharmaceutiques et aux grands hôpitaux.

Si vous pensez que c'est trop cher, vous ne voulez pas participer, d'accord ? Pas question. "Obamacare" est une assurance obligatoire, le refus de participer entraînera une amende et vous recevrez une facture pouvant aller jusqu'à 4 000 dollars par an ! Si vous ne payez pas, d'abord votre permis de conduire est retiré, ce qui, pour les Américains sur roues, équivaut à vous couper les jambes ; si vous refusez de payer l'amende pendant 24 mois consécutifs et qu'il se trouve que vous êtes propriétaire, alors votre propriété fera l'objet d'une réclamation du gouvernement, ce qui signifie que vous pourriez perdre votre propriété. Si vous êtes prêt à vendre votre maison dans un accès de rage, je suis désolé, mais cette pénalité et ces intérêts accumulés seront d'abord déduits par le gouvernement.

Visites limitées, responsabilité illimitée. C'est ce qu'est l'Obamacare.

La réforme financière n'est qu'une peau de chagrin, et la réforme des soins de santé est encore plus une fin en soi. Le gouvernement n'est plus en mesure d'inverser le modèle de répartition des richesses, alors le mythe de la correction des erreurs systémiques aux États-Unis peut disparaître !

Les deux grandes réformes de la présidence d'Obama ne visaient pas tant à freiner la consolidation des richesses qu'à alimenter l'avidité des puissants à se partager les richesses de la société. Le président d'origine civile, mais non l'aide des gens du peuple, n'a ni le courage des frères de Gracchus ni le caractère de Wang Anshi.

La deuxième vague de fusions de patrimoines aux États-Unis, qui a débuté au début des années 1980, continue de prendre de l'ampleur après la crise financière de 2008. Toutes les réformes menées dans des conditions normales ne peuvent plus arrêter le rythme des fusions de patrimoines, les contradictions entre les riches et les pauvres vont s'aggraver et l'intensité de la prochaine crise financière va s'intensifier.

Si l'on en croit l'histoire, les États-Unis se trouvent dans un cercle vicieux de consolidation des richesses, d'injustice fiscale, de déficits budgétaires, de dévaluation de la monnaie et d'antagonisme entre les classes.

Qu'est-ce qui n'est pas le rêve chinois ?

Toute l'histoire est une histoire moderne, Rome, les Song du Nord et les États-Unis représentant chacun trois vagues de l'explosion économique monétaire qui, bien que séparées par des milliers d'années et s'étendant sur des milliers de kilomètres, présentent des indices logiques assez similaires. Le long de ce parcours, on peut non seulement regarder le passé et analyser le présent, mais aussi regarder loin dans le futur.

La théorie actuelle du "rêve chinois" doit être placée sous le système de référence historique afin d'en présenter un aperçu plus complet.

La condition préalable pour savoir ce qu'est le "rêve chinois" est de savoir ce qui ne devrait pas être le "rêve chinois" en premier lieu.

Une société où les puissants sont au pouvoir et l'élite est avide ne devrait pas être le "rêve chinois" !

Une société dans laquelle les richesses sont annexées et où les riches et les pauvres sont divisés ne devrait pas être le "rêve chinois" !

Une société avec une charge fiscale injuste et un déficit fiscal ne devrait pas être le "rêve chinois" !

Une société avec des monnaies dévaluées et des actifs gonflés ne devrait pas être le "rêve chinois" !

Une société dont le pouvoir du peuple est épuisé et qui connaît des problèmes internes et externes ne devrait pas être le "rêve chinois" !

Y a-t-il des personnes grandes et puissantes en Chine ? Pas actuellement, mais peut-être dans le futur.

En 1949, lors de l'instauration de la Chine nouvelle, l'écart entre les riches et les pauvres a été pratiquement éliminé dans la société chinoise au cours des 30 années suivantes. C'était la première fois dans l'histoire de la Chine que la pratique de l'égalisation des riches et des pauvres à très grande échelle, équivalente à une distribution "zéro" des richesses dans toute la Chine.

L'égalisation des riches et des pauvres signifie-t-elle nécessairement une société prospère et forte ? La réponse est non.

Tout au long de l'histoire, dans n'importe quel pays, n'importe quelle nation, n'importe quelle époque, n'importe quel système, la société a présenté la structure pyramidale typique des 10% d'élite au sommet de la société et des 90% ordinaires de la population à la base, et seule cette structure peut garantir la stabilité sociale. Tout au long de l'histoire de la civilisation humaine, il y a eu des tentatives pour parvenir à une société totalement égalitaire à chaque époque, mais cet objectif n'a jamais vraiment été atteint, et même s'il apparaît brièvement, il ne peut pas être maintenu de manière constante.

Puisque chacun a une diligence différente, une personnalité différente, des qualifications différentes, des circonstances différentes et des opportunités différentes, le fossé final est une nécessité logique. Dans toute société, il y aura toujours environ 10% de personnes travailleuses et intelligentes qui pourront toujours s'élever rapidement dans la société tant que les politiques ne supprimeront pas leur éthique de travail. Certains d'entre eux ont peut-être profité de leurs parents, de leur famille et de leurs relations sociales, mais la plupart d'entre eux se sont principalement appuyés sur leur propre travail et leur intelligence pour atteindre un statut social supérieur et une grande richesse. Ils sont les créateurs de richesse et les agents du progrès social. Tout pays qui supprime l'enthousiasme de cette élite sociale ne peut avoir de vitalité, de dynamisme, d'opportunités et de rêves.

La politique de Deng Xiaoping consistant à "laisser d'abord le petit nombre s'enrichir" a efficacement mobilisé le grand enthousiasme de l'élite sociale chinoise pour la création de richesses, dont la plupart osent être les premiers au monde, prennent le risque de décourager les gens ordinaires, utilisent leurs cerveaux, brisent les conventions et innovent, et obtiennent le premier seau d'or pour le développement de leur carrière. Leurs actions ont eu un "effet anguille" évident dans une société longtemps terne, stimulant un plus grand nombre de personnes à développer l'ambition de créer de la richesse, conduisant à un grand bond en avant de la richesse pour toute la société et changeant fondamentalement le visage de la pauvreté en Chine.

Deng Xiaoping a proposé la politique "Laissez la minorité s'enrichir d'abord".

Étant donné que 10% de l'élite sociale ont créé une grande partie de la richesse principalement grâce à leurs propres efforts, ils méritent à juste titre d'être encouragés et protégés par la société pour avoir une plus grande part du gâteau de la distribution de la richesse, à la fois pour récompenser le travail acharné et punir la paresse, et comme moyen de stimuler la création de richesse.

La réforme et l'ouverture de la société chinoise après 1979 ont entraîné un retour à la norme historique ; plus de 30 ans de développement économique rapide ont entraîné une croissance explosive de la richesse, la réapparition de strates sociales, l'émergence de ménages puissants et performants, l'apparition progressive de groupes d'intérêt et un élargissement significatif du fossé entre riches et pauvres. Il s'agit d'un tournant critique dans la société, où, d'une part, la prospérité économique offre davantage d'opportunités et, d'autre part, la fusion des richesses commence à prendre forme.

Dans les périodes de prospérité générale où la productivité augmente rapidement, les riches s'enrichissent plus vite, le commun des mortels s'enrichit plus lentement, et l'attitude de la société à l'égard des riches est principalement de l'ordre de l'envie ; lorsque la croissance de la productivité ralentit de manière significative et que la prospérité est limitée à certaines régions ou industries, la richesse des riches a tendance à croître plus rapidement, tandis que la croissance du revenu réel du commun des mortels semble stagner, l'humeur sociale étant alors de l'ordre de l'envie envers les riches ; lorsque la croissance de la productivité stagne et que les riches commencent à récolter des avantages plus étonnants par le biais de fusions de richesses plutôt que par la création de richesses, l'esprit d'entreprise s'aliène en une avidité excessive, le revenu de l'homme du commun semble diminuer, et la société déteste généralement les riches.

Les phénomènes d'envie, de jalousie et de haine des riches ne se produisent pas simultanément, mais se développent progressivement. Pendant la majeure partie des années 1980 et 1990, l'attitude sociale dominante à l'égard des riches était l'envie ; à partir de 2000 et jusqu'à la crise financière, l'élément d'envie a progressivement augmenté ; et depuis 2009, le terme "haine des riches" a commencé à apparaître avec une fréquence sensiblement plus élevée, reflétant un changement latéral dans la qualité et la portée de la croissance économique en Chine.

D'une manière générale, pendant les périodes de prospérité générale, les riches peuvent acquérir des richesses dans des proportions plus importantes, lorsque la société est plus tolérante ; pendant les périodes de prospérité partielle, les riches doivent réfréner l'expansion infinie de leurs désirs de cupidité et supporter la proportion normale de la répartition des richesses ; pendant les périodes de stagnation ou de récession économique, les riches doivent faire des compromis, ce qui non seulement favorisera la stabilité émotionnelle sociale et atténuera l'intensification de la mentalité de haine de la richesse, mais en même temps, l'augmentation des revenus et de la consommation des gens ordinaires apportera davantage de bénéfices à long terme aux riches.

La question est de savoir quelle proportion du revenu national doit représenter les 10% de riches pour être juste.

L'historien Huang Renyu, dans son livre *Quinze ans de Wan Li*, se plaint que la finesse de la gestion numérique dans la société chinoise accuse un sérieux retard sur celle de l'Occident. Son argument n'est pas faux, non seulement sur le plan historique, mais la Chine moderne est encore loin derrière l'Occident.

Le département des statistiques de la Chine ne dispose pas de chiffres précis sur la répartition des richesses dans la société, et les gens ne savent pas quel pourcentage du revenu national est actuellement détenu par les 0,1%, 1% et 10% les plus riches de la population du pays, et ils n'ont pas non plus une idée claire de l'ampleur du problème de la division entre les riches et les pauvres, sans parler des données historiques des 60 ou 100 dernières années. Les universitaires ne peuvent parler qu'au feeling, et la précision des décisions gouvernementales peut être compromise.

Si l'on prend en compte l'expérience historique de la dynastie des Song du Nord, la proportion approximative de la répartition des richesses est qu'à la fin de la dynastie des Song, le groupe des 6% de personnes puissantes et riches de la dynastie des Song du Nord détenait 60 à 70% des terres du pays et s'appropriait la moitié du revenu national. C'est également après l'apogée de Song Renzong que la dynastie des Song du Nord a commencé à rectifier la crise de la division des richesses, à savoir le changement de loi de Wang Anshi. L'expérience des États-Unis a montré que si les 10% du groupe des riches représentent plus de 50% du revenu national, l'économie est vouée à l'effondrement et la société est en crise.

Il s'avère que si les 10% de la classe riche franchissaient le seuil des 50% du revenu national, ils seraient suffisamment puissants pour contrecarrer toute réforme, les mécanismes institutionnels de correction échoueraient et le destin du pays serait proche du point d'inflexion entre prospérité et déclin. Après l'échec du changement de loi de Wang Anshi, les Song du Nord n'ont fait que stagner pendant 30 ans, et avec l'annexion plus violente des richesses par les riches conglomérats, les quelque 20 dernières années ont vu un effondrement socio-économique rapide des Song du Nord.

Les États-Unis sont un autre exemple concret de ce qui se passe, les 10% des groupes les plus riches ayant franchi le seuil de 50% du revenu national après 2008. Sans le déclenchement d'une guerre massive ou d'un conflit social violent, le système est impuissant à corriger ses erreurs. L'échec de la réforme financière et de la réforme des soins de santé d'Obama est une preuve évidente de cet argument. Avec une telle disparité entre les riches et les pauvres, tout espoir de reprise économique ne peut être que l'illusion d'un mirage. Peut-être les États-Unis resteront-ils largement stables pendant encore 20 à 30 ans, tandis que la division des richesses continuera de croître de manière irrémédiable, jusqu'au stade final de détérioration dramatique.

On peut dire que les 10% de riches, qui représentent 50% du revenu national, constituent le point de basculement de la fortune d'un pays, ce qui n'est pas moins important que la ligne rouge agricole de "1,8 milliard d'acres de terres arables", et tout gouvernement responsable doit se garder strictement de ce point de basculement. En franchissant cette ligne de basculement, la cupidité s'aliène dans les cellules cancéreuses de la société, et aucun pouvoir ne pourra les empêcher de piller frénétiquement les ressources des autres cellules jusqu'à ce que les organes lâchent et que la vie s'arrête.

La Chine devrait inscrire explicitement dans la Constitution les principes et les proportions de la répartition des richesses sociales. Tout autre choix ne serait pas suffisant pour garantir la sécurité à long terme du pays.

L'immobilier et la répartition des richesses

Le néolibéralisme insiste sur le fait que le gouvernement doit se retirer complètement du marché, sous peine de fausser l'économie de marché. De nombreuses personnes croient à tort que le marché est plat, alors qu'en réalité, il est toujours courbe.

L'histoire a montré que si un gouvernement adopte une politique de laisser-faire total en matière d'économie, qu'il s'agisse de la politique sans économie de l'Empire romain, de l'approche "sans compromis" de la dynastie des Song du Nord ou de la tendance actuelle à la "déréglementation" aux États-Unis, il en résulte un déséquilibre extrême dans la répartition des richesses. Plus la société est libre, plus la répartition des richesses est importante, ce qui a pour conséquence non seulement de détruire la prospérité économique, mais aussi d'entraîner un renversement des fortunes nationales.

L'ensemble de l'activité humaine au cours de l'histoire n'a été rien d'autre que la création et la distribution de richesses, dont tous les autres actes ont été dérivés. La théorie de la création efficace de la richesse appartient à l'économie, tandis que la théorie de la distribution rationnelle de la richesse appartient à la science politique. Seule l'économie politique, qui combine la création et la distribution de la richesse, peut avoir une vision globale du destin d'un pays.

Le gouvernement doit intervenir le moins possible sur le marché, mais il doit fortement protéger le principe de la répartition des richesses.

L'exemple le plus frappant est de savoir si le gouvernement doit ou non réglementer les prix des logements et comment il doit réguler le marché immobilier.

Selon le fondamentalisme du marché, les prix des logements doivent être déterminés par l'offre et la demande du marché. Peu importe le prix, tant que quelqu'un est prêt à offrir un prix plus élevé, il est parfaitement raisonnable et toute intervention du gouvernement est totalement injustifiée.

Mais si l'on examine le principe de la répartition des richesses, l'affirmation ci-dessus doit être remise en question par des preuves historiques. Est-il conforme à l'économie de marché que 6% des puissants propriétaires fonciers de la dynastie des Song du Nord détiennent 60 à 70% des terres, et que les six méga-propriétaires fonciers de l'Empire romain possèdent la moitié du territoire de l'Afrique ? L'effondrement de l'Empire romain et la disparition de la dynastie des Song du Nord ont puissamment contré l'idée que le marché décide de tout.

La distorsion des prix de l'immobilier a créé une inégalité généralisée dans la répartition de la richesse sociale dans tout le pays, la distorsion étant d'autant plus grande que la ville est grande. "Sœur de la maison" "Oncle de la maison" ils occupent des dizaines de centaines de logements, et ils ne sont que la pointe de l'iceberg exposés, le phénomène généralisé des prix élevés des maisons et des loyers élevés est la cause profonde du phénomène de la circulation insuffisante, plutôt que le stock absolu de l'insuffisance.

Il n'y a pas d'impôt sur la propriété, ce qui équivaut à la dynastie des Song du Nord qui occupait la plupart des terres sans payer d'impôts, les riches se contentent de détenir la propriété et d'attendre l'appréciation, ils ne sont pas incités à louer la propriété, car le revenu locatif ne suscite pas leur intérêt ; ils n'ont pas non plus l'intention de vendre la maison, car la monnaie se déprécie et le prix de la maison augmente, il est plus rentable de vendre tard que tôt. Le grand nombre de maisons vacantes que l'on trouve dans les villes chinoises est un exemple clair de ce phénomène. En ce qui concerne le taux d'inoccupation, soulignant une fois de plus le point de vue de Huang Renyu, le département des statistiques a déclaré de manière surprenante que le taux d'inoccupation n'était pas clair ! 15% ? 20% ? 30% ? Dieu seul le sait !

Comme les propriétés de la nation ne sont pas en ligne, personne ne sait exactement quelle est la concentration de la propriété immobilière. Il ne s'agit pas vraiment d'un problème technique, mais du résultat d'une obstruction délibérée de la part de groupes d'intérêt, et il est déjà évident que le mécanisme de correction des erreurs est fréquemment défaillant dans le secteur immobilier.

À l'avenir, le réseau national de l'immobilier sera une initiative majeure qui constituera un test décisif de la capacité du système actuel à endiguer la cupidité.

Les prix des logements sont déterminés par le flux, pas par le stock. Dans une communauté de 100 logements, il suffit qu'un seul logement se vende pour déterminer le prix de vente de l'ensemble de la communauté. Aux États-Unis, par exemple, le volume annuel des transactions de logements neufs et existants ne représente que 3 à 4% du stock total de propriétés, c'est-à-dire que le flux représente 3 à 4% du stock. Un afflux soudain de 500 000 nouveaux logements sur le marché affecterait considérablement le prix de 130 millions de propriétés du stock. Si 5 millions de nouveaux immeubles apparaissaient, les prix des logements américains s'effondreraient en un instant. De même, le 12 avril 2013, Wall Street a inversé les prévisions de prix pour les 170 000 tonnes de stocks d'or dans le monde avec une vente concentrée de seulement 400 tonnes d'or. En fait, le bombardement en tapis de la psychologie du marché par les médias de Wall Street a gravement ébranlé la confiance dans le marché de l'or, 0,3% du stock d'or se fracassant sur le marché de manière explosive, ce qui suffit à provoquer un effondrement des prix. En termes simples, le facteur décisif pour influencer les prix est la psychologie du marché, et les médias sont un outil important pour influencer cette psychologie. Une vente concentrée, soudaine et violente, peut créer une pression écrasante sur les prix et, en fin de compte, exercer une grande influence sur les prix avec un volume de transactions très faible.

C'est cette stratégie que Chen Yun a utilisée à Shanghai au début des années 1950, en battant d'un seul coup les forces spéculatives qui avaient dominé la ville pendant des décennies de manière purement marchande. Ces dernières années, le gouvernement réglemente la racine de l'inefficacité des prix des maisons, se trouve dans la guerre d'embuscade dans une guerre de rencontre, la guerre rapide dans une guerre prolongée, la guerre d'anéantissement dans une guerre de consommation, le marché est censé inverser complètement à l'autre côté, limiter l'achat de prêts limités et d'autres moyens administratifs sont exacerbés par les attentes haussières des prix des maisons.

L'impôt foncier n'est pas seulement un outil important pour corriger la répartition inéquitable des richesses, c'est aussi une voie nécessaire vers la viabilité budgétaire. Afin de protéger les intérêts de la grande majorité de la population générale, l'impôt foncier sera totalement exonéré pour la première maison familiale ; la deuxième maison sera soumise à un prélèvement symbolique de 0,1%, ce qui couvrira plus de 90% de la population urbaine ; la troisième maison sera soumise à un taux général basé sur le marché de 1% ; et la troisième maison sera soumise à un multiplicateur punitif pour plus de trois unités purement spéculatives.

La simple affirmation d'un déploiement de l'impôt foncier aura un effet choquant sur les prix de l'immobilier, un peu comme la Fed qui joue le jeu psychologique de la sortie du QE. La plupart des acheteurs immobiliers achètent en fonction de leurs attentes, et si les attentes en matière de prix sont inversées, une grande partie du pouvoir d'achat disparaîtra immédiatement au profit d'une approche attentiste. Plus important encore, ont plus de 3 ensembles de "maison sœur" et "maison oncle", ils sont confrontés à un taux d'imposition désastreux sera immédiatement vacant propriété dans le marché, ce qui est équivalent à "quatre - un deux" réapparition du marché de l'or, le choc psychologique et la pression progressive de la propriété dans le même temps éclater, l'offre de biens et la contradiction de la demande sera un énorme changement.

Si la mise en œuvre de l'impôt foncier force 5% des logements vacants à se concentrer sur le marché, sa force de destruction des prix ne sera pas inférieure à un tremblement de terre de magnitude 8 ; si 10% des logements vacants se concentrent sur le marché, à l'exception de quelques personnes qui ont juste besoin d'oser aller à l'encontre du marché, cela fera fuir tout le reste du pouvoir d'achat potentiel ; si l'impôt foncier force finalement plus de 20% des logements vacants, cinq ans plus tard, les habitants de la ville se lamenteront : " Qui a dit que l'immobilier était un profit régulier sans perte ? ". "En fait, il n'y a pas de pénurie grave de biens immobiliers en Chine, mais plutôt une grave injustice dans l'occupation des biens, qui fausse la relation entre l'offre et la demande. Combien de terres arables, de pollution environnementale, de consommation d'énergie et de gaspillage de ressources en moins la Chine connaîtrait-elle si toutes les maisons vacantes de toutes les villes étaient occupées par des résidents ?

Ce n'est que lorsque l'industrie immobilière crache les vastes ressources économiques qui ont été occupées de manière inefficace que d'autres industries peuvent récupérer ces ressources, se développer et prospérer, créer plus d'emplois et apporter une véritable prospérité économique.

Un impôt foncier est le moyen le plus efficace et le plus économique d'éliminer le parc immobilier vacant. Une augmentation significative du coût de la propriété aura un effet immédiat sur l'amélioration de la contradiction entre l'offre et la demande de logements et la tension dans les logements locatifs. Elle ne nécessite pas les énormes dépenses coûteuses d'une démolition massive ni le prélèvement d'un seul centime de ressources arables, et son objectif est de réorienter le flux de distribution des richesses et de rééquilibrer l'allocation des ressources économiques par le biais de la politique fiscale.

Il est clair qu'à l'heure actuelle, le marché de l'immobilier n'est pas plat, mais gravement faussé. Tout comme Obama n'a pas osé remettre en cause la cause profonde du coût élevé des soins de santé aux États-Unis, la difficulté des taxes immobilières, ou l'absence de réglementation, illustre également l'incapacité du système à corriger les erreurs.

L'une des principales résistances à l'introduction de l'impôt foncier est le gouvernement local. Les prix élevés des terrains entraînent des prix élevés de l'immobilier, les prix élevés de l'immobilier stimulent les prix élevés des terrains, et les collectivités locales tirent manifestement le meilleur parti des gains fonciers. Les prix des maisons baissent, les prix des terrains n'augmentent pas, et les finances locales vont mal. Ces dernières années, les gouvernements locaux ont investi massivement dans les infrastructures et la rénovation urbaine, principalement par le biais du financement par la dette et des prêts bancaires, et les revenus des ventes de terrains sont une source importante de soutien à la dette locale.

Le système financier est tout aussi réticent à voir les prix de l'immobilier chuter, car il craint la dépréciation des garanties foncières sur les actifs et l'augmentation des taux de défaut sur les prêts à la construction et les prêts hypothécaires, ce qui menacerait l'adéquation des fonds propres et affecterait la rentabilité et le cours des actions. Dans le même temps, l'amont et l'aval de la chaîne immobilière relient également des dizaines d'industries dans lesquelles le système financier a également des intérêts substantiels, le ralentissement de l'immobilier, la qualité des actifs du système financier dans d'autres industries prendra également un sérieux coup.

Les promoteurs immobiliers font leur argent dans le brillant et le profil élevé, et deviennent à juste titre le centre du mécontentement social, tandis que caché derrière certains gouvernements locaux et les systèmes financiers font leur fortune en silence, formant un triangle de fer des intérêts qui est presque imprenable. La politique de contrôle des prix du logement face au triangle de fer, la fatigue répétée des vétérans de la division, la force émoussée pour s'accrocher à la ville, on s'y attendait.

La convoitise est une nature humaine, qui peut être épargnée mais pas bloquée. Une promotion efficace de l'impôt foncier doit démanteler le triangle de fer des intérêts, l'innovation financière peut fournir quelques idées.

Les "rent-backed securities" (titres adossés à des loyers) développés par BlackRock sont des produits obligataires créés en utilisant les flux de trésorerie des loyers comme garantie, de nature similaire aux obligations MBS adossées aux flux de trésorerie des prêts hypothécaires ou aux obligations ABS adossées aux flux de trésorerie des créances. Puisque tous les flux de trésorerie peuvent être titrisés, les flux de trésorerie fixes générés par les taxes foncières peuvent également être titrisés, ce sont des "titres adossés à des taxes foncières".

Il est vrai qu'aucun pays au monde n'a essayé la titrisation des impôts fonciers, mais essayer, c'est innover, et cette innovation en particulier serait une incitation efficace pour les collectivités locales à aller de l'avant avec les impôts fonciers, et une source de revenus potentiellement énorme pour le système financier.

Si 650 millions de citadins possèdent environ 160 millions de maisons en moyenne pour une famille de quatre personnes, la valeur totale de l'immobilier en Chine atteindrait la somme énorme de 16 000 milliards de yuans (la valeur totale de l'immobilier aux États-Unis est d'environ 23 000 milliards de dollars) si chaque maison vaut 1 million de dollars. Si le taux moyen de l'impôt foncier est de 0,5%, alors le revenu total de l'impôt foncier sera de 800 milliards par an, si les institutions financières seront les 10 prochaines années de l'impôt foncier emballé dans des obligations, c'est-à-dire, la valeur de jusqu'à 8 trillions d'actifs financiers, face à un tel super gâteau, les banques, les courtiers en valeurs mobilières et autres institutions financières ne soutiendront pas avec enthousiasme la raison de l'impôt foncier ?

Il est parfois plus efficace d'attaquer le poison par le poison et de couvrir la cupidité par la cupidité que de simplement freiner la cupidité.

Pour certaines collectivités locales, le produit des ventes de terrains sera comme un salaire de base, tandis que le produit des obligations hypothécaires liées à l'impôt foncier sera plutôt un bonus. Bien sûr, puisque les primes sont versées, le salaire de base sera abaissé, mais le revenu total augmentera.

Plus précisément, les collectivités locales génèrent deux types de revenus lorsqu'elles mettent aux enchères des parcelles de terrain : l'un est le revenu de la vente du terrain. L'autre est constitué par les taxes foncières sur les futurs biens immobiliers tels que les maisons de rapport et les propriétés commerciales sur le terrain. L'équipe d'innovation du système financier peut aider le gouvernement local à prendre le futur flux de trésorerie des taxes foncières sur cette ou d'autres parcelles de terrain, à l'estimer, à le mélanger, à le superposer, à l'affiner, à achever la production de produits obligataires standardisés, puis à trouver une société de notation pour le noter, et enfin à le vendre sur le marché financier, le financement obtenu est inclus dans le budget du gouvernement local, qui peut être utilisé pour toutes les dépenses que le gouvernement juge nécessaires. Il s'agirait d'un revenu supplémentaire qui n'existait pas auparavant, et l'incitation des gouvernements locaux à pousser les impôts fonciers augmenterait considérablement. Actuellement, les collectivités locales n'ont pas le pouvoir d'émettre des obligations de crédit, et les nouvelles obligations pourraient aider les collectivités locales à obtenir un financement garanti.

L'essence d'une obligation hypothécaire sur l'impôt foncier est une réalisation unique actualisée des recettes de l'impôt foncier des collectivités locales au cours des 5, 10, 15 ou 20 prochaines années, en transférant les futurs produits actualisés aux investisseurs sur les marchés financiers. Bien entendu, pour recevoir ce bonus supplémentaire, les gouvernements locaux doivent faire des concessions sur les recettes de la vente de terrains, par exemple 2 $ de financement local avec de nouvelles obligations, et 1 $ de recettes de la vente de terrains, qui doivent être utilisées comme un fonds spécial pour les paiements de transfert afin de subventionner les agriculteurs qui ont perdu leurs terres ou pour l'investissement dans les infrastructures agricoles, soit aux mains des gouvernements locaux, soit au niveau national par le gouvernement central.

Du point de vue des flux financiers, le fonds de transfert équivaut au marché financier des riches et d'un grand nombre de propriétaires, pour compenser les trois entreprises agricoles, renforcer la capacité de consommation des agriculteurs et équilibrer la répartition inégale de la richesse entre les zones urbaines et rurales.

Les taxes foncières sont différentes du loyer, où un bien locatif peut être vacant et sans flux de trésorerie, et le bien aura toujours un propriétaire, qui détient qui paie les taxes et le flux de trésorerie ne sera pas interrompu. Par conséquent, la qualité des obligations hypothécaires relatives à l'impôt foncier est naturellement supérieure à celle des obligations hypothécaires locatives des Black Rockers. Dans le même temps, les obligations adossées à l'impôt foncier peuvent également fournir des produits de qualité aux compagnies d'assurance, aux fonds de pension, aux fonds monétaires, à la gestion du patrimoine bancaire et à d'autres institutions du marché financier qui recherchent désespérément la sécurité et des rendements élevés, ce qui se traduit par des avantages substantiels pour le système financier.

Plus important encore, étant donné que les revenus fonciers sont extrabudgétaires, qu'il y a un manque de transparence dans l'utilisation des terres par les gouvernements locaux et que la supervision est difficile à mettre en place, il y a forcément des problèmes d'efficacité des investissements. En remplaçant partiellement les revenus fonciers par un financement provenant d'obligations hypothécaires liées à l'impôt foncier, on augmenterait la part des revenus dans le budget, on améliorerait l'efficacité de l'utilisation des fonds et on créerait davantage de richesses.

Les obligations hypothécaires pour l'impôt foncier fourniront un mécanisme efficace pour réguler les gouvernements locaux, les obligations sont négociées sur le marché financier, son prix reflète le jugement du marché des projets des gouvernements locaux à chaque instant, les analystes financiers détestent courir vers les projets immobiliers et faire du porte-à-porte pour enquêter sur les ratios de vente, le statut fiscal, les propriétaires réels et d'autres informations pour juger le prix des obligations. Le succès des gouvernements locaux dans un projet de développement réduira le coût de financement d'autres projets, ce qui incitera effectivement les gouvernements locaux à être prudents en matière de projets de développement, car les marchés financiers noteront leurs performances politiques de temps à autre. Une obligation de taxe foncière lâchée sauvagement sur le marché et dont le prix s'effondrerait révélerait l'ampleur de l'échec du projet et mettrait les responsables sous une pression considérable.

Laisser les marchés financiers superviser les gouvernements locaux et utiliser les prix des obligations pour évaluer le succès ou l'échec des projets est bien plus efficace qu'une gestion par les hauts responsables.

La clé de l'urbanisation est la création d'emplois

Selon le rapport 2012 de l'Académie chinoise des sciences sur la nouvelle urbanisation de la Chine, le taux d'urbanisation de la Chine a franchi la barre des 50% pour la première fois en 2011, atteignant 51,3%, ce qui constitue le record d'urbanisation le plus élevé de l'histoire de la Chine, ce qui signifie que pour la première fois, la population résidente urbaine de la Chine dépasse la population rurale. Ici, la population résidente urbaine comprend la population ayant un enregistrement de ménage agricole qui vit dans la ville depuis plus de six mois. Si l'on déduit les 180 millions de travailleurs migrants dans les ménages agricoles, le taux d'urbanisation réel de la Chine est d'environ 35%.

Nombreux sont ceux qui estiment avec optimisme qu'une augmentation d'un point de pourcentage de la part annuelle de la population urbaine en Chine pourrait relancer la demande intérieure à hauteur de plus de 5 000 milliards de dollars. Une augmentation de 10 points de pourcentage de l'urbanisation future pourrait relancer la demande intérieure à hauteur de 50 000 milliards, ce qui équivaut à reconstruire un PIB de la taille actuelle.

Si l'on suit cette logique, tout ce que la Chine doit faire pour devenir un pays développé est de continuer à étendre la taille de ses villes et de déplacer ses agriculteurs pour qu'ils y vivent, et la croissance du PIB sera là, l'urbanisation sera élevée et la prospérité économique sera automatique. Ce raisonnement est coupable de la même faute que le mouvement d'urbanisation de l'Empire romain, où l'urbanisation était le résultat de la prospérité économique, et non sa cause.

L'urbanisation artificielle est celle où les gens vivent dans la ville et où beaucoup deviendront une charge pour la ville, tandis que l'urbanisation de prospérité économique est celle où tout le monde a un emploi et où tout le monde contribue à la ville.

L'urbanisation de la Chine doit fournir des centaines de millions d'emplois, et il doit s'agir d'emplois à temps plein avec sécurité sociale et assurance maladie. Sans travail, il n'y a pas de revenus et aucune possibilité d'accroître la demande intérieure. Les 180 millions de travailleurs migrants qui vivent actuellement dans les villes sont essentiellement employés à court terme et temporairement, et s'ils sont convertis en emplois à temps plein avec des avantages, une assurance maladie et une sécurité sociale, à peu près équivalents à la sécurité des résidents urbains, je crains que le nombre d'emplois ne puisse être qu'actualisé, c'est-à-dire que les villes ont créé un total de 90 millions d'emplois urbains à temps plein pour les agriculteurs au cours des quelque 30 dernières années, soit une moyenne d'environ 3 millions par an, ce qui est l'échelle approximative de l'urbanisation de la population agricole dans le contexte du développement économique rapide de la Chine.

Si l'objectif d'urbanisation pour 2020 est de 55%, l'économie urbaine devra créer 150 millions d'emplois à temps plein au cours des six années précédant 2020 afin de convertir les travailleurs migrants passés et futurs en emplois urbains, ce qui nécessitera une moyenne de 26 millions de nouveaux emplois à temps plein par an, une tâche impossible.

En fait, seuls quelque 10 millions de nouveaux emplois sont créés chaque année dans les villes chinoises, et pas moins de 25 millions de personnes attendent d'être employées dans les villes en 2012, dont la moitié sont des diplômés de collèges et d'universités, ce qui signifie que le taux d'urbanisation visé entraînera la ruée vers l'emploi de cinq jeunes urbains et d'un jeune rural !

Dans le paysage de l'emploi en Chine, 11 millions de petites et moyennes entreprises (PME) créent 75% de l'emploi urbain, employant en moyenne 13 personnes, avec une durée de vie moyenne de seulement 2,5 ans, et les conglomérats ne survivant pas pendant sept à huit ans ; depuis 2013, la proportion de PME faisant faillite ou cessant leurs activités a augmenté de mois en mois pour atteindre près de 15%. Au lieu de recevoir le soutien financier, fiscal et politique qu'elles méritent, les PME continuent d'être réduites à la poubelle du transfert de risques par les grandes entreprises. Les grandes entreprises paient des comptes de plus en plus longs, la proportion de billets à ordre augmente, et les comptes débiteurs des petites et moyennes entreprises ont atteint plus de la moitié des actifs des entreprises, bien plus que la moyenne internationale de 20 pour cent. Le dur environnement de survie a réduit le taux de réussite entrepreneuriale des PME à 1/40, bien en dessous de 1/7 aux États-Unis.

La question de savoir si le taux d'urbanisation atteindra 55% d'ici 2020 ne dépend pas du gouvernement, et ne devrait pas le faire, mais des 11 millions de PME qui luttent pour atteindre le seuil de la mort. Le principal obstacle à l'urbanisation n'est pas le manque de bureaux et de logements commerciaux dans les villes, mais la difficulté croissante de survie des petites et moyennes entreprises qui peuvent payer leur loyer et leurs frais d'exploitation. L'urbanisation sans possibilités d'emploi équivaut à l'embourgeoisement et à la gentrification des villes.

Le rythme de l'urbanisation devrait être fondé sur la création d'emplois, les emplois stables absorbant progressivement la population agricole excédentaire, un processus qui pourrait prendre 30 ans ou plus avant que le taux d'urbanisation de la Chine n'atteigne réellement 50%. L'industrialisation et l'urbanisation d'un grand pays de 1,3 milliard d'habitants sont sans précédent dans l'histoire du monde et ne pourront jamais être réalisées en une seule étape, et leur complexité et leur énormité dépassent, je le crains, largement l'imagination.

Il devrait être clair que, sur la voie de l'urbanisation en Chine, il est également nécessaire de tenir compte des changements de la situation économique mondiale, et même de la possibilité de brusques revirements. Dans les régions où l'économie urbaine est orientée vers les marchés internationaux, il pourrait y avoir un sérieux revirement, avec même une réduction significative des emplois urbains et un retour potentiel à la campagne pour 180 millions de travailleurs migrants.

Le plus grand risque de la Chine est de ne pas connaître le risque, 30 ans de développement économique rapide, 60 ans de manque d'expérience de la crise financière, laissent tout le monde penser que la croissance économique est simplement une croissance linéaire, seulement la différence entre 7% et 10%, il n'y a donc aucun sens de la couverture du risque du tout. En termes de politique, il n'y a pas assez de place pour l'énorme écart entre les jugements optimistes et les dures réalités.

Si un jour 80 millions de travailleurs migrants sur 180 millions sont contraints de rentrer chez eux, comment les zones rurales s'adapteront-elles et comment les villes réagiront-elles ? Si les routes vides, les piétons clairsemés et les commerces froids de Pékin pendant la fête du Printemps sont impressionnants, la récession l'est. Les gens ne connaissent pas les dépressions et ne croient pas aux dépressions, mais cela ne signifie pas que les dépressions n'existent pas, ou qu'elles n'arrivent pas soudainement.

La sagesse laissée par les anciens est ignorée par les gens d'aujourd'hui.

Transfert de terres et revenu des agriculteurs

Actuellement, les États-Unis créent un prix alimentaire super bon marché à l'échelle mondiale grâce à d'énormes subventions financières qui semblent être une réincarnation de l'époque romaine.

Sous la pression des prix alimentaires américains, les agriculteurs chinois se trouvent dans une situation similaire à celle des agriculteurs italiens de cette année-là. L'agriculture a connu une récolte exceptionnelle pendant 10 années consécutives, mais les agriculteurs ont généralement le problème d'augmenter la production sans augmenter le revenu, l'augmentation de la production est en partie absorbée par la hausse des coûts, tandis que le prix est bloqué par les prix alimentaires internationaux.

Dans le commerce international des denrées alimentaires, ce sont en fait les petits flux qui déterminent le prix des grands stocks. Les États-Unis, qui exportent 58%, 43% et 22% du commerce mondial de maïs, de soja et de blé, sont bien placés pour contrôler les prix alimentaires mondiaux. La distorsion des prix alimentaires internationaux a entraîné des problèmes similaires à ceux de l'Empire romain, où la base agricole des pays en développement a été érodée par la faiblesse des prix alimentaires, où les économies agricoles ont été au bord de la faillite et où un grand nombre d'agriculteurs ont afflué vers les villes, créant des bidonvilles dans les grandes villes des pays en développement. Les agriculteurs pauvres fournissent un flux constant de main-d'œuvre pour l'industrie d'exportation, garantissant un approvisionnement en produits de base bon marché aux États-Unis et dans d'autres pays développés.

La profonde compréhension historique de la Chine de l'importance de l'alimentation lui a permis de ne pas suivre les traces des autres pays en développement dans leur faillite économique agricole, mais de maintenir son économie agricole en supprimant les taxes agricoles et en renforçant les subventions agricoles, entre autres moyens. Cependant, il est devenu un consensus que l'agriculture n'est pas rentable et que le transfert de terres ne change pas fondamentalement cette tendance.

La cause profonde du manque d'intérêt pour l'augmentation de la production alimentaire après l'annexion massive de terres par l'aristocratie romaine reste que Rome avait délibérément déprimé les prix des denrées alimentaires et que les agriculteurs ne gagnaient pas d'argent en cultivant leurs terres, et qu'il était tout aussi difficile d'être rentable après l'annexion. Les aristocrates ne prêtaient pas autant d'attention à l'agriculture que les grands propriétaires de champs qui utilisaient la main-d'œuvre esclave à grande échelle à l'époque républicaine, vivaient à Rome ou dans d'autres villes, et ne fréquentaient même pas leurs fermes. Pour eux, le moyen le plus économique était de louer les terres à des locataires et de s'asseoir sur le loyer. Quant à la construction d'installations de conservation de l'eau, à l'amélioration de la qualité du sol, à la sélection de bonnes semences et à d'autres choses diverses, mieux vaut ne pas y penser, l'investissement dans la terre est comme l'investissement dans l'immobilier, la préservation de la valeur est le but principal, sauver le cœur est le plus grand principe, dépenser de l'argent pour l'agriculture fine n'est pas leur spécialité, et encore moins leur intention initiale. Et les locataires ordinaires, qui ne mettent pas d'argent pour améliorer les terres des autres et n'ont pas la capacité d'investir, avaient l'habitude de cultiver pour eux-mêmes, mais cultivent maintenant pour les autres, avec moins de responsabilité et d'enthousiasme pour leur travail. Le déclin de la production alimentaire dans l'Empire romain suite à l'annexion massive de terres était inévitable.

La conséquence naturelle du transfert de terres en Chine est nécessairement une concentration des terres et, en définitive, une concentration dans le sens de l'intensité du capital. Cela soulève la question intéressante suivante : le capital va-t-il courir après les profits des céréales ? Ou bien le profit tiré de la mise en valeur des terres pour la production alimentaire est-il suffisant pour l'emporter sur les autres utilisations ?

Les prix des aliments étant largement sous-évalués, seul un imbécile continuerait à produire des aliments. Les magnats capitalistes chinois seront probablement comme les aristocrates romains de leur époque, vivant dans des grandes villes comme Pékin et Shanghai, avec des terres et des propriétés dans tout le pays. Même s'ils continuaient à produire des denrées alimentaires, ils louaient les terres aux planteurs valides, qui les leur transféraient volontiers en tant que locataires, ou en raison de l'attrait du capital, auquel personne ne pouvait résister. L'enthousiasme des planteurs valides, qui cultivaient la terre pour eux-mêmes et la produisent maintenant pour d'autres, et qui doivent aussi payer le loyer de la terre, va-t-il augmenter ou diminuer ?

Les puissants basés sur le capital et les grands ménages investissent dans les terres dans le but principal de courir après la plus-value immobilière, plutôt que de regarder les bénéfices de la production alimentaire, ils ne se soucient pas de l'amélioration des sols, ni de l'agriculture de précision, la construction de conservatoires d'eau pour améliorer l'irrigation et les autres dépenses sont les moindres les meilleures. Les grands agriculteurs sont certainement plus réticents à prendre leur propre argent et à subventionner les terres des autres, le tout avec des infrastructures existantes, et ils peuvent être en mesure d'augmenter considérablement les rendements par habitant au détriment de la production par unité de terre, tout comme les agriculteurs américains ont des revenus plus élevés et des rendements plus faibles. Il en résulte clairement que la concentration des terres créée par le transfert de terres ne conduit pas nécessairement à une augmentation de la production alimentaire totale ; l'effet peut être inverse, plus la concentration des terres est importante, moins la production alimentaire totale est garantie.

Historiquement, l'objectif d'efficacité agricole en Chine est très différent de celui des États-Unis, qui recherchent le rendement maximal par unité de terre, c'est-à-dire la productivité de la terre, alors que les États-Unis recherchent le rendement maximal par unité de population, c'est-à-dire la productivité du travail, déterminée par la dure réalité que la Chine ne possède que 7% des terres arables du monde, mais doit nourrir 22% de la population mondiale. Alors que les agriculteurs chinois peuvent cultiver de petites parcelles de terre grâce à une main-d'œuvre intensive, les agriculteurs américains donnent la priorité aux mesures d'économie de main-d'œuvre telles que la mécanisation agricole et les engrais chimiques, qui deviennent relativement peu coûteuses lorsque les intrants sont répartis de manière égale entre les grands occupants de terres agricoles par habitant. Or, avec si peu de terres par habitant en Chine, ces intrants deviennent inabordables.

La question est de savoir si la Chine est prête à modifier ses objectifs en matière d'efficacité agricole. Si elle cherche à atteindre une production maximale par habitant, la Chine doit être prête à accepter les conséquences de son incapacité à se nourrir, et la prophétie "qui va nourrir la Chine" pourrait bien se réaliser. Si un jour un conflit militaire opposait la Chine et le Japon sur les îles Diaoyu, les États-Unis n'auraient pas besoin d'envoyer une armée et annonceraient simplement l'arrêt des exportations de produits alimentaires vers la Chine, et le conflit géopolitique potentiel auquel la Chine est confrontée va bien au-delà des îles Diaoyu.

La sécurité alimentaire n'est pas seulement une question d'efficacité économique, mais aussi de prospérité nationale !

L'une des raisons invoquées depuis longtemps par M. Rogers pour justifier son optimisme à l'égard de l'agriculture fait mouche, à savoir que le vieillissement de la population agricole mondiale est un problème bien plus grave que celui des villes.

L'âge moyen de la population agricole est déjà de 58 ans aux États-Unis, 60 ans en Europe et 62 ans au Japon, et les jeunes des pays développés aiment également la vie urbaine et détestent la monotonie de la ferme. Sous l'oppression des faibles prix des denrées alimentaires aux États-Unis, les pays en développement souffrent depuis longtemps de l'effondrement de leurs économies agricoles et de la perte importante de travailleurs jeunes et d'âge moyen. Imaginez que dans 10 ans, la main-d'œuvre agricole des pays développés aura 70 ans et que les zones rurales des pays en développement auront été désertées depuis longtemps, et que la population mondiale comptera 8 milliards d'habitants, soit une augmentation nette d'un milliard ! Le vieillissement de la main-d'œuvre agricole entraînera inévitablement une baisse de la productivité agricole alors que la population continuera de croître de manière substantielle, la contradiction structurelle entre la production alimentaire totale et la demande globale ne pourra que s'intensifier, et ce n'est qu'une question de temps avant que les prix alimentaires internationaux n'augmentent de manière significative.

La Chine ne doit pas se faire d'illusions sur le fait que dans les 10 prochaines années, 1,4 milliard de Chinois pourront vivre d'aliments importés ! C'est pourquoi l'importance de la production agricole par unité de terre en Chine reste bien supérieure à la production par habitant, et l'objectif d'efficacité agricole en Chine ne peut être modifié.

Compte tenu de ces prémisses, la politique de transfert des terres doit définir un champ d'action clair pour les dix prochaines années et ne pas poursuivre unilatéralement une agriculture à grande échelle et une forte concentration des terres. Les magnats capitalistes peuvent investir indirectement dans l'agriculture par le biais du marché des capitaux, mais doivent contrôler l'ampleur de l'occupation directe des terres, la ligne rouge de 1,8 milliard d'acres de terres cultivées ne peut être que rigoureusement gardée.

Cela signifie que les agriculteurs feront d'énormes sacrifices pour la sécurité alimentaire, et que ce sacrifice doit être récompensé à l'excès, le plus directement par une plus grande compensation de leurs revenus. En fait, une augmentation significative des revenus des agriculteurs peut effectivement élargir le marché intérieur, promouvoir la réalisation de la transformation économique et atténuer le degré de fragmentation des richesses.800 millions d'agriculteurs augmentent leurs revenus de 1 000 yuans chacun, ce qui signifie 800 millions de chemises, 800 millions de paires de chaussures ou 800 millions de téléphones portables de pouvoir d'achat de nouveaux produits, leur échelle de consommation totale dépassera de loin la contribution de 8 000 milliardaires à l'économie. En particulier, lorsque 800 millions d'agriculteurs augmenteront leur consommation, cela déclenchera un effet d'échelle, stimulant une nouvelle division sociale du travail et de nouvelles opportunités d'emploi.

La "surproduction" est en grande partie une fausse proposition ; il n'y a jamais eu d'excédent de richesse dans l'histoire de l'humanité, si ce n'est l'incapacité de la grande majorité de la population à consommer, en raison de la polarisation de la richesse et de la pauvreté. Si 800 millions d'agriculteurs sont sur-incités, cela remplacera largement les sorties de richesse orientées vers l'exportation.

Vers 1940, sur la base du déclenchement de la "Seconde Guerre mondiale", les États-Unis ont imposé, par le biais de la machine de guerre, des subventions à des dizaines de millions d'ouvriers au chômage et à des millions de fils et filles pauvres partis à la guerre, inversant ainsi la tendance à la polarisation entre riches et pauvres et donnant lieu à 40 années dorées de développement économique. La capacité de la Chine à inverser la tendance à l'élargissement du fossé entre les villes et les campagnes en temps de paix est la clé du maintien de sa prospérité économique à l'avenir.

La compensation des revenus des agriculteurs n'est qu'une correction d'un certain degré de distorsion grave des prix alimentaires internationaux. L'expansion de la capacité de consommation des agriculteurs stimulera une augmentation des biens et des services dans l'économie urbaine, entraînant une croissance régulière de l'emploi, qui à son tour absorbera l'urbanisation de la main-d'œuvre agricole excédentaire et la mettra sur une voie d'urbanisation saine et durable. Lorsque les prix internationaux des denrées alimentaires finiront par monter en flèche, les compensations accordées aux agriculteurs pourront être progressivement réduites et ils seront plus rentables sur le marché.

L'indemnisation des agriculteurs ne doit pas seulement relever de la responsabilité des gouvernements, mais aussi de la mobilisation totale des marchés de capitaux pour diriger l'argent avide là où il est le plus nécessaire, et c'est là que l'innovation financière peut fonctionner.

Les catastrophes naturelles et les changements de marché sont une raison importante de la lenteur de la croissance des revenus des agriculteurs. Les compagnies d'assurance chinoises sont intervenues pour couvrir l'assurance agricole, notamment l'assurance des revenus des agriculteurs. L'assurance-revenu est un lien entre la perte de production due aux catastrophes naturelles dans l'assurance agricole traditionnelle et la perte de revenu due aux fluctuations des prix dans l'assurance des prix du marché. Lorsque la production agricole subit une perte, le revenu brut de l'agriculteur est calculé en multipliant le rendement réel de la récolte de l'année par le prix unitaire moyen de gros sur le marché et en le comparant au revenu d'une année normale, et la différence qui en résulte est compensée et réglée par la compagnie d'assurance.

Une bonne idée pour l'assurance revenu, mais le coût est élevé. Par exemple, une certaine police d'assurance-revenu à Songjiang, à Shanghai, a une prime de 350 000 yuans et une couverture de plus de 2,6 millions de yuans. Le gouvernement doit fournir un pourcentage élevé de subventions, sinon les coûts d'assurance sont trop élevés pour les agriculteurs.

Si le coût de l'assurance est trop bas, il sera difficile pour les assureurs de faire des bénéfices car les catastrophes naturelles sont de plus en plus fréquentes et les changements du marché sont difficiles à prévoir. Existe-t-il un moyen de réduire considérablement le coût de l'assurance et d'inciter les compagnies d'assurance à proposer une assurance-revenu à grande échelle dans les zones rurales du pays ? L'innovation financière peut également fournir des idées.

Les catastrophes naturelles et les fluctuations du marché ne peuvent pas se produire simultanément dans toutes les régions du pays et pour tous les produits agricoles, et une approche équilibrée des risques entre les régions et les cultures agricoles permettrait de réduire considérablement le prix moyen de l'assurance revenu. Les compagnies d'assurance peuvent regrouper les polices d'assurance-revenu de différentes régions dans un pool d'actifs et travailler avec des sociétés fiduciaires ou des banques d'investissement pour rationaliser leur risque et leur rendement afin de former des produits de titres standardisés qui peuvent être vendus sur les marchés financiers.

La compagnie d'assurance ne perçoit qu'un certain montant de commissions, répartit tous les risques et les bénéfices sur les investisseurs, récupère l'argent et continue à étendre l'échelle de l'entreprise. Sur les marchés financiers, on trouve des swaps sur défaillance de crédit (CDS), qui sont des dérivés de paris sur les défaillances d'entreprises, et des titres d'assurance-revenu des agriculteurs, qui sont des dérivés de paris sur les catastrophes naturelles et les changements de marché. En achetant ces titres, l'investisseur participe effectivement à l'activité de la compagnie d'assurance, réalisant un bénéfice ou une perte sur une seule police, mais certainement un bénéfice sur un titre composite qui comprend différentes régions et différents types d'assurance. Plus les investisseurs souscrivent, plus les compagnies d'assurance seront en mesure de réduire le coût des primes et plus les agriculteurs en bénéficieront. En effet, les compagnies d'assurance gagnent des commissions de développement commercial, les indemnités et les sinistres sont financés par les marchés financiers et les investisseurs reçoivent une large probabilité de bonne récolte alimentaire.

La titrisation de l'assurance des revenus agricoles n'a pas non plus de précédent dans le monde, mais si elle peut être réalisée, elle permettra d'augmenter efficacement les revenus des agriculteurs et de réduire la charge financière, et l'effet sera équivalent à des transferts directs des riches vers les agriculteurs, au bénéfice de ces derniers et du pays.

Ce n'est qu'en enrichissant les agriculteurs que l'on pourra développer la demande intérieure, achever la transformation économique et promouvoir le processus d'urbanisation.

Ce n'est qu'avec une force illimitée que vous pouvez laisser vos rêves s'envoler

Dans les années 1980, la série télévisée Huo Yuanjia était populaire, et il y avait une intrigue qui impressionnait le public. Un jour, Huo Yuanjia traverse une rivière en bateau, et lorsque le bateau atteint le milieu de la rivière, il heurte soudainement un récif, et il tombe malheureusement dans l'eau. Malheureusement, Huo Yuanjia ne connaît pas l'eau, et s'il se débat désespérément pour suivre le courant, il finira seulement par se noyer d'épuisement. Huo Yuanjia reste calme et recueilli, retient sa respiration, s'enfonce au fond de la rivière, tient un gros rocher et marche pas à pas jusqu'à la rive, transformant finalement le danger en rien. Cette intrigue est profondément ancrée dans l'esprit de millions de téléspectateurs, et dans la vie réelle, il y a même des personnes qui ont réussi à se sauver en utilisant la même méthode.

Le secret de la survie de Huo Yuanjia est qu'il n'a pas paniqué ou suivi le mouvement, mais qu'il s'est plutôt sorti de sa situation difficile étape par étape, ce qui a nécessité une grande persévérance.

Les anciens disaient : pour la voie du général, la première chose à faire est de soigner le cœur, le Tai Shan s'effondre devant mais la couleur ne change pas, et l'élan se lève à gauche mais l'œil ne change pas, alors peut contrôler les avantages et les inconvénients.

C'est le pouvoir de la détermination et de la concentration ! Non seulement celle des grands généraux, mais aussi celle des entrepreneurs exceptionnels. Dans l'industrie high-tech chinoise, Huawei est l'une de ces entreprises déterminées.

Les entrepreneurs distingués ne sont en aucun cas nés avec de la détermination, il y a du flottement et de l'hésitation dans chaque être humain, et aucun entrepreneur n'est à l'abri face à des profits élevés. Huawei a également été tenté par les profits lucratifs de l'immobilier, et les instincts cupides peuvent tourmenter les nerfs des entrepreneurs de temps à autre. Lorsque la taille de l'entreprise est en pleine expansion, les entrepreneurs sont les plus enclins à l'auto-inflation, mais aussi les plus enclins à l'auto-perte, le risque de s'égarer, beaucoup plus élevé que lors de la création d'une entreprise de tuer un moyen de sortir de pas le choix et l'entreprise est trop grande pour ajuster après les compromis.

La concurrence brutale dans le secteur des télécommunications et la puissance des géants internationaux ont obligé Huawei à entretenir un sentiment d'appréhension presque paranoïaque, mais ont également alimenté son envie de se lancer dans le secteur à forte marge et à faible concurrence. Le stress et la tentation sont les pierres à aiguiser de la détermination, et une fois la voie réalisée, il n'y a plus d'errance de la volonté ou de l'esprit. En fin de compte, les membres de la famille Huawei ont résisté à toutes sortes d'interférences "originales", ont enfoncé leur cœur, ont étreint la pierre de leurs rêves et ont mené Huawei pas à pas vers la gloire.

Il y a beaucoup d'entreprises qui peuvent gagner de l'argent en Chine, tous les propriétaires d'entreprises qui font passer l'argent en premier ne peuvent être considérés que comme des patrons, mais pas comme des entrepreneurs ; ceux qui ont des rêves d'entrepreneurs et construisent un empire commercial de leurs propres mains peuvent être considérés comme des entrepreneurs exceptionnels ; et ceux qui ont une profonde détermination, des objectifs ciblés et sont déterminés à ne faire qu'une seule chose bien dans la vie peuvent être considérés comme des entrepreneurs exceptionnels, et les entrepreneurs dans ce domaine sont vraiment rares en Chine.

Une entreprise exceptionnelle n'est pas synonyme de grande entreprise, seule une entreprise exceptionnelle qui a été transmise pendant cent ans et qui a une longue histoire peut mériter le mot grande. Parmi les entreprises privées exceptionnelles de Chine, Lenovo, New Hope, Fuyao, Wanda, Huiyuan et d'autres sont des représentants éminents, qui se sont toujours tenus à leur activité principale et n'ont jamais suivi le courant pendant des décennies d'entreprenariat difficile, et ils ont tous le potentiel pour devenir de grandes entreprises.

La Chine a besoin d'au moins 10 grandes entreprises ou plus, non pas par le gouvernement, non pas par un monopole, mais par leur propre détermination et leur concentration, pour ouvrir de nouvelles voies sur le marché international et être invincible. Sans un tel groupe de grandes entreprises, il serait difficile pour la Chine de devenir un grand pays. C'est le véritable défi du rêve chinois !

Dans l'industrie manufacturière centenaire de l'Allemagne, plus de 10 000 entreprises, depuis trois, voire cinq générations, se concentrent sur un domaine d'excellence. Leur travail quotidien consiste à travailler sans relâche sur les détails et les améliorations, en poussant à l'optimisation des processus, en recherchant les mises à niveau techniques, la poursuite sans fin de la précision et la conformité méticuleuse et inconditionnelle. C'est cette force inégalée dans l'industrie manufacturière qui, en fin de compte, rend la fabrication allemande si compétitive.

Il existe également au Japon pas moins de 10 000 magasins centenaires, entourés de super-entreprises, qui travaillent jour après jour, année après année, en silence et sans se plaindre, alors que les jeunes générations s'éteignent et que de nouvelles personnes continuent à travailler dur. Un service impeccable, des pièces de rechange exquises et parfaites, et un approvisionnement constant en fleurons japonais pour conquérir les clients du monde entier.

Les États-Unis d'Amérique d'aujourd'hui, et le Royaume-Uni d'autrefois, à l'ère de l'essor, ont toujours créé une révolution technologique après l'autre avec détermination et concentration, ouvrant de nouveaux marchés pièce par pièce. Le déclin de la Grande-Bretagne découle tout d'abord de la désintégration de la force manufacturière et de la dispersion de la concentration, la révolution industrielle a apporté d'énormes profits qui ont fait perdre le cap à la Grande-Bretagne, dans la marée de l'argent, l'industrie s'est noyée, la finance a atteint, le capitalisme dévoreur de profits a prévalu, le profit d'investissement facile, l'appréciation rapide de la richesse, le travail difficile de la lapidation pour les Américains à faire. En conséquence, deux guerres mondiales ont ramené l'Empire britannique à la vie.

Les États-Unis d'aujourd'hui répètent le même chemin que la Grande-Bretagne à la fin du 19ème siècle, avec des profits plus élevés à Wall Street, un plus grand épuisement de l'économie, plus de bulles d'actifs, et une perte plus rapide de l'industrie. Les entreprises américaines d'aujourd'hui se délectent de l'euphorie d'une formidable appréciation des actifs, avec une détermination industrielle qui n'est pas sans rappeler celle des années 1970, et encore moins celle du début du 20e siècle. Les meilleurs talents ont depuis longtemps quitté les scientifiques et les ingénieurs, et les professions les plus enviées sont les banquiers et les avocats.

Le cœur humain recherche la facilité et le confort, tandis que la richesse découle de la diligence et de la persévérance. À une époque où le monde est inondé d'argent et où les bulles d'actifs sont gonflées, les racines de l'industrie se sont relâchées, le travail acharné est ridiculisé, l'épargne est méprisée, la spéculation devient à la mode, l'extrême richesse devient un idéal, la cupidité engloutit la vertu publique, la ruse est admirée, les entrepreneurs manquent de persévérance, les individus sont incapables de se concentrer, et la société entière suit le courant dans un flot d'argent.

Le rêve de la Chine d'une grande renaissance ne dépend pas du désir de richesse, mais de la persévérance et de la concentration extraordinaire, de la diligence et de la persévérance transmises de génération en génération, et de la détermination à marcher vers la rive avec une pierre fixe même après être tombé au fond de la rivière.

La Chine peut-elle laisser s'envoler son rêve d'un pays fort et d'un peuple riche ?

Quelle est la profondeur de la détermination, jusqu'où le rêve peut-il voler ?

POSTFACE

C'est un livre épuisant et une découverte de soi. Il y a beaucoup de choses auxquelles on pense avoir réfléchi, pour se rendre compte qu'il y a un problème dès qu'on les dit ; et quand on les dit, on se rend compte qu'il y a une faille dès qu'on les écrit. La pensée est l'étincelle de la réflexion bondissante, la parole est le fragment logique improvisé, l'écriture est le corps de pensée précipité.

Lorsque j'ai commencé à créer avec passion, je ne m'attendais pas à ce que le travail derrière moi soit si difficile. Au début de chaque chapitre, j'étais persuadé d'avoir suffisamment de données, d'informations et de connaissances à accumuler, pour finalement découvrir que ces choses ne m'appartiennent pas vraiment. Plus l'accumulation de connaissances est riche, plus la paralysie de l'esprit est grave. Dans le désordre, je me débats désespérément, comme une personne sur le point de se noyer, incapable de saisir les indices primaires et secondaires, incapable de trouver la source logique, incapable de distinguer le sens du raisonnement, seule une vague d'informations supérieure à une vague d'informations peut m'étourdir, l'énergie est constamment épuisée, la confiance s'effondre à plusieurs reprises, l'anxiété, la frustration et le désespoir engloutissent la volonté restante.

Au moment critique où j'étais sur le point d'abandonner et de me préparer à suivre le courant, l'image claire de Huo Yuanjia tombant dans l'eau, s'enfonçant au fond de la rivière, tenant une pierre et marchant pas à pas jusqu'à la rive a toujours surgi dans mon esprit. À ce moment-là, toute l'agitation environnante s'est lentement tue, les pensées turbulentes sont devenues aussi calmes que l'eau, j'ai semblé couler au fond de l'eau, sans confiance, sans volonté, sans lutte, j'ai juste fixé l'esprit, intériorisé l'esprit. Peu à peu, les données critiques ont commencé à clignoter faiblement, les détails importants ont émergé avec des contours clairs, les points saillants et les points forts pouvaient être reliés, les indices et les indices sont apparus de manière causale, et la source de la logique a lentement émergé, voyant enfin la lumière au bout du tunnel sombre. Sortez et il y a un nouveau monde de soleil.

Lorsque j'ai finalement réussi à assembler les chapitres de façon logique, j'ai soudain réalisé que la vie devrait être la même. Seule une personne dotée d'un sens profond de la détermination sera capable de naviguer dans les eaux périlleuses et de connaître les plaisirs que les autres ne peuvent pas connaître.

La guérison du cœur est la guérison du mal. La soi-disant "guérison du cœur" consiste à renoncer à toutes les distractions, à écarter toutes les illusions, à concentrer toute l'énergie de la vie sur une chose significative et précieuse, malgré toutes les difficultés, mais sans se gêner, et à mourir sans regret. Chaque fois que le cœur arrive à un certain niveau, la force de l'esprit arrive à une certaine profondeur. Seule une personne qui a la force de l'esprit peut peser les avantages et les inconvénients réels, et ce n'est qu'alors qu'elle peut avoir envie d'éviter les inconvénients et les avantages.

Toutes les personnes qui ont réussi quelque chose dans le passé et dans le présent sont des maîtres du contrôle de l'esprit et de la détermination. En réalité, de nombreuses personnes n'ignorent pas leurs objectifs, mais sont simplement incapables de guérir efficacement leur cœur, et ne peuvent donc pas résister efficacement à la tentation, ce qui entraîne souvent un préjudice au profit, et le potentiel de la vie ne peut être maximisé.

En effet, il n'est pas facile de résister à la tentation, l'exclusion de l'interférence est souvent pas dans l'esprit, dans l'analyse finale, ou l'esprit de trop de distractions, des illusions de grandeur, il est difficile de faire l'esprit très concentré. Dans de telles circonstances, les mentors sont extrêmement importants.

L'éditeur de *The Currency Wars*, Ying-Yan Zheng, a été un mentor rare dans le processus d'écriture, non seulement dans la planification des livres, mais aussi dans la réalisation des rêves. Au cours des dernières années, elle a insisté sur le fait qu'un contenu et des idées de grande qualité doivent toujours être menés à bien sans permettre aucun "compromis". Lorsque j'étais en errance, elle insistait toujours sur le fait qu'"une personne n'a qu'une seule chose à faire dans la vie et qu'elle est une personne extraordinaire. "Ces mots, je les ai entendus pas moins de cent fois, j'y ai pensé plus de mille fois, mais je ne suis pas toujours en mesure de les faire, elle m'a encouragé et m'a incité à en tirer un grand profit, et beaucoup de distractions et d'illusions ont été étouffées dans le berceau. Les nombreux échecs qu'elle a connus et la quantité de temps perdu ont confirmé à plusieurs reprises sa clairvoyance.

Quel est le raccourci de la vie ? C'est-à-dire qu'il doit y avoir moins de détours. Un bon professeur et ami est comme une pilule amère, et même si les mots sont durs à entendre, la raison fonctionne. Il serait très dommage de ne pas rencontrer un ami aussi audacieux dans sa vie.

Un bon professeur n'aide pas seulement à bloquer les distractions et à supprimer les illusions, mais il rend aussi souvent plus sobre sur soi-même : "Les best-sellers de la série "guerre des monnaies" d'aujourd'hui ne signifient pas tout, et dans vingt ou trente ans, si vos livres sont encore lus par les jeunes, c'est qu'ils en parlent". Les sonnettes d'alarme de mes bons professeurs et amis m'ont choqué avec des étoiles d'or dans les yeux, et j'ai soudain réalisé que mon temps était déjà bien compté.

Pendant ma retraite d'écriture à Pékin cette année, ma femme et ma fille sont venues me rendre visite en été. Nous nous serrions tous les jours dans une hutte, parlant et riant ensemble, et j'ai soudain eu l'impression que la vie pouvait être extrêmement simple sur le plan matériel, tout en procurant la plus grande joie du monde. Nous emmenions chaque jour notre fille sur les étals au sol au pied de la Colline des parfums, et quelques dollars de petites choses pouvaient nous rendre heureux pendant une demi-journée. Lorsque la peau est épluchée de toutes les substances, la parenté est au contraire plus parfumée et plus riche.

De la fin du printemps à l'hiver, j'ai étudié et passé au peigne fin la nuit chaque jour, et j'ai progressivement formé un jugement de base sur la tendance future de l'économie mondiale. Lorsque je suis sorti de la montagne odorante, le soleil brillait encore, en regardant l'horizon lointain, des nuages sombres s'accumulaient lentement, le vent de la montagne était arrivé en rafales.

Song Hongbing
Xiangshan, Pékin,
22 novembre 2013

Autres titres

LE PROCHAIN DÉLUGE

Et si notre système monétaire n'avait jamais été mûrement réfléchi ?

Un ouvrage-clef pour comprendre le passé, le présent et le futur.

Vers la réforme monétaire...

www.ingramcontent.com/pod-product-compliance
Lightning Source LLC
Chambersburg PA
CBHW071940220426
43662CB00009B/921